Jerusalém colonial

Ronaldo Vainfas

Jerusalém colonial
Judeus portugueses no Brasil holandês

CIVILIZAÇÃO BRASILEIRA

Rio de Janeiro
2010

Copyright 2010, Ronaldo Vainfas

PROJETO GRÁFICO DE MIOLO
Evelyn Grumach e João de Souza Leite

CAPA
Hip Design

IMAGEM DE CAPA
Mercado de escravos da rua dos Judeus, atual rua do Bom Jesus, 1634-1640.
Zacharias Wagener

CIP-BRASIL. CATALOGAÇÃO-NA-FONTE
SINDICATO NACIONAL DOS EDITORES DE LIVROS, RJ

V199j
Vainfas, Ronaldo, 1956-
Jerusalém colonial: judeus portugueses no Brasil holandês / Ronaldo Vainfas. – Rio de Janeiro: Civilização Brasileira, 2010.

Inclui bibliografia
ISBN 978-85-200-1013-6

1. Brasil – História – Domínio holandês, 1624-1654. 2. Judeus – Brasil – História. 3. Brasil – História – Período colonial, 1500-1822
I. Título.

CDD: 981
10-4119
CDU: 94(81)

EDITORA AFILIADA

Todos os direitos reservados. Proibida a reprodução, armazenamento ou transmissão de partes deste livro, através de quaisquer meios, sem prévia autorização por escrito.

Texto revisado segundo o novo Acordo Ortográfico da Língua Portuguesa.

Direitos desta edição adquiridos pela
EDITORA CIVILIZAÇÃO BRASILEIRA
Um selo da
EDITORA JOSÉ OLYMPIO LTDA.
Rua Argentina 171 – 20921-380 – Rio de Janeiro, RJ – Tel.: 2585-2000

Seja um leitor preferencial Record.

Cadastre-se e receba informações sobre nossos lançamentos e nossas promoções.

Atendimento e venda direta ao leitor:
mdireto@record.com.br ou (21) 2585-2002.

À memória do historiador José Antônio Gonsalves de Mello

Para minha grande mestra, Anita Novinsky

Para minhas duas paixões, Luiza e Isabel, filhas queridas

Sumário

INTRODUÇÃO *9*

CAPÍTULO I
Jerusalém do Norte *19*
1. A HOLANDA QUE RECEBEU OS JUDEUS *21*
2. DIÁSPORAS *SEFARDITAS* *26*
3. RECONSTRUÇÃO DO JUDAÍSMO *41*
4. JUDEUS NOVOS, "GENTE DA NAÇÃO" *58*

CAPÍTULO II
Diáspora pernambucana *85*
1. EXPANSÃO HOLANDESA *87*
2. JUDEUS E FLAMENGOS *90*
3. RUMO À NOVA HOLANDA *94*
4. A FORTUNA NA DIÁSPORA *106*

CAPÍTULO III
Jerusalém no Brasil *141*
1. ZUR ISRAEL E MAGHEN ABRAHAM *143*
2. SINAGOGA COLONIAL *160*
3. ZUR ISRAEL EM FESTA *176*
4. JUDEUS EM ROTAS DE COLISÃO *186*
5. NASSAU, FIADOR DOS JUDEUS *207*

CAPÍTULO IV
Identidades fragmentadas *219*
1. PRISIONEIROS DO FORTE MAURÍCIO *222*

JERUSALÉM COLONIAL

2. O PRIMEIRO RENEGADO DO BRASIL   *248*
3. JUDEUS NOVOS, HOMENS DIVIDIDOS   *262*
4. O MÁRTIR ISAAC DE CASTRO   *285*

CAPÍTULO V
Templo destruído   *309*
1. A RESTAURAÇÃO E OS JUDEUS   *311*
2. JUDEUS EM CAMPOS OPOSTOS   *330*
3. A INSURREIÇÃO E OS JUDEUS   *336*
4. FORTUNA PERDIDA?   *353*

FONTES E BIBLIOGRAFIA   *365*

AGRADECIMENTOS   *375*

Introdução

Jerusalém colonial deve muito à obra de José Antônio Gonsalves de Mello, grande historiador brasileiro, a quem dediquei, em primeiro lugar, o livro que ora apresento. Há mais de 20 anos, quando ainda preparava minha tese de doutorado sobre Inquisição e sexualidade no Brasil Colonial, consultei, na Biblioteca Nacional, a obra-prima de Gonsalves de Mello, *Tempo dos flamengos*, publicada em 1947. *Tempo dos flamengos* não me ajudou muito na pesquisa do doutorado, que veio a ser o *Trópico dos pecados*. Temas distantes. Mas fiquei impactado com o que descobri nesse livro sobre a sociedade colonial no período holandês, além de impressionado com o estilo do autor. Gonsalves de Mello ensina como fazer história documentada e interpretativa, sem perder tempo com teoria, mas articulando, com elegância, os vários domínios da história.

O que mais me impactou, em *Tempo dos flamengos,* foi a parte dedicada às relações entre holandeses e as "religiões católica e israelita". A bibliografia com que estava mais familiarizado sobre a ação inquisitorial no Brasil ignorava a existência dessa vigorosa comunidade judaica durante um quarto de século. Uma lacuna inexplicável. Basta mencionar o que se passava no Recife na década de 1640: a convivência, no mesmo espaço urbano, por sinal exíguo, do presbitério calvinista, da sinagoga judaica e das igrejas católicas, prova viva da tolerância religiosa holandesa.

Em outras ocasiões, no meu ofício de historiador, a leitura de algum documento me comprometeu com tal ou qual pesquisa. Assim ocorreu com meu livro *A heresia dos índios*, que prometi a mim mesmo escrever, algum dia, quando descobri o processo de Fernão Cabral e seu envolvimento com a "santidade" indígena na Bahia quinhentista. O mesmo ocorreu quando li o processo, no século XVII, contra Manoel de Moraes, jesuíta que trocou o catolicismo pelo calvinismo nas guerras pernambucanas. Esse processo foi a base documental e a fonte inspiradora do meu livro *Traição*. Diria que, no caso de *Jerusalém colonial*, a inspiração não veio de um documento, senão da obra de Gonsalves de Mello. Só hoje tenho condições de identificar essa influência remota.

Tempo dos flamengos foi a semente, a primeira centelha. Em 1989, Gonsalves de Mello lançou *Gente da nação*, seu grande livro sobre os cristãos-novos e os judeus no Brasil colonial. Devorei a segunda edição, publicada em 1996 (a primeira se esgotou num piscar de olhos), e comecei meu namoro com o tema dos judeus na Nova Holanda. O leitor deste livro saberá aquilatar a importância que essa obra tem para o meu trabalho. Creio ser dispensável me alongar sobre *Gente da nação*, livro seminal, sem trocadilho.

Durante alguns anos, faltou-me a coragem para assumir o interesse pela Nova Holanda, um furacão na história de nosso período colonial. Só em 2003 propus ao CNPq o projeto "Conflitos religiosos e metamorfoses culturais no Brasil holandês". Tratava-se de projeto amplo, dedicado a estudar a Nova Holanda pelas margens, fugindo aos grandes processos e aos personagens monumentais. Do ponto de vista metodológico, animava-me a ideia de exercitar a microanálise, verticalizando o estudo de casos particulares, biografando personagens pouco conhecidos, ou mesmo ilustres, porém prisioneiros de mitologias historiográficas.

O projeto original prometia estudar temas laterais que faziam jus a novas pesquisas. Eram eles: os conflitos entre os índios potiguaras, em particular os embates entre Filipe Camarão, católico, e Pedro Poti, calvinista; o Terço negro de Henrique Dias e a história das mercês régias concedidas, mas não de todo confirmadas; o misterioso Jacob Rabi, alemão, talvez judeu *ashkenazi*, que comandou os holandeses nos massacres de Cunhaú e Uruaçu, em 1645; a fascinante traição do jesuíta Manuel de Moraes, que alguns interpretaram como mais decisiva, para a conquista flamenga, do que a de Calabar, "patriarca dos traidores"; enfim, a história dos judeus portugueses na Nova Holanda.

Como todo projeto de pesquisa, também este foi atropelado pelos fatos, paixões e interesses. O tema de Jacob Rabi não fui capaz de

INTRODUÇÃO

aprofundar por falta de documentos ou de competência para encontrá-los; os temas relacionados aos índios e negros, colegas meus (Hebe Mattos, Ronald Raminelli) acabaram por pesquisar com grande perícia, sem falar nos historiadores estrangeiros. O caso de Manoel de Moraes, por sua vez, me cativou por completo e o que estava previsto para ser o capítulo de um livro ganhou vida própria e resultou no *Traição*. Manoel de Moraes me deu a chance de fazer um livro de micro-história, uma ambição que acalentava há anos. Traição, traições. Terminado o livro sobre o jesuíta traidor e herege, concentrei minha atenção sobre os judeus portugueses.

Grande desafio, o maior de todos, pois ambicionava realizar uma história simultaneamente geral e antropológica. Uma história capaz de articular a dinâmica das redes comerciais sefarditas no capitalismo comercial do século XVII e as metamorfoses identitárias — por vezes minúsculas — de cristãos-novos portugueses que "regressaram" ao judaísmo dos ancestrais. *Jerusalém colonial* propõe uma alternância sistemática de escalas de observação, entre a história total e a microanálise.

Os documentos são abundantes e diversificados. Algumas fontes publicadas me ofereceram uma âncora inicial: as atas e o regulamento da comunidade judaica na Nova Holanda; as atas do Sínodo da Igreja Reformada, que por vezes atacou os judeus; relatórios, traduzidos para o português, do Conselho Político do Recife ou do próprio Maurício de Nassau sobre os judeus; crônicas portuguesas ou neerlandesas que, circunstancialmente, trataram dos judeus no Brasil; correspondência de autoridades portuguesas sobre os judeus nas guerras pernambucanas; papéis do insigne jesuíta Antônio Vieira, que desafiou o Santo Ofício em favor dos cristãos-novos e do rei dom João IV. A lista de documentos impressos, se não chega a ser um porto seguro, é uma ilha, uma escala essencial, como as ilhas da rota atlântica naquela época.

Os documentos manuscritos, esses sim, me deram a segurança para avançar. Há documentos no Arquivo Nacional de Haia, o *Nationaal Archief (Rijksarchief)*, utilizados, aqui, a partir das transcrições ou citações de historiadores que me precederam no tema. Há documentos nos arquivos de Amsterdã que consultei diretamente, seja no Arquivo Municipal, o *Stadsarchief Amsterdam*, seja na *Biblioteke Ets Haim — Livraria Montesinos*. A maioria dessas fontes trata dos judeus portugueses na Holanda velha, não na Nova Holanda, mas ainda assim são valiosos.

Meu porto seguro foi, como sempre, a documentação da Inquisição portuguesa. Particularmente, os processos contra os cristãos-novos que, assumindo-se como judeus, caíram na teia do Santo Ofício, fornecendo dados preciosos — não apenas sobre suas trajetórias particulares, mas sobre a comunidade judaica no Brasil holandês — crenças, ritos, personagens, costumes.

Jerusalém colonial é livro que esmiúça fontes mal conhecidas, analisa fontes pouco examinadas, reexamina documentos já comentados por outros historiadores. É livro que busca uma interpretação original sobre a história dos judeus portugueses no Brasil holandês. Cabe ao leitor julgar o resultado da pesquisa. Mas cabe ao autor dizer que seu livro não seria possível sem a contribuição dos historiadores que o precederam. Poucos, mas bons. Alguns excelentes. A historiografia, aliás, independentemente do tema, é sempre uma continuidade, ainda que marcada por divergências de interpretação. Nenhum historiador pode realizar — ou mesmo propor — qualquer inovação sem levar a sério o que escreveram os historiadores antigos.

Não são numerosos os historiadores que se dedicaram aos estudos sobre os judeus na Nova Holanda. Talvez o pioneiro, em 1933, tenha sido Herbert Bloom, historiador e rabino que mergulhou na documentação da famosa *Samuel Oppenheim Colletion*, depositada na American Jewish Historical Society, em Nova York. A coleção abriga documentos variados, parte deles traduzidos do português para o inglês pelo próprio Samuel Oppenheim (1859-1928), outra parte composta de fontes da Companhia das Índias Ocidentais depositadas no Rijksarchief, em Haia.

A *Samuel Oppenheim Collection* foi a base de importantes estudos sobre o Brasil holandês realizados nos Estados Unidos. Antes de tudo, os trabalhos de Isaac Emmanuel e de Arnold Wiznitzer (austríaco radicado nos EUA), que pesquisaram nos anos 1950 e 1960. Emmanuel publicou dois artigos e transcreveu alguns documentos valiosos, em versões bilíngues — holandês/inglês ou português/inglês. Wiznitzer fez um livro

INTRODUÇÃO

de conjunto, basicamente informativo, além de artigos circunstanciais. Traduziu e publicou, enfim, nada menos do que as atas da congregação judaica no Recife, a Zur Israel, entre 1648 e 1653. Atualmente, diversos historiadores norte-americanos, voltados, em especial, para o estudo das diásporas europeias ou das redes sefarditas no comércio mundial, dedicam-se a estudar o papel dos judeus portugueses nos séculos XVII e XVIII. No caso das Américas, a diáspora do Caribe é, sem dúvida, a mais estudada. Mas o principal historiador do papel dos judeus na Época Moderna é britânico: Jonathan Israel, especialista no estudo da Holanda e do império marítimo holandês. O Brasil ocupa, porém, lugar modesto na obra de Israel.

A bibliografia sobre os judeus na Nova Holanda é, portanto, reduzida e aproveitou pouco, se me for permitido dizê-lo, o potencial de algumas fontes, sobretudo as inquisitoriais. O próprio Gonsalves de Mello, conhecedor desses documentos, utilizou-os sobretudo como manancial de informação sobre os judeus. O mesmo vale para Wiznitzer e para os trabalhos do casal Egon & Frieda Wolff, cuja obra é basicamente informativa sobre os papéis e a organização institucional dos judeus no Brasil holandês. Autores fundamentais, todos eles, mas que tomaram o judaísmo e os judeus como uma espécie de *a priori,* quando muito identificando sua origem sefardita. Não se indagaram sobre se tais judeus eram mesmo judeus ou até que ponto o eram. Não se interessaram em saber que tipo de judaísmo era praticado por judeus que, na maioria, tinham nascido cristãos — cristãos-novos — e muitos retornariam ao catolicismo, após curta experiência judaica.

Como toda regra tem exceções, é impossível não citar Elias Lipiner, historiador romeno radicado no Brasil, em 1935, que se mudou para Israel, em 1968, onde veio a falecer (1997). A obra de Lipiner sobre os judeus e cristãos-novos portugueses é vastíssima, sempre lastreada em sólida documentação e marcada por erudição incomum. Lipiner talvez seja o historiador mais erudito nesse assunto. Para o tema que nos interessa, aqui, o livro principal de Lipiner é a biografia de Isaac de Castro, baseada no processo inquisitorial concluído em 1647. Lipiner se aventurou a estudar seu personagem por dentro, seguindo o rastro dos inquisidores. Escreveu um grande livro, apesar de não questionar, por princípio, o judaísmo de Isaac de Castro. Afinal, esse jovem brilhante foi queimado vivo pela Inquisição, sendo transformado em "mártir" do judaísmo pela comunidade sefardita da Holanda. Lipiner escreveu a história de Isaac de Castro, mas reverenciou o monumento erigido em sua memória.

Outra exceção recente é Bruno Feitler, historiador brasileiro, porém formado na França, onde se familiarizou com a bibliografia internacional sobre a diáspora judaica e aprofundou o estudo da máquina inquisitorial portuguesa. É autor de um grande livro, publicado em 2003, sobre os cristãos-novos no Brasil durante os séculos XVII e XVIII. Embora o livro se concentre na experiência dos cristãos-novos na Paraíba setecentista, há nele uma seção primorosa sobre o Brasil holandês, de que muito me vali.

Se a bibliografia sobre os judeus na Nova Holanda é reduzida, e principalmente informativa, o mesmo não ocorre com os estudos sobre os judeus portugueses na diáspora holandesa. Não me refiro à historiografia portuguesa, que avançou pouco, nesse assunto, desde o livro inaugural de Mendes dos Remédios (1911), basicamente descritivo, ou à obra mais analítica de João Lúcio de Azevedo (1922). A exceção, aqui, vale para a Cátedra de Estudos Sefarditas Alberto Benveniste, criada na década de 1990, graças à iniciativa de António Marques de Almeida. Vale também para os estudos solitários de José Alberto Tavim sobre os judeus portugueses no Oriente. Os historiadores portugueses têm se dedicado, sim, ao estudo dos conversos — basta citar a obra do historiador António Borges Coelho — mas não ao dos judeus na diáspora europeia. Nesse ponto, a historiografia espanhola avançou mais, sobretudo com as pesquisas realizadas no âmbito do *Instituto Internacional de Estudios Sefardíes y Andalusíes*, na Universidade de Alcalá de Henares, núcleo dos historiadores Jaime Contreras, o mais veterano deles, Bernardo García, Juan Ignacio Pullido, Mercedes García-Arenal e muitos outros.

Mas as grandes referências para o estudo dos judeus portugueses na Holanda provêm de uma pequena "legião estrangeira", que inclui estudiosos de várias nacionalidades, inclusive holandeses, embora a maioria seja, por assim dizer, cosmopolita. Entre eles há historiadores, mas tam-

INTRODUÇÃO

bém linguistas e estudiosos da literatura. O leitor deste livro vai encontrá-los citados em momentos capitais da narrativa: Jonathan Israel, Miriam Bodian, Daniel Swetschinski, Harm den Boer, Herman Salomon, Yosef Kaplan. Esse último, argentino de nação, mas radicado há décadas em Israel, me deu a luz conceitual para estudar os judeus portugueses no Brasil, ao propor o conceito de "judeu novo", simétrico à noção de cristão-novo. Kaplan foi um dos que melhor colocaram em xeque, enquanto problema de investigação, a identidade judaica dos "judeus da Holanda". Os mesmos que vieram para o Brasil no "tempo dos flamengos".

Jerusalém colonial é livro situado, portanto, no entroncamento dessas matrizes historiográficas espalhadas pelo mundo e dispersas no tempo, como as comunidades sefarditas em suas várias diásporas. É menos um livro sobre a história do Brasil colonial do que sobre a diáspora sefardita no Brasil. O primeiro capítulo, intitulado de "Jerusalém do Norte" — expressão que os próprios judeus portugueses utilizaram na época — trata da comunidade originária na Holanda. O segundo capítulo, "Diáspora pernambucana", trata da migração dos judeus para a Nova Holanda e da sua inserção nos negócios da Companhia das Índias Ocidentais. O terceiro, "Jerusalém no Brasil", procura reconstituir a comunidade, as sinagogas e seus dirigentes, os rabinos, as relações entre judeus, cristãos-novos, católicos e protestantes numa sociedade que chamei de "Babel religiosa". O quarto, "Identidades fragmentadas", é meu capítulo predileto: uma autêntica viagem ao mundo dos mortos para resgatar a vida de homens flagelados por dramas de consciência. O quinto, "Templo destruído", trata dos últimos momentos da comunidade judaica na Nova Holanda, que não caiu sem luta. É um epílogo e, por que não dizer, um *réquiem*.

II

Esta introdução ficará incompleta caso não comente um tipo de bibliografia totalmente alheia aos sefarditas no império marítimo holandês do século XVII. A questão da identidade e as relações com a alteridade envolvendo a história dos judeus e do judaísmo — assunto capital deste livro — encontrei-as, em tempos diversos, em outros escritores. Entre eles, Karl Marx, autor dos ensaios reunidos em *A questão judaica*, publicados em 1843. Marx, de origem judaica, como todos sabem, considerava que os judeus "eram um mal", não por razões religiosas, raciais ou culturais, senão por causa de seu enorme poder monetário.[1] Não se poderia esperar outra coisa do maior crítico do capitalismo, no século XIX, senão a condenação dos judeus. Mas, antes de ser mais um libelo antiburguês do filósofo alemão, esse texto de Marx se insere no processo de laicização e *desjudaização* dos judeus na Europa ocidental, parte dos quais, como também é sabido, construiu um outro tipo de messianismo: o messianismo revolucionário e laico das utopias socialistas.

Cem anos depois, Sigmund Freud, que também foi filósofo com vocação de historiador, publicaria seus *Escritos sobre judaísmo e antissemitismo*. A versão final foi concluída em 1938, em Londres, refúgio escolhido por Freud após a ocupação de Viena pelos nazistas — a *Anschluss*. A primeira versão, porém, Freud publicou em alemão, em 1937, sob o título "O homem Moisés e a religião monoteísta". É texto com tese instigante — e iconoclasta — ao sustentar nada menos do que "Moisés era um nobre egípcio", cuja formação religiosa se ancorava no culto de Aton. Freud tinha plena consciência de sua iconoclastia quando escreveu que "privar um povo do homem que celebra como o maior de seus filhos não é tarefa que se empreenda de bom grado ou com ligeireza, tanto mais que também fazemos parte desse povo…".[2] Muitos autores judeus, desde a Idade Média, sustentavam a humanidade de Cristo e sua identidade judaica, mas nenhum deles, até Freud, tinha pensado em Moisés como um "príncipe do Egito".

Marx apontou o universalismo da plutocracia judaica. Freud pôs em xeque as origens do próprio monoteísmo judaico. Jean-Paul Sartre, por sua vez, sequer esperou o final da Segunda Guerra Mundial para escrever, em 1944, suas "Reflexões sobre a questão judaica". Integrante da resistência à ocupação nazista, Sartre escreveu esse ensaio, enquanto intelectual francês (de origem protestante), para tentar explicar o antissemitismo de seu tempo. Mas não o antissemitismo alemão, senão o de seu próprio país, que, apesar da mitologia patriótica e da "França livre" do

INTRODUÇÃO

general De Gaulle, foi grande colaborador do Reich alemão. Sartre duvidou da existência do judeu francês, em si mesmo, considerando-o mais francês do que judeu. Afirma que o judeu francês é "um homem que os outros homens consideram judeu", mormente os antissemitas. "Se o judeu não existisse", afirma Sartre, "o antissemita inventá-lo-ia."[3]

O contraponto de Sartre, na França, encontra-se em Edgar Morin, também filósofo e ex-militante da resistência francesa, com a diferença de que é judeu, nascido em 1921. Suas reflexões autobiográficas indicam, com nitidez, um conflito de identidade típico dos judeus laicos, filhos do processo mais geral de secularização ocorrido no Ocidente, desde o século XIX. No livro *Meus demônios,* autobiografia de título sugestivo, publicada quando o autor beirava os 75 anos, a novidade reside no uso do conceito de *marranismo,* ou melhor, de submarranismo ou pósmarranismo. À diferença do marranismo clássico, que misturava o judaísmo com o catolicismo, entre os antigos cristãos-novos ibéricos, o "marranismo" de Morin é laicizante, cético, racionalista, e nesse ponto o "pós-marrano" se aproxima do "judeu não judeu" de Sartre. Dele se afasta, porém, ao admitir a persistência do judaísmo na "psicologia complexa dos marranos", cuja versão, nos séculos XIX e XX, imbricaria laicidade e religião ao mesmo tempo e no mesmo indivíduo.[4] Marx e Freud, por exemplo, seriam típicos "pós-marranos", segundo Morin. Judeus antijudeus, o que não quer dizer que fossem antissemitas, senão que construíram discursos questionadores do papel histórico dos judeus e da própria religião judaica.

Para encerrar esse painel de inspiradores, bem como esta introdução, que já vai longe, fico com Primo Levi, um dos maiores escritores do século XX. Italiano nascido em 1919, sobrevivente de Auschwitz, Primo Levi era um judeu que não se considerava judeu, nem tinha sido criado no judaísmo. Integrante dos *partigiani* que lutavam contra a ocupação nazista, aliada à *República de Saló*, Primo Levi foi capturado em Modena, em 1944, pela milícia fascista. Descoberta sua origem judaica, ao invés de fuzilado, foi enviado para Auschwitz, sobrevivendo, porém, ao Holocausto. No *lager* da morte, foi colocado em um barracão, junto com um companheiro italiano, judeu como ele, no meio de judeus poloneses. Não sabia nada de judaísmo, nem por que o tinham metido ali, entre estranhos cuja língua não entendia. Considerava-se um preso político, não um judeu. Os judeus poloneses, por sua vez, todos *ashkenazim*, também o consideravam estranho. Que tipo de judeu era aquele — chegou a dizer um deles — que sequer sabia falar iídiche?

Primo Levi era judeu? Nem mesmo ele sabia dizer o que era ou deixava de ser, naquelas circunstâncias bizarras. Entre seus livros, *A trégua*, publicado em 1963, conta não os horrores do campo, mas a miséria dos sobreviventes, que não sabiam mais quem eram, de onde vinham e, sobretudo, para onde iriam.[5] Seu companheiro de andanças era um judeu grego de origem sefardita, que pouco ligava para religião, dotado de um senso prático invejável. Quando Levi indagava por que tudo era tão penoso se a guerra já tinha terminado, o grego dizia sempre: "Toujours la guerre, mon frère, la guerre est toujours." Primo Levi não aguentou "seus próprios demônios" e cometeu suicídio, em 1987.

Memória, história, construção e desconstrução de identidades no mundo judaico e nas relações com o outro, os temas desses textos clássicos talvez me tenham inspirado mais do que a historiografia especializada na pesquisa sobre a Jerusalém pernambucana. Jerusalém brasileira e colonial.

Notas

1. Karl Marx. *Sobre a questão judaica*. São Paulo: Boitempo, 2010.
2. Sigmund Freud. *Escritos sobre judaísmo e antissemitismo*. Lisboa: Vega, 1997, p. 7.
3. Jean-Paul Sartre. *Reflexões sobre a questão judaica*. São Paulo: Perspectiva, 1960, p. 47.
4. Edgar Morin *Meus demônios*. Lisboa: Europa-América, 1996, pp. 150-180.
5. Primo Levi. *A trégua*. São Paulo: Companhia das Letras, 1997.

CAPÍTULO I # Jerusalém do Norte

1. A HOLANDA QUE RECEBEU OS JUDEUS

No início do século XVII, Amsterdã despontava como o principal centro comercial e financeiro da Europa. Além de navegar no Mar do Norte e no Báltico como distribuidores de produtos variados, inclusive o açúcar, desde 1602, os mercadores holandeses atuavam no Oceano Índico, através da Companhia das Índias Orientais — a *Vereenigde Oost-Indische Compagnie* (VOC) — conquistando praças importantes do combalido império português no Oriente. Não tardariam a se expandir no Atlântico, após a criação da Companhia das Índias Ocidentais — a *West Indische Compagnie* (WIC), em 1621.

Nessa altura dos acontecimentos, Portugal não era mais um reino soberano, incorporado desde 1580 à Coroa de Castela por Filipe II, embora desfrutasse de alguma autonomia institucional.[1] A chamada União Ibérica se prolongaria até 1640. Integrando o império espanhol, os domínios coloniais portugueses passaram a ser alvo da cobiça neerlandesa, quer no Índico, quer no Atlântico, sendo a República das Províncias unidas dos Países Baixos a maior inimiga da Espanha naquele tempo.

A formação da República neerlandesa fez-se justamente contra a Espanha, a partir de 1568, na chamada *guerra dos 80 anos*, concluída em 1648, quando os espanhóis enfim reconheceram a soberania das Províncias Unidas. Assunto bem estudado pela historiografia, a revolta dos Países Baixos foi liderada pela dinastia de Orange, reinante na Holanda, contra as crescentes imposições da Espanha, cuja Coroa era senhora da região.* A política de *dominação negociada* adotada por Carlos V na primeira metade do século XVI viu-se bruscamente substituída, no reinado de Filipe II, por um fiscalismo exorbitante, conjugado à crescente intolerância católica.

A insurgência de 1565 foi reprimida com enorme truculência pelo duque de Alba, enviado aos Países Baixos em 1567 à frente de poderoso exército de ocupação. Além da ação inquisitorial contra os calvinistas — que eram maioria em várias províncias, como na Holanda e na Zelândia — um tribunal especial instalado pelo duque condenou milhares de pessoas à morte e desterrou cerca de 60 mil rebeldes de várias classes sociais. A ação repressiva tece êxito nas dez províncias do sul, onde o calvinismo havia penetrado menos, que terminaram por se reconciliar com Filipe II. No caso das províncias do norte, o resultado foi o inverso, provocando a reação dos nobres com apoio da burguesia mercantil, sobretudo holandesa e zelandesa.

Liderado por Guilherme, o Taciturno (1533-1584), príncipe de Orange, o exército rebelde impôs derrotas formidáveis aos espanhóis, resistindo ao cerco de Leiden, em 1574, além de inundar, por meio da abertura de diques, as áreas onde o exército espanhol estava acantonado. O saque pelos espanhóis, em 1576, de Antuérpia, cidade flamenga até então leal a Filipe II, foi desastroso para os espanhóis. No mesmo ano, todas as Províncias dos Países Baixos se uniram através da Pacificação de Gand (cidade natal de Carlos V), celebrando a liberdade religiosa em todo o território. A pressão espanhola sobre as dez províncias do sul e o catolicismo majoratório da futura Bélgica falaram mais alto, desfazendo a união.

A ruptura se consumou em 1579, com a criação da União de Arras ou Atrecht (na língua flamenga), integrada pelas dez províncias leais aos Habsburgos — doravante chamados de Países Baixos espanhóis; de outro lado, a União de Utrecht reuniu as sete províncias rebeldes, base territorial da República das Províncias Unidas dos Países Baixos: Holanda,

---

*Quando abdicou do trono espanhol, em 1556, e da Coroa imperial, em 1559, Carlos V dividiu os domínios dos Habsburgos entre seu filho Filipe e seu irmão Fernando. O primeiro herdou a Espanha, o império colonial espanhol e os Países Baixos, enquanto o segundo herdou as regiões do tradicional Sacro Império Romano germânico.

Zelândia, Utrecht, Gueldria, Gronningen, Frísia, Overyssel. As três primeiras eram, de longe, as províncias mais dinâmicas no comércio marítimo, na construção naval e nas atividades manufatureiras, com destaque para a Holanda. As demais eram províncias rurais, que seguiram na cauda dos holandeses.

Formação das Províncias Unidas dos Países Baixos

A estrutura governativa da República baseava-se em uma confederação de províncias, dotadas, cada uma delas, de grande autonomia institucional, com direito a representantes na assembleia geral — os Estados Gerais — órgão legislativo máximo nos Países Baixos calvinistas. Mas sobre todos os poderes reinava a Casa de Orange, cujo titular detinha o posto de *stahouder*, chefe de Estado. Formou-se ali uma república governada por uma assembleia de delegados provinciais, porém sujeita a um príncipe.

Apesar de celebrizada pela liberdade religiosa numa época em que prevalecia a intolerância na Europa, a Holanda tornou-se a cabeça de um *Estado confessional*, a exemplo das demais monarquias europeias.[2] O calvinismo era ali a religião oficial, fundamento da identidade política da república. Os cânones da religião reformada residiam no livro de Calvino *Institutio Religionis Cristianae* (1535) e no *Catecismo de Heidelberg,* as grandes referências doutrinárias do calvinismo neerlandês.

O processo de definição política do calvinismo oficial esteve longe, porém, de ser consensual. Em 1618, o movimento conhecido como *arminianismo*, nome derivado das ideias do teólogo holandês Jacobus Arminius, pôs em xeque a ortodoxia calvinista, ao pregar o afrouxamento da doutrina da predestinação. Propunha uma doutrina calvinista mais flexível, adepta do livre-arbítrio, defensora da ação humana como condição possível para a salvação da alma. Os arminianos apresentaram ao Presbitério holandês um documento de cinco pontos conhecido como *Remonstrance* — daí ficarem conhecidos como *remonstrantes* — sendo apoiados por membros ilustres da burguesia holandesa e pelo nobre Johan van Oldenbarnevelt, detentor do importante cargo de procurador da Holanda junto aos Estados Gerais (Grande Pensionário). Outro graúdo que aderiu ao arminianismo foi o jurista Hugo Grotius, considerado precursor do direito internacional por sua obra *De juri pacis et belli* (Direito da paz e da guerra), publicada em 1625, e filho do curador da Universidade de Leiden, Jean de Groot.

A reação dos ortodoxos veio à luz no movimento chamado de *contrarremonstrantes,* também chamados de *gomaristas* por se inspirarem nas ideias do teólogo Franciscus Gomarius, rival de Arminius desde o tempo de estudos em Leiden. Em documento também composto de cinco pontos, reafirmaram a ortodoxia calvinista, sustentando o *servo arbítrio* contra o livre-arbítrio e a predestinação radical da alma. Para os gomaristas, o homem era incapaz de salvar-se por sua própria vontade e Cristo morrera na cruz para salvar os eleitos pela graça divina, sendo os demais condenados ao inferno. Entre os apoiantes da reação gomarista destacava-se ninguém menos do que o príncipe de Orange, Maurício de Nassau (1567-1625), sucessor de Guilherme, o Taciturno.

É mais do que evidente que a polêmica religiosa se entrelaçava com a disputa política entre os partidários de Johan van Oldenbarnevelt, de um lado, e o próprio príncipe de Orange, de outro. Uma disputa pessoal pelo poder entre um nobre veterano na revolta dos Países Baixos, Oldenbarnevelt, e o jovem príncipe de Haia. No fundo do quadro, os arminianos estavam ligados a uma expectativa de maior autonomia provincial e das próprias igrejas protestantes em face dos Estados Gerais e do poder do *stahouder* da Holanda, sendo nisso apoiados pela burguesia das cidades. Os gomaristas, por sua vez, exprimiam o projeto centralizador da dinastia de Orange e, segundo alguns historiadores, encontravam respaldo no campesinato e nos trabalhadores urbanos.

O resultado da controvérsia, no plano doutrinário, foi a condenação do arminianismo pelo famoso Sínodo de Dordrecht, em 1619, consagrando o calvinismo ortodoxo na República dos Países Baixos. No plano político, essa decisão se desdobrou na perseguição aos arminianos mais influentes, que acabaram acusados de conspiração. O próprio Oldenbarnevelt foi executado por traição ainda em 1619. Outros arminianos foram presos e exilados. O clima de intolerância gomarista somente arrefeceu após 1625, com a morte de Maurício de Nassau.

A crise religiosa de 1618 contribui, sem dúvida, para relativizar a imagem dos Países Baixos calvinistas como terra de absoluta liberdade religiosa. Não é suficiente, porém, para sustentar qualquer tese radicalmente contrária. Formada em meio à luta pela liberdade de consciência, a República dos Países Baixos jamais proibiu a existência de outras confissões religiosas em seu território. A maior ou menor tolerância religiosa variou conforme a legislação das províncias e das municipalidades, cuja autonomia institucional era grande. Mas, se comparada à política adotada nos reinos ibéricos, a tolerância religiosa dos neerlandeses foi enorme.

O historiador holandês Henk van Nierop afirma que, ao longo do século XVII, a população católica das Províncias Unidas chegou a 50%, sendo que, na Holanda, 1/3 da população era de católicos.[3] Jonathan Israel propôs números mais prudentes, estimando em 14 mil o número de católicos em Amsterdã, em 1635, numa população total de 120 mil habitantes. Em Leiden, três mil eram católicos numa população de 55 mil pessoas. A província de Utrecht era a que mais abrigava católicos: nove mil, numa população de cerca de 35 mil habitantes.[4]

Também o arminianismo, embora residual, sobreviveu nas Províncias Unidas ao longo do século XVII, havendo registro de centenas de crianças batizadas em igrejas arminianas, entre 1631 e 1660. No mesmo período, cerca de 30 mil crianças foram batizadas no luteranismo, cujas igrejas eram autorizadas em todas as províncias. Havia, como disse, gradações na política de tolerância religiosa. Utrecht era a mais tolerante; a Zelândia, a mais inflexível. A Holanda ocupava situação intermediária nesse quadro, mas Amsterdã era, sem dúvida, a cidade que mais abrigava católicos, em números absolutos, dentre as cidades da república.

Em nenhuma das províncias calvinistas se erigiu um tribunal sequer parecido com as Inquisições ibéricas, porque os neerlandeses admitiam conviver com minorias religiosas. É claro que havia restrições, sobretudo contra os católicos, proibidos de fazer suas procissões barrocas, obrigados a solicitar autorizações de regentes ou burgomestres para celebrarem suas festas ou mesmo para realizar missas. A Igreja de Roma chegou a criar um vicariato-geral para as Províncias Unidas, em 1592, a *Missio Batava* ou *Missio Hollandica*, encarregada de enviar sacerdotes para assistir seus seguidores no foro espiritual. A *Missio Batava* por vezes atuou com a autorização das autoridades locais; outras vezes agiu clandestinamente, a ponto de os padres andarem disfarçados. O culto dos neerlandeses católicos não raro assumiu a aparência de um *criptocatolicismo*, tantas eram as restrições oficiais, dependendo do lugar ou da província. Mas seria vão procurar na história da república neerlandesa qualquer perseguição sistemática de católicos em toda a história moderna.

Foi nessa brecha que os judeus ibéricos, sobretudo os portugueses, entraram em cena nas Províncias Unidas, particularmente em Amsterdã, beneficiados pela política de tolerância em relação às minorias religiosas. Tolerância — mais do que liberdade religiosa — foi a característica principal da política adotada nas Províncias Unidas, apesar do calvinismo oficial. Na prática, porém, em especial em relação aos judeus, tolerância e liberdade religiosa tornaram-se quase sinônimos. No mínimo porque na república neerlandesa não havia — nem jamais houve — a temida Inquisição.

2. DIÁSPORAS *SEFARDITAS*

Os movimentos de população judaica na Europa, América e Ásia durante a Época Moderna têm sido tratados pelos historiadores enquanto uma nova diáspora ou novas diásporas. *Diáspora* é palavra de origem grega que significa *dispersão*, deslocamento de populações ou etnias por motivos históricos variados. No caso judaico, a diáspora é chamada *tefutzah* (dispersado) ou *galut* (exílio). Alude, antes de tudo, ao período posterior à destruição do Segundo Templo e à expulsão dos hebreus da Palestina, pelos romanos, no ano 70 da era cristã.* Essa grande diáspora deu origem, na Europa, aos dois grandes ramos do judaísmo: os *ashkenazim*,**

---

*A chamada *primeira diáspora* ocorreu no século VI a.C., quando Nabucodonosor II destruiu o templo de Jerusalém e levou os hebreus do reino de Judá para a Babilônia. Conhecida como "Cativeiro da Babilônia".

**Ashkenaz* é um dos descendentes de Noé no relato bíblico. Fontes talmúdicas identificam a Germânia com Gomer, pai de Ashkenaz. Historicamente, os ashkenazistas ou "descendentes de Noé" estavam dispersos pela atual Alemanha (a oeste do Elba), França, Inglaterra, pelos Países Baixos, pela Suíça e pelo norte da Itália. Estima-se sua população em 20 mil pessoas às vésperas da primeira Cruzada, no século XI.

dispersos pelo norte e centro do continente europeu e falantes do iídiche, uma variante do alemão; e os *sefardim,* concentrados na Península Ibérica e falantes do *ladino* ou *judesmo,* uma variante do castelhano. *Sefarad* era o vocábulo hebraico designativo da Hispânia.*

Houve, porém, outras diásporas ao longo da Idade Média europeia, que se prolongaram nos séculos XVI e XVII. A diáspora judaica para a Holanda fez parte desse longo processo, deflagrado com mais intensidade nos últimos séculos medievais. As migrações judaicas desse período resultaram diretamente da onda persecutória ocorrida em quase toda a Europa a partir da *Peste Negra,* no meado do século XIV. A tradicional acusação de deicídio imputada aos judeus pela crucificação de Jesus, se até então não tinha inibido a fixação dos judeus na cristandade, ganhou cores dramáticas. Em toda parte os judeus foram acusados de causar a epidemia, envenenando poços e rios, e de pactuar com o demônio. Em certos casos os judeus perderam a proteção de príncipes e acabaram expulsos. Em outros, foram alvo de massacres, autênticos *progroms.* Jean Delumeau sublinha que o judeu foi escolhido pelos teólogos cristãos da época como um dos mais perigosos inimigos da cristandade.[5] Diversos reinos ou principados baixaram leis que, se não expulsavam os judeus, restringiam suas liberdades e reforçavam a *guetização* da comunidade, proibindo-se, entre outras coisas, que saíssem de suas ruas ou bairros à noite.

Esse flagelo alcançou indistintamente os *sefardim* e *ashkenazim.* No caso dos últimos, as perseguições foram maiores nos principados germânicos, o que estimulou forte migração deles para o leste europeu. Mas não é esse ramo dos judeus que nos interessa examinar, senão o dos *sefardim,* os judeus ibéricos. Trata-se de assunto bem estudado pela historiografia, de modo que só vou traçar os contornos gerais do processo.

---

*Segundo o relato bíblico do profeta Abdias, Sefarad era uma colônia de exilados de Jerusalém localizada no deserto de Negueve. Pesquisas arqueológicas do século XX identificaram a Sefarad bíblica em Sardes, pequena vila da Ásia menor, capital da Lídia. Na versão aramaica da Bíblia hebraica, o *Targum,* compilada entre o início da diáspora de 70 d.C. e o início da Idade Média, Sefarad é traduzida como *Ispamia* ou *Spamia.*

Origens da diáspora sefardi

Na Península Ibérica, região de convivência multissecular entre cristãos, muçulmanos e judeus, e onde havia a população judaica mais numerosa de toda a Europa, as perseguições recrudesceram apenas no final do século XIV. Em Castela, Aragão ou Catalunha, milhares de judeus se converteram ao cristianismo para escapar às perseguições, em geral populares, insufladas por clérigos e frades, dando origem à comunidade espanhola de *conversos*. Os convertidos ficaram mais ou menos livres das perseguições até 1478, quando os Reis Católicos, Fernando e Isabel, instituíram a Inquisição em terras espanholas.

A partir da década de 1480 os *conversos* se tornaram alvo de uma perseguição oficial, realizada por um tribunal religioso vinculado à Coroa. A suspeita que recaía sobre eles era a de que *judaizavam* em segredo, cometendo *heresia*, o que muitos faziam por serem ligados à comunidade judaica, ainda vigorosa na Espanha do século XV. A onda de conversões não foi suficiente para apequená-la, muito menos para extingui-la. O golpe seguinte foi o famoso decreto de expulsão da Espanha, em 1492, de todos os judeus, cuja maioria fugiu para Portugal. Estima-se que no mínimo 40 mil judeus ali entraram naquele ano, número imenso para a época.

À diferença dos reinos hispânicos, não tinha ocorrido em Portugal nenhum surto persecutório contra os judeus ao longo do século XV. Não existia, no reino dos Avis, uma comunidade de *conversos* similar às de Castela ou Aragão, de sorte que a comunidade *sefardi* portuguesa continuava a ser, fundamentalmente, judaica. Ela vivia, como em toda parte, em bairros próprios — as *judiarias* — sofria restrições, porém estava bastante integrada à sociedade cristã, sendo respeitada enquanto minoria religiosa. Havia judeus em quase todos os ofícios manuais ou intelectuais — artesãos, médicos, cirurgiões e comerciantes de variado porte. Os judeus desempenharam, por sinal, importante papel nas navegações portuguesas, atuando no círculo de sábios que cercavam dom João II e, depois, dom Manuel. Abraão Zacuto é apenas o principal exemplo de cosmógrafo real na corte manuelina.

Mas a convivência pacífica entre cristãos e judeus portugueses iria mudar radicalmente, a partir da expulsão dos judeus hispânicos decretada pelos Reis Católicos. A entrada em massa de judeus espanhóis no reino português despertou forte desconfiança nos setores mais tradicionais da Igreja e da alta nobreza, que passaram a exigir da Coroa medidas similares às adotadas em Espanha contra os judeus. Em 1495, quando da ascensão de dom Manuel ao trono, a sorte dos judeus em Portugal mudaria de vez.

A insatisfação das classes tradicionais diante da multiplicação de judeus no reino foi acrescida pelas pressões da Coroa espanhola, que passou a exigir de dom Manuel um decreto similar ao dos Reis Católicos: expulsão dos judeus ou conversão de todos ao catolicismo, sem exceção de nenhum. O rei português, interessado em esposar a infanta Isabel, filha de Fernando de Aragão e Isabel de Castela, cedeu às pressões. Portugal despontava, então, como grande potência marítima, enquanto a Espanha mal conseguia unificar seu próprio reino. Dom Manuel projetava, por meio desse matrimônio, promover uma futura união Ibérica sob a dinastia de Avis.

Em 1496, o rei promulgou decreto similar ao baixado pelos Reis Católicos em 1492. Ficou estabelecido que, no prazo de um ano, todos os judeus residentes no reino deveriam abandoná-lo, exceto se aceitassem a conversão ao cristianismo. Em 1497, conforme o previsto, o decreto foi aplicado, porém com uma diferença essencial. No caso espanhol, a imensa maioria dos judeus tinha preferido abandonar o reino, rejeitando a conversão. A Coroa os deixou partir. No caso português, ao contrário, foi o próprio rei que obstou, de várias maneiras, a partida dos judeus. Chegou ao ponto de ordenar batismos em massa nos portos em que os *sefardim* se preparavam para o embarque, segundo a crônica da época. Dizia mesmo que "não queria perder os seus judeus", tão necessários à economia do reino.

Disso resultou que, da noite para o dia, a imensa maioria dos judeus residentes em Portugal se viu transformada numa comunidade de conversos, ali chamados de cristãos-novos. Não por outra razão, o decreto espanhol de 1492 ficou conhecido como decreto de *expulsão dos ju-*

deus, ao passo que o português, embora seu texto fosse quase idêntico, acabou afamado como decreto de *conversão forçada* dos judeus.

De todo modo, a comunidade judaica do reino português tornava-se, cada vez mais, hispano-portuguesa, graças aos enlaces matrimoniais entre as famílias *sefardim* portuguesas e espanholas. Esse processo de entrelaçamento hispano-português entre os judeus — simultaneamente familiar, econômico, religioso e cultural — estreitou as relações entre os cristãos-novos de Portugal, parte deles de origem hispânica, e os conversos da própria Espanha. Formou-se, por assim dizer, uma extensa família *sefardi*, com várias ramificações, que desconhecia as fronteiras entre os reinos ibéricos.

Além disso, os cristãos-novos residentes em Portugal gozaram de amplas liberdades no reinado de dom Manuel, que, apesar de novas pressões, evitou instituir um tribunal inquisitorial similar ao espanhol. Na prática, embora sem sinagogas e tendo seus livros confiscados, os cristãos-novos hispano-portugueses poderiam permanecer judeus, se assim o desejassem, ao menos em suas casas ou nas *esnogas* improvisadas. Muitos o fizeram, amparados em decisão real de que os cristãos-novos não poderiam ser molestados por motivos religiosos durante 20 anos, a contar de 1497. O "religiocídio" que alguns atribuem à conversão forçada me parece, assim, muito discutível.[6] O rei tampouco apoiou medidas restritivas à integração dos cristãos-novos na sociedade portuguesa, favorecendo a ascensão de muitos deles a cargos antes reservados aos chamados cristãos-velhos. Alguns conseguiram até mesmo posições de nobreza nesses primeiros anos de conversão forçada.

O quadro mudaria somente no reinado de dom João III, iniciado em 1521. Em 1536, depois de uma série de percalços, seria instituída a Inquisição em Portugal, moldada na congênere espanhola e tendo como alvo os cristãos-novos suspeitos de cometer a *heresia judaica*, isto é, judaizar em segredo, não obstante batizados no catolicismo. Em 1540 foi celebrado o primeiro auto de fé em Lisboa, com dezenas de cristãos-novos condenados à fogueira como hereges convictos e impenitentes.

Diásporas sefarditas nos séculos XV e XVI

As perseguições contra os judeus *sefardim*, primeiro na Espanha, depois em Portugal, provocaram levas de migrações que precederam, de muito, a "diáspora holandesa". Há registro de que, ainda no final do século XIV, judeus da Catalunha, de Valência e Mallorca transferiram-se para o norte da África para fugir dos motins antijudaicos. Após 1492, com o decreto de expulsão, o Marrocos tornou-se o segundo grande destino dos judeus espanhóis, logo abaixo de Portugal. Milhares de famílias, acolhidas pelo rei Muhhamad al-Sheikh, partiram de Málaga e Almeria, no sul espanhol, rumo ao reino islâmico de Fez. Outros foram para o porto de Arzila, sob domínio português. Tiveram participação ativa na conquista portuguesa de Safim, em 1508, e Azamor, em 1513. Dom Manuel sempre percebeu, como vimos, a importância econômica dos sefarditas. O resultado foi o surgimento de uma vigorosa comunidade *sefardi* hispano-portuguesa no Marrocos, integrada às redes comerciais judaicas que atuavam no Mediterrâneo.

Rivalizando com o Marrocos, a Península Itálica foi outro grande destino da diáspora sefardita no século XV. Como no caso marroquino, os judeus buscaram instalar-se nas cidades mais receptivas ou menos hostis. Não era o caso de Milão ou de Gênova, uma das potências mediterrânicas nessa época, salvo raras exceções. Mas foi o caso de Nápoles, dos territórios pontifícios, incluindo Roma, e de Veneza, a partir de 1509. Em Roma, que já era um centro importante do judaísmo no mundo mediterrânico, surgiram várias sinagogas de judeus catalães, castelhanos e aragoneses. No século XVI, a Itália tornou-se um grande centro receptor de sefarditas, não só judeus, mas sobretudo cristãos-novos que temiam a Inquisição.

O papado, de um modo geral, apoiou a entrada de cristãos-novos nos territórios pontifícios, em particular em Roma e no porto de Ancona. Em 1547, Paulo III, o mesmo que convocou o Concílio de Trento contra a Reforma protestante, eximiu os cristãos-novos do foro inquisitorial, num breve de 1547. Paulo III praticamente deu autorização para que apostasiassem, praticando o judaísmo às escondidas. A inquisição papal (estabelecida em 1543) diferia radicalmente das inquisições ibéricas no tocante à questão judaica.

A tolerância papal foi parcialmente revertida entre 1555 e 1572, durante os pontificados de Paulo IV e Pio V. Alguns historiadores atribuem essa mudança ao ímpeto da Contrarreforma, com o que é difícil concordar. A Contrarreforma, além de se esforçar pela reforma institucional e pastoral da própria Igreja de Roma, hostilizava os protestantes e os sábios que desafiavam, a exemplo de Giordano Bruno, as concepções religiosas acerca das leis do universo. Ela não foi, por vocação, um movimento antijudaico.

A razão da relativa intolerância do papado em relação aos judeus, na segunda metade do século XVI, deveu-se à crescente importância cultural da comunidade judaica na Itália, sobretudo através da imprensa. Só indiretamente o espírito tridentino inspirou as medidas papais contra os judeus, por sinal muito atenuadas. Pio V expulsou os judeus de todos os territórios pontifícios, em bula datada de 1569, mas abriu exceção para Roma e Ancona, o que, na prática, esvaziou bastante o rigor da medida.

Paralelamente, outras cidades italianas adotaram a política de tolerância antes instituída por Paulo III, autorizando o estabelecimento de judeus e cristãos-novos, mesmo que apóstatas. Foi o caso de Ferrara, Pesaro, Pisa, Livorno e outras. Em Ferrara, como veremos a seu tempo, foi publicada a primeira bíblia em língua castelhana, restrita ao Antigo Testamento, iniciativa de dois cristãos-novos reconvertidos ao judaísmo. De todo modo, como no Marrocos, firmou-se na Itália um polo multicentrado de comunidades judaicas envolvidas nas redes comerciais mediterrânicas. A diáspora *sefardi*, embora significasse, a princípio, um desenraizamento dos judeus ibéricos, difundiu o sefardismo no mundo mediterrânico, seguindo o rastro da revolução comercial dos séculos XV e XVI.

O terceiro grande destino dos sefarditas foi o Império Otomano, sobretudo após 1492. Mas, à medida que a política de acolhimento de judeus nas cidades italianas se tornava instável, milhares de judeus hispano-portugueses optaram por migrar para Salonica, Esmirna e Istambul — a Constantinopla conquistada pelos turcos, em 1453. Istambul chegou a abrigar, segundo estimativas da época, cerca de 35 mil judeus, em 1535. Os sultões otomanos viam com bons olhos a presença de comerciantes judeus em seus domínios, concedendo-lhes ampla liberdade religiosa em troca de taxas especiais. A comunidade *sefardi* espalhou-se, portanto, no Mediterrâneo oriental, sobretudo nos Bálcãs e no mar Negro. O Mediterrâneo da época de Filipe II, grande tema de Fernand Braudel, beneficiou-se imensamente, no âmbito do capitalismo comercial, da dispersão sefardita pelo Marrocos e pelas cidades italianas, gregas e turcas.

Diáspora em terras flamengas

A região da Flandres, nos Países Baixos, já desempenhava papel de grande importância no grande comércio desde o século XII. A cidade de Bruges, na Flandres ocidental, tornou-se um centro produtor de tecidos de lã, que exportava para a Inglaterra, região báltica e Itália, e um polo importador de mercadorias orientais, como sedas, panos finos e especiarias revendidas por Gênova e Veneza. Não se pode compreender a vitalidade do renascimento comercial e urbano da Baixa Idade Média sem considerar o dinamismo dos flamengos, parceiros dos italianos na distribuição de mercadorias na Europa, além de integrados na Liga Hanseática. Os portugueses estabeleceram, nesse período, uma feitoria em Bruges, na qual sobressaíam os mercadores judeus, embora seu papel fosse então diminuto.

Ainda no século XV, o porto de Antuérpia passou a rivalizar com Bruges, cuja importância decaiu com a obstrução do canal de Zwin. No início do século XVI, Antuérpia, localizada às margens do rio Escalda (*Schelde*, em neerlandês), substituiu Bruges como centro do comércio flamengo com o Mediterrâneo, mar do Norte e Báltico. Fernand Braudel afirmou, a propósito, que "a Itália, e por ela o Mediterrâneo, desemboca muito tempo neste espaço (Flandres) e continua implantada em Antuérpia, praça de dinheiro...".[7] Favorecida pela política cooperativa do imperador Carlos V, também rei de Espanha como Carlos I, em cujos domínios se incluíam os Países Baixos, Antuérpia se beneficiou dos negócios coloniais hispano-americanos. Ali se fundou uma bolsa de mercadorias e capitais, em 1531, irrigada pelo ouro proveniente da América espanhola. Há registro de navios abarrotados de metais preciosos, amoedados ou em lingotes, que aportaram em Antuérpia em 1557.

Pode-se dizer que Antuérpia se tornou, ao longo do século XVI, o quarto grande destino dos sefarditas, acrescentando-se às diásporas marroquina, italiana e otomana. Nesse caso, os imigrantes eram conversos espanhóis ou cristãos-novos portugueses, pois a Inquisição já existia, como disse, tanto em Portugal como na Espanha. É certo que muitos cristãos-novos judaizavam em Antuérpia, inclusive porque a repressão ali era frouxa, mas se tratava antes de um criptojudaísmo do que de um judaísmo assumido. A feitoria de mercadores portugueses outrora estabelecida em Bruges, com predomínio de cristãos-novos, mudou-se para Antuérpia, sempre no rastro do capitalismo comercial.

Na segunda metade do século XVI, sem eliminar a importância do comércio mediterrânico, deu-se um deslocamento, de início discreto, depois descarado, do eixo comercial europeu para o norte do continente, em particular para os Países Baixos. O Mediterâneo foi palco de batalhas navais sem fim entre cristãos e turco-otomanos. Senhores do mar Negro desde a conquista de Constantinopla, em 1453, os turcos conquistaram o Egito, em 1517, e passaram a controlar também a rota das especiarias que desaguava no mar Vermelho. Avançaram pelo leste da Europa (Hungria, Bulgária) e chegaram a ameaçar a cristandade ocidental, sendo detidos pela Armada espanhola em 1571, na batalha de Lepanto.

Os Países Baixos beneficiaram-se grandemente das conflagrações mediterrânicas, graças às relações que mantinham com Portugal e Espanha. Não somente Antuérpia, na Bélgica atual, se tornou o centro do capitalismo comercial europeu, sobrepondo-se às cidades italianas, como Veneza, Gênova e Florença. As cidades neerlandesas do norte começaram a dar o ar de sua graça. Antes de tudo, as da Holanda, particularmente Roterdã e Amsterdã, e, um pouco atrás, Middelburg, na Zelândia. Além delas, Hamburgo, porto do norte da Alemanha, também entrou nesse circuito do grande comércio, estreitando negócios com as cidades holandesas.

No pano de fundo da prosperidade flamenga e holandesa, a expansão do calvinismo desempenhava papel decisivo, conforme vimos no início do capítulo. Rejeitando a condenação da Igreja à usura e ao lucro mercantil, o calvinismo oferecia uma possibilidade concreta de conciliar a fortuna material com a salvação espiritual, como apontou Max Weber no seu mais importante livro.[8]

Vimos que a repressão ao calvinismo e a voracidade fiscal de Filipe II nos Países Baixos provocaram um longa guerra na região, do que resultou a separação das províncias do norte. Mas a guerra causou rearranjos importantes na dinâmica do capitalismo mercantil da região. Antuérpia, saqueada pelos espanhóis em 1576, caiu de vez em 1585. Capitais flamengos deslocaram-se para a Holanda, especialmente para Amsterdã, vocacionada a substituir a cidade flamenga como centro do capitalismo comercial na primeira metade do século XVII. A maioria dos calvinistas flamengos deixou Flandres em favor da Holanda.

O mesmo fizeram muitos criptojudeus portugueses e espanhóis, trocando Antuérpia por Roterdã e Amsterdã. Os cristãos-novos residentes em Portugal, por sua vez, temerosos de maior rigor inquisitorial, agora sob controle espanhol; atentos ao deslocamento do eixo comercial da Flandres para a Holanda; e sabedores (ou esperançosos) de que ali poderiam gozar de liberdades religiosas similares às que vigiam em certas cidades italianas, turcas ou marroquinas iniciaram mais uma diáspora. A Holanda tornou-se o quinto grande destino dos *sefardim* na diáspora moderna, em especial dos cristãos-novos portugueses. Amsterdã estava preparada para se tornar a "Jerusalém do Norte".

Amstelredam galut

"Exílio de Amsterdã" seria uma tradução livre da expressão acima, híbrida, emblemática do encontro entre os *sefardim* de origem portuguesa e a principal cidade comercial do século XVII europeu. *Galut* — um dos termos hebraicos alusivos à diáspora. *Amstelredam* — grafia antiga da cidade fundada em 1275, ainda muito usada em documentos da época, inclusive judaicos — significa, literalmente, represa ou dique de Amstel, o rio que corta a cidade.

A chegada dos primeiros cristãos-novos portugueses a Amsterdã é pouco documentada, embora muito descrita por historiadores judeus portugueses dos séculos XVII e XVIII. Trata-se de registro que mistura história e lenda, embebido de ânimo edificante, valorizador da coragem dos pioneiros que ousaram fugir da Inquisição para restaurar a crença e os ritos de seus ancestrais. Correndo riscos, passando necessidades, mergulhados na incerteza. O ânimo desses relatos é característico das narrativas do Pentateuco, nos livros que tratam das vitórias do "povo de Israel" contra seus opressores egípcios, babilônicos ou persas na Antiguidade. Deus estará sempre com os judeus e pelos judeus, porque são eles, afinal, o "povo eleito" — eis a filosofia dessas narrativas.

O relato clássico sobre os primeiros cristãos-novos que abraçaram o judaísmo em Amsterdã encontra-se no livro *Triunpho del gobierno popular en la casa de Iacob*, de Daniel Levi, publicado em 1683. Daniel Levi era o nome judeu de Miguel de Barrios, converso espanhol, filho de pais portugueses, que chegou a Amsterdã em 1662, tempo em que a comunidade judaico-portuguesa já estava consolidada na Holanda. Daniel Levi escreveu o livro em castelhano, língua predominante nos textos da comunidade, fossem literários, fossem religiosos, apesar de a imensa maioria dos imigrantes ser de origem portuguesa. Um mistério que tentarei explicar mais tarde.

Por ora, importa resumir a narrativa, que conta a chegada de um pequeno grupo de cristãos-novos portugueses a Amsterdã, por volta de 1593. Cinco anos depois, teriam fundado a primeira sinagoga, conduzidos por um rabino alemão de nome Uri Halevi, natural de Emden, na Saxônia. Como não falava português, nem tampouco os cristãos-novos portugueses entendiam hebraico ou iídiche, Mosseh Uri Levi teria pregado em alemão, sendo traduzido para o castelhano por seu filho Aarão Halevi. Segundo outras versões desse encontro, os cristãos-novos teriam chegado a Emden, na Saxônia, e não a Amsterdã, sendo convencidos a ir para a Holanda pelo tal Uri Halevi, depois de lhe pedirem instrução religiosa. O encontro teria ocorrido numa estalagem e as conversas, traduzidas pelo filho do rabino alemão.

Trata-se de uma narrativa mirabolante: um rabino *ashkenazi*, pregando em alemão para cristãos-novos portugueses, logo *sefardim*, por meio de um filho-intérprete que, sabe-se lá como e por que, conhecia a língua castelhana. Três línguas em cena: o alemão de Uri Halevi, o castelhano usado pelo intérprete, o português dos ouvintes. Porque Uri Halevi pregou em alemão e não em iídiche, a variante judaica da língua alemã? Um fato é, no entanto, indiscutível: esse pequeno grupo constituía um *minyam*, isto é, o quórum de dez judeus maiores de 13 anos necessário para celebrar o culto e para a leitura da *Sefer Torá* — o Rolo da Torá, que contém os cinco livros do Pentateuco. Além disso, foi Uri Halevi quem levou consigo, de Emden para Amsterdã, a primeira *Sefer Torá* utilizada nos cultos de Amsterdã.

Seja como for, a historiadora Miriam Bodian sugere que esse episódio inaugural tem mais a ver com mito do que com história, embora admita que o grupo de *sefardim* dirigido por Uri Halevi formou-se em Amsterdã ainda na década de 1580. Mas o que a narrativa romanceada do episódio parece sugerir, segundo Bodian, é uma transição natural e harmoniosa da experiência católica dos cristãos-novos para a vida judaica. Uma ilusão de continuidade.[9]

A fonte mais antiga sobre o encontro entre o rabino Halevi e o pequeno grupo de cristãos-novos portugueses é um opúsculo de sete páginas intitulado *Memória para os siglos futuros*.[10] O historiador holandês Herman Prins Salomon, um dos maiores eruditos no assunto, afirma que o panfleto estava escrito "em bom português", apesar do título misturar a língua de Camões com a de Cervantes. Mais importante, porém, é que ele só foi publicado em 1711, mais de um século depois do suposto encontro. Se assim é, Daniel Levi, que publicou seu *Triunpho del gobierno popular* em 1683, deve ter consultado alguma cópia manuscrita para relatar o episódio. O encontro e suas circunstâncias permanecem, porém, muito nebulosos.

Não há dúvida de que o rabino alemão existiu e teve participação importante na conversão daquele grupo de cristãos-novos. Quando menos, dispôs-se a organizar a primeira congregação de judeus portugueses em Amsterdã. Segundo Mirian Bodiam, que leu melhor o relato de Daniel Levi e o cotejou com outras fontes, o grupo de judeus portugueses dirigido por Halevi, que se mantinha discreto na cidade, foi descoberto pelas autoridades holandesas no Yom Kippur de 14 de setembro de 1603 (e não em 1598). Uri Halevi e seu filho foram, então, presos sob a acusação de roubar e circuncidar adultos — no caso, os cristãos-novos reconvertidos ao judaísmo, que o pagavam para oficiar os ritos. No entanto, por intervenção de Jacob Tirado, importante mercador judeu estante em Amsterdã, os dois foram soltos e autorizados a seguir em seus ofícios.

Outras fontes da época ajudam a esclarecer o assunto. O rabino Saul Levi Mortera, autor do *Tratado sobre a verdade da Lei de Moisés*, obra muito considerada pelos especialistas na literatura dos judeus de Amsterdã, menciona o episódio.[11] Mas a ênfase de Morteira recai sobre os desencontros entre o rabino alemão e os primeiros rabinos *sefardim* quanto aos ritos a serem adotados pela minúscula congregação fundada em 1603: a *Bet Iacob* (Casa de Jacob). Isso, sim, é mais verossímil. De todo modo, o rabino alemão ficou isolado, não havendo dúvida de que a comunidade judaica de Amsterdã foi estruturada por rabinos sefarditas.

Rotas de fuga

No já citado artigo sobre os primeiros judeus portugueses de Amsterdã, Herman Salomon documenta alguns casos individuais baseado em papéis do Santo Ofício depositados na Torre do Tombo. O primeiro registro se refere a um certo Rafael Cardoso Nemias, natural de Beja, no Alentejo, residente em Amsterdã em 1592. Em 1595, Manuel Rodrigues Veiga chegou à cidade, vindo de Antuérpia, de onde era natural. No ano seguinte foi a vez de Garcia Pimentel, natural de Ormuz, no golfo Pérsico, proveniente da Itália. Somente em 1597 chegaram os primeiros cristãos-novos vindos diretamente de Portugal, por mar, a maioria deles natural do Porto e, principalmente, da região do Minho e do arquipélago da Madeira.

Deixando de lado esses detalhes miúdos, o fato é que o início da imigração para Amsterdã deu-se no final do século XVI, particularmente após a queda de Antuérpia diante do exército espanhol, em 1585. Eram quase todos cristãos-novos que migraram para a Holanda ao lado de flamengos calvinistas. Foi provavelmente esse grupo *sefardim* que deu base à primeira congregação judaica da cidade, em 1603.

Somente a partir do início do século XVII é que deslanchou a imigração de cristãos-novos para Amsterdã, vindos de Portugal ou de regiões coloniais, onde "regressavam" ao judaísmo dos ancestrais, acolhidos por uma rede de socialização cada vez mais complexa. Segundo diversas estimativas, apoiadas inclusive na tiragem de textos impressos pela imprensa judaico-portuguesa em Amsterdã, o crescimento populacional do grupo foi acelerado: cerca de 100 indivíduos em 1599; 200 em 1606; 500, em 1615; 800 em 1616; mais de 1.000 em 1620.

À medida que se estruturava a comunidade sefardita de Amsterdã e corria a notícia da liberalidade do governo holandês em relação ao judaísmo, algumas rotas de fuga se tornaram frequentes. Pelo mar, os cristãos-novos saíam de Lisboa e, sobretudo, do Porto, ora por iniciativa própria, ora por meio de agentes que organizavam a viagem de indivíduos ou famílias inteiras. Por terra, a rota mais usual era através da Espanha, com escala em Medina del Rio Seco. Atravessando os Pireneus, os fugitivos se estabeleciam no sul da França. Muitos indivíduos ou famílias passavam meses ou até anos na França antes de seguir viagem para a Holanda. As cidades ou as vilas mais citadas na documentação são as de Saint-Jean-de-Luz, Biarritz e La Bastide de Clairence, na fronteira basca do sudoeste francês, além de Bordeaux e Bayonne, na Gasconha.[12]

Nos primeiros anos do século XVII, os cristãos-novos podiam assumir livremente o judaísmo na França, se assim o quisessem, embora não houvesse sinagogas ou congregações formais naquele reino, salvo raras exceções*. A Carta Patente de Henrique II, datada de 1550, autorizou o culto judaico no reino francês, desde que discreto e doméstico. Em Bayonne, os criptojudeus portugueses se concentravam no bairro de Saint-Esprit ou nos povoados vizinhos de La Bastide, Bidache e Peyrehorade.

---

*No território pontifício de Avignon, por exemplo, o judaísmo era autorizado e os judeus acabaram conhecidos ali como "os judeus do papa". Embora originários do sefardismo, os judeus de Avignon construíram uma identidade própria, nem *sefardi* nem *ashkenazi*, criando o dialeto *shuadit* (judeu provençal). Na região da Lorena (nordeste da França), Metz também foi um caso especial. Transferida pelo Sacro Império Romano germânico à França, em 1552, a cidade atraiu centenas de judeus autorizados a seguir ali sua religião. Henrique IV renovou o privilégio em 1605. A sinagoga foi construída em 1618. Mas Metz não foi reduto de imigração *sefardi*, senão de judeus estabelecidos na própria França desde a Idade Média.

Em Bordeaux, concentravam-se na rua Bouhaut. Na prática, muitos cristãos-novos portugueses *rejudaizavam* na França, chegando à Holanda como judeus assumidos, por vezes circuncidados.

No início do século XVII, o aumento do número de criptojudeus na França foi tal que a regente Maria de Médicis decretou, em 1615, a expulsão de todos os judeus do reino. A *Declaração* da regente buscava conter a presença dos cristãos-novos portugueses, sobretudo no sul da França. Embora muitos dos que chegavam a La Bastide ou Bayonne estivessem dispostos a seguir para Amsterdã, com o passar do tempo e o aumento das fugas uma autêntica comunidade criptojudia se instalou na fronteira hispano-francesa e na Gasconha. Muitos preferiram ficar por ali mesmo, vivendo como judeus sob uma frágil aparência cristã. A *Declaração* de 1615 não impediu o crescimento da comunidade criptojudia no sul da França, nem suprimiu a região como escala da imigração para a Holanda. Mas tornou a vida dos criptojudeus mais perigosa e difícil.[13]

A emigração de cristãos-novos foi ainda facilitada, no início do século XVII, pela decisão da Coroa espanhola, datada de 1601, de autorizar a saída deles mediante o pagamento de taxas ao rei. Foi uma decisão precipitada de Filipe III, que acabou por estimular a fuga de capitais para a Holanda, maior inimiga da Espanha. As taxas no varejo cobradas dos cristãos-novos emigrantes não compensavam a perda de grandes fortunas no atacado. O rei custou a perceber o equívoco, pois somente revogou a medida em 1610.

A partir de então, a emigração de cristãos-novos portugueses para a Holanda transformou-se numa fuga rodeada de perigos. Mas a rede de agentes já estava montada e o negócio ficou ainda mais lucrativo no contexto da proibição. O período de emigração livre foi, assim, muito curto. A emigração para a Holanda, fosse por mar ou por terra, assumiu o caráter de fuga desenfreada na primeira metade do século XVII.

3. RECONSTRUÇÃO DO JUDAÍSMO

A narrativa das primeiras reconversões de cristãos-novos ao judaísmo pelo rabino alemão Uri Halevi produz, como vimos, uma ilusão de continuidade. É como se os cristãos-novos fossem essencialmente judeus, que aguardavam a primeira oportunidade para reassumir sua verdadeira identidade judaica. É claro que isso não foi, nem poderia ser, verdadeiro.

Antes de tudo, é muito discutível essa "essência judaica" que alguns atribuem aos cristãos-novos ibéricos. Se é verdade que muitos cristãos-novos mantinham algum vínculo emocional ou ritual com o passado judaico de seus avós (a guarda do sábado, por exemplo), outros tantos já se tinham afastado do judaísmo e adotado sinceramente a fé católica. A *fé da lembrança*, para usar a expressão de Nathan Wachtel, não era compartilhada por todos os cristãos-novos portugueses — netos ou bisnetos dos convertidos em 1497, os *batizados em pé* por ordem de dom Manuel. Entre o criptojudaísmo consciente e a assimilação católica, havia gradações sutis e variadas no seio da população cristã-nova. A identidade religiosa dos cristãos-novos é algo que só se pode desvendar caso a caso, considerando a idade dos indivíduos, a experiência pessoal ou familiar e o tipo de relação mantida com parentes estabelecidos em regiões onde o judaísmo era livre.

Nem judeus, nem cristãos

Em termos concretos, no caso dos cristãos-novos que migraram de Antuérpia para Amsterdã, a partir de 1585, é certo que pertenciam a um grupo a meio caminho do judaísmo. É certo que eram cristãos batizados, mantinham alguma aparência de católicos, mas viviam como criptojudeus. Seguiam diversos costumes judaicos, guardavam o sábado, não comiam carne de porco, celebravam algumas festas da religião. A ausência de pressões inquisitoriais na Flandres, ao menos no reinado de Carlos V, favorecia a manutenção do criptojudaísmo entre eles. Criptojudaísmo mais profundo, em tese, do que o dos parentes que viviam em Portugal.

Mas, quando partiram para Amsterdã após a queda de Antuérpia, não possuíam nenhum projeto de restaurar um judaísmo que conheciam mal, pois também eles estavam separados por três ou mais gerações dos convertidos em 1497. Além disso, no final do século XVI, não havia nenhuma garantia institucional de que o governo da república neerlandesa autorizaria o culto judaico.

A partida dos criptojudeus de Antuérpia para Amsterdã e outras cidades holandesas foi, antes de tudo, uma fuga. Fuga da sanha inquisitorial que decerto viria com a vitória espanhola nas províncias flamengas do sul. A memória das perseguições perpetradas pelo duque de Alba contra os calvinistas na década de 1560 ainda estava bem viva. Ainda assim, muitos mercadores cristãos-novos permaneceram em Antuérpia a serviço da Coroa espanhola, com a qual tinham contratos. Seja como for, os criptojudeus que fugiram buscaram a terra do inimigo de Filipe II para livrar-se do pior, não para refundar o judaísmo *sefardi* em Amsterdã. Nem saberiam como fazê-lo.

O mesmo se pode dizer, com mais razão, dos primeiros cristãos-novos que saíram de Portugal para Amsterdã. Separados por mais de 100 anos do judaísmo dos avós, viviam na alça de mira inquisitorial, embora praticassem, quando muito, um judaísmo doméstico. Estavam há tempos apartados da vida sinagogal, desconheciam o hebraico. Sequer havia livros hebreus em Portugal nessa época, pois a maioria tinha sido confiscada logo após a conversão forçada. Além disso, houve numerosos casos de cristãos-novos que se mudaram para Amsterdã no início do século XVII, mas nem por isso adotaram o judaísmo, ou somente o fizeram anos depois. Continuaram a viver como cristãos-novos e ficavam num vaivém entre Holanda, Portugal, Espanha e colônias, mais preocupados em fazer negócios. Vale lembrar que nem todo cristão-novo era criptojudeu ou judaizante.

A migração dos cristãos-novos portugueses para Amsterdã somente ocorreu no século XVII, crescendo à medida que a comunidade sefardita se organizava na "Jerusalém do Norte". Não foi deles — nem poderia ter sido — a iniciativa de reconstruir o judaísmo português na Holanda.

De cristão-novo a judeu novo

O cristão-novo disposto a se tornar judeu tinha de aceitar a circuncisão, fosse um menino de poucos anos, fosse um homem maduro ou idoso. No caso das mulheres, tinham de sujeitar-se ao banho purificador na *mikvê*, cisterna do templo, que removia a mancha do batismo cristão e do passado *goim* (gentio). Homens e mulheres recebiam nomes novos, adequados à nova identidade, que, no entanto, conservava uma parte do sobrenome cristão. Alguns só mudavam o prenome, conservando o sobrenome cristão, outros mudavam o nome inteiro. Os prenomes adotados eram, em geral, inspirados em personagens bíblicos. No caso dos homens eram usuais os nomes de Abraão, Isaac, Moisés, Davi, Samuel, Salomão, Joshua e Jacob. No caso das mulheres, Sara, Esther, Raquel, Débora, Hanna.

Quanto aos sobrenomes, a escolha era mais complexa,[14] sendo usual a adoção de patronímicos hebraicos (Abravanel, Abraham, Abendana, Aboab). O mais comum era a adoção de sobrenomes bíblicos compostos, formados pela junção do nome de família cristão com palavras de origem hebraica, com destaque para Cohen, Levi e Israel. Ao longo deste livro, veremos inúmeros exemplos desse tipo: Israel Brandão, Cohen Henriques, Levi Pereira. Enfim, há registro de homens que trocaram o nome cristão por outro totalmente hebraico. Menasseh Ben Israel, grande rabino de Amsterdã, é o exemplo mais ilustre. Seu nome cristão era Manuel Dias Soeiro.

Judíos nuevos en Amsterdam, do historiador Yosef Kaplan, é o livro que melhor problematiza os dilemas institucionais, religiosos e identitários dos cristãos-novos engajados na reconstrução do judaísmo na Holanda, por eles chamada de "terra de liberdade". Afastada a hipótese de um "essencialismo judaico" — *ilusão de continuidade*, nas palavras de Miriam Bodiam — os cristãos-novos, ainda que criptojudeus no mundo ibérico, conheciam pouco ou nada do judaísmo. Com raríssimas exceções, todos possuíam formação cristã, alguns tinham mesmo estudado nas universidades ibéricas ou ingressado em ordens religiosas — sem chegar a professar votos completos.

A formação intelectual dessa minoria de letrados criptojudeus era, portanto, cristã. O pouco que conheciam do judaísmo provinha de fontes secundárias, quase sempre católicas e antijudaicas, como a literatura polemista do século XVI, dedicada a demonstrar os *erros* da chamada "lei velha" ou "lei de Moisés" — fórmula usada pelos teólogos cristãos para designar o judaísmo. João de Barros, por exemplo, escreveu, no início da década de 1540, o *Diálogo evangélico sobre os artigos da fé contra o Talmud dos judeus,* defendendo sua conversão pacífica ao cristianismo no momento exato em que a Inquisição se instalava em Portugal. Nesse panegírico em favor do cristianismo, João de Barros viu-se obrigado a discorrer sobre o judaísmo para justificar os *erros* da "lei velha".[15] O mesmo se pode dizer do *Espelho dos cristãos-novos*, do cisterciense Francisco Machado (1542), cujo bordão, dirigido aos criptojudeus portugueses, era direto: "Dixai a lei de Moisés!"

A esmagadora maioria dos criptojudeus que emigraram para Amsterdã no início do século XVII não lia hebraico e desconhecia os livros da religião judaica. Até mesmo a *Torá* — os cinco livros do Pentateuco — era inacessível à maioria. A Bíblia, aliás, era um livro autorizado somente para clérigos, em latim, no mundo católico, salvo permissões especiais, além de ter proibida a sua tradução para línguas vernáculas. A primeira tradução da Bíblia para o castelhano, feita por cristãos-novos convertidos ao judaísmo e restrita ao Antigo Testamento, só apareceu, como já disse, em 1553, na cidade italiana de Ferrara. Uma Bíblia composta por judeus e para os judeus.

À vista de tantas limitações, Kaplan afirma que, para a maioria dos (re)convertidos, "a primeira comunidade judia que conheceram foi a que eles mesmos haviam criado".[16] Logo, seria impossível pensar-se no judeu português ou espanhol recém-convertido em Amsterdã enquanto um judeu tradicional. Tratar-se-ia, antes, de um *judeu novo*, um judeu em formação, um judeu em busca de uma identidade religiosa e cultural que desconhecia, exceto por saber da origem judaica de seus avós. O *judeu novo* era, no entanto, também cristão, por formação, ou meio-cristão, por acalentar, no foro íntimo, em maior ou menor grau, a dúvida sobre qual lei garantia a salvação da alma — se a "lei de Moisés" ou a "lei de Cristo". Esse foi um dilema crucial para boa parte dos *judeus novos* da Holanda.

A comunidade *sefardi* na Holanda diferia bastante das congêneres anteriores da Itália, do Marrocos ou do Império Otomano. Essas últimas tinham se formado nos séculos XV e XVI com base em judeus tradicionais emigrados da Península Ibérica. Judeus espanhóis, que não tinham se convertido ao cristianismo, após os motins de 1391, e temiam ser alvo de perseguições populares. Judeus que deixaram a Espanha em 1492, buscando o Marrocos ou as cidades italianas. Judeus portugueses ou hispano-portugueses que conseguiram fugir após o decreto manuelino de 1496, impondo a conversão forçada. As comunidades *sefardim* na diáspora mediterrânica no século XVI foram erigidas por judeus tradicionais. Em contraste, cerca de um século depois, a comunidade *sefardi* da Holanda foi iniciativa de criptojudeus que desconheciam o judaísmo, exceto por fragmentos da memória e de alguns costumes isolados. O conceito de *judeu novo* vale mais para essa última — e para outras formadas na mesma época, como a comunidade de Hamburgo.

A tarefa dos *judeus novos* para (re)construir o judaísmo na Holanda dependeu, por isso mesmo, da contratação de rabinos provenientes das comunidades *sefardim* mais antigas do Mediterrâneo. Afinal, como diz Kaplan, a maioria dos judeus novos de Amsterdã era, por sua ignorância religiosa, de "judeus sem judaísmo".

Judeus velhos e judeus novos

Um dos primeiros rabinos sefarditas foi José Pardo, de origem greco-portuguesa, natural de Salonica, que chegou a Amsterdã em 1608. Tornou-se rabino da primeira congregação judaica de Amsterdã, a *Bet Iacob* (Casa de Jacó), desalojando o alemão Uri Halevi. José Pardo tinha boa formação religiosa e era discípulo de Leon de Modena, um dos principais rabinos de Veneza, onde Pardo viveu nos anos 1590. José Pardo, que além de rabino era comerciante, segundo alguns falido, foi um dos que emigraram para Amsterdã no limiar da emigração de cristãos-novos, certo de que seus serviços como professor e oficiante do judaísmo seriam úteis para a nova comunidade que se criava.

Outro rabino de grande importância foi o citado Saul Levi Mortera, judeu nascido em Veneza, cuja origem *sefardi* é controvertida. Foi professor de hebraico dos filhos de Filipe Rodrigues Montalto, médico português que mais tarde seria contratado pela regente da França, Maria de Médicis. Saul Mortera seguiu com o médico para Paris e dali foi para Amsterdã, em 1616, quando tinha apenas 20 anos. Era profundo conhecedor do Talmud e mesmo do Novo Testamento, além de dominar diversas línguas: português, castelhano, italiano, francês, hebraico e aramaico. Mortera também foi rabino da *Bet Iacob*, tornando-se uma das principais autoridades religiosas da comunidade judaica de Amsterdã, onde morreu, em 1660.

Judá Vega foi o primeiro rabino da segunda congregação judaica de Amsterdã, a *Neveh Shalom* (Morada da Paz), fundada em 1608. Não se sabe ao certo de onde era natural, talvez da Turquia. Transferiu-se para Istambul em 1610, sendo substituído por Isaac Uzziel, judeu de origem espanhola, cuja família tinha emigrado para Fez, no Marrocos, ao longo do século XV. Médico, músico e poeta, foi também rabino de Oran, na Argélia, antes de assumir o posto na *Neveh Shalom*, falecendo em 1622.

Seu sucessor foi o mais prestigiado rabino da comunidade *sefardi* da Holanda, Menasseh Ben Israel, nascido em 1604, em Lisboa, ou talvez em La Rochelle, no sul da França, onde a família fez escala, em 1613. O pai fora condenado pela Inquisição, do que resultou a fuga da família. Foi discípulo do rabino marroquino Isaac Uziel, tornando-se rabino-mor da congregação em 1631. Menasseh pertence, no entanto, a uma segunda geração de rabinos já formada na Holanda. Foi também o caso de David Pardo, rabino da terceira congregação *Bet Israel* (Casa de Israel) de Amsterdã, fundada em 1618, pois era filho de José Pardo.

A fundação de congregações e sinagogas em Amsterdã dependeu, portanto, da contratação de "judeus velhos", conhecedores dos livros sagrados, homens com formação nas *yeshivot* (escolas religiosas). Não era tarefa fácil ensinar a religião hebraica aos *judeus novos,* considerando que o judaísmo é, antes de tudo, uma religião da lei escrita, cuja observância depende da leitura em hebraico. Basta citar a cerimônia da páscoa judaica, o *Pessah*, comemorativo da fuga dos hebreus do cativeiro no Egito. Toda a cerimônia é minuciosamente detalhada na *hagadá,* cujo texto mistura excertos do Êxodo, salmos, canções, instruções sobre como partir e comer o pão ázimo (*matzá*) e beber o vinho em quatro cálices. Os judeus novos ignoravam tudo isso.

Ignoravam também, como é óbvio, a lei religiosa judaica, a *halajá,* que regulamentava os ensinamentos do Talmud, livro sagrado do século II d.C. que contém a tradição oral do judaísmo. O Talmud é a fonte da cultura religiosa judaica, assim como a Torá o é da sua história sagrada, e se compõe de duas partes: a *Mishná,* que consiste no registro escrito da lei (*halajá*), e a *Guemará,* que compreende discussões e comentários sobre a *Mishná.* Contém, assim, uma espécie de casuística para normatizar casamentos, divórcios, heranças, cerimônias e ritos variados, como a circuncisão, os sepultamentos, os modos de preparar os alimentos e tudo o mais exigido do membro da comunidade judaica.

O judaísmo *sefardi* tinha dado contribuição decisiva para a codificação da *halajá* a partir da publicação do *Shul'han arukh* (Mesa posta), feita pelo rabino de Toledo, Yosef Caro, antes da expulsão dos judeus da Espanha. A obra de Joseph Caro foi pouco depois adendada pela publicação do *Mapah* (Toalha de mesa), obra do rabino polonês Moses Isserles, natural da Cracóvia, que adaptou a *halajá* dos sefarditas aos costumes *askenazim.* Esses livros tiveram ampla difusão no seio das comunidades judaicas do mundo inteiro, sendo leitura obrigatória nas escolas religiosas. Vale sublinhar, a propósito, que nesse patamar de ensinamento e codificação religiosa, o mundo judeu ultrapassava, desde a Idade Média, as fronteiras políticas da Europa cristã, promovendo o diálogo entre as autoridades rabínicas *sefardim* e *ashkenazim.*

O criptojudaísmo praticado pelos cristãos-novos no mundo ibérico, ou mesmo em Antuérpia, menos vigiada, nem de longe se aproximava do judaísmo letrado, ensinado nas *yeshivot* e praticado nas sinagogas. Um judaísmo fundamentalmente masculino, pois as mulheres eram excluídas da vida sinagogal. Podiam assistir aos ofícios aboletadas numa galeria especialmente construída para abrigá-las. O papel das mulheres no cotidiano religioso sobressaía na casa, na preparação do *shabat,* nos ritos ligados à vida doméstica. As mulheres assumiriam, por isso mesmo, papel de grande importância no criptojudaísmo dos cristãos-novos, porque esse era doméstico. Mas também nesse caso as tradições da *halajá*, a exemplo das orações em hebraico, eram totalmente ignoradas.

Os rabinos *sefardim* tiveram de partir praticamente do zero, em matéria de judaísmo, para fazer dos cristãos-novos portugueses "verdadeiros judeus". A formação dos primeiros *judeus novos*, sobretudo dos mais velhos, estava condenada a ser um arremedo, ensinamento superficial de alguns princípios e ritos judaicos. Os mais jovens, porém, foram logo iniciados com mais rigor, forjando-se uma geração de rabinos altamente qualificados.

A estrutura do ensino judaico foi montada para os que chegavam ainda meninos ou jovens e, certamente, para os filhos dos judeus portugueses nascidos na Holanda. Mas até mesmo esses últimos, como veremos, traziam a marca da "origem católica dos pais judeus". Fórmula desconcertante, admito, porém exata para definir os primeiros "judeus novos" de Amsterdã. O fato é que muitos filhos dos judeus novos continuariam meio católicos por toda a vida, embora nascidos em meio judeu, marcados pela cultura ibérica, pela língua portuguesa, pela formação cristã.

As três congregações

Apesar de todas as limitações, a comunidade judaica de Amsterdã se desenvolveu em ritmo acelerado, a ponto de ser reconhecida e elogiada por rabinos *ashkenazim* que passaram pela cidade ou nela se estabeleceram a partir da década de 1640. A iniciativa e o financiamento para tamanho esforço partiram de um grupo seleto de grandes comerciantes *sefardim* vindos de Antuérpia, na década de 1590, das cidades mediterrânicas ou do próprio Portugal no início do século XVII. Eram criptojudeus ou aspirantes a regressar ao judaísmo, que escolheram viver na Holanda por várias razões, em especial pelo lugar exponencial assumido por Amsterdã no comércio internacional.

Foi o caso de Samuel Palache, natural do Marrocos, embaixador do rei de Fez na Holanda.[17] Foi, também, o caso de Jacob Tirado, natural de Lisboa (1540), cuja família criptojudia conseguiu emigrar para Veneza, fugindo da recém-criada Inquisição portuguesa. Jacob Tirado, cujo nome cristão era Jaime Lopes da Costa, tornou-se cabeça de uma rede de comerciantes que operava em Veneza, Lisboa e Amsterdã, sendo um dos fundadores da primeira congregação judaica na cidade. Foi ele quem doou a primeira *Sefer Torá* para a sinagoga da *Bet Iacob,* em 1603.

Na década de 1640, já com a comunidade assentada, nova leva de grandes mercadores portugueses refugiou-se em Amsterdã, oferecendo suporte financeiro à comunidade judaica. Foi o caso de Antônio Lopes Suasso e Abrão Israel Pereira, arrematantes de vários contratos da Coroa espanhola durante o ministério do conde-duque de Olivares, valido de Filipe IV, quando caíram em desgraça após a queda de seu protetor, em 1643. Do mesmo modo, Manuel de Belmonte, que chegou a ser diplomata do rei espanhol em Amsterdã, e Jerônimo Nunes da Costa, agente do rei português na cidade após a Restauração, tornaram-se grandes patronos da congregação na Holanda.

O esforço para criar as condições necessárias à (re)judaização dos cristãos-novos em Amsterdã foi, desde o início, marcado por cizânias religiosas, pessoais e institucionais. Recordemos o caso do rabino alemão Uri Halevi, que conduziu os primeiros criptojudeus ao judaísmo, no final do século XVI. Halevi foi logo marginalizado, talvez por adotar ritos *ashkenazim* em seus ensinamentos, ou por ter seu posto ambicionado pelos rabinos *sefardim* recém-chegados a Amsterdã no início do século XVII. No caso da *Bet Iacob*, o greco-português José Pardo ocupou seu lugar na congregação, a partir de 1608, com o apoio do grande mercador Jacob Tirado, em cuja casa funcionava a sinagoga da congregação. Jacob Tirado contratou José Pardo e seu filho, Davi Pardo, um como rabino (*haham*), outro como oficiante (*hazan*). Herman Salomon resumiu bem o conteúdo dessa mudança: "Assim, *Bet Iacob* tomou a feição de comunidade genuinamente *sefardim*, como um *haham* hispano-falante e um *hazan* sefardim-rezante."[18]

Se a mudança ocorrida na Casa de Jacob pode ter sido motivada também por razões litúrgicas, o mesmo não se pode dizer da fundação da *Neveh Shalom*, a segunda congregação de Amsterdã, criada em 1608. Qual a razão para fundar outra congregação em uma comunidade que mal ultrapassava a faixa de 200 pessoas? Tudo indica que isso se deveu às rivalidades entre dois grandes mercadores judeus estabelecidos em Amsterdã: de um lado, Jacob Tirado, o mecenas da *Bet Iacob*, chefe da conexão Veneza-Lisboa-Amsterdã; de outro lado, Isaac Franco, cujo nome cristão era Francisco Mendes Medeiros, comerciante e impressor, ligado a Samuel Palache, também comerciante de *grosso trato* e embaixador do reino marroquino de Fez na Holanda, líder da conexão Fez-Madri-Amsterdã. Não por acaso, Isaac Uzziel, natural de Fez, foi contratado como rabino por Palache, em 1610. A *Neveh Shalom* parece ter resultado, portanto, de um conflito de interesses entre grandes mercadores ligados ao comércio mediterrâneo. Assim, cada grupo passou a ter sua congregação particular, embora partilhassem as escolas e o cemitério.

As cizânias na comunidade não terminaram, porém, em 1608. Pelo contrário, tornaram-se mais agudas à medida que aumentava a população *sefardi* de Amsterdã, já na casa das 500 pessoas em 1616. A confusão surgiu na *Bet Iacob* e resultou na fundação de uma terceira congregação, a *Bet Israel*. "Casa de Israel." Os motivos da querela são obscuros, como tantos outros, mas sabe-se que brotou da desavença entre o rabino José Pardo e o médico David Farar, português cujo nome cristão era Francisco Lopes Henriques. David Farar também era o comerciante encarregado de abastecer a população das duas congregações de carne *kasher*, ou seja, proveniente de animais abatidos segundo o rito judaico. Em 1614, Farar fez parte da comissão formada pelas duas congregações para comprar o terreno destinado ao cemitério judeu de Amsterdã.

Se a disputa entre José Pardo resultou de seus negócios com a carne *kasher* ou com a compra do terreno em Ouderkerk, eis algo difícil de responder. Mas é certo que o prestígio de Farar na *Bet Iacob* só fez crescer. Ele se via como uma espécie de "rabino *honoris causa*" da comunidade, segundo vários historiadores, desafiando a autoridade de José Pardo. A disputa, motivada por divergências litúrgicas, veio à tona em 1618 e o conflito pendeu para o lado dos seguidores de Farar, entre os quais Saul Mortera. No plano religioso, solicitada a arbitrar a pendência, a corte rabínica de Veneza considerou a disputa de somenos importância e absolveu tanto Pardo quanto Farar. No campo institucional, os seguidores de José Pardo fundaram a *Bet Israel*. Pardo morreu no ano seguinte, legando seu posto ao filho Davi Pardo. Saul Mortera tornou-se o *haham* da *Bet Iacob*.

Rumo à unificação institucional

As três congregações conviveram pacificamente na década de 1620, superados os ressentimentos entre a *Bet Iacob* e a *Bet Israel*, apesar da disputa que travaram na partilha dos bens. As tendências centrífugas da comunidade eram compensadas por diversas iniciativas cooperativas desde o tempo em que só havia duas congregações.

A iniciativa mais importante foi a criação da *Santa Companhia para Dotar Órfãs e Donzelas Pobres,* em 1614, chamada no dia a dia como *Dotar*. Foi a primeira instituição da comunidade judaica de Amsterdã cujo nome não era hebraico. Como sugere o nome, a companhia possuía um fundo comum para distribuir dotes a moças judias sem recursos, objetivando formar famílias e adensar a comunidade. A iniciativa de criar a *Dotar*, em 1612, foi do mercador português Jacob Coronel, que se associou, para este fim, a outros grandes mercadores, Samuel Abravanel e Joshua Habilho. A inauguração da companhia ocorreu em fevereiro de 1615, em sessão presidida por José Pardo, reputado como um dos fundadores da *Dotar*.

Mas a *Dotar* não foi uma invenção da comunidade *sefardi* da Holanda, senão uma cópia de associação similar de Veneza. Também não foi a primeira instituição assistencialista da comunidade, pois a *Bet Iacob* havia criado, em 1609, a *Bikkur Holim* ("visitar os doentes"), encarregada de prestar assistência aos pobres, sobretudo aos doentes, bem como de custear o enterro à moda judaica (lavando o corpo e amortalhando o defunto com pano novo). No entanto, a *Dotar*, além de possuir fundos substantivos, foi a primeira ação cooperativa entre as duas congregações existentes em 1615.

Outra grande iniciativa comum ocorreu, ainda em 1614, quando a *Bet Iacob* e a *Neveh Shalom* compraram juntas o terreno para erigir o cemitério dos judeus nas cercanias de Amsterdã, conforme já mencionado.

JERUSALÉM COLONIAL

Formou-se uma comissão mista encarregada de arrecadar fundos para o empreendimento, outro ensaio de unificação das congregações em matéria financeira. O cemitério foi chamado de *Bet Haim* (Casa da Vida) e seria ampliado ao longo do século XVII, graças à aquisição de terrenos adjacentes.

A união entre as duas congregações quase ocorreu nessa época, sendo interrompida pela crise interna que dividiu a *Bet Iacob*, em 1618. Mas o processo de unificação deu importante passo, em 1622, com a criação de uma comissão permanente para administrar os recursos de toda a comunidade, estabelecendo políticas gerais. A comissão foi criada para coordenar a coleta e aplicação de recursos provenientes da chamada *Imposta*, um conjunto de taxas, com alíquotas diversas, que incidiam sobre o comércio de exportação e importação, negócios com ouro, prata, diamantes, âmbar, pérolas e joias e outras transações monetárias, como seguros ou atividades bancárias.

Composta por seis deputados, dois de cada congregação, a comissão foi encarregada de administrar o erário da comunidade. Diversos itens de seu regulamento especificavam as quantias a serem investidas na assistência aos pobres, doentes e às viúvas. A *Imposta* se confundia, portanto, com a *Tzedacá*, grafada em vários documentos simplesmente como "sedacca" ou "sedaca". Significa, literalmente, *caridade*, pois a ajuda aos necessitados, no judaísmo, é considerada tão importante quanto as demais obrigações religiosas. Na década de 1630, temerosa da crescente imigração de pobres *sefardim* e, sobretudo, da emigração de judeus *ashkenazim* para Amsterdã, as autoridades judaicas instituíram uma política para *despachar*, isto é, realocar judeus em outras terras onde o judaísmo era permitido. As rendas da *Imposta* financiaram essa política de desterro seletivo de grupos, famílias ou indivíduos considerados indesejáveis ou numericamente excessivos.

A unificação institucional somente ocorreu em 1639, quando foi criada a *Kahal Kadosh Talmud Torá* (Santa Congregação do Ensino da Torá), abarcando as três congregações. A unificação foi motivada, em parte, pelo projeto de construção de uma grande sinagoga destinada a uma comunidade que já tinha ultrapassado a casa de mil pessoas. As sinagogas situadas nos sobrados de grandes comerciantes ou mesmo o prédio de *Bet Iacob*, chamado de "Antuérpia", não davam mais conta de atender à população *sefardi* de Amsterdã.

Mas tal objetivo foi mais pretexto do que razão, pois a sinagoga somente seria concluída em 1675, situada na atual praça de Waterloo (Waterlooplein), no coração do bairro judeu de Amsterdã. Mais importante para a união foi a guerra entre as Províncias Unidas e a Espanha, na qual os judeus se envolveram de diversos modos, ao lado dos holandeses. As autoridades comunitárias julgaram necessário estruturar um organismo forte para defender o interesse dos judeus em circunstâncias desfavoráveis, sobretudo nas regiões conflagradas, a exemplo do Brasil.

Enfim, o crescimento da imigração de pobres, além de inspirar a política de "despachamento" adotada pela comunidade, pesou a favor da unificação institucional do mundo *sefardi* de Amsterdã. Por outro lado, muitos mercadores de grande porte transferiram residência para Hamburgo ou mesmo para o Brasil, na década de 1630, passando a contribuir com as congregações judaicas desses lugares, gerando perda de receita na *Imposta* das congregações holandesas. As autoridades *sefardim* julgaram essencial centralizar a administração dos recursos financeiros da comunidade.

Mas foi o afluxo cada vez maior de *ashkenazim* de origem alemã e polonesa, fugidos da Guerra dos Trinta Anos (1618-1648), a maioria deles muito pobre, que se tornou a preocupação central das autoridades sefarditas. Os "tudescos" ou "polacos", como eram chamados pelos judeus ibéricos, viviam mendigando de porta em porta e faziam comércio a retalho, interditado aos judeus pelas autoridades de Amsterdã. Os *sefardim* portugueses se esforçaram ao máximo para se distinguir dos recém-chegados do centro-leste da Europa. A criação da *Talmud Torá*, instituição *sefardi*, mais do que judaica, foi um passo essencial nesse esforço.

JERUSALÉM COLONIAL

Talmud Torá, governo judeu em Amsterdã

A organização da *Talmud Torá*, a começar pelo próprio nome, se moldou na estrutura da congregação de Veneza, o que não chegou a ser novidade, pois também as congregações anteriores mostraram a mesma influência nos seus institutos. Todos os chefes de família judeus (*yahidim*) de origem *sefardi* (portugueses e espanhóis) podiam se inscrever na congregação. Os estatutos da comunidade (*Ashkamot*) regulavam a vida comunitária nos mais diferentes aspectos, confiando o governo a um conselho de notáveis chamado *Mahamad*, cuja tradução literal é deputação ou classe. O *Mahamad* era o órgão máximo da *Talmud Torá*, com atribuições que incluíam tanto a administração secular como a religiosa: emitia decretos e regulamentos; nomeava os rabinos e demais cargos da congregação; fixava impostos e penalidades para os inadimplentes; julgava os infratores das regras comunitárias, bem como os dissidentes ou críticos do judaísmo, aplicando, no limite, a pena de excomunhão (*herem*).

Uma das principais tarefas do *Mahamad* era representar a comunidade junto às autoridades municipais de Amsterdã (burgomestre e conselho local) e aos Estados Gerais — órgão máximo das Províncias Unidas dos Países Baixos. A outra era a censura de livros que se poderiam imprimir na jurisdição da comunidade, ou seja, nas casas editoriais judaicas. Embora fosse órgão representativo de uma minoria religiosa na Holanda, cujos líderes se ligavam ao grande comércio internacional, o *Mahamad* lembrava as instituições típicas do Antigo Regime, acumulando atribuições administrativas, legislativas, judiciárias, diplomáticas e censórias.

Os delegados do *Mahamad* eram chamados de *parnassim* (administradores) e representavam as famílias mais ricas da comunidade, escolhidos por meio de eleições muito restritivas. Cada membro do *Mahamad* — ou a família que cada qual representava — escolhia seu sucessor no conselho. Eram em número de sete os *parnassim* da *Talmud Torá*, seis deles conselheiros e um tesoureiro. O conselho era renovado bianualmente à base de 50% em cada pleito anual: o primeiro às vésperas do *Rosh Hashaná* (Ano-Novo) e o segundo às vésperas do *Pessah* (Páscoa). A direção executiva do *Mahamad* era exercida por meio de um rodízio: a cada dois meses um *parnas* ocupava o posto de *parnas ha-hodesh* (presidente).

O sistema de renovação ágil de mandatos e de rodízio da presidência não fazia do *Mahamad* uma instituição aberta, muito menos democrática. Tratava-se, em suma, de conciliar as famílias dos grandes mercadores *sefardim* no governo, permitindo a todas um lugar no conselho e na direção executiva da congregação. O sistema consagrava um regime de governo tipicamente plutocrático. No entanto, dado que o *Mahamad* deliberava com frequência sobre assuntos religiosos, o ideal era o cargo de *parnas* ser preenchido por indivíduos com boa formação judaica.

Os rabinos, limitados aos assuntos religiosos, não possuíam poderes de governo na comunidade. Nesse ponto, o sistema da *Talmud Torá* diferia bastante da comunidade *sefardi* tradicional de Portugal ou da Espanha, onde era o rabino de cada cidade ou sinagoga que representava os judeus de sua jurisdição junto ao rei e às demais autoridades. O termo hebraico *rabi* significa "meu mestre", mas era título menos usado do que o de *haham* ou *hakham*, isto é, sábio, cargo mais bem remunerado da congregação. Devia ser pessoa douta no conhecimento da Torá e do Talmud.

O rabino-mor era incumbido de supervisionar toda a vida ritual, as festas religiosas e a educação dos meninos, além de dirigir os demais funcionários da sinagoga. Muitas vezes o *haham*, sendo pessoa doutíssima, era requisitado pelo *Mahamad* para emitir pareceres sobre casos espirituais ou de foro civil muito específico, como casamentos ou direitos de herança. Alguns rabinos, como Leon Montalto (Veneza), eram tão afamados que emitiam pareceres para comunidades localizadas em outros países. No caso da *Talmud Torá*, rabinos cujo brilho intelectual e cuja argúcia política eram indiscutíveis, como Saul Mortera e Menasseh Ben Israel, foram ouvidos em decisões fundamentais dos *parnassim,* durante o século XVII.

Logo abaixo do *haham* na hierarquia religiosa vinha o *hazan,* rabino-oficiante, também assalariado da congregação, encarregado de conduzir as orações diárias na sinagoga. Devia ter profundo conhecimento das orações e melodias, além de dotes musicais. Uma das principais atribuições do *hazan* era ensinar aos jovens os rituais do *shabat* e a cantar a Torá ou a *haftará* ("passagem final"), um trecho do livro dos Profetas que sucede a leitura da Torá, concluindo a cerimônia. A leitura cantada da Torá ou de *haftarot* (plural de *haftará*) era o auge do *bar mitzvá* ("filho do mandamento"), cerimônia na qual os meninos eram integrados à comunidade judaica, aos 13 anos. Um rito de passagem que exigia do jovem a capacidade de ler em voz alta, em hebraico, um trecho do livro sagrado.

Foi com a criação da *Talmud Torá*, aliás, que o sistema de educação dos meninos judeus foi estruturado, visando a "rejudaizar" os filhos pequenos dos imigrantes *sefardim*. A base do sistema educacional da *Talmud Torá* foi criada em 1616 por membros da *Bet Iacob* e da *Neveh Shalom*, que fundaram a associação *Est Haim* ("Árvore da vida"), dedicada à educação dos meninos. Em 1639, a *Est Haim* foi incorporada à estrutura da congregação e seu currículo consolidado, prevendo estudos em seis ou sete graus (alguns documentos utilizavam o termo *escuelas*, em castelhano). Nos primeiros graus, eram instruídos na leitura e escrita do alfabeto hebraico; em seguida aprendiam a ler a Torá e o Livro dos Profetas, além de traduzir textos do hebraico para a língua castelhana.

Nos últimos dois graus, reservados aos que desejavam seguir carreira rabínica, o estudo se concentrava no Talmud e na já mencionada *halajá*. Essa fase de estudos ultrapassava o ensino elementar e pertencia ao foro da *yeshivá*, por vezes grafada *jesibá*: escola superior de estudos religiosos dedicada a formar rabinos. Na segunda metade do século XVII, e sobretudo no século XVIII, vários rabinos atuantes em Amsterdã provinham das *yeshivot* (plural de *yeshivá*) criadas pelos judeus portugueses. "Judeus novos" que, vale a pena repetir, desejavam transformar-se em "judeus velhos", se não eles próprios, pelo menos seus filhos e netos. Uma plêiade de rabinos (*hakinin*) passou a atuar na rede de ensino *sefardi*, em vários graus, remunerados com fundos da *sedaca* — o fundo da "caridade". A imprensa judaica em Amsterdã deu conta da demanda de livros e "catecismos" para o ensino de uma religião que dependia, visceralmente, da cultura escrita.

Os judeus portugueses de Amsterdã criaram, pois, uma complexa engrenagem para promover a (re)judaização de suas famílias e de seus conterrâneos, que buscavam refúgio na "Jerusalém do Norte". Os órgãos dirigentes, a começar pelo *Mahamad*, e o próprio rabinato adotaram posturas extremamente rigorosas, seja na política educacional, seja no tratamento de desvios de consciência ou negligência ritual. Não toleravam barulho na sinagoga, proibiam a realização de negócios no templo, puniam qualquer deslize na observância do *Shabat*.

Há depoimentos de rabinos *ashkenazim* que visitaram Amsterdã ou passaram a residir na cidade, no século XVII, quase chocados com o rigor dos *sefardim* em matéria religiosa. Pode parecer curioso que rabinos *ashkenazim*, formados em comunidades judaicas tradicionais, tenham se espantado com o rigor de uma comunidade judia composta majoritariamente por cristãos apóstatas ou "judeus novos". Yosef Kaplan chegou a sugerir que os cristãos-novos levaram para a Holanda o espírito inquisitorial ibérico e, convertidos ao judaísmo, adotaram postura implacável no plano institucional.[19]

Mas o *Mahamad* nunca foi uma espécie de "inquisição judaica". Quando muito, expulsou alguns da comunidade através da excomunhão (*herem*). Foi exatamente em razão da fragilidade do judaísmo da comunidade *sefardi* em Amsterdã que as autoridades da *Talmud Torá* se mostraram, de fato, demasiadamente zelosas da ortodoxia, adotando, no limite, políticas de intolerância. Mas nada que se compare com o Santo Ofício, que condenava os desviantes a penas seculares, incluindo a morte na fogueira.

Os sefarditas de Amsterdã eram, de fato, muito heterogêneos. Havia, entre eles, cristãos-novos que se recusaram a regressar ao judaísmo dos avós. Outros abandonaram o judaísmo, depois de se assumirem como judeus, incapazes de cumprir as exigências religiosas impostas a todos os *yahidim* pelo implacável *Mahamad*. Alguns ousaram criticar abertamente o rigorismo rabínico vigente em Amsterdã, sendo por isso sentenciados ao *herem* (excomunhão). O mais célebre dos dissidentes, já na década de 1650, foi o filósofo Baruch Spinosa, que depois de excluído adotou o nome de Benedictus Spinoza, traduzindo para o latim o *Baruch* hebraico. A ambivalência religiosa dos judeus novos, sua propensão a recaídas ou mesmo o ceticismo de alguns em relação ao divino — laicizando a própria consciência — eram vistos como grave ameaça para a sobrevivência da comunidade. As autoridades sefarditas não estavam dispostas a transigir, nos casos de discordância frontal, preferindo excluir o transgressor.

4. JUDEUS NOVOS, "GENTE DA NAÇÃO"

Por tudo o que temos visto até aqui, o conceito de "judeu novo", cunhado pelo historiador Yosef Kaplan, parece exprimir com exatidão as ambivalências, dualidades, inseguranças e até mesmo os excessos de radicalismo da comunidade *sefardi* de Amsterdã. Mas é claro que os protagonistas dessa metamorfose identitária não se viam como "judeus novos", senão como judeus que, à custa de muito esforço, tentavam resgatar uma identidade sufocada pelo catolicismo inquisitorial. Trata-se da "ilusão de continuidade" referida por Miriam Bodian, que reservava o período cristão na existência de cada indivíduo como um desvio, acidente de percurso, estágio provisório provocado por constrangimentos.

O pressuposto de um judaísmo inquebrantável, na alma e na progênie de cada cristão-novo, era o núcleo ideológico da comunidade. No discurso oficial, todos os cristãos-novos eram "filhos de Abraão", mesmo que ignorassem a lei do judaísmo. Na prática, a história era outra. Muitos "judeus" da primeira geração de imigrantes sofriam crises de identidade — sem saber se eram cristãos apóstatas ou judeus renascidos — dilema agravado pela dificuldade de entender o judaísmo, a começar pela língua hebraica.

O conceito de época que contribuía, até certo ponto, para aliviar essa tensão era uma expressão que os judeus portugueses haviam levado. Refiro-me ao termo clássico "gente da nação" e suas variantes: "homens da nação" ou "homens de negócio da nação". Essa última expressão era portadora de um sentido sociológico evidente, além de pressupor um grupo específico. Qual nação? A nação judaica, hebraica ou hebreia.

Em Portugal, o termo foi vulgarizado nos primeiros anos após a conversão forçada para *discriminar* ou *identificar* aquela parcela de cristãos que tinha adotado o cristianismo em 1497. Na virada do século XV para o XVI, os cristãos-velhos usavam, com frequência, expressões como "gente da nação hebreia" ou "gente da nação judaica" para se referir aos cristãos-novos, ex-judeus. Com o passar dos anos, difundiu-se a fórmula mais simples de "gente da nação". Tornou-se desnecessário identificar a origem hebreia dos conversos. Ela era muito bem conhecida de todos.

Até a instalação do Santo Ofício, em 1536, essa forma de tratamento discriminatória mal escondia o ressentimento dos cristãos-velhos com a ascensão dos cristãos-novos na sociedade portuguesa. Buscava-se, por meio de tais expressões, *marcar* o cristão-novo como neófito, portador de sangue impuro e, portanto, impedido de alcançar certas posições no mundo cristão. Após a instalação da Inquisição, o uso da expressão agregou novo sentido, a saber: a suspeita de que a "gente da nação" judaizava em segredo. Convém lembrar que essa suspeita generalizada era fruto do preconceito, pois muitos cristãos-novos abandonaram de vez o judaísmo com o passar das gerações. Mas seu uso generalizado equivalia a uma ameaça de denúncia.

No entanto, foi essa mesma expressão discriminatória que os judeus portugueses "reabilitaram", na Holanda, para exprimir sua identidade comum, ao mesmo tempo judaica e ibérica, sobretudo portuguesa. Os "judeus novos" preferiam se autodenominar como "gente da nação", quer nos documentos dirigidos às autoridades holandesas, quer à comunidade *sefardi*. A fronteira fluida entre a origem ibérica e a etnicidade originária parecia atenuar os dilemas identitários de uma comunidade que apenas começava a aprender o judaísmo.

Quem pertencia à "nação"?

Ao invés de examinar documentos monumentais, prefiro seguir as pistas de Kaplan e discutir os significados concretos da "gente da nação" na vinheta do quadro, isto é, em fontes aparentemente marginais. É o caso dos estatutos da *Santa Companhia de Dotar Órfãs e Donzelas* (1615),[20] que oferece bom indício das convicções e dos dilemas identitários dos "judeus novos" de Amsterdã. As candidatas aos dotes deveriam ser, necessariamente, de *origem portuguesa ou espanhola* e poderiam residir desde Saint-Jean-de-Luz, na fronteira da Espanha com o sul da França, até Dantzig, na fronteira da Prússia Oriental com a Polônia, passando por França, Flandres, Inglaterra e terras germânicas.

A região de recrutamento, na Europa Ocidental, praticamente acompanhava a rota da emigração *sefardi* para Amsterdã, incluindo as escalas no sul da França, por vezes longas temporadas, desabrochando nos Países Baixos ou em Hamburgo. A inclusão da França e da Flandres nas áreas de recrutamento se explica por ambas serem regiões de passagem na rota para Amsterdã. Na Flandres o judaísmo era proibido desde a vitória de Filipe II no final do século XVI. Na França, por sua vez, a proibição ocorreu nesse mesmo ano de 1615, por força de decreto de Maria de Médicis. Em ambas as regiões, porém, o criptojudaísmo era forte. A inclusão da Inglaterra é curiosa, pois no início do século XVII a população de origem judaica era ali modestíssima. Na banda oriental de recrutamento, os estatutos incluíram a Germânia e Dantzig, provavelmente em razão da presença em Hamburgo de mercadores *sefardim*, que operavam a leste dos Países Baixos.

Em resumo, as candidatas deveriam ser de origem *sefardi* (portuguesa ou espanhola), residentes em áreas de criptojudaísmo forte. Eram consideradas esposas ideais para os judeus residentes em Amsterdã. O exclusivismo *sefardi* se confirma na cláusula que definia os "companheiros" da *Dotar*, isto é, os que contribuíam para a associação. Admitia, além dos judeus residentes em Amsterdã, os moradores de outros países, desde que houvesse notícia segura de que "acreditavam na unidade do Senhor do mundo" (e não na Santíssima Trindade) e conhecessem a lei judaica — fossem ou não circuncidados, mesmo que vivessem "fora do judaísmo". A *Dotar* admitia até mesmo cristãos-novos em seus quadros, no caso dos homens, presumindo que eram judeus no foro íntimo.

A diferença de tratamento da *Dotar* em relação a homens e mulheres é digna de nota. Nos dois casos, os cristãos-novos, fossem homens ou mulheres, eram incluídos no conceito de "gente da nação": as mulheres como objeto de recrutamento para o matrimônio; os homens para contribuir com recursos financeiros. Mas se no caso dos homens admitia-se que vivessem até nos países ibéricos, fingindo-se de cristãos, o mesmo não ocorria com as mulheres. Espanha e Portugal ficaram excluídos das áreas de recrutamento das órfãs e donzelas. Comentando essa exclusão, o historiador Daniel Swetschinski aventou a hipótese de que os administradores da *Dotar* não confiavam nas mulheres cristãs-novas residentes na Península Ibérica por considerarem que o criptojudaísmo ali era clandestino e volátil.[21] Mas cabe perguntar: isso também não comprometeria a inclusão, enquanto "companheiros", de homens cristãos-novos residentes no mundo ibérico? Por que o criptojudaísmo das mulheres seria mais volátil do que o dos homens?

Evitemos, porém, qualquer interpretação "sexista". Os critérios da *Dotar* não objetivavam discriminar as cristãs-novas residentes em Portugal ou na Espanha só porque eram mulheres. Usavam critérios pragmáticos. Preferiam as mulheres que já estavam *em trânsito para o judaísmo*, mulheres pobres que já tinham abandonado a "terra da idolatria", vivendo em regiões onde o criptojudaísmo era tolerado, embora o judaísmo público fosse proibido. Os administradores da companhia não queriam correr o risco de dotar mulheres que, por alguma razão, relutavam em deixar o mundo católico. Já no caso dos homens, a flexibilidade se explica pelo fato de que muitos "homens de negócio" cristãos-novos viviam em Portugal, na Espanha e nas áreas coloniais. Julgavam melhor presumir que muitos, dentre eles, eram judeus de consciência, embora não professos, do que dispensar a valiosa contribuição que poderiam fornecer à agência matrimonial de Amsterdã.

Os estatutos da *Dotar* também estabeleceram uma relação formidável entre mulheres recrutáveis e membros ou companheiros da associação. Embora as mulheres dotadas fossem escolhidas por sorteios periódicos, foi estabelecida uma hierarquia de prioridades a partir de duas categorias: mulheres *parentas* e mulheres *particulares*. As primeiras deviam ter laços de parentesco consanguíneo até o terceiro grau com os "companheiros" da *Dotar*. Mesmo entre as *parentas*, havia uma hierarquia interna: em primeiro lugar, as filhas e irmãs dos membros; em segundo lugar, as netas e primas de primeiro grau; em terceiro lugar, as primas de segundo grau. As moças *particulares*, que só por milagre conseguiam algum dote, eram mulheres sem nenhuma relação de parentesco com os "companheiros" da *Dotar*.

Assim, examinando o modelo de matrimônio ideal concebido pelos sefarditas de Amsterdã, podemos rascunhar quem era considerado um membro típico da "gente da nação". Afinal, o modelo de matrimônio não era questão de somenos importância, pois tinha a ver com a reprodução e o projeto de perpetuação da comunidade. O típico "homem da nação" era forçosamente português ou espanhol, consideradas as uniões entre judeus e conversos de Portugal e Espanha, bem como a força da cultura judaico-castelhana na diáspora *sefardi*. Nesse particular, o exclusivismo *sefardi* valia também para as mulheres. O "homem da nação" devia ser também, de preferência, um "homem de negócio", um grande mercador ou, quando menos, alguém integrado às redes comerciais *sefardim* espalhadas pelo mundo. Podia até ser católico fingido, judeu dissimulado, contanto que tivesse dinheiro.

A "mulher da nação", por sua vez, devia ser, além de espanhola ou portuguesa, uma virtual judia, vivendo nas fronteiras da "Jerusalém do Norte" ou a caminho dela. Se vivesse em Portugal, não prestava para esposa de judeu português ou, pelo menos, não teria casamento financiado pela associação *sefardi* de Amsterdã. Além de judia de coração, tinha de ser filha, irmã, neta ou prima de algum membro da *Dotar*.

Os investidores sefarditas julgavam ser merecedores de privilégios na dotação de suas *parentas*. Tratava-se de refazer ou reforçar laços de parentesco na diáspora holandesa em conexão direta com os "homens de negócio da nação"; converter mulheres da família dispostas a abraçar o judaísmo, unindo-se a "judeus novos" públicos. Os estatutos da *Dotar* dão prova clara de que a união endogâmica era o modelo de matrimônio ideal.

Parentela, família, judaísmo professo ou dissimulado, negócios, redes mercantis, de tudo isso se nutria o conceito de "gente da nação". Superpondo-se a esse conjunto de qualificações, pontificava a origem ibérica, o judaísmo *sefardi*. A "gente da nação" era "gente da nação hebreia" desde que — e somente se — fosse originária de Portugal ou da Espanha.

A "Judiaria" da Breedestraat

Estabelecidos em Amsterdã, os judeus portugueses não se integraram plenamente à cidade, nem à cultura holandesa, ao menos no século XVII. Tenderam a fixar-se num bairro próprio, situado na ilhota de Vlooeinburg (bairro das pulgas), às margens do rio Amstel, onde hoje se localiza a Watterlooplein. O núcleo original do bairro foi a *Breedestraat* (rua Larga), atual *Jodenbreedestraat*, mas outras ruas e vielas foram sendo ocupadas à medida que crescia a imigração.

A intenção era criar ali uma *judiaria*, um bairro exclusivo de sefarditas, a exemplo do que ocorria noutras cidades europeias onde os judeus eram aceitos, seguindo o modelo medieval. Em outras palavras, criar um *ghetto* judeu, que, nesse contexto, nada tem a ver com os guetos criados no século XX pelo nazismo com o objetivo de isolar os judeus do restante da população. A palavra *guetto*, aliás, é um dos vocábulos que, na língua italiana, designa bairro; sua etimologia, segundo algumas interpretações, radica na palavra *borguetto*, pequeno burgo, pequena cidade.

O bairro judeu de Amsterdã nunca chegou, no entanto, a ser exclusivo dos judeus portugueses. Ali se estabeleceu, por exemplo, em 1639, ninguém menos do que o pintor Rembrandt, que adquiriu uma verdadeira mansão na própria *Breedestraat*. Foi uma grande sorte para os judeus — e para os futuros historiadores — a escolha residencial de Rembrandt, quando se mudou de Leiden para Amsterdã. Rembrandt manteve relações estreitas com os judeus, muitos dos quais (os ricos) se tornaram clientes do maior pintor holandês do século XVII. O retrato de Ephraim Bueno, médico judeu, ilustra o típico "aristocrata" de Amsterdã, fosse ou não judeu: traje negro, chapéu de abas largas, barba curta, postura senhorial.

Além de pintar temas do Antigo Testamento, Rembrandt retratou várias cenas do cotidiano judeu em Amsterdã, sendo hoje considerado um dos primeiros a representar os judeus sem os estereótipos tradicionais da pintura ocidental (associados a demônios, ganância, maldade). Mesmo nos quadros com temas bíblicos, os especialistas afirmam que Rembrandt procurava ser fiel à simbologia judaica.

Rembrandt teve como vizinhos grandes mercadores da "nação", médicos, impressores, rabinos. No bloco onde ficava a mansão de Rembrandt moravam os mercadores Manuel Lopes de Leon, Henrique de Azevedo, David Abendana, Salvador e Bartolomeu Rodrigues e Isaac e Daniel Pinto (família de grandes comerciantes fugidos de Antuérpia). Rembrandt chegou a alugar o porão de sua casa para os comerciantes Jacob e Samuel Pereira, que o utilizaram como armazém e escritório. Baruch Osório, que fretava navios holandeses e vendia o sal de Setúbal na Holanda, morava no fim do bloco onde ficava a casa de Rembrandt.

Na esquina da rua residia Isaac Montalto, filho de Elias Montalto (Felipe Rodrigues Montalto), médico que serviu na corte de Maria de Médicis e teve o futuro rabino Saul Mortera como secretário. O próprio Mortera era vizinho de Rembrandt, embora morasse na Saint-Anthonisluis, transversal à *Breedestraat*, outra rua de moradias judaicas no bairro. Menasseh Ben Israel não era vizinho de rua, mas residia no Houtmarkt, o mercado de móveis e carpintaria situado na ilhota de Vlooienburg. Outro vizinho ilustre, morador no bloco seguinte ao da casa de Rembrandt, era Miguel Spinoza, pai de Baruch Spinoza, depois reconhecido como grande filósofo — apesar (ou por causa) do desafio lançado contra o *Mahamad*.

Rembrandt convivia diariamente com os judeus, tendo vários amigos entre eles. Vivia rodeado pela fina flor da "gente da nação". Fina flor do *grosso trato*. A relação entre os judeus e Rembrandt não era, porém, um comportamento típico dos judeus portugueses na cidade. A sociabilidade entre judeus e holandeses era mínima e a *Breedestraat* tornou-se um gueto judaico, embora também cristãos morassem ali. A língua falada na *Breedestraat* era o português, língua da casa e da rua. Os mais velhos apenas arranhavam o holandês. Os que tinham chegado meninos aprenderam a língua, mas só a utilizavam fora do bairro judeu. Por isso mesmo eram valiosos para os negócios sefarditas na Holanda, pois intermediavam muitas transações. A língua holandesa funcionava, para os judeus, antes de tudo, como uma língua de comércio e de contratos. Em segundo lugar, era a língua da negociação política com as autoridades municipais.

Eram basicamente essas as tratativas entre judeus e holandeses em Amsterdã no século XVII. Quando muito, os mais jovens compartilhavam com os holandeses — em holandês — piadas ridicularizando a virgindade de Maria. Nada além disso. Os judeus novos viviam relativamente isolados no seu bairro, falando o velho português da terra natal. Também por isso os holandeses se referiam aos judeus como a "gente da nação portuguesa".

O português não era, porém, a língua da sinagoga, nem o poderia ser. Os ofícios eram em hebraico, língua que somente raros judeus conheciam bem — em geral "judeus velhos", vindos da Itália ou do Marrocos. O ensino do hebraico nas escolas da *Talmud Torá* só renderia frutos na segunda metade do século XVII. Logo abaixo do hebraico vinha o castelhano, língua grandemente usada na primeira metade do século XVII para compor as orações que os judeus novos proferiam na sinagoga. Como não sabiam hebraico, tinham de apelar para o castelhano.

Por que o castelhano, se a imensa maioria dos judeus de Amsterdã era falante de português? Simplesmente porque a primeira Bíblia judaica, restrita o Antigo Testamento, havia sido publicada em espanhol ou *ladino* (versão *sefardi* do castelhano) e dela foram extraídos os trechos para compor diversas orações cotidianas. Afinal, a cultura judaico-espanhola era muito mais antiga na diáspora *sefardi* do que a judaico-portuguesa, sendo essa a razão fundamental para a persistência do castelhano como segunda língua, por assim dizer, "litúrgica" nas sinagogas holandesas. A fonte desses "catecismos judeus" foi a famosa Bíblia de Ferrara (Itália), publicada em 1553 pelo judeu português Abraão Usque (Daniel Pinel), em parceria com o judeu espanhol Yom-Tob Ben Levi Athias (Jerônimo de Vargas).

Há enorme controvérsia sobre a morfologia e gramática da língua usada na Bíblia de Ferrara, traduzida diretamente do hebraico. Entre os *experts*, há os que afirmam que o texto escrito em alfabeto latino segue as regras da gramática hebraica. Uma inversão do *aljamiado* (textos em castelhano ou ladino escritos com caracteres hebraicos) utilizado pelos judeus na Espanha. Outros afirmam que a Bíblia de Ferrara foi escrita em ladino, que mistura espanhol com hebraico, também conhecido como *judesmo*.[22] Sem ousar aprofundar matéria tão hermética, diria que o ladino difere pouco do castelhano e por vezes lembra o português. É comum a substituição do *h* de palavras em castelhano pelo *f*, do que resultam, por exemplo: *fijo* no lugar de *hijo* (filho); *fambre* no de *hambre* (fome); *fermosa* no de *hermosa* (formosa), *fablar* no de *hablar* (falar). Por vezes o *h* é trocado pelo *g*, de modo que a palavra *ahora*, em castelhano, se transforma em *agora*, exatamente como na língua portuguesa.

A opinião predominante entre os estudiosos da Bíblia de Ferrara é, porém, a de que, afora os hibridismos da sintaxe, ela foi escrita na língua espanhola, tal como se escrevia o espanhol no século XVI.[23] Impossível resolver essa controvérsia — e nem vem ao caso tentar — mas o fato é que várias orações proferidas pelos judeus novos eram em língua castelhana, incluindo-se algumas palavras em hebraico, palavras-chave na estrutura da reza. Como veremos a seu tempo, essas orações lembram muito o ladino, pela ortografia e mistura das línguas.

Foi em 1611 que se publicou a primeira edição da Bíblia de Ferrara na Holanda, ou seja, nos primórdios da comunidade sefardita em Amsterdã. Ela conheceu outras reedições no século XVII (1630, 1646, 1661), incluindo modificações realizadas por rabinos de língua portuguesa, a exemplo de Menasseh Ben Israel, o maior de todos. No entanto, simplesmente não houve tradução nenhuma da Bíblia de Ferrara para a língua portuguesa! No máximo, aparecem traduções livres de versículos da Bíblia ferraresca[24] em sermões de rabinos portugueses publicados.

O português somente prevalecia em um gênero específico de textos: os regulamentos da comunidade e a documentação administrativa. O governo da comunidade judaica de Amsterdã podia ser exercido em português. O mundo da sinagoga, por sua vez, só podia se exprimir em hebraico ou castelhano. No campo da literatura religiosa, o castelhano só encontrou rival no ladino. Uma prova de força da tradição judaico-castelhana na diáspora *sefardi*. Na sinagoga, o *hazan* oficiava em hebraico, mas a maioria rezava em ladino.

Judeus excluídos da "nação hebreia"

A maioria dos "judeus novos" de Amsterdã, nas primeiras décadas do século XVII, falava português em casa e rezava em castelhano na sinagoga. Eram mais ibéricos do que judeus, apesar da origem *sefardi* indiscutível. Não é de surpreender, portanto, que tenham marginalizado ou excluído os judeus *ashkenazim* que emigraram para Amsterdã, a partir da década de 1630.

Fugidos da Guerra dos Trinta Anos, os judeus alemães e poloneses eram em tudo diferentes dos *sefardim*. Yosef Kaplan analisa muito bem essas incompatibilidades, que podem ser resumidas em três tópicos principais:[25]

1) Os *sefardim* vinham embebidos de uma cultura Ibérica por vezes universitária (cristã, portanto) e parte deles era composta de mercadores de *grosso trato* riquíssimos, verdadeiros *capi* de redes mercantis internacionais; os *ashkenazim*, por sua vez, eram pobres, em sua esmagadora maioria, e dotados de uma educação basicamente judaica, ensinada nas escolas de aldeia, vilas rurais de população judaica — mais tarde conhecidas como *shetl* ou *dorf* na língua iídiche;

2) Os *sefardim* eram falantes de português, castelhano ou ladino, sendo que os mais intelectualizados dominavam francês, italiano, grego e latim; os *ashkenazim* só falavam iídiche e a língua ou dialeto da região de procedência, principalmente alemão e polonês, embora soubessem rezar em hebraico, ao contrário dos *sefardim*. Com exceção dos rabinos, que quando menos podiam se comunicar em hebraico, *sefardim* e *ashkenazim* não possuíam nenhuma língua em comum;

3) Os *sefardim*, enquanto "judeus novos", estavam em processo de conversão a um judaísmo que desconheciam, salvo de modo fragmentado e superficial; os *ashkenazim* eram judeus tradicionais que, refugiando-se em Amsterdã, se afastavam dos centros espirituais do judaísmo da Europa centro-oriental.

A postura adotada pela autoridades sefarditas diante da crescente presença de judeus alemães e poloneses em Amsterdã foi a de ajudá-los, pelo menos no início dos contatos. Ainda no tempo das três congregações sefarditas, os recém-chegados foram autorizados a frequentar as sinagogas e a enterrar seus mortos no cemitério de Ouderkerk, o *Bet Haim*. Afinal, por mais estranhos que fossem aos olhos de portugueses e espanhóis, os *ashkenazim* eram judeus — e judeus que nunca se tinham convertido às "idolatrias cristãs". Os *ashkenazim* também receberam ajuda financeira para funerais, tratamento médico e até dinheiro, caso se dispusessem a emigrar.

Na verdade, os sefarditas queriam distância dos judeus a que chamavam *tudescos* (alemães) ou *polacos* (poloneses). O afluxo contínuo da migração judaica vinda do leste complicou o quadro. Além das incompatibilidades identitárias, a mendicância dos judeus do leste e sua inserção no comércio retalhista (ao arrepio dos acordos entre judeus e holandeses) irritaram os *sefardim*. Receavam perder a proteção oficial desfrutada na Holanda e não queriam ser confundidos com aqueles "judeus pobres e ignorantes", como diziam muitos da "gente da nação".

Na prática, os *ashkenazim* fixados em Amsterdã acabaram se tornando serviçais dos *sefardim* mais ricos. Carregavam caixas de mercadorias, limpavam casas e sinagogas, serviam como criados domésticos. Frequentavam a sinagoga em lugar separado e não possuíam quaisquer direitos políticos nas congregações. Quando da unificação das congregações na *Talmud Torá*, em 1639, o artigo terceiro de seus estatutos excluiu os *ashkenazim*, ao enunciar que a comunidade destinava-se aos "judeus da nação portuguesa e espanhola", fossem já residentes em Amsterdã ou dispostos a morar na cidade, caso vivessem noutras partes. Judeus de qualquer *outra nação* só poderiam ser admitidos nas orações, ouvido o *Mahamad*.

A escalada de medidas excludentes só fez avançar a partir de 1639. Nesse mesmo ano, a "gente da nação" foi proibida de comprar carne vendida pelos judeus *tudescos* e *polacos*, acusados de não observar os ritos de abate dos animais. Um açougueiro alemão chegou a ser acusado, em 1640, de não limpar sua faca entre uma e outra galinha que degolava. A carne vendida pelos *tudescos* foi considerada impura (era também mais barata do que a vendida pelos magarefes *sefardim*). Em 1642, os *ashkenazim* foram proibidos de enterrar seus parentes no cemitério de *Bet Haim*, recebendo, em contrapartida, por caridade, 300 florins para erigir seu próprio cemitério. Os *sefardim* não queriam a companhia dos *ashkenazim* nem mortos! Em 1644, o *Mahamad* proibiu a circuncisão de bebês *ashkenazim* na sinagoga da *Talmud Torá*. Interdição dura essa última: equivalia, simbolicamente, a uma rejeição do ingresso de meninos *ashkenazim* na comunidade judaica.

A única exceção à política discriminatória do *Mahamad* contra os *ashkenazim* se limitou à descendência de Uri Halevi, o rabino alemão que, por ironia da história, havia conduzido o primeiro grupo de cristãos-novos portugueses ao judaísmo, no final do século XVI. O próprio Halevi, no entanto, viveu e morreu pobre, recebendo modesto salário proveniente da *sedaca* — a caridade dos sefarditas portugueses. Mas os filhos e netos de Halevi gozaram de plenos direitos de *yahidim* na *Talmud Torá*.

O *Mahamad* obviamente condenou, mas não proibiu, os casamentos entre *ashkenazim* e *sefardim*, como se tais uniões contaminassem a pureza dos judeus espanhóis e portugueses. Diversos historiadores viram nessa atitude uma reedição, à moda *sefardi*, dos princípios de "limpeza de sangue" vigentes no mundo ibérico contra as uniões entre cristãos-novos e cristãos-velhos. No mundo ibérico, católico, os portadores de "sangue infecto" eram os descendentes dos judeus sefarditas, como rezavam os estatutos de pureza de sangue portugueses e espanhóis.[26] Na Holanda, entre os judeus, o "sangue infecto" parecia ser, no entender dos *sefardim*, o que corria nas veias dos judeus *tudescos* e *polacos*. O casamento ideal, para os judeus novos, era o celebrado entre homem e mulher *sefardim*. Os pais de moças *sefardim* preferiam casá-las com cristãos-novos (desde que se convertessem) do que com judeus alemães ou poloneses tradicionais. A identidade *sefardi* era muito mais forte, entre os judeus novos, do que a identidade judaica.

Se já era péssima a situação dos judeus homens, entre os *ashkenazim*, a das mulheres conseguia ser pior. As maiores restrições do *Mahamad* aos casamentos entre *sefardim* e *ashkenazim* visavam sobretudo às uniões entre homens *sefardim* e mulheres *ashkenazim* — considerando a tradição de transmissão do judaísmo pelo ventre materno. Casamentos de mulheres *sefardim* com homens *ashkenazim*, embora raros no século XVII, eram menos estigmatizados pela "gente da nação". No dia a dia dos judeus de Amsterdã, a hierarquia se confirmava. As judias alemãs ou polonesas só podiam sentar nas galerias da sinagoga se as judias portuguesas e espanholas estivessem acomodadas. E caso alguma *sefardi* chegasse atrasada ao culto, tudescas e polacas tinham de ceder o lugar.

Os dirigentes da *Talmud Torá* sofriam, no entanto, de uma tremenda dor de consciência pelo tratamento que dispensavam aos judeus falantes de iídiche. Criaram em 1642 a *Avotad Hesed* (Obra de Graça), associação encarregada de auxiliar financeiramente os *ashkenazim* desejosos de abandonar Amsterdã. Muitos aceitaram a oferta e foram "despachados" de volta para o centro e para o leste da Europa. A maioria preferiu ficar. A comunidade *ashkenazi* só faria crescer ao longo do século XVII, auxiliada pela *Talmud Torá*, que dela queria distância, embora mínima, como a que separava a sinagoga *sefardi*, na atual Waterlooplein, da sinagoga *ashkenazi*, inaugurada em 1671 — financiada pelos judeus portugueses.

A exclusão dos judeus alemães e poloneses não foi a única política discriminatória adotada pela *Talmud Torá*. Na mesma situação marginal ficaram os negros e sobretudo os mulatos, filhos de cristãos-novos com escravas que acompanharam os pais — ou somente o pai — para Amsterdã. Eram homens livres — melhor dizendo, libertos — que se dispunham a seguir a religião judaica. Alguns chegavam já circuncidados. Mas o *Mahamad* barrou qualquer pretensão dos mulatos, quase sempre alegando a "maternidade gentia" (na verdade, cristã) dos cristãos-novos pardos.

Os mulatos somente foram admitidos na congregação enquanto judeus de segunda categoria, impedidos de fazer a leitura da *Sefer Torá* e privados de quaisquer direitos políticos na congregação. Não há registro de circuncisões na documentação, o que faz presumir que os mulatos não circuncisos foram impedidos de se converter. Tampouco há registro de casamentos envolvendo mulatos ou mulatas cristãs-novas. Mulatos só podiam ser enterrados no *Bet Haim* em terreno reservado, separado dos brancos. De modo geral, os mulatos cristãos-novos e judeus foram empregados em serviços subalternos, a exemplo dos alemães e poloneses: limpavam a sinagoga, carregavam caixas, serviam na casa de judeus ricos. Os mulatos que buscaram o judaísmo em Amsterdã só não chegaram a ser reescravizados, mas reencontraram na Holanda a condição servil.

A marginalização dos mulatos se apoiava, por um lado, nos argumentos da tradição, alegando-se que eles não eram filhos de mães judias. Por outro lado, exprimia uma herança evidente dos valores escravocratas combinada com os ideais ibéricos de pureza de sangue.

O *Mahamad* se viu, diversas vezes, em situações complicadas para admitir meio-cristãos-novos, filhos de mães cristãs-velhas e pais cristãos-novos. Acaso também não se aplicaria o impedimento da "maternidade gentia" (*goim*) nessas situações? A resolução desse tipo de impasse acabou mergulhada em casuísmo, pois era difícil para os *parnassim* vetarem o ingresso de um filho de judeu rico.

Dualidade dos judeus novos

A reconstrução identitária dos judeus novos foi desafiada, por vezes derrotada, pelo *iberismo* dos sefarditas. E quando digo iberismo, refiro-me aos valores aristocráticos, ao ideal de limpeza de sangue, ao apego às línguas portuguesa e castelhana, à concepção de sociedade hierárquica, à herança escravocrata típica dos portugueses. Alguns assumiam ares aristocráticos e usavam o título de *don*, como Manuel de Belmonte ou Isaac Nunes Belmonte, que de fato servira como diplomata à Coroa espanhola. Outros chamavam a si mesmos como "nobles senõres" ou "grandes senhores".

A literatura publicada pelos judeus de Amsterdã é outro indicador do iberismo: nostalgia de Portugal ou da Espanha; saudades da *pátria* natal, de Lisboa, do Algarve, do Minho, do Porto, do Alentejo. No limite, alguns chegavam a idealizar os reis ibéricos, até mesmo os Reis Católicos, jogando a culpa de seu infortúnio na Inquisição (como se essa fosse independente da Coroa).[27] Os reis eram bons, a Igreja perversa — eis o que muitos pensavam. Mas o iberismo também incluía a memória do passado católico, por vezes a formação religiosa que parte dos judeus novos trazia de Portugal. Um catolicismo enrustido, difícil de erradicar.

Uma forte evidência da raiz católica dos judeus novos encontra-se na incorporação, por parte dos rabinos, de uma expressão como "lei de

Moisés", em oposição à "lei de Cristo". Para citar um exemplo definitivo, ninguém menos do que Saul Mortera, afamado por suas posições ortodoxas, escreveu um livro intitulado *Tratado da verdade da Lei de Moisés*. O judaísmo tradicional nunca se definiu dessa maneira, em nenhuma das suas ramificações. Não há "lei de Moisés" no Pentateuco, nem no Talmud, nem na tradição oral do judaísmo, senão a "lei de Deus" ou, por metáfora, a "lei do Sinai". A "lei de Moisés" era uma expressão católica, de uso corrente no Santo Ofício, para designar a "lei velha", superada pela vinda do Messias e consequente triunfo da "lei de Cristo".

Outra evidência da marca cristã no imaginário dos judeus novos é a preocupação com a salvação da alma, presente em textos e discussões das autoridades religiosas na diáspora holandesa. Trata-se de um tradicional debate cristão, agudizado, a partir o século XVI, pela eclosão das reformas protestantes e o descobrimento da América. Havia "salvação" fora da Igreja? As boas obras em vida eram essenciais para a salvação da alma ou Deus predestinava as almas dos eleitos que se deveriam salvar? Era possível "cada um salvar-se na sua lei" religiosa, mesmo depois da divulgação do Evangelho? A salvação era um prêmio, uma graça de Deus ou uma conquista de cada um? Eis os dilemas de um debate soteriológico fundamentalmente cristão que, no mundo católico, empolgou a Universidade de Salamanca no século XVI.[28]

O judaísmo tradicional — rabínico, bíblico, talmúdico — nunca opôs radicalmente "o mundo real e o mundo que há de vir". A vida no outro mundo é um ideal, mas não um imperativo superior à existência humana neste mundo. Exceto pela crença messiânica, presente nos livros dos Profetas (que resultou no cristianismo), o judaísmo não considerava a vida terrena intrinsecamente má.[29] Bastava ser judeu e seguir a lei judaica para salvar-se, nada mais. A preocupação dos judeus novos, por vezes dramática, de saber "qual era a melhor lei para a salvação da alma" possuía "conotações mais cristãs do que judaicas".[30] Indicava, na verdade, uma herança católica, ibérica.

A origem cristã dos judeus novos era ainda "reavivada" pelos frequentes contatos com os cristãos-novos residentes em Portugal e nas colônias, sobretudo no caso dos mercadores. Por força do ofício, mantinham correspondência com agentes na Espanha, em Portugal, na Índia, no Brasil, na América Espanhola e, não raro, tinham de viajar para as "terras de idolatria". Nesses casos, como é óbvio, eram forçados a reassumir a identidade cristã, inclusive o nome cristão, frequentar missas ou fazer confissões sacramentais, sob risco de cair na teia do Santo Ofício. Retornavam, *pro tempore*, ao catolicismo, enquanto negociavam em terras cristãs. Voltando à Holanda, reassumiam o judaísmo. Alguns davam azar e acabavam denunciados ao Santo Ofício, às vezes por cristãos-novos desejosos de mostrar serviço à Inquisição. Muitos desses judeus novos nunca regressaram à "Jerusalém do Norte".

As autoridades religiosas de Amsterdã não viam com bons olhos essa ambivalência dos judeus novos, reprovando as recaídas cristãs, por mais dissimuladas que fossem. Em tese, era totalmente inaceitável que um judeu frequentasse missas cristãs, reverenciasse santos, ignorasse a guarda do sábado e mais exigências da lei judaica. Mas como evitar que os judeus se fingissem de cristãos em países onde o judaísmo era proibido, seus praticantes presos e, no limite, queimados na fogueira? Se adotasse rigor extremo nessa matéria, o *Mahamad* ou bem quebraria as redes mercantis sefarditas ou bem exporia os mercadores à sanha inquisitorial. As duas opções eram trágicas.

A flexibilização da política adotada pelo *Mahamad* pôde apoiar-se no Talmud (*Mishná*), que considera a vida humana o supremo valor dado por Deus aos homens. Quem salva uma vida salva o mundo inteiro; quem mata um só indivíduo peca contra todos — eis o princípio talmúdico que admite até mesmo o abandono do judaísmo em caso de perigo de morte. Não por outra razão ou fundamento, as autoridades sefarditas de Amsterdã incluíam os cristãos-novos na "linhagem de Abraão", embora os concitassem a assumir o judaísmo em "terras de liberdade". Recordemos que a *Companhia de Dotar* admitia "companheiros" cristãos-novos em seus quadros, mesmo que vivessem em "terras de idolatria".

Adotar uma postura tolerante não significava, para o *Mahamad*, ignorar completamente as "idolatrias" praticadas pelos judeus novos em trânsito no mundo ibérico. Em 1644, considerando que os praticantes de "idolatrias" cometiam "gravíssimo pecado" contra a lei judaica, mas admitindo que isso era inevitável, o *Mahamad* decidiu que os relapsos não seriam excomungados. No entanto, só seriam reintegrados à congregação após pedir perdão em sessão pública na sinagoga. Tratava-se de um rito de humilhação para os "desviantes" e, sobretudo, de um alerta para a comunidade inteira. O acusado devia ler um termo em que suplicava à congregação perdão pelos erros cometidos, bem como pelo escândalo causado por tal atitude, revelando-se arrependido "de todo o coração".

Na prática, o *Mahamad* preferiu ignorar diversos casos de "idolatria católica" praticada por judeus de passagem pelo mundo ibérico, embora tenha acionado algumas vezes aquele sistema expiatório.[31] Os *parnassim* sabiam perfeitamente que a dissimulação católica dos judeus no mundo ibérico era inevitável. E, como observou Miriam Bodian, o vaivém de judeus entre Amsterdã e as "terras de idolatria" tornava porosas as fronteiras entre o mundo judeu e o católico.[32] Uma porosidade que corroía, silenciosamente, o esforço de (re)construção do judaísmo ibérico na Holanda. A expiação pública de alguns "desviantes" na sinagoga funcionava, antes de tudo, como meio de culpabilização da plateia. Que cada um pensasse mil vezes antes de regressar à *idolatria,* adotando a lei cristã como o único caminho para a salvação da alma — como muitos judeus novos, aliás, haviam aprendido na terra natal.

Outro indicador da fluidez da fronteira entre o mundo judeu de Amsterdã e o mundo católico tem a ver com a estrutura parental dos sefarditas. Quase todo judeu novo de Amsterdã tinha parentes que viviam como cristãos em Portugal, na Espanha, nas Índias de Castela ou no Brasil, embora houvesse criptojudeus entre eles. Era comum pais judeus residentes em Amsterdã terem filhos que ainda viviam em Lisboa ou no Porto. Por vezes eram os pais que viviam em Portugal e os filhos viviam na Holanda. Irmãos estavam espalhados em várias partes do globo, da Holanda a Goa, de Portugal a Vera Cruz, no México, ou Lima, no Peru. As famílias dos cristãos-novos, como bem apontou Kaplan, eram *famílias fragmentadas.*[33] Nessa fragmentação residia, em grande parte, a força das redes mercantis sefarditas e o papel decisivo que exerceram no capitalismo comercial da época. Mas ela também era fonte de tensões e sentimentos contraditórios. Medo de que um filho ou irmão residente no mundo ibérico fosse preso pelo Santo Ofício. Medo de que um parente próximo não conseguisse fugir para Amsterdã ou até se recusasse a fazê-lo. Os medos eram muitos e provocavam dilemas e inseguranças quanto ao que melhor convinha à parentela: se viver nas terras da idolatria ou nas terras de liberdade. Em resumo: se era melhor viver como cristão ou como judeu.

A ambivalência dos judeus novos era, portanto, inerente à identidade cultural — e individual — da maioria deles. Na própria Holanda, a dualidade identitária se fazia presente, por exemplo, no costume que muitos tinham de usar os dois nomes — o judeu e o cristão — conforme as circunstâncias. Isso era particularmente frequente entre os grandes mercadores, cujos contratos eram celebrados pelos judeus enquanto cristãos, firmados, portanto, com o nome recebido na pia batismal.

Assim, nos documentos ligados ao negócio, os judeus usavam o nome cristão, como confirmam fontes cartorárias de Amsterdã. Nos assuntos ligados à comunidade judaica, usavam o nome judeu. O grande mercador Reuel Jessurum, um dos principais dirigentes da comunidade judaica de Amsterdã, por volta de 1615, assinava seus contratos como Paulo de Pina. Jacob Israel Belmonte, também pioneiro da diáspora holandesa, assinava seus contratos como Diogo Nunes Belmonte. Isaac de Pinto, um dos judeus mais ricos de Amsterdã na década de 1630, era conhecido nos circuitos mercantis como Manuel Álvares Pinto. Os nomes dos judeus novos eram, quase sempre, marcados pelo "aliás": Daniel Levi de Barrios, aliás, Miguel de Barrios; Jacob Tirado, aliás, Jaime Lopes da Costa; Isaac Franco, aliás, Francisco Mendes Medeiros; Baruch Osório, aliás, Bento Osório... A dupla identidade dos judeus novos talvez diga mais sobre eles do que qualquer outra evidência.

Judeus protegidos

Em nenhum outro país europeu, senão nos Países Baixos calvinistas, os judeus encontraram condições tão favoráveis para seguir seu culto livremente. Mas isso não vale para toda a República das Províncias Unidas, senão para algumas delas. Como cada uma das sete províncias gozava de ampla autonomia, a política em relação aos judeus foi muito variada. Na Zelândia, segunda província mais rica da República, os judeus não eram bem-vindos e somente uma pequena comunidade se estabeleceu em Middelburg. Na Gueldria, província pobre e rural, somente uma cidade admitiu a presença de judeus. A cidade de Gronningen, capital da província homônima, só admitiria judeus em 1711. Na província de Utrecht, a cidade de Ameesfort autorizou uma pequena comunidade judaica no século XVII, mas a capital da província manteve a proibição até 1789.

A província da Holanda, de longe a mais importante e rica, essa sim foi o grande refúgio dos judeus nos Países Baixos. Cidades como Haia, sede da dinastia de Orange, e Roterdã abrigaram comunidades judaicas de pequeno porte. Nada que se comparasse, porém, à comunidade sefardita de Amsterdã, chamada pelos judeus, com inteira justiça, de "Jerusalém do Norte".

Os holandeses, por sua vez, com frequência se referiam aos judeus simplesmente como "portugueses" ou "gente da nação portuguesa", embora cientes de que os tais portugueses eram judeus ou cristãos-novos ligados à comunidade judaica. Os raros cristãos-novos ou criptojudeus residentes em Amsterdã, na década de 1590, eram tratados como "portugueses" que tinham algo a oferecer à cidade. O mercador Manuel Rodrigues Vega, por exemplo, arrematou o direito de cobrar impostos municipais enquanto comerciante português, adiantando, é claro, vultosa quantia ao governo municipal. Os contratos celebrados entre a municipalidade e os mercadores cristãos-novos equivaleram a uma primeira autorização, embora evasiva, para o estabelecimento de judeus na cidade.

A admissão formal dos "portugueses" enquanto judeus ocorreu logo em 1604, um ano depois da descoberta do grupo de judeus liderados por Uri Halevi pelas autoridades holandesas. Já conhecemos esse episódio, no qual o rabino alemão e seu filho chegaram a ser presos por praticar a circuncisão em adultos. Mas tudo se resolveu e os judeus fundaram sua congregação. Em 1605 ocorreu o mesmo em Haarlem. Em 1610 foi a vez de Roterdã. Em 1612, os judeus de Amsterdã receberam autorização para construir sua sinagoga, que veio ser a "Antuérpia", da *Bet Iacob*.

As crescentes licenças recebidas pelos judeus do governo municipal de Amsterdã não passaram sem conflitos. O clero protestante protestou em diversas ocasiões contra a liberalidade dos burgomestres. Algumas licenças chegaram a ser suspensas, provisoriamente, por causa dessas pressões. Mas o clero calvinista perdeu a batalha contra os judeus, pois o conselho municipal parecia ter vivo interesse em atrair a "gente da nação portuguesa" para a cidade. Alegava que aqueles "portugueses", não sendo católicos, não eram inimigos da "verdadeira religião cristã". Os predicantes retrucavam com a tradicional acusação de deicídio atribuída aos judeus, argumentando que os *joden* ainda esperavam o Messias, recusando os Evangelhos. Se assim era, como não considerá-los inimigos da religião cristã? Os burgomestres se fingiam de surdos e continuavam a favorecer os judeus.

Ao longo do século XVII, os judeus foram ampliando seus direitos, enquanto minoria religiosa reconhecida oficialmente, ao passo que os católicos se viram cada vez mais limitados nas suas capelinhas semiclandestinas (*schuilkerken*). Os burgomestres negociaram com os predicantes para deixarem os "portugueses da nação" em paz, oferecendo, em troca, uma política dura em relação aos católicos.

Os regulamentos de 1616 relativos à *Joodese Natie* ("Nação Judaica") confirmaram de vez os direitos da comunidade sefardita. O próprio fato de serem reconhecidos como *Joodse Natie* foi uma vitória indiscutível do grupo. É verdade que os regulamentos de 1616 mantiveram, aqui e ali, o tom evasivo. Miriam Bodian considera que as "novas regras" não garantiam, explicitamente, o direito de culto público aos judeus, mas também não o negavam.[34] As restrições, na verdade, visaram mais às relações entre os judeus e a comunidade holandesa, incluindo sua fé cristã, do que ao culto judaico em si mesmo. Os judeus foram terminantemente proibidos de: a) escrever ou pregar contra a religião cristã; b) tentar seduzir ou atrair cristãos para o judaísmo, circuncidando adultos; c) casar ou manter relações sexuais com mulheres cristãs.

Dessas três interdições, somente a segunda poderia comprometer a sobrevivência de uma comunidade, ainda muito dependente, em 1616, da imigração de cristãos-novos. As demais não constituíam grande problema, apesar de ter ocorrido polêmica panfletária entre judeus e calvinistas sobre "a vinda do Messias", bem como registros notariais de relações sexuais entre judeus e suas criadas cristãs. Nada muito grave. Os próprios rabinos e o *Mahamad* desencorajavam, quando não vetavam, quer as provocações ao cristianismo, quer as intimidades com mulheres cristãs. Quanto à proibição de circuncidar cristãos, uma vez que somente criptojudeus o eram, as autoridades holandesas preferiam fingir que não viam.

Muito mais importantes do que as restrições acima eram as liberdades implícitas nos regulamentos. Os judeus passaram a ter plena liberdade de residir onde quisessem na cidade. A comunidade não foi obrigada a pagar nenhuma taxa especial enquanto *Joodese Natie*. A administração interna da comunidade não sofreria nenhuma intervenção ou supervisão das autoridades holandesas. As reiteradas queixas do Presbitério de Amsterdã (*Kerkeraad*) contra a "grande liberdade" concedida aos judeus caíram no vazio.

É verdade que os judeus permaneceram na condição de residentes (*ingezetenen*) privados de direitos de cidadania em Amsterdã. Ficaram também proibidos de fazer comércio a retalho e de ingressar nas guildas e corporações artesanais da cidade, cujos interesses foram resguardados pelo governo municipal. Mas nenhuma dessas interdições impediu o florescimento da comunidade judaico-portuguesa em Amsterdã, cujos "homens de negócio" faziam comércio no atacado, e não no varejo.

O fato mais emblemático da proteção holandesa aos judeus ocorreu em 1642, quando a sinagoga da *Talmud Torá* recebeu a visita ilustríssima do próprio príncipe de Orange e *stahouder* das Províncias Unidas, Frederick Hendrik, acompanhado do filho, o futuro Guilherme II, e da rainha consorte da Inglaterra, a francesa Henriqueta Maria. Maior prova de apoio aos judeus do que essa visita real seria impossível. Mas convém lembrar que a rainha da Inglaterra estava, nessa altura, em plena campanha de arrecadação de fundos para a Coroa, na guerra civil que dilacerava o reino inglês.

De todo modo, a proteção dispensada aos judeus pelas autoridades holandesas resultou, antes de tudo, no aumento da imigração sefardita.

Cerca de 500 judeus viviam em Amsterdã em 1615 numa população total de 100 mil habitantes — cerca de 0,5% apenas. Em 1616 a comunidade judaica saltou para 800 pessoas, crescendo mais de 50% em um ano. Em 1620, a comunidade ultrapassou a casa dos mil indivíduos.

Razões da tolerância holandesa

A política holandesa de tolerância religiosa deu seus primeiros passos em 1578, um ano antes do rompimento com a Espanha através da União de Utrecht. Foi então que Guilherme, o Taciturno, defendeu a *Religionsvrede* (Paz religiosa), estabelecendo que ninguém deveria ser molestado por razões de fé nos domínios da Casa de Orange. Mas essa "paz religiosa" nada tinha a ver com os judeus, senão com os conflitos entre católicos e protestantes nos Países Baixos. Foi o prelúdio da admissão de católicos nas Províncias Unidas, apesar das restrições ao culto público, ao contrário do que ocorria no mundo ibérico em relação ao protestantismo — proibido e perseguido.

Diversos historiadores sublinham, com razão, que calvinistas e judeus tinham vários pontos em comum, o que teria favorecido a política holandesa de tolerância. O apego ao Antigo Testamento era um desses pontos — embora ele fosse absoluto para os judeus e apenas valioso para os protestantes. Mais importante era o anticatolicismo partilhado por judeus e calvinistas, incluindo escárnios cotidianos contra a Virgem Maria Santíssima, os santos e o culto às imagens. O protestantes chamavam os católicos de papistas, enquanto os judeus os acusavam de idólatras. Havia comunhão entre os dois grupos na hostilidade contra a Igreja de Roma, os sacramentos, a liturgia, os dogmas, as devoções.

A maior identificação residia, porém, na solidariedade entre calvinistas e judeus enquanto vítimas da intolerância católica, que se confundia com a intolerância espanhola e inquisitorial. Os holandeses haviam sofrido na carne os efeitos dessa intolerância nos tempos do duque de Alba, preposto de Filipe II, e os judeus a sofriam constantemente nas "terras de idolatria". O sentimento de ódio coletivo contra a Espanha — sem dúvida maior entre os calvinistas — favorecia a confraternização entre judeus e reformados.

Mas a proteção aos judeus portugueses em Amsterdã se deveu muito menos às aproximações religiosas e políticas do que às alianças comerciais. Na verdade, a imigração sefardita para Amsterdã coincidiu com a ascensão da cidade à categoria de principal centro mercantil e financeiro da Europa e com o início da expansão marítima holandesa nos domínios do império hispano-português.

Na década de 1590 e nos primeiros anos do século XVII a interligação entre as redes comerciais sefarditas espalhadas pelo mundo e os capitais flamengo-holandeses era ainda tímido. O estado de guerra permanente nos mares e a força, ainda respeitável, da marinha espanhola comprometiam os negócios holandeses. Daniel Swetschinski nos informa que, nesse período, as redes sefarditas somente favoreceram os negócios holandeses nas rotas entre Amsterdã e as cidades italianas. Mas era comércio modesto, se comparado ao período posterior, ligado ao abastecimento de grãos às cidades de Florença, Veneza e Livorno em navios holandeses alugados por mercadores judeus.[35]

O *turnig point* nesse quadro de quase marasmo foi a Trégua dos Doze Anos firmada em 1609 entre as Províncias Unidas e a Espanha. Essa trégua, além de propiciar o fortalecimento econômico e naval da Holanda (sem contribuir para recuperar a Espanha), abriu a brecha para o verdadeiro casamento entre os negócios holandeses e as redes comerciais sefarditas. A suspensão dos impedimentos ao comércio entre a Holanda e o mundo ibérico foi decisiva nesse processo.

Swetschinski oferece dados impressionantes sobre o comércio operado por judeus em navios holandeses entre a década de 1590 e 1621, ano em que terminou a trégua hispano-holandesa (e recomeçaram os embargos). Pesquisando contratos em arquivos notariais, o autor informa que, entre 1596 e 1608, foram realizadas 64 operações envolvendo judeus no transporte de mercadorias entre Amsterdã e portos estrangeiros, carregadas em navios holandeses — com destaque para Lisboa e Porto, em 1598, e Livorno e Veneza, em 1607. A mesma variável pesquisada para o período entre 1609 e 1621 registra nada menos do que 300 operações — um crescimento de quase 400% no volume os negócios. Os portos italianos e portugueses aparecem outra vez com destaque, mas entram em cena os portos espanhóis, sobretudo Málaga, na Andaluzia, e diversos portos galegos, além das praças norte-africanas de Ceuta, Mazagão e Tânger.[36] Em todos eles havia comunidades judaico-portuguesas consolidadas.

Os dados qualitativos não são menos importantes. À guisa de exemplo, Bento Osório fretou cerca de 200 navios em Amsterdã, entre 1615 e 1618, exportando grãos e madeira para Portugal, comprando sal em Setúbal e revendendo-o nos Países Baixos e no Báltico. João de Haro ou Rafael Jerusun importava lã da Espanha para as manufaturas de Amsterdã. Diogo Nunes Belmonte, ou Jacob Israel Belmonte, realizou várias compras do açúcar produzido no Brasil. Diversos outros judeus fretaram navios para negociar com o Brasil, havendo registro de operações que faziam escala na Madeira e nos Açores com carregamentos de açúcar, tabaco e pau-brasil. Uma lista nominal de grandes mercadores judeus ou cristãos-novos envolvidos nesse comércio ocuparia, sem dúvida, centenas de páginas.

Jaime Contreras explicou muito bem o sucesso das redes sefarditas frisando, antes de tudo, que as grandes fortunas da época eram provenientes do grande comércio, e não dos investimentos nos setores produtivos. O mercado mundial gerado pela expansão marítima europeia exigiu a estruturação de uma rede de agentes espalhados pelos quatro cantos do globo. Uma rede segura e confiável, considerados o volume dos negócios e o montante dos investimentos. Nada mais desejável para um grande mercador atuante nos circuitos transoceânicos do que manter parcerias com parentes ou empregá-los como agentes nos entrepostos comerciais ligados a seus negócios. Os sefarditas, fossem judeus ou cristãos-novos, atendiam a esse requisito melhor do que qualquer outro grupo, como demonstra, segundo Contreras, a comunidade de judeus portugueses instalada em Amsterdã. Os empórios comerciais dos mercadores de *grosso trato* eram estruturados com base numa "organização hierárquica familiar, no qual cada membro da família desempenhava uma tarefa específica".[37]

A penetração comercial dos holandeses no império colonial hispano-português, emplastrada nas redes sefarditas, esteve diretamente relacionada com a política de tolerância adotada pelas autoridades holandesas, sobretudo nos regulamentos de 1616. Equivaleu a uma liberdade religiosa que os judeus jamais haviam conhecido na diáspora europeia desde a Idade Média.

Por outro lado, essa aproximação entre judeus e holandeses, bem como o incremento da emigração sefardita para a Holanda, embora clandestina desde 1610, despertou enorme preocupação na Corte espanhola. Não por acaso, o já mencionado conde-duque de Olivares, ministro de Filipe IV a partir de 1621, procurou flexibilizar a política do reino em relação aos conversos, além de reativar os embargos ao comércio holandês com o mundo ibérico. Firmou contratos com cristãos-novos e tentou frear a Inquisição. Mas já era tarde. Nesse mesmo ano, os holandeses fundaram a WIC, de olho no Atlântico. O controle do nordeste brasileiro pela Coroa Ibérica estava com os dias contados.

Notas

1. Fernando Bouza Alvares. "A saudade dos reinos e a semelhança do rei: os vice-reinados de príncipes no Portugal dos Filipes". *In*: *Portugal no tempo dos Filipes. Política, cultura, representações (1580-1668)*. Lisboa: Cosmos, 2000, pp. 109-126.
2. Jokee Spaans. "Religious Policies in the Seventeenth-century Dutch Republic". *In*: R. Po-Chia Hsia e H.F.K. Van Nierop (orgs.). *Calvinism and Social Toleration in the Dutch Golden Age*. Cambridge: Cambridge University Press, 2002, pp. 72-86.
3. Henk van Nierop. "Sewing the Bailiff in a Blanquet: Catholics and the Law in Holland". *In*: R. Po-Chia Hsia e H.F.K. Van Nierop (orgs.). *Calvinism and Social Toleration...* pp. 102-111.
4. Jonathan Israel. *The Dutch Republic. Its Rise, Greatness, and Fall, 1477-1806*. Oxford: Oxford University Press, 1995, pp. 361-394.
5. Jean Delumeau. *História do medo no Ocidente*. São Paulo: Companhia das Letras, 1989, pp. 278-302.
6. Maria José Ferro Tavares. *Os judeus em Portugal no século XV*. Lisboa: Universidade Nova de Lisboa, 1982, v. 1, p. 488.

7. Fernand Braudel. *O Mediterrâneo e o mundo mediterrânico na época de Filipe II*. Lisboa: Martins Fontes, 1983, v. 1, p. 242.
8. Max Weber. *A ética protestante e o espírito do capitalismo*. São Paulo: Companhia das Letras, 2004.
9. Mirian Bodian. *Hebrews of the Portuguese Nation: Conversos and Community in Early Modern Amsterdam*. Indianapolis: Indiana University Press, 1999, p. 24.
10. Herman Prins Salomon. *Os primeiros portugueses de Amsterdão — Documentos do Arquivo Nacional da Torre do Tombo, 1595-1606*. Braga: Barbosa e Xavier, 1983, pp. 31-104.
11. Saul Levi Morteira. *Tratado sobre a verdade da Lei de Moisés* (1659). Edição facsimilada. Introdução e comentário de Herman Salomon. Coimbra: Universidade de Coimbra, 1988.
12. José Alberto da Silva Tavim *et al.* (coord.). *Dicionário do judaísmo português*. Lisboa: Presença, 2009, p. 202.
13. Gerard Nahon. "Exception française et réponse au modele ibérique: Marie de Médicis et la 'Déclaration qui expulse les juifs du Royaume de France' du 23 avril 1615". *In*: Daniele Iancou-Agou (org). *L'expulsion des juifs de Provence et de l'Europe mediterranée. Exils et conversions*. Leuven: Peeters, 2005, pp. 111-128. Somente em 1723, com as Cartas Patentes de Luís XIV, os criptojudeus portugueses puderam sair da clandestinidade. Dezenas de sinagogas foram erigidas, então, no reino de França.
14. Guilherme Faiguenbon *et al.* (orgs.). *Dicionário sefardi de sobrenomes*. Rio de Janeiro: Frahia, 2003, pp.123-133. Ver também Elias Lipiner. "Homens à procura de um nome: antroponímia de sobrevivência na história dos cristãos-novos". *In*: *Baptizados em pé*. Lisboa: Vega, 1998, pp. 53-103.
15. Bruno Feitler. "O catolicismo como ideal: produção literária antijudaica no mundo português da Idade Moderna". *Novos Estudos Cebrap*, nº 72:137-158, 2005. Ronaldo Vainfas. "Deixai a lei de Moisés! Notas sobre o 'Espelho dos cristãos-novos', de Frei Francisco Machado". *In*: Lina Gorenstein e Maria Luiza Tucci Carneiro (orgs.). *Ensaios sobre a intolerância*. São Paulo: Humanitas, 2002, pp. 241-263. A Inquisição achou por bem proibir a impressão desses livros exatamente porque ensinavam aos cristãos-novos o judaísmo que deles se pretendia extirpar. Cópias manuscritas desses e de outros opúsculos similares decerto circularam no mundo cristão e mesmo no seio das comunidades *sefardim* no exílio italiano ou marroquino.
16. Yosef Kaplan. *Judíos nuevos em Amsterdam: estudio sobre la história social e intelectual del judaísmo sefardí en el siglo XVII*. Barcelona: Gedisa Editorial, 1996, p. 26.
17. Mercedes García-Arenal & Gerard Wiegers. *Un hombre en tres mundos: Damuel Palache, un judío marroquí en la Europa protestante y católica*. Madri: Siglo XXI, 2006.

18. Henri Prins Salomon. "Saul Mortera: o homem, a obra, a época". Introdução ao *Tratado sobre a verdade da Lei de Moisés*, 1659-1660 (Saul Mortera). Coimbra: Universidade de Coimbra, 1988, p. 44.

19. Yosef Kaplan. "From Forced Conversion to a Return to Judaism". *Studia Rosenthaliana*. Amsterdam: Amsterdam University Library, v. XV, 1: 37-51, 1981.

20. Yosef Kaplan. *Judíos nuevos...*, p. 51, nota 20.

21. Daniel Swetschinski. *Reluctant Cosmopolitans: the Portuguese Jews of Seventeenthcentury Amsterdam*. Oxford: The Littman Library of Jewish Civilization, 2000, p. 179.

22. David Bunis. "Tres formas de ladinar la Biblia en Italia en los siglos XVI-XVII. *In*: Iacob Hassan (org.). *Introducción a la Biblia de Ferrara*. Madri: Ediciones Siruela, 1994, p. 315.

23. Manuel Alvarez *et al.* "La lengua castellana de la Biblia de Ferrara". *In*: *Introducción a la Biblia de Ferrara...*, p. 505.

24. Harm den Boer. "La Biblia de Ferrara y otras traducciones españolas de la biblia entre los sefardíes de origen converso". *In*: *Introducción a la Biblia de Ferrara...*, p. 251.

25. Yosef Kaplan. *Judios nuevos...*, p. 81.

26. Albert Sicrofft. *Los estatutos de limpieza de sangre*. Madri: Taurus, 1985.

27. Harm den Boer. *La literatura sefardí de Amsterdam*. Alcalá: Universidad de Alcalá de Henares, 1995.

28. Stuart Schwartz. *Cada um na sua lei: tolerância religiosa e salvação no mundo atlântico-ibérico*. São Paulo: Companhia das Letras/Edusc, 2009, pp. 61-66.

29. Maurice-Ruben Hayoun. "O judaísmo". *In*: Jean Delumeau (org.). *As grandes religiões do mundo*. Lisboa: Presença, 1997, pp. 225-228.

30. Nathan Wachtel. *A lembrança da fé: labirintos marranos*. Lisboa: Caminho, 2002, p. 354.

31. Daniel Swetschinski. *Reluctant Cosmopolitans...*, pp. 241-242.

32. Mirian Bodian. *Hebrews of the portuguese nation...*, p. 77.

33. Yosef Kaplan. *Judíos nuevos...*, pp. 109-116.

34. Mirian Bodian. *Hebrews of the Portuguese Nation...*, p. 61.

35. Daniel Swetschinki. *Reluctant Cosmopolitans...*, p. 107.

36. Idem, p. 327.

37. Jaime Contreras. "Family and Patronage: The Judeo-Converso Minority in Spain". *In*: Mary Elizabeth Perry & Anne J. Cruz (eds.). *Cultural Encounters: the Impact of the Inquisition in Spain and the New World*. Berkeley: University of California Press, 1991, p. 141.

CAPÍTULO II   Diáspora pernambucana

A trégua de 12 anos firmada entre Espanha e Províncias Unidas, em 1609, não foi mais do que uma breve suspensão da guerra que se arrastava há quase meio século. Entrementes, as Províncias Unidas tinham consolidado, de fato, embora não de direito, sua autonomia enquanto Estado independente. A Holanda, em particular, se afirmou como a principal dentre as sete províncias e a casa de Orange, sediada em Haia, era o fio unificador da república. Amsterdã era o maior centro comercial e financeiro da Europa, ocupando o papel até então desempenhado pelas cidades italianas e por Antuérpia. Mas era preciso suspender a guerra, ainda que por breve tempo, para recobrar o fôlego, sobretudo financeiro, concentrando os investimentos no comércio e na marinha de guerra.

Do lado espanhol a trégua era ainda mais necessária. Apesar da vitória sobre os turcos na Batalha de Lepanto, em 1571, e da anexação de Portugal, em 1580, a Espanha estava exaurida. Em 1588, tinha sofrido inapelável derrota naval para os ingleses, ajudados pelos holandeses, no Mar do Norte. No início do século XVII, o declínio das entradas da prata mexicana e peruana em Sevilha anunciava a decadência da monarquia hispânica. Morto em 1598, Filipe II legou a seu filho e herdeiro, Filipe III, um reino deficitário e endividado junto aos banqueiros alemães Függer e Welser.

1. EXPANSÃO HOLANDESA

Durante a breve trégua, os holandeses se prepararam para tomar de assalto os domínios coloniais espanhóis. Pilhar os comboios espanhóis abarrotados de ouro e prata. Conquistar possessões no Oriente e no Atlântico, especialmente as do império português — mais vulneráveis — então sob domínio espanhol. Em 1602, ainda antes da trégua, foi criada a *Vereenigde Oost-Indische Compagnie* (VOC) ou Companhia das Índias Orientais, cujo objetivo era a expansão comercial e militar no Índico.

A trégua de 1609 não incluiu os territórios a leste do cabo da Boa Esperança, o que permitiu aos holandeses atacar legalmente o Estado da Índia, outrora português. O núcleo desse império, fixado no eixo Goa-Ormuz-Diu-Malaca, era razoavelmente defendido e por isso a VOC adotou, como estratégia, atacar o império asiático da periferia para o centro. A conquista das ilhas Molucas, em 1605, deu aos holandeses excelente posição no comércio de especiarias — em especial cravo e noz-moscada. Mas as tentativas de conquistar Moçambique, na África Oriental, e Malaca, na Índia, fracassaram no ano seguinte. Em 1619, em compensação, a VOC conquistou Jacarta, no arquipélago indonésio, berço da chamada *Batávia* — uma espécie de *Nova Holanda Oriental*. Outras conquistas teriam igual êxito na segunda metade do século XVII.

No Atlântico, a penetração holandesa no mundo colonial ibérico foi mais discreta, limitada ao comércio marítimo. A trégua com a Espanha, embora curta, facilitou os negócios flamengos, em parceria com os sefarditas, seja na Península Ibérica, seja nas colônias. Há registro de diversos navios holandeses que aportaram no arquipélago dos Açores e da Madeira, em 1618, carregados de açúcar produzido no Brasil. As mercadorias coloniais eram levadas para Amsterdã ou negociadas no próprio Portugal, em Lisboa ou no Porto, para o que concorriam os mercadores cristãos-novos inseridos nas redes comerciais sefarditas. Os chamados "judeus da Holanda", ligados por laços familiares e comerciais aos cristãos-novos do mundo ibérico, eram peça-chave para a infiltração holandesa no Atlântico.[1]

A expansão militar para o Atlântico ibérico aguardou o fim da Trégua dos Doze Anos, em 1621, ano da fundação da *West-Indische Compagnie* (WIC) ou Companhia das Índias Ocidentais — uma sociedade por ações similar à VOC. A fundação da WIC com propósitos agressivos não deixava de ser uma resposta à imposição de embargos comerciais ao comércio holandês com Portugal e Brasil, mormente os ligados ao açúcar. Essa foi uma entre outras medidas do conde-duque de Olivares, principal ministro de Filipe IV, empenhado em recuperar as finanças da Coroa e o comércio espanhol, em detrimento dos neerlandeses. A "política de embargos", adotada em 1621, foi mantida, em tese, até 1649. Mas os holandeses optaram por romper os embargos pela força das armas, apossando-se diretamente das colônias hispano-portuguesas produtoras de açúcar. Como escreveu o historiador Evaldo Cabral de Mello, um dos grandes mestres no estudo do Brasil holandês, as guerras pernambucanas do século XVII foram, antes e acima de tudo, "guerras do açúcar".[2]

A nova companhia desafiava, conforme rezavam seus estatutos, os monopólios ibéricos no Atlântico, autorizando alianças com os naturais da África e da América para nelas erigir fortificações, nomear governadores, enviar tropas e realizar o comércio. A companhia foi organizada em cinco câmaras regionais, com destaque para a de Amsterdã, que possuía 4/9 das ações, seguida pela de Middelburg, na Zelândia, com 2/9, a de Maas (Roterdã, também na Holanda) e mais duas localizadas em cidades da Frísia e de Groningen, todas com 1/9 do capital. O conselho foi composto de 19 diretores, por isso chamado de Conselho dos Dezenove Senhores — os *Heeren XIX*.

Predominavam nessa empresa os capitais holandeses, particularmente, dos comerciantes da Flandres que tinham fugido para Amsterdã, vindos de Antuérpia, por conta da intolerância católica. De modo que, pelo menos nesse ponto, a confusão vocabular que os portugueses faziam entre *holandeses* e *flamengos* tinha alguma razão de ser.*

---

*A documentação portuguesa do século XVII registra holandeses e flamengos como sinônimos, com frequência grafados *olandeses* e *framengos*. Trata-se de uma imprecisão, pois flamengo é termo alusivo aos povos e à língua da Flandres, região que, *grosso modo*, corresponde ao norte da atual Bélgica e se confunde com o Brabante, onde se localiza a cidade de Antuérpia, grande centro comercial nos Países Baixos durante o século XVI. Outra imprecisão das fontes reside em chamar de holandeses a todos os habitantes das províncias calvinistas dos Países Baixos, que na verdade também abrigavam zelandeses, gueldrios, frísios etc. Para contornar essas imprecisões, a bibliografia recente por vezes recorre ao termo *neerlandeses*, no lugar de holandeses, para se referir aos naturais da Neerlândia, isto é, dos Países Baixos, englobando todos, ou ao termo *batavos* para aludir aos naturais da província da Holanda, em particular, pois Batávia era o nome latino da Holanda.

2. JUDEUS E FLAMENGOS

A monarquia espanhola tinha razões de sobra, portanto, para temer uma ofensiva geral neerlandesa na porção lusitana de seu império colonial. O avanço holandês no Oriente, no início do século XVII, logo despertou o receio de que a ofensiva no Atlântico era questão de tempo. Além disso, temia-se seriamente que os judeus abrigados em Amsterdã estimulassem seus conterrâneos cristãos-novos estabelecidos no Brasil a apoiar os holandeses. Comprova-o, por exemplo, a correspondência entre o Conselho Geral do Santo Ofício — órgão máximo da Inquisição portuguesa — e o governador-geral Diogo Botelho. Em 1602, o Conselho Geral recomendou ao governador redobrar a vigilância sobre os cristãos-novos na Bahia. Considerava-os suspeitos de auxiliar o inimigo *flamengo* no caso de ataque a Salvador, tendo em vista suas ligações comerciais com os judeus portugueses de Amsterdã. O intenso contrabando realizado pelos holandeses com os mercadores cristãos-novos residentes no Brasil — mesmo depois dos embargos impostos pelo ministro espanhol Olivares, em 1621 — era outra evidência de que o monopólio ibérico corria grande risco nessas partes.

A mesma suspeita aparece na literatura hispânica da época, como numa peça de Lope de Vega, escrita por volta de 1625. Nela um personagem cristão-novo da Bahia declara, simplesmente, ser *"mexor entregarnos a Olandeses que sufrir que portugueses nos traten con tal rigor"*.[3] Mais tarde, a propósito da conquista de Pernambuco pelos holandeses, em 1630, frei Manuel Calado bateu na mesma tecla, dizendo que, ao avistar a esquadra flamenga aproximar-se de Olinda,

> "se alegraram muito os cristãos-novos, porque vinham nela interessados muitos deles, e tinham contratado com os holandeses da Companhia das Índias Ocidentais de dar certa soma de dinheiro para os gastos dela, só a efeito de serem livres do Tribunal da Santa Inquisição, da qual se tinha notícia vinha a assentar casa em Pernambuco".[4]

DIÁSPORA PERNAMBUCANA

O medo ibérico de uma aliança entre os judeus de Amsterdã e os cristãos-novos do Brasil em favor da conquista holandesa levou a que muitos historiadores acreditassem piamente na existência dessa "conspiração judaica" a favor dos *flamengos*, tanto na tentativa holandesa de conquistar a Bahia, em 1624, quanto na conquista de Pernambuco, em 1630.

Trata-se, na verdade, de um grande equívoco, a começar pela confusão que alguns fazem entre os judeus de Amsterdã e os cristãos-novos do Brasil. Apesar de muitas vezes unidos por laços familiares e comerciais, tratava-se de grupos diferentes, a começar pelo fato de que os primeiros eram judeus assumidos e os segundos eram cristãos. Alguns, dentre os últimos, judaizavam em segredo, como criptojudeus, outros não. Os judeus de Amsterdã estavam organizados em três congregações que resultaram na já mencionada *Talmud Torá*, unificada em 1639. Havia, pois, uma dimensão institucional na organização dos judeus portugueses residentes na Holanda. Nada de parecido existia entre os cristãos-novos, fosse no Brasil, em Portugal ou em outras partes do mundo ibérico. Nenhuma organização comunitária, nenhuma atuação politicamente coordenada. Seria mesmo difícil, para não dizer impossível, a articulação entre os judeus de Holanda e os cristãos-novos do Brasil tão temida pelas autoridades espanholas.

No campo das experiências individuais, houve casos de cristãos-novos que, embora convertidos ao judaísmo na Holanda, tornaram-se autênticos espiões espanhóis. Foi o caso de um certo Vaz Pimentel, cujo pai havia sido queimado pela Inquisição portuguesa no século XVI. Em 1611, Vaz fugiu para a Holanda, onde fez circuncisão aos 21 anos e ingressou na comunidade judaica de Roterdã com o nome de Elias Israel. Voltou para Lisboa, no ano seguinte, e acabou processado pela Inquisição, após confessar sua apostasia, sendo reconciliado em auto de fé realizado em 1614. Dois anos depois, regressou aos Países Baixos, reintegrando-se à comunidade judaica de Roterdã. Ambicioso — e ciente da tensão entre Espanha e Holanda nas disputas pelo comércio atlântico — procurou as autoridades espanholas, em Bruxelas, oferecendo-se como informante do que se passava entre os "judeus da Holanda". Prestou valiosa colaboração aos espanhóis, detalhando redes comerciais envolvendo holande-

JERUSALÉM COLONIAL

ses e judeus portugueses (ou cristãos-novos), a exemplo de contrabando do açúcar brasileiro, moedas de cobre e mesmo de prata, vindas de Potosí, na América Espanhola.[5]

Impossível, assim, generalizar o apoio dos cristãos-novos aos judeus e aos holandeses na disputa pelo Atlântico. Quando da expedição enviada pela WIC à Bahia, em 1624, os cristãos-novos não auxiliaram os neerlandeses. Não há vestígio documental de qualquer ação deliberada nesse sentido e mesmo os casos individuais são raros e isolados. Mais documentados, em contraste, são os casos de cristãos-novos que apoiaram a resistência baiana e a expulsão dos holandeses, em 1625. A grande historiadora dos cristãos-novos no Brasil, Anita Novinsky, informa que, dentre os 65 cidadãos que concorreram para o aumento dos recursos para a defesa da Bahia, 16 eram cristãos-novos — 25% deles, portanto, um índice nada desprezível. Entre eles destacaram-se Mateus Lopes Franco e Diogo Lopes Ulhoa, ambos senhores de engenho, mercadores e arrematantes da cobrança de impostos na capitania. Diogo Lopes era próximo do governador Diogo Luís de Oliveira e tem seu nome ligado à construção de trincheiras e fortificações na costa baiana.

A mesma historiadora acrescenta que, após a queda de Pernambuco, em 1633, os comerciantes cristãos-novos Aires da Veiga, Rui de Carvalho Pinheiro, Afonso Rodrigues e João Saraiva participaram, com recursos, do plano para socorrer a capitania vencida. Cinco anos depois, em 1638, por ocasião de nova tentativa holandesa de conquistar a Bahia, o engenho do cristão-novo Diogo Muniz Teles foi um dos bastiões da resistência local. No mesmo ano, a Armada do Conde da Torre, enviada para atacar Pernambuco como retaliação à investida holandesa, foi em parte financiada por cristãos-novos. Na comissão de cinco "homens de confiança" instituída para levantar empréstimos necessários à Armada, dois deles eram cristãos-novos, os já mencionados Diogo Lopes Ulhoa e Mateus Lopes Franco.[6]

Há, em resumo, diversos registros de cristãos-novos que financiaram a defesa da Bahia ou mesmo pegaram em armas, quer na resistência de 1624-1625, quer na luta de 1638. Além disso, são também raros os exemplos de cristãos-novos apoiantes dos holandeses na conquista de

Pernambuco, embora sejam igualmente escassos, nesse caso, os exemplos de cristãos-novos engajados na resistência pernambucana.

O apoio de muitos cristãos-novos à Espanha, na resistência baiana, também ecoava a política do ministro Olivares de atrair os cristãos-novos para a órbita da Coroa, oferecendo-lhes contratos vantajosos e facilitando seu acesso ao tráfico africano, por meio de *asientos* ou licenças, além de acalmar a tradicional sanha inquisitorial contra os conversos. O objetivo era quebrar as solidariedades das redes comerciais sefarditas, neutralizando a aliança entre judeus e holandeses nos Países Baixos.

Os judeus propriamente ditos — os "judeus novos" de Amsterdã — de fato apoiaram os projetos holandeses e se integraram na conquista do nordeste açucareiro. Gonsalves de Mello informa, com boas provas, que o judeu Antônio Dias, d'alcunha *Paparobalos*, foi guia dos holandeses no desembarque na praia de Pau Amarelo e na conquista de Olinda. Antônio Dias tinha vivido como cristão-novo em Pernambuco e conhecia bem a região, antes de se passar para a Holanda, onde apostasiou do catolicismo, tornando-se judeu público. Há também registro da presença de outros judeus portugueses na esquadras holandesas, a exemplo de Samuel Cohen, Antônio Manuel e David Testa. Samuel, que tinha vivido na colônia como cristão-novo antes de fugir para Amsterdã, ainda foi incumbido de buscar o apoio dos índios no Rio Grande do Norte. Moisés Navarro, por sua vez, que se tornou um dos principais negociantes judeus do Brasil holandês, também foi cadete de um regimento *flamengo*, dando baixa em 1635.

Há fortes indícios de que se organizou uma companhia de judeus para auxiliar as conquistas holandesas no Brasil. Na Armada de 18 navios que partiu de Amsterdã, em 1634, um deles, *As três torres*, tinha por capitão o judeu Moisés Cohen, cujo nome cristão era Diogo Peixoto. Integravam a "milícia judaica" os alferes Joshua Cohen (ou Antônio Mendes Peixoto), Jacob Serra (ou Francisco Serra), o sargento Manuel Martins de Figueiredo e muitos outros sefarditas — "judeus novos", portanto. Há mesmo referência, embora controvertida, à presença de 20 judeus alemães nessa milícia — judeus *tudescos* ou *ashkenasim*.[7]

À luz dessas evidências, é possível dizer que os judeus portugueses de Amsterdã auxiliaram os holandeses na conquista do nordeste açucareiro.

Mas isso não vale para os cristãos-novos do Brasil, ainda que, depois da vitória holandesa em Pernambuco, muitos deles tenham aderido aos holandeses e ingressado no judaísmo dos "judeus novos". Os receios da monarquia espanhola se mostraram exagerados nesse ponto. A alegria que frei Manuel Calado viu nos cristãos-novos diante da chegada dos holandeses, em 1630, não passou de falácia. De todo modo, judeus novos e cristãos-novos tiveram atitudes muito distintas na conquista holandesa. Não há como tratá-los com um corpo homogêneo, apesar das ligações parentais entre os dois grupos.

Enfim, se há muitas evidências de que os judeus apoiaram a conquista holandesa em Pernambuco — e dela participaram — não convém exagerar esse apoio e essa participação. Enganou-se o historiador Werner Sombart ao dizer que os judeus portugueses eram os principais financiadores da WIC.[8] Hermann Wätjen demonstrou, em obra clássica, que o capital investido pelos judeus na formação da WIC foi mínimo. Examinando a subscrição de ações da WIC em Amsterdã, entre 1623 e 1626, Wätjen relacionou apenas 18 judeus portugueses, cujo investimento, em cotas, mal ultrapassou 1% do capital total.[9]

A importância dos judeus no Brasil holandês foi essencial depois de 1635, ano em que, como veremos, iniciou-se a emigração judaica para Pernambuco. A importância dos cristãos-novos residentes no Brasil para o domínio holandês, por sua vez, é impossível de avaliar genericamente. Muitos lutaram ao lado dos portugueses, outros se passaram para o judaísmo e se uniram aos holandeses. A maioria ficou no meio-termo, entre uns e outros, ou passando de um lado a outro, conforme as circunstâncias históricas ou as convicções religiosas de momento. Convicções erráticas de quem era considerado cristão pelos judeus e judeu pelos cristãos.[10]

3. RUMO À NOVA HOLANDA

Apesar dos registros da participação de judeus nas expedições holandesas no Brasil, a imigração judaica somente ganhou impulso a partir de 1635. Para tanto, o fator decisivo foi, sem dúvida, a consolidação da vitória holandesa na região, com a conquista da Paraíba, em dezembro de 1634, e o destroçamento da resistência pernambucana comandada por Matias de Albuquerque, no Arraial de Bom Jesus, em junho do ano seguinte. O desmoronamento do poder hispano-português nas "capitanias do norte", a expulsão dos jesuítas e a desativação da máquina inquisitorial soaram, para os judeus, como boa garantia de que ali poderiam se estabelecer e prosperar.

Garantias institucionais aos judeus

Vimos que, na Holanda, os judeus portugueses gozavam da proteção das autoridades e do direito de professar livremente a sua religião, observadas certas restrições. No Brasil não haveria de ser diferente, ao menos em princípio. Em 1629, o almirante Hendrik Loncq, comandante da esquadra enviada a Pernambuco, recebeu instruções dos Estados Gerais quanto à observância da liberdade de consciência nas terras conquistadas. O Artigo 10 do documento garantia aos espanhóis, portugueses e naturais do Brasil, "fossem católicos ou judeus", o direito de professar suas confissões religiosas em paz:

> "A ninguém será permitido molestá-los ou sujeitá-los a inquéritos em assuntos de consciência ou em suas residências particulares; que ninguém se atreva a inquietá-los, perturbá-los ou causar-lhes qualquer dificuldade — sob pena de castigos arbitrários ou, segundo as circunstâncias, de severa e exemplar reprovação".[11]

Nada disso foi seguido, porém, nos primeiros anos da guerra. Igrejas foram saqueadas e incendiadas. Imagens de santos foram destruídas e profanadas. Muitos católicos foram executados pelo ódio religioso contra os chamados "papistas". Em relação aos judeus, a garantia de liberdade de consciência concedida em 1629 era inócua, pois somente um punhado deles veio para o Brasil nos primeiros anos e, na maioria dos casos, para lutar ao lado dos holandeses. Já os cristãos-novos, fossem ou não judaizantes, esses, sim, foram deixados em paz.

A pacificação religiosa no Brasil holandês somente ocorreu, de fato, após a conquista da Paraíba, no acordo firmado, em janeiro de 1635, entre os militares holandeses e os "homens bons" da capitania. Ficou conhecido como o "Acordo da Paraíba" e, logo no seu primeiro artigo, assegurava a liberdade de consciência e de culto a todos os que se sujeitassem ao governo holandês. O acordo não tardou a vigir em todas as capitanias conquistadas pela WIC.[12] Em relação à tolerância religiosa prevista — e não observada — em 1629, esse acordo estabelecia não só a liberdade de consciência como também a liberdade de culto, desde que discreto. O acordo visava a estabelecer a paz especialmente com os católicos, abrindo caminho para os negócios da WIC. Mas a liberdade de culto foi também estendida aos judeus.

No tempo de Maurício de Nassau, de 1637 a 1644, católicos e judeus contaram com a permissividade do governador em matéria religiosa, salvo por incidentes muito específicos, apesar dos constantes protestos dos predicantes calvinistas. No devido momento, terei oportunidade de detalhar a política nassoviana favorável aos judeus e suas motivações. Mas vale acrescentar, por ora, que a proteção aos judeus não foi apenas uma decisão isolada e circunstancial de Nassau, senão uma política da WIC endossada, em Haia, pelo governo holandês.

Após a restauração portuguesa, em 1640, dom João IV enviou à Holanda o embaixador Tristão de Mendonça Furtado para negociar com os Estados Gerais o destino das regiões conquistadas a Portugal no tempo da União Ibérica, do que resultou um tratado entre os dois países, assinado em junho de 1641. O assunto central da negociação, como é sabido, longe esteve de se resolver nesse tratado. Mas o que interessa destacar aqui é seu Artigo 25, o qual, como lembra Evaldo Cabral de Mello, "embora não mencionasse nominalmente os judeus", protegia as pessoas e os bens de todos os súditos das Províncias Unidas de qualquer confissão religiosa, no território metropolitano de Portugal, onde não poderiam ser objeto de perseguição inquisitorial, privilégio estendido aos residentes nas colônias da WIC.[13] A Cláusula 25 do tratado de 1641 resultou da pressão da *Talmud Torá* de Amsterdã sobre os Estados Gerais,

DIÁSPORA PERNAMBUCANA

com o objetivo precípuo de proteger os judeus aprisionados em uma eventual guerra entre os dois países.

Ao longo da insurreição pernambucana, essa aliança entre as autoridades holandesas e os judeus portugueses seria solenemente reiterada.

Etapas e perfil da migração judaica

Assegurada a vitória holandesa no nordeste açucareiro, e contando com garantias políticas, muitos judeus estabelecidos em Amsterdã e outras cidades, inclusive fora dos Países Baixos, partiram para o Brasil. Vários deles tinham parentes em Pernambuco, na Paraíba, no Rio Grande do Norte e Itamaracá — cristãos-novos que, no entender dos judeus, "viviam na idolatria" por medo da Inquisição.

A primeira grande leva de imigrantes viajou em 1635, ganhando impulso a partir de 1637, no governo de Maurício de Nassau. Isso porque Nassau tomou diversas medidas para desenvolver a produção açucareira, leiloando os engenhos confiscados aos portugueses refugiados na Bahia — os *exilados*. Parte deles foi arrematada por judeus, logo em 1637. Além disso, Nassau alargou os domínios da WIC no Brasil, conquistando Sergipe e a região da foz do rio São Francisco, onde erigiu o Forte Maurício.

No mesmo ano, Nassau enviou expedição de conquista de São Jorge da Mina, no golfo da Guiné, confiada ao almirante Van Koln. A vitória holandesa garantiu o abastecimento direto de escravos para a economia pernambucana, quebrando o monopólio português. Muitos judeus sefarditas ou cristãos-novos estantes na Guiné auxiliaram os holandeses na reestruturação do tráfico para Pernambuco — estimulando os judeus portugueses de Amsterdã a se mudar para o Recife e investir no lucrativo tráfico africano, ainda que limitados à distribuição interna de cativos.

Foi no início do período nassoviano que se estabeleceu, aliás, a comunidade judaica no Brasil holandês. A reestruturação da economia açucareira e do tráfico africano foi o chamariz da primeira leva migratória, situada entre 1635 e 1640.

A segunda leva ocorreu a partir de 1640-1641, impulsionada, antes de tudo, pelo crescimento das exportações de açúcar, pelo aumento das importações de mercadorias europeias pela Nova Holanda e pelo incremento da economia colonial no conjunto. A prosperidade dos judeus na economia colonial e sua repercussão na Holanda estimularam parentes dos primeiros imigrantes a buscarem o Brasil, o que não passou despercebido dos cronistas da época, a exemplo de frei Manuel Calado.

Mas pesou bastante a favor dessa imigração judaica no início da década de 1640 a certeza, entre os judeus, de que os Estados Gerais não estavam minimamente dispostos a devolver as capitanias portuguesas conquistadas na década anterior. As decisões diplomáticas de 1641, reiteradas nos anos seguintes, deram aos judeus a convicção de que a restauração portuguesa não mudaria em nada a situação das colônias. O fato de holandeses e portugueses terem a Espanha como inimigo comum permitia, no máximo, uma aproximação nos assuntos europeus, nada mais. Os tratados da época deixaram claros os limites da aliança luso-holandesa.

Longe de devolver as capitanias reivindicadas pelos portugueses, os holandeses ampliaram ainda mais seus domínios no Brasil e na África. Nassau promoveu a conquista do Maranhão e de Angola, ainda em 1641. A conquista de Luanda, em especial, abriu grandes horizontes para a produção açucareira pernambucana e para os negócios escravistas, nos quais os judeus estavam envolvidos até a cabeça.

Disso resultou que as capitanias açucareiras da WIC, e sobretudo o Recife, ficaram abarrotadas de judeus portugueses, do que se queixaram muitos observadores católicos e protestantes residentes na Nova Holanda. A reversão da tendência imigratória somente ocorreria a partir de 1645, com a explosão da insurreição pernambucana contra os holandeses. A partir desse ano, um número cada vez maior de judeus preferiu regressar à Holanda em segurança, em especial após a segunda derrota holandesa nos Montes Guararapes, no início de 1649. Mas esse é assunto para outro capítulo.

Por ora, vale concentrar o foco no crescimento da imigração a partir de 1635, examinando o perfil dos judeus que escolheram deixar a "Jerusalém do Norte" em favor do Brasil para, quem sabe, erigir aqui uma "Jerusalém pernambucana".

Gonsalves de Mello transcreveu a lista de judeus portugueses que pediram permissão à WIC para viajar ao Brasil entre 1/1/1635 e 31/12/

DIÁSPORA PERNAMBUCANA

1636.[14] Nela podemos constatar grande predomínio de homens que declararam intenção de embarcar "com suas mercadorias" ou juntar-se a sócios e parentes já estabelecidos em Pernambuco ou na Paraíba. Ao solicitar licença para embarcar, os judeus pediam para viajar como "particular" ou como "burguês". Essa era a fórmula usual das petições.

Moisés Neto e Isaac Navarro, mercadores, e Matias Cohen, ourives, pediram licença para passar ao Brasil em 24 de setembro de 1635 "como burgueses, nos termos do regulamento, para ali viverem de seus ofícios". Em 24 de dezembro do mesmo ano, Daniel Gabilho solicitou passar ao Brasil como particular, a serviço de um dos maiores mercadores judeus do grupo, David Senior Coronel. Salvador de Andrade e Davi Gabai também pediram para viajar ao Brasil como particulares, em 28 de julho de 1636, levando mercadorias e pagando diárias durante a viagem. David Atias, Jacob e Moisés Nunes, comerciantes judeus residentes em Amsterdã, pediram o mesmo em 2 de outubro. A WIC decidiu favoravelmente em todos esses casos. A maioria dos solicitantes era composta de mercadores, alguns já bem estabelecidos, outros no início de carreira.

A WIC incentivou essa leva migratória, arcando, muitas vezes, com o custo da passagem nos termos da *Ordem e Regulamento dos Estados Gerais, promulgada em 1634 para estimular o povoamento do Brasil*. As despesas com alimentação durante a viagem, porém, ficavam a cargo dos solicitantes.

Cerca de 40% dos postulantes contidos nessas listas pediram à WIC para viajar de graça, alegando falta de dinheiro para pagar a passagem e alimentação a bordo. Na maior parte dos casos, a WIC fazia cumprir o regulamento, custeando a passagem, mas exigindo o pagamento da alimentação durante a viagem. Havia os que, em reforço a seus pedidos, ofereciam serviços à WIC no Brasil, a exemplo de Jacobus Abenacar, que solicitou viajar com seus quatro filhos, em 1635, prometendo "empunhar armas contra qualquer inimigo, especialmente os espanhóis".

Muitos pretendiam viajar para o Brasil com a família inteira, por vezes numerosa. Não se tratava, pois, de uma aventura, mas de um projeto de se fixar na colônia para aqui granjear a vida. Mesmo os que solicitaram viajar sozinhos ou com sócios estavam inseridos, regra geral, em redes simultaneamente parentais e mercantis. Em alguns casos, a família *stricto sensu* viajava depois. O padrão migratório dos judeus de Amsterdã seguia, de certo modo, aquele adotado pelos cristãos-novos que povoaram o nordeste no século XVI. Naquela altura, tratava-se de fugir de uma Inquisição recém-instalada no reino (1540), povoando capitanias já dedicadas à produção açucareira. No caso dos judeus de Amsterdã, tratava-se apenas de buscar oportunidades de enriquecimento e ascensão social, contando com o apoio do governo neerlandês.

O próprio regulamento dos Estados Gerais para o povoamento do Brasil incentivava esse tipo de imigração coletiva, denominado *sociedade*, que deveria contar, no mínimo, com 25 famílias ou 50 pessoas. Nesses casos, a WIC prometia conceder terras e casas gratuitas aos imigrantes nos dois primeiros anos de residência na colônia. Não era auxílio reservado aos judeus, mas foram eles que mais se beneficiaram da oferta. Em fins de 1637, 200 judeus embarcaram em dois navios para Pernambuco, liderados por Manuel Mendes de Castro, cujo nome judeu era Manuel Nehemias, chegando ao Recife em março do ano seguinte. Em maio, Maurício de Nassau reportou ao conselho diretor da WIC que Manuel Mendes tinha falecido e os "colonos chegados, em vez de se encaminhar para seu destino, aqui se dispersaram e cada um tomou seu caminho".[15]

População judaica no Brasil holandês

A comunidade judaica no Brasil holandês atingiu seu auge, como vimos, no período nassoviano, incrementando-se a imigração a partir de 1641. A convicção geral, entre os sefarditas de Amsterdã, era a de que o Brasil açucareiro, salvo a Bahia, era mesmo holandês. Logo, era também judeu.

Quantos judeus viveram no Brasil nessa fase de apogeu? Um historiador holandês da época, Augustus van Quelen, estimou que o número de judeus do Recife chegou a ser o dobro do número de cristãos.[16] Van Quelen exagerou, sem dúvida, do mesmo modo que o governador Luís de Meneses, em estimativa posterior, para quem eram cinco mil, em 1654, os judeus residentes em Pernambuco.

Trata-se de um número impossível, pois o recenseamento realizado por ordem do Conselho Político do Recife, entre outubro de 1645 e janeiro de 1646, contabilizou cerca de 3.400 pessoas residentes no Recife, na Cidade Maurícia, em Itamaracá, na Paraíba e no Rio Grande do Norte. É verdade que esse censo se restringiu à população livre e civil das cidades, excluídos os milhares de soldados, negros e índios. Há estimativas de que somente a população da capitania de Pernambuco alcançou cerca de 120 mil pessoas, na década de 1640, ao passo que Recife, na sua fase de apogeu, chegou a possuir oito mil moradores. Mas esses últimos números tornam impossível estimar em cinco mil pessoas o número de judeus do Brasil holandês no ano da expulsão dos flamengos.

Entre os historiadores, Egon e Frieda Wolff fizeram uma estimativa demasiadamente cautelosa do número de judeus, sugerindo que, em nenhum ano da ocupação holandesa, a população judaica ultrapassou a casa do 300 indivíduos.[17] Arnold Wiznitzer avançou no assunto e indicou que o número de judeus residentes em todas as capitanias da WIC girava em torno de 1.450 pessoas, em 1644, caindo para 650, em 1654, ano da rendição holandesa.[18] Wiznitzer baseou-se no citado censo de 1645-1646, de modo que se trata da melhor estimativa da população judaica para o período em que ela foi mais numerosa. Talvez fosse até maior, uma vez que não poucos judeus começaram a regressar à Holanda em 1645, temerosos da guerra contra os holandeses.

Gonsalves de Mello duvidou, porém, dos números apresentados por Wiznitzer, alegando que eram cerca de 1.800 os sefarditas residentes na própria Amsterdã, em 1635, sendo "impossível que a população judaica do Brasil holandês pudesse ser quase a mesma de Amsterdã".[19] Nosso grande historiador parece ter se equivocado, porém, nessa crítica, antes de tudo porque se os judeus de Amsterdã eram cerca 1.800, em 1635, dez anos depois tinham saltado para quase três mil pessoas. Em segundo lugar, mesmo que adotemos os números de Gonsalves de Mello, a população judaica do Brasil holandês seria 20% menor do que a residente em Amsterdã — e não "quase a mesma": 400 pessoas a mais ou a menos podiam fazer enorme diferença naquela época.

As estimativas de Wiznitzer merecem, portanto, o registro em gráfico como referência da população judaica no Brasil holandês por volta de 1645-1646.

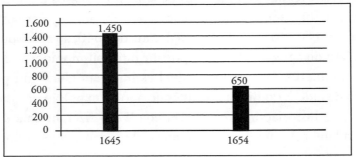

Gráfico 2.1
Número estimado de judeus no Brasil holandês

Fonte: Arnold Wiznitzer. *Judeus no Brasil Colonial.* São Paulo: Pioneira, 1966, pp. 113-115.

Como avaliar esses números?

É um índice considerável, cerca de 12% da população total de Pernambuco (somente de Pernambuco) no início da década de 1640. Mas em relação à população livre, restrita a portugueses, luso-brasileiros, holandeses e outros europeus no censo da WIC, o índice de judeus alcançou cerca de 40% do total em 1645. Embora estivesse longe de constituir maioria ou "alcançar o dobro" da população cristã, o número de judeus portugueses no Brasil holandês era, no entanto, formidável. Numa projeção do censo de 1645 restrito à população civil livre (*vrijluiden*), é possível estimar que a população judaica do Recife e da Cidade Maurícia oscilasse entre 950 a mil indivíduos, distribuídos em cerca de 50% de homens, 27% de mulheres e 23% de crianças.

Jodenstraat, a rua dos judeus

A primeira leva migratória concentrou-se no Recife, centro do poder holandês no Brasil e do grande comércio de exportação e importação.

Os principais negociantes logo elegeram uma rua na cidade para se fixar, embora também fossem donos de "casas de morada" no campo, casas-grandes senhoriais. Preferiam, no entanto, viver na cidade, onde, aliás, iriam erigir a primeira sinagoga das Américas.

Vários historiadores afirmam que a principal rua de moradia e negócios dos judeus era chamada pelos holandeses de *Bockestraat*, que Gonsalves de Mello traduziu como rua do Bode, sugerindo que tal nome podia ser "referência ofensiva" aos moradores da rua. Vários autores brasileiros seguiram essa tradução da *Bockestraat*, grafada nos documentos holandeses como *Bockestraet*. Tenho dúvidas sobre esse detalhe. O próprio Gonsalves de Mello informa que o nome *Bockestraat* procedia da existência, nas proximidades da rua, "de um corpo de guarda chamado *Bockewacht*", sendo que a palavra holandesa *wacht* pode ser traduzida como fortim ou guarita.[20] Difícil crer que o fortim dos holandeses fosse chamado de "guarita do bode"...[21]

Se os pernambucanos chegaram a chamar a rua dos judeus de "rua do Bode", isso pode ter resultado de um ruído na comunicação entre portugueses e flamengos, o que não elimina a hipótese de Gonsalves de Mello quanto ao preconceito antissemita (dos portugueses católicos) na denominação da rua. De todo modo, o nome que mais aparece na documentação holandesa para denominar a rua é *Jodenstraat* — rua dos Judeus. Uma reedição abreviada da *Jodenbreestraat* — a "rua do bairro judeu", em Amsterdã.

O inventário dos prédios localizados nessa rua, escriturado após a derrota dos holandeses, em 1654, não deixa a menor dúvida de que nela pulsava o coração da vida judaica no Recife. Além da sinagoga, cujo prédio foi concluído em 1641, várias casas de morada se sucediam, em geral sobrados, com a loja de negócios no térreo e a residência no andar superior, havendo alguns sobrados que possuíam dois andares acima da loja. Nessa última ficava o balcão, por vezes acoplado às janelas, de frente para a rua, outras vezes no interior do térreo. Vários sobrados possuíam varandas com grades de ferro.

Alguns judeus chegaram a possuir duas casas com sobrado na *Jodenstraat*, a exemplo dos comerciantes David Athias e Jacob Zacuto, por vezes utilizando uma só escada para serventia de ambas. Outros compartilhavam a propriedade de um sobrado ou mesmo uma casa térrea com balcão de negócios. Até onde os dados permitem avaliar, 13 judeus possuíram casas com sobrados na *Jodenstraat*, desde o começo da rua, chamada *Porta da Terra*, até o final dela, que se prolongava em direção à ponte que ligava o Recife ao bairro de Santo Antônio. Pelo menos dois judeus portugueses também possuíam casas assobradadas nessa rua.

Melhor do que a informação do inventário é a gravura do pintor alemão Zacharias Wagener (1614-1668), que esteve no Brasil holandês por cerca de sete anos, entre 1634 e 1641. Natural de Dresden, veio ao Brasil como militar, participou de campanhas comandadas por Nassau, mas destacou-se mesmo como artista. No seu *Thierbuch*, Wagener incluiu um desenho aquarelado da rua dos Judeus que chamou, com razão, de *Sklavenmarkt* — mercado de escravos. Escolhi a gravura como capa deste livro.

O desenho nos transporta para a *Jodenstraat* do Recife, com seus sobrados geminados, alguns com varandas, numa delas um casal, noutra apenas um homem. Está apinhada de gente para uma rua do Brasil colonial. Um homem a cavalo saúda um morador à porta de uma loja abalconada. No lado oposto, um cavalo sem cavaleiro descansa, sob a guarda de um escravo negro. Numa das casas, vê-se um dístico pendente, indicando possivelmente uma taverna.

Todos ali parecem negociar escravos. Nota-se a presença de lotes pequenos e grandes de escravos africanos observados por eventuais clientes. Dois lotes são enormes a ponto de não ser possível identificar o corpo de cada indivíduo incluído no lote. A imagem é a de uma nódoa de cor negra, em que mal se percebe a cabeça de cada um dos cativos. Os traficantes são homens brancos. Nada parece distinguir, no traje, ou no que seja, os judeus dos holandeses ou dos portugueses católicos que frequentavam a rua nos dias de leilão. A associação estabelecida por Wagener entre a *Jodenstraat* e o *Sklavenmarkt* tinha sua razão de ser. O "mercado velho" de escravos, situado em frente à igreja do Corpo Santo, no Recife, mudou-se para a *Jodenstraat*, nos anos 1640, exatamente por causa do crescente papel dos judeus nesse comércio.

Ainda nos primeiros anos da imigração judaica, que coincidiu, *grosso modo*, com o início do período nassoviano, a cidade do Recife dava sinais de superlotação, com problemas de abastecimento e falta de moradias. Não só por causa do crescente número de judeus na cidade, mas também de soldados, funcionários da WIC e pastores calvinistas. Quanto aos judeus, logo em 1637, boa parte decidiu residir na ilha de Antônio Vaz, na outra margem do Capibaribe, por causa da falta de moradia no Recife. Os judeus estabelecidos na ilha, que integra o Recife atual, fundaram ali uma congregação judaica independente da congregação do Recife. O próprio Maurício de Nassau ali erigiu o palácio de governo — o *Vrijburg* —, centro da futura Cidade Maurícia. Em 1644, último ano do governo de Nassau, inaugurar-se-ia a ponte unindo o Recife à Cidade Maurícia, uma das obras mais celebradas do governador.

Mas a escolha da ilha como alternativa de moradia não resolveu o problema de habitação, nem para os judeus, nem para os holandeses, sobretudo no alvorecer dos anos 1640. É verdade que Olinda foi pouco a pouco reconstruída. Mas apesar disso, e do verdadeiro *boom* da construção civil no Recife, os judeus passaram a buscar, cada vez em maior número, as outras capitanias açucareiras sob domínio holandês — Itamaracá, Rio Grande do Norte e, sobretudo, a Paraíba. Os judeus seguiram, até certo ponto, o rastro da expansão territorial holandesa no Brasil, chegando a erigir uma importante comunidade nas cercanias de Penedo, na foz do São Francisco, junto ao Forte Maurício.

Na *Frederickstadt* paraibana (antiga Filipeia), na vila de Penedo ou na ilha de Antônio Vaz, a vida dos judeus era mais simples, se comparada à dos magnatas da *Jodenstraat* recifense. Mais cedo do que tarde, porém, os judeus se estabeleciam onde fosse com relativa rapidez e logo tratavam de granjear a vida em diversos serviços, sobretudo no comércio. Contavam com a acolhida de parentes ou sócios já estabelecidos no Brasil, ora como cristãos-novos, ora como "judeus públicos" assumidos. A trajetória pessoal de vários "judeus novos" que passaram de Amsterdã para o Brasil confirma essa vantagem dos judeus, em relação aos demais imigrantes, no processo de adaptação à vida colonial. Vamos tratar de alguns casos em outro capítulo deste livro.

Por ora, basta dizer que este padrão simplesmente reproduzia o estilo da diáspora sefardita que partiu da Península Ibérica rumo ao norte da Europa. Expus o assunto no capítulo anterior, a propósito das rotas de fuga dos cristãos-novos, com escala no sul da França, onde eram abrigados por comunidades criptojudias em La Bastide, por exemplo, e mais tarde por parentes estabelecidos em Amsterdã. No Brasil holandês não foi diferente. As redes sefarditas, simultaneamente parentais e comerciais, favoreciam imensamente o deslocamento e a fixação dos judeus nos mais variados recantos do mundo, de Goa ao Recife, de Hamburgo a Lima.

3. A FORTUNA NA DIÁSPORA

É possível elaborar uma sociologia histórica dos judeus portugueses no Brasil holandês? Apesar da incompletude das informações, a valiosa personália organizada por José Antônio Gonsalves de Mello, no livro *Gente da nação*,[22] contém elementos para uma base de dados segura e representativa. Compõe-se de cerca de 360 nomes com informações biográficas, às vezes extensas, outras vezes escassas, mas em todo caso relevantes. Considerando, ainda, que a melhor estimativa da população judaica no Brasil holandês indica o número aproximado de 1.450 indivíduos, em 1644, os 360 nomes arrolados por Gonsalves de Mello oferecem amostragem bastante significativa. E isso não apenas porque ultrapassa o índice de 30% da população judaica no Brasil holandês em seu ano de apogeu, senão porque muitos eram casados e viviam com mulher e filhos. Eram parte dos chamados *yahidim* — chefes de família, membros da comunidade. Nesses casos, cada nome poderia ser multiplicado por quatro ou mais.

A base de dados enriqueceu-se, no caso dos comerciantes — pequenos ou graúdos —, com o acréscimo de informações contidas no *Dicionário histórico dos sefarditas portugueses*,[23] organizado por António Marques de Almeida, que contém biografias de mercadores e "gente de trato" entre os séculos XVI e XVIII. A obra reúne cerca de 900 nomes, parte dos quais residente no Brasil durante o período holandês. Entre os grandes méritos desse dicionário destacam-se, em primeiro lugar, o fato de preocupar-se com a indicação dos laços de parentesco no seio da "gente de trato", o que facilita bastante a reconstituição das redes comerciais; em segundo lugar, o dicionário não raro fornece o nome cristão e o nome judeu dos mercadores, ampliando imensamente as possibilidades de identificação deles na minha própria pesquisa documental.

A base de dados beneficiou-se, enfim, de informações extraídas dos processos inquisitoriais movidos contra judeus portugueses processados pela Inquisição na segunda metade do século XVII. Saiba o leitor que também eles faziam listas, por vezes extensas, de cristãos-novos portugueses que haviam "retornado" ao judaísmo na França, em Hamburgo ou em certas cidades italianas antes de ir à Holanda, lugar onde a maioria deles apostasiou solenemente. É claro que tais listas eram feitas pelos réus sob pressão dos inquisidores, que para tanto reservavam uma ou mais sessões de interrogatório. Nem por isso tais listas deixam de ser preciosas, em especial no caso de réus empenhados em colaborar com o Santo Ofício para se livrarem dos piores castigos.

Até mesmo a aparência física dos citados merece registro nessas listas, e não por causa de algum preciosismo dos inquisidores, embora fossem eles muito minuciosos, quase obsessivos, no registro das informações. Numa época em que não havia documentos com retratos, a única saída para identificar pessoas, relacionando nome e indivíduo, era descrevê-lo: velho ou moço; alto, baixo ou mediano; moreno ou alvo; ruivo, louro ou calvo; com bigodes, barba ou sem eles; gordo ou magro; com ou sem cicatrizes e defeitos físicos. Os passaportes ou salvo-condutos da época adotavam os mesmos procedimentos descritivos da fisionomia, da altura e dos demais traços físicos.

Comerciantes judeus de grosso trato

Fisionomias à parte, a disponibilidade dessas informações torna possível uma reconstituição sociológica dos judeus no Brasil holandês. E vale começá-la lembrando a opinião de frei Manuel Calado do Salvador, que, no seu *O valeroso Lucideno*, publicado em 1648, sugeriu que os judeus portugueses vindos da Holanda acabaram por dominar o comércio pernambucano.[24] Manuel Calado estava certo?

Antes de tudo, recordemos que boa parte dos judeus que aportaram no Recife era gente de poucos recursos, como vimos em diversos pedidos à WIC de candidatos a emigrar. Cerca de 40% deles solicitaram viajar de graça, alegando falta de recursos, e estavam longe de pertencer ao grupo de mercadores de *grosso trato* da "nação hebreia".

De todo modo, não resta dúvida de que a atividade comercial predominou grandemente entre os judeus portugueses da Nova Holanda.

Gráfico 2.2
Atividades exercidas pelos judeus portugueses no Brasil holandês

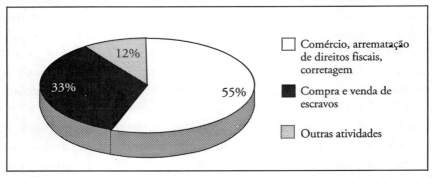

Fonte: J. A. Gonsalves de Mello. "Gente da nação judaica no Brasil holandês: um dicionário dos judeus residentes no Nordeste, 1630-1654". *In: Gente da nação.* Recife: Massangana, 1996, pp. 369-522.

A figura acima mostra o registro de atividades de cerca de 360 indivíduos arrolados na personália de Gonsalves de Mello. Estão quantificadas as atividades (não os indivíduos), considerando que muitos faziam vários tipos de negócios, sobretudo os grandes comerciantes.

Havia, porém, muitas gradações no exercício do comércio e diferenças consideráveis de recursos entre os negociantes. No topo da hierarquia dos "homens de negócio" destacavam-se os arrematantes do direito de cobrar impostos devidos à WIC, sistema posto em prática por Maurício de Nassau, em 1637, seguindo o modelo já praticado pela VOC, no Oriente — e, diga-se de passagem, utilizado por Espanha e Portugal desde o século XVI. Os impostos mais importantes estavam ligados à economia açucareira, em especial o dízimo do açúcar e o imposto sobre os engenhos. Mas havia também o dízimo sobre as lavouras de cana e criação de gado; sobre a importação de vinho, cerveja e aguardente; taxas pelo serviço de pesagem de carregamentos (o imposto da balança); taxas sobre o trânsito de mercadorias no comércio interno (*peagem*, se terrestre, e *barcagem*, se fluvial); taxas sobre o abastecimento de carne e sobre a atividade pesqueira.

No sistema de arrematação de impostos, a WIC leiloava o direito fiscal sobre tal ou qual negócio por certo prazo e os arrematantes arcavam com o risco do investimento. Se o comércio ou atividade funcionasse bem, podiam alcançar lucros fabulosos; do contrário, mal conseguiam compensar as somas investidas na arrematação. Os "homens de negócio da nação" foram grandes arrematantes de impostos cobrados pela WIC, envolvidos em operações por vezes mirabolantes: alguns pediam empréstimo à WIC para arrendar o direito de cobrar impostos devidos à própria WIC, que assim funcionava, ao mesmo tempo, como agência fiscal e banco. Um negócio de resultados imprevisíveis, mas que gerou grandes lucros para a WIC e para os judeus, sobretudo entre 1639 e 1643.

A presença dos judeus portugueses na arrematação de impostos da WIC foi avassaladora, como se pode perceber no gráfico seguinte:

Gráfico 2.3
Arrematação de direitos fiscais da WIC pelos judeus portugueses
(em milhares de florins)

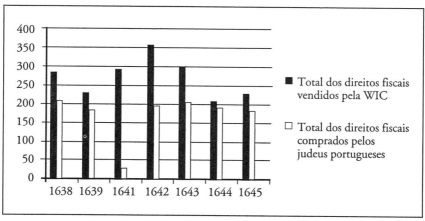

Fonte: Arnold Wiznitzer. *Os judeus no Brasil Colonial*. São Paulo: Pioneira, 1966, p. 61.

JERUSALÉM COLONIAL

Os homens de negócio da *nação* tornaram-se, com efeito, os grandes cobradores de impostos do Brasil holandês. O pico das arrematações ocorreu em 1644, ano em que os judeus compraram nada menos do que 91,6% dos direitos fiscais*. Os anos de 1639 e 1645 foram também excelentes para o investimento dos judeus, que arremataram 80% dos direitos. Os anos de 1638 e 1643 foram razoáveis, registrando arrematações na casa dos 73,6% e 68,3%, respectivamente. O único ano destoante foi o de 1641, quando os principais investidores judeus perderam a arrematação dos direitos fiscais para João Fernandes Vieira, cristão velho já muito rico nessa altura dos acontecimentos, em parte graças à proteção de Maurício de Nassau. João Fernandes, de todo modo, não teria a mesma sorte nesse ramo de investimento a partir de 1642, como indica o quadro acima. O futuro líder da insurreição pernambucana dedicar-se-ia a outros negócios igualmente vultosos, até dar um calote definitivo na WIC, em 1645.

Um restrito grupo de 25 indivíduos controlava a compra de direitos fiscais, não raro por meio de consórcios. Os campeões desse ramo de negócio foram Moisés Navarro, Duarte Saraiva e Benjamim de Pina, os três principais magnatas dentre os judeus portugueses estabelecidos em Pernambuco.

Comerciantes desse porte também emprestavam dinheiro a juros para senhores de engenho holandeses ou luso-brasileiros, inclusive para cristãos-novos e judeus menos afortunados. Até para a WIC os grandes comerciantes judeus emprestavam dinheiro, cobrando juros de 12% — como ocorreu, aliás, na crise financeira do governo holandês no Brasil, em 1643. Os principais negociantes judeus eram também prestamistas que organizaram uma "rede bancária" informal, dinamizando a circulação monetária, fosse em moeda metálica (mais rara), fosse em cartas promissórias. Em 1640, por exemplo, para contornar o problema da escassez de moeda no meio circulante, o governo holandês emitiu as chamadas *ordonnantien*, ordens de pagamento equivalentes às rendas fiscais efetivas, uma espécie de papel moeda, que rapidamente se desvalorizou.

---

*Descartei, aqui, o ano de 1636, quando 100% dos direitos fiscais devidos à WIC foram arrematados por judeus, por tratar-se de fase muito incipiente desse sistema, envolvendo operações de 5.650 florins, quantia irrisória se comparada às dos anos seguintes.

DIÁSPORA PERNAMBUCANA

Muitos judeus portugueses — e comerciantes holandeses independentes — compraram esses papéis em grande quantidade, a preço vil, e com eles pagaram seus impostos e investiram em outros negócios, incluindo o arremate de escravos nos leilões efetuados pela WIC no Recife.[25]

Os comerciantes judeus também exerceram a corretagem nos negócios de compra e venda de mercadorias. No sentido estrito, o *corretor* era um posto oficial, cujo ocupante era nomeado pelo governo holandês no Recife, encarregado de intermediar os negócios entre a WIC e os luso-brasileiros. Isso valia sobretudo para os produtos de exportação, como o açúcar, o tabaco, as madeiras tintórias. As tratativas envolvendo preços, prazos de pagamento, quantidades, valor de fretes ou condições de transporte tinham, obviamente, de ser claramente acordadas entre as partes contratantes. A WIC, através de suas autoridades coloniais, dava clara preferência aos judeus portugueses em relação aos cristãos velhos ou mesmo cristãos-novos, não somente porque os judeus falavam holandês, mas por considerá-los mais confiáveis. Afinal, os "judeus novos" eram protegidos dos holandeses, em Amsterdã, sendo estimulados a migrar para o Brasil exatamente para ajudar os flamengos nos negócios mais imperativos da dominação colonial.

No caso dos grandes produtos de exportação, a função de corretagem acabou açambarcada pelos grandes negociantes, os mesmos que arrematavam direitos fiscais e atuavam no comércio atlântico. Um dos primeiros, se não o primeiro, a exercer a corretagem do açúcar e do tabaco foi Moisés Navarro, que obteve o posto ainda em 1635. Natural do Porto e com família paterna residente em Amsterdã, Moisés atuou em vários negócios, em parceria com os irmãos Jacob e Isaac Navarro, dos quais a corretagem do tabaco e do açúcar foi apenas o primeiro. Os Navarro atuaram em Pernambuco e na Paraíba, onde arremataram o direito de cobrar impostos sobre o açúcar, o imposto sobre engenhos, o direito de barcagem no rio dos Afogados, o imposto de balança do Recife. Em 1637, Moisés Navarro comprou o Engenho Juriçaca, no cabo de Santo Agostinho, e, quase no final do período holandês, em 1652, há registro de licença da WIC em seu nome para cortar e exportar pau-brasil.[26] Era um dos grandes representantes da comunidade judaica no Recife, como veremos a seu tempo.

Judeus no comércio importador e abastecimento interno

O elevado índice de 55% de atividades comerciais desempenhadas pelos judeus deve ser matizado, porém, evitando-se o estereótipo que associa o comerciante judeu ao mercador de *grosso trato*.

A figura abaixo permite visualizar a distribuição dos judeus portugueses nas atividades comerciais, afinando um pouco mais o perfil socioeconômico dos mercadores "da nação".

Gráfico 2.4
Negociantes judeus portugueses no Brasil holandês

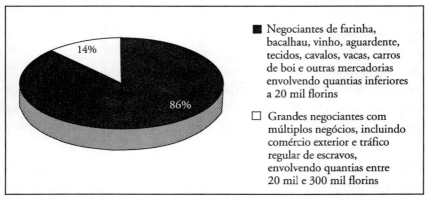

Fonte: J. A. Gonsalves de Mello. "Gente da nação judaica no Brasil holandês: um dicionário dos judeus residentes no Nordeste, 1630-1654". *In: Gente da nação.* Recife: Massangana, 1996, pp. 369-522.

No gráfico anterior, utilizei, como critério, de um lado, o tipo de investimento e a multiplicidade de negócios de um mesmo indivíduo para diferenciar os grandes dos pequenos comerciantes. De outro lado, estabeleci a quantia de 20 mil florins como medida de corte. Isso porque tal quantia equivalia, *grosso modo*, ao valor venal de um engenho modesto. Há casos de mercadores que compraram engenhos por valor próximo a 20 mil florins, cruzando a fronteira que separava o simples comerciante do "título a que muitos aspiram", conforme a definição que Antonil deu ao "senhor de engenho", no final do século XVII. Trata-se de uma medida arbitrária, reconheço, mas serve como referência comercial e simbólica para identificar o primeiro grau de grandes comerciantes na escala dos "homens de negócio". Os 86% de comerciantes judeus com capital inferior a 20 mil florins costumavam dizer de si mesmos — com falsa modéstia, na verdade — que "negociavam mercadorias de pouca consideração".

A imensa maioria dos comerciantes judeus no Brasil holandês estava nessa categoria, dedicados ao comércio interno ou ao pequeno comércio, embora alguns combinassem negócios de exportação e importação com abastecimento de farinha, carne ou revenda de mercadorias vindas da Holanda.[27] Entre as mercadorias importadas que os judeus distribuíam na colônia, alguns alimentos e bebidas ocuparam lugar de destaque: queijo, manteiga, farinha de centeio, cevada, presunto, toucinho, bacalhau, azeite, vinhos franceses e espanhóis, conhaques e cervejas da Holanda e Zelândia. Note-se, de passagem, a introdução de certos produtos e bebidas até então inusuais, na dieta dos colonos, como os queijos holandeses, o pão de centeio ou as cervejas. Foi nessa época que a cerveja fez sua estreia no Brasil.

Os tecidos também eram mercadorias apreciadas, a exemplo de fazendas de lã, musselina, linho francês, damasco, chamalote, fustão, pano branco inglês e bombazina. Esse último, espécie de tecido canelado parecido com veludo, era, de longe, o pano mais caro; musselina e panos de lã eram os mais baratos. Não deixa de causar espanto o largo uso de roupas de lã ou veludo no calor do nordeste brasileiro, provavelmente pelos funcionários da WIC e pela soldadesca, fiéis a costumes totalmente inadequados ao trópico. Os soldados vestiam os mesmos uniformes pesados utilizados nas guerras europeias, não raro combatendo índios flecheiros seminus. Também por isso, obviamente, a chamada "guerra brasílica" tornava-se um fardo, sem trocadilho, para os soldados da WIC.

A revenda de manufaturados também enriqueceu muitos judeus, a exemplo de botas, chapéus masculinos, selas, esporas, pentes de marfim, escovas, navalhas de barbear, espelhos, machadinhas e armas, fossem pistolas ou armas brancas. Nesse último caso, destacava-se a importação de pistolas com coldre (as mais caras), espadas e facões. Um par de pistolas com coldre podia valer até 40 florins, o equivalente a cerca de 1/3 do preço de um angolano adulto. O comércio de munição era, porém, reservado aos comerciantes da WIC, como balas de chumbo e pólvora, do mesmo modo que os canhões e mosquetes, além dos instrumentos destinados à reparação das armas de fogo. Os judeus portugueses, no entanto, bem como os comerciantes holandeses autônomos, por vezes burlavam esse monopólio e negociavam armas de fogo e munição.

A importação de medicamentos era outro negócio de suma importância, considerado o estado de guerra do Brasil mesmo nos tempos mais "pacíficos", como no governo nassoviano. Alguns judeus destacaram-se nesse negócio dos remédios, sobretudo os médicos judeus estabelecidos no Recife.

Um dos mais famosos foi Abraão de Mercado, formado em medicina, que clinicou no Recife. Abraão carregava caixas de remédios em navios que partiram para o Brasil em diversos anos, sendo que o primeiro registro data de 1638, ano em que embarcou medicamentos nos navios *Zeelant* e *Regenbooge*. Mas há diversos outros registros similares no arquivo da WIC, que comprou remédios de Abraão de Mercado, entre os anos 1641 e 1650. Casado com Ester e pai de cinco filhos, Abraão viveu com a família no Brasil até a expulsão dos holandeses, em 1654. No ano seguinte, transferiu-se para Barbados, nas Antilhas, centro emergente na economia açucareira do Atlântico, onde continuou seu trabalho de médico e negociante de remédios até morrer, em 1669.

Material de construção vindo da Holanda também fez a fortuna de muitos judeus portugueses: cal, tijolos, ladrilhos, vigas, traves, tábuas, telhas, estacas e até pregos. O crescimento da população urbana no Recife, em especial no período nassoviano, e o frenesi da construção civil, que passou do Recife velho para a ilha de Antônio Vaz, estimularam a importação pesada desse material. A reconstrução de casas e prédios de Olinda — arrasada pelos holandeses em 1630 — foi outro elemento dinamizador dessas importações.

As especiarias não poderiam faltar — é claro — entre os artigos importados e revendidos pelos judeus, notadamente a noz-moscada, o cravo-da-índia, a pimenta e a canela. Esse era um circuito comercial em que os judeus participavam nas duas pontas da rota. Nas Índias Orientais, os judeus vendiam-nas aos holandeses, que, por sinal, haviam conquistado, sob o patrocínio da VOC, várias praças pertencentes ao império português antes da União Ibérica. As especiarias eram transportadas para a Holanda, sobretudo para Amsterdã, e dali embarcadas em navios da WIC para o Brasil. No Recife, eram compradas e redistribuídas também por judeus portugueses (mas não só por eles). Muitos judeus atuantes nas duas pontas das rotas que ligavam o Índico ao Atlântico, passando pela Holanda, pertenciam à mesma família.

Há também numerosos registros da participação de judeus no comércio de gêneros produzidos na própria colônia: feijões, batata, farinha de mandioca, carne bovina verde ou salgada, porcos e galinhas. Nesse tipo de comércio, os judeus portugueses entendiam-se com os cristãos-novos residentes na colônia, ou dela naturais, negociantes com acesso fácil aos lavradores de roça ou criadores de gado estabelecidos no interior, criando-se microrredes comerciais para o abastecimento das cidades. Em meio a esse processo, muitos cristãos-novos acabaram, também eles, aderindo ao judaísmo, tornando-se "judeus novos". A primeira geração de *judeus novos* da colônia surgiu em meio ao comércio interno no Brasil holandês.

Nesse comércio, uma atividade chama particular atenção: o fornecimento de uniformes para os soldados holandeses. Até grandes negociantes se envolveram no negócio dos uniformes e pelo menos duas mulheres atuaram nesse ramo. Em dois ou três casos, além do fornecimento de uniformes, há registro de confecção de camisas ou casacos. As roupas eram confeccionadas na própria colônia, com tecidos comprados aos holandeses — no caso dos casacos de lã e camisas de panos ingleses ou de fustão (mais leves). Predominavam, porém, as camisas, confeccionadas sob encomendas, que variavam de 60 a 200 ou mais peças, todas muito baratas. Infelizmente não há dados que iluminem a produção dos uniformes, exceto quanto ao número de peças encomendadas — por vezes centenas. Tratava-se, possivelmente, de uma produção doméstica realizada por mulheres. Afinal, não custa lembrar que, ainda no século XVI pernambucano, a célebre Branca Dias, cristã-nova, dirigia uma oficina de costura em sua casa, escola de prendas domésticas, na qual trabalhavam cristãs-novas e cristãs-velhas. A necessidade crescente de uniformes dinamizou, sem dúvida, a atividade têxtil no âmbito doméstico. Não por acaso, há registro de mulheres negociando diretamente com a WIC a venda de camisas e casacos para os soldados holandeses.

Em termos de produção artesanal ou manufatureira colonial, somente um artigo rivalizava com a confecção de uniformes na Nova Holanda: o fabrico de doces, de que há inúmeros registros nos papéis da WIC, embora a confeitaria fosse negócio concentrado no mercado interno. Mas a produção era tanta que há registro de doces exportados do Brasil para a Holanda, sobretudo frutas cristalizadas e compotas. Há registro de cozimento e cristalização de laranja, cidra, melão, abóbora e ananás — muitíssimo apreciado pelos holandeses. Também circulavam, no comércio miúdo, marmeladas, compotas de ameixa e de caju.

Pouco se sabe, infelizmente, sobre a produção de doces, mas é presumível que, a exemplo do artesanato têxtil, o fabrico fosse tarefa feminina e doméstica. Os documentos relacionados aos judeus portugueses no Brasil holandês informam, em sua esmagadora maioria, sobre as atividades masculinas; silenciam sobre suas esposas e filhas, exceto pela indicação de que acompanhavam os homens na viagem e com eles residiam na colônia. Mas é evidente que as mulheres não ficavam ociosas em casa, limitadas a organizar o *Shabat* e demais festas do calendário judaico. Assim como preparavam a comida do dia a dia "ao modo judaico" (do que há infinitos registros nos papéis inquisitoriais), fabricavam os doces vendidos no Brasil ou exportados para a Holanda. Não por acaso, os registros mais abundantes do fabrico e comércio de doces no Brasil colonial coincidem com a presença crescente de judeus portugueses no nordeste.

Considerando o dinamismo dos comércios interno e externo do Brasil holandês, não é de surpreender o crescente afluxo de judeus portugueses e o predomínio da atividade comercial entre eles, como indicam os dados acima apresentados. Mais do que isso, não surpreende a reiterada opinião de holandeses ou portugueses sobre o enriquecimento rápido dos judeus em Pernambuco, embora se deva dar um desconto nesses juízos, em geral ressentidos. Manuel Calado resumiu muito bem esse juízo acerca dos judeus, ao dizer que:

> "não trazendo mais do que um vestidinho roto sobre si, em breves dias (os judeus) se fizeram ricos com seus tratos e mofatras, o que sabido por seus parentes que viviam na Holanda, começaram a vir tantos, e de outras partes do norte, que em quatro dias se fizeram ricos e abundantes..."[28]

Os negócios variados do Brasil holandês abriram oportunidades excepcionais para os judeus portugueses. A maioria deles compunha-se de pobres que, como observou Manuel Calado, em pouco tempo se tornavam negociantes. Não em quatro dias, como escreveu frei Manuel, visivelmente colérico, mas em poucos meses. Esse numeroso grupo de judeus, na maioria jovens, conheceu uma ascensão social que, no mundo ibérico, enquanto cristãos-novos, seria mais lenta e incerta. Mas eles compunham, vale repetir, o grupo de pequenos e médios negociantes — os comerciantes varejistas, que eram a maioria: 86% do total, conforme indicado anteriormente.

Judeus exportadores de açúcar

Os negociantes de *grosso trato* não passavam de 14%, e isso faz ruir o estereótipo de que os judeus portugueses do tempo de Nassau eram todos grandes mercadores. Poucos tinham cabedal para atuar no grande negócio de exportação do açúcar ou tabaco, embora a participação deles tenha crescido de maneira espantosa em relação à dos negociantes holandeses ou portugueses católicos. Gonsalves de Mello oferece dados muito interessantes, embora não sistemáticos, sobre a participação de judeus na exportação de açúcar entre 1637 (quando a presença deles no Brasil ainda era incipiente) e 1643 (apogeu da exportação de açúcar).

Gráfico 2.5
Caixas de açúcar exportadas para a Holanda
(em porcentagem)

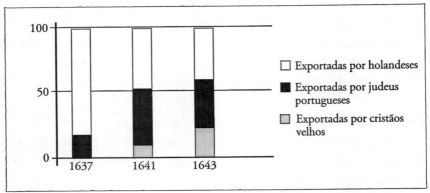

Fonte: J. A. Gonsalves de Mello. "Gente da nação judaica no Brasil holandês: um dicionário dos judeus residentes no Nordeste, 1630-1654". *In: Gente da nação.* Recife: Massangana, 1996, p. 232.

Já em 1637, a participação dos judeus na exportação do açúcar não era desprezível, alcançando cerca de 18%, conforme os dados de seis navios que partiram do Recife ou da Paraíba para a Holanda. Em 1641, segundo os dados de um só navio — o *Fortuna* —, os judeus exportaram 44% contra 43% dos negociantes holandeses. Em 1643, com dados exclusivos do navio *Soetelande*, os judeus exportaram 38%, contra 33% exportados por holandeses e 29% de cristãos portugueses — e pode muito bem ser que houvesse cristãos-novos entre os últimos. Embora esses dados sejam meramente ilustrativos, pois informam sobre o carregamento de açúcar de apenas oito navios em três anos salteados, não resta dúvida de que os judeus se destacaram no principal negócio da WIC no Brasil: o comércio de açúcar branco ou mascavado.

Mas tal negócio era inacessível aos judeus mencionados por frei Manuel Calado — os judeus vestidos com pano roto que mascateavam doces, roupas ou farinha de mandioca. Aquele era um negócio praticamente monopolizado pelos 14% de comerciantes de *grosso trato*, os mesmos que arrematavam o direito de cobrar impostos devidos à WIC, os grandes corretores de açúcar ou fumo, os grandes prestamistas.

Judeus nos negócios escravistas

A concentração do capital comercial nas mãos de poucos judeus também se pode perceber nos negócios escravistas, não obstante os dados dificultem, também aqui, cálculos exatos. A ausência de informações sobre a carga de escravos comprados por navio, por exemplo, é lacuna lastimável. Para contornar os vazios de informação, verifiquei a regularidade com que alguns indivíduos compravam escravos ao longo dos anos para depois revendê-los nos engenhos ou no Recife, cruzando esses dados com informações acerca de outros negócios praticados pelos mesmos indivíduos. O gráfico seguinte permite afinar, outra vez, o contraste entre os grandes e pequenos negociantes.

Gráfico 2.6
Judeus portugueses que compraram escravos no Brasil holandês
(1639-1654)

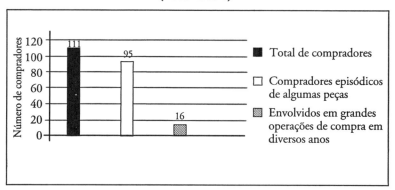

Fonte: J. A. Gonsalves de Mello. "Gente da nação judaica no Brasil holandês: um dicionário dos judeus residentes no Nordeste, 1630-1654". *In: Gente da nação.* Recife: Massangana, 1996, pp. 369-522.

Os negociantes judeus atuaram no comércio de escravos desde 1637, após a conquista holandesa de São Jorge da Mina, e sobretudo a partir de 1641, com a conquista de Luanda. É certo que não negociavam diretamente com os reinos africanos, pois isso permaneceu como monopólio da WIC, mesmo após a instituição do "livre comércio", em 1638.[29] Mas é certo que judeus portugueses residentes em partes da África não só participavam do tráfico como auxiliaram os holandeses nos contatos com chefias e soberanos africanos empenhados no tráfico com os europeus. Afinal, o sistema de tráfico de escravos para o Atlântico foi uma empresa montada por chefias africanas e mercadores portugueses — entre eles, os cristãos-novos — desde o século XV.

No início do século XVII, em tempo de União Ibérica, os cristãos-novos portugueses controlavam boa parte do tráfico na costa da Guiné, em Cabo Verde, São Tomé e Angola. Eram em geral cristãos-novos que arrematavam os contratos para o tráfico no litoral africano, do que há farta documentação no Arquivo Ultramarino, em Lisboa. Na costa da Guiné e em Cabo Verde, por exemplo, um dos traficantes mais destacados foi um certo João Soeiro, que arrematou contrato desse tipo por cinco anos, em 1609, com direito a enviar carregamentos para o Brasil e as Antilhas. Colocou cristãos-novos de sua confiança, parentes e amigos, na administração dos negócios em Cacheu e Cabo Verde. Incentivou mesmo a apostasia dos cristãos-novos na Guiné — assunto pouco estudado, infelizmente. Mas sabe-se que os cristãos-novos erigiram ali uma sinagoga informal, sob a direção do rabino João Peregrino. Em 1622, o ex-governador da Guiné Francisco de Moura escreveu que a "gente da nação vivia ali sem nenhum respeito à santíssima fé católica".[30]

Também em Angola os cristãos-novos eram traficantes de ponta e grandes arrematantes de contratos. Pedro Rodrigues de Abreu, sobrinho do riquíssimo mercador cristão-novo Francisco Dias Portoalegre, tornou-se arrendatário do tráfico angolano, em 1636, derrotando um concorrente cristão-novo no leilão público. Outro traficante cristão-novo de grande destaque na região foi Lopo da Fonseca Henriques, um dos vários portugueses fixados a leste de Angola após a conquista de Luanda pelos holandeses, em 1641. Todos ele continuaram a atuar no tráfico, mesmo após 1641, a partir de Muxima, Cambambe e sobretudo Massangano. Lopo da Fonseca chegou a arrematar contrato de tráfico em 1645, já no reinado de dom João IV, apesar do controle holandês da região. Na verdade, tanto ele como outros traficantes cristãos-novos mantiveram relações amigáveis com os holandeses, reproduzindo na África as

DIÁSPORA PERNAMBUCANA

relações que os mercadores judeus e cristãos-novos mantinham no Brasil com a WIC. Lopo da Fonseca chegou mesmo a exportar, através de Luanda, escravos angolanos para a Bahia e para o Rio de Janeiro, e não somente para o Pernambuco holandês.[31]

Os cristãos-novos portugueses envolvidos no tráfico africano assessoraram os holandeses, portanto, seja em São Jorge da Mina, seja em Luanda. A experiência holandesa nesse ramo era quase nula quando a WIC conquistou as duas praças no século XVII. Havia judeus ou cristãos-novos portugueses até entre os *lançados*, ou seja, homens infiltrados nos reinos africanos para recolher informações e rotinizar contatos, muitos dos quais passavam meses ou anos vivendo à *moda africana*. No forte de Bezeguiche, por exemplo, na costa senegalesa, há registro de *lançados* judeus que, segundo Alberto da Costa e Silva, eram vinculados aos sefarditas de Amsterdã.[32] Por conseguinte, eram também vinculados aos judeus portugueses do Brasil, aos das Índias Orientais e aos conversos residentes nas Índias de Castela.

Se os judeus estabelecidos no Brasil não participavam diretamente do tráfico africano, tinham ali *parentes* bem colocados, ainda que obrigados a negociar com os holandeses. As redes comerciais sefarditas eram sabidamente extensas, com ramificações que se estendiam pelos sete mares.

No Brasil holandês, os judeus ricos tornaram-se grandes distribuidores de escravos, comprando regularmente carregamentos no Recife para vender nos engenhos e nas lavouras. Alguns deles se dedicaram quase exclusivamente a essa atividade, outros combinavam a distribuição de escravos com vários negócios.

O investimento dos judeus na distribuição de escravos pelos engenhos foi tremendamente favorecido por certas decisões da WIC no período nassoviano. Em 1637, no início do governo de Nassau e no ano da conquista holandesa de São Jorge da Mina, a WIC ainda admitia o pagamento a prazo dos escravos desembarcados no Recife. As vendas eram realizadas por meio de leilões e os pagamentos parcelados em até um ano depois da arrematação. Após a conquista de Luanda, porém, em parte porque os prazos de pagamento de escravos não eram respeitados, em parte porque precisava fazer caixa, a WIC passou a exigir pagamentos à vista — em *dinheiro contado*. A decisão foi deliberada pelos Dezenove Senhores (conselho diretor da WIC) em 1642 e reiterada nos dois anos seguintes — sinal de que as autoridades da Companhia, no Recife, continuavam a parcelar os pagamentos. Em 1644, a WIC flexibilizou minimamente a nova regra, admitindo que os pagamentos em "dinheiro contado" poderiam ser complementados com açúcar, em caso de extrema necessidade.

Apesar de vez por outra terem sido realizadas vendas de escravos a prazo no Recife, o fato é que as decisões da WIC acabaram por se impor. Tanto é que o preço dos escravos caiu demasiadamente. "Dinheiro contado" era coisa rara no Brasil colonial, inclusive nos domínios da WIC, exceto para um punhado de comerciantes holandeses e judeus portugueses — os Navarro, os Saraiva, os Pina. Os grandes mercadores judeus logo se tornaram grandes compradores de escravos no Recife, arrematando grandes carregamentos em leilões realizados, não por acaso, na rua dos Judeus — a *Jodenstraat*.

A correspondência entre Maurício de Nassau e o Conselho da WIC, em 1643, sugere que o preço médio de um escravo à vista era de 100 florins, enquanto a prazo valia 250 florins. Mas esses números são inexatos e parecem ter sido usados para ilustrar argumentos favoráveis ou contrários à imposição de vendas à vista. Provavelmente inspirados na informação de Joannes de Laet, membro da diretoria e historiador da WIC, para quem o preço médio do africano vendido pela WIC no Recife era de 250 florins.[33]

Pesquisas quantitativas sobre o preço dos escravos no Recife entre 1636 e 1645 confirmam somente para o ano de 1637 o valor aproximado de 250 florins — valor do escravo da Guiné, ao passo que o proveniente de Angola custava em torno de 230 florins. O gráfico a seguir permite visualizar as flutuações no preço dos cativos no período:

DIÁSPORA PERNAMBUCANA

Gráfico 2.7
Preço médio dos escravos vendidos no Recife
(em florins)

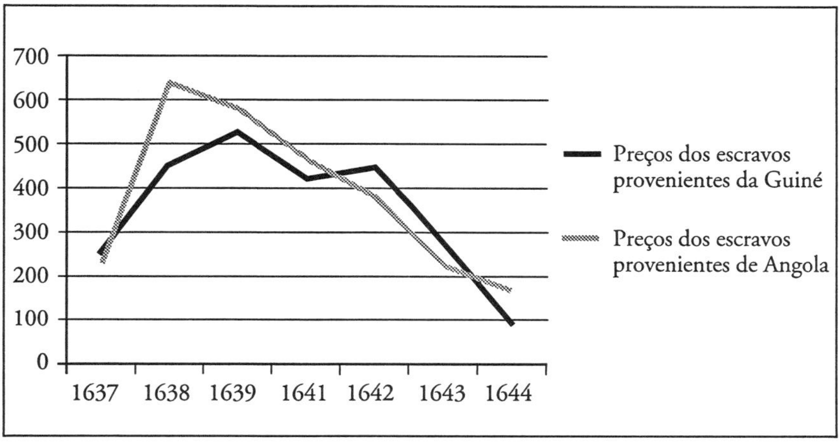

Fonte: Ernest van den Boogart & Peiter Emmer. "The Dutch Participation in the Atlantic Slave Trade, 1596-1650". *In:* J. Hogendorn & H. Gemery. *The Uncommon Market.* Nova York: Academic Press, 1979, p. 371.

Os preços subiram brutalmente em 1638, chegando um escravo de Guiné a valer cerca de 450 florins, contra 250 florins do ano anterior — um aumento de 80% no preço unitário; o preço do escravo de Angola (ainda sob domínio ibérico) saltou, no mesmo ano, de cerca de 230 para 640 florins — um aumento de quase 180%.

Após a conquista de Luanda pelos holandeses, o valor médio do escravo angolano caiu para 384 florins, em 1642, e voltou ao patamar de 230 florins, em 1643, despencando para cerca de 170 florins, em 1644. Já o preço do escravo de Guiné caiu sucessivamente de 450 florins, em 1642, para 280 florins, em 1643, e 100 florins, em 1644. Confirma-se, assim, a tendência de queda nos preços dos escravos, apesar das oscilações, nos primeiros anos da década de 1640 — sobretudo a partir de 1643. No caso dos angolanos, a ampliação da oferta a partir da conquista de Luanda pelos holandeses foi decisiva para a queda de preços. Mas, tanto no caso dos escravos da Guiné como no caso dos angolanos, a queda

JERUSALÉM COLONIAL

dos preços nos anos 1643-1644 reflete a citada decisão da WIC de somente vender cativos à vista.

Os maiores beneficiários da queda de preços dos escravos no atacado foram os comerciantes holandeses "livres" (externos à WIC) e os grandes negociantes judeus. Compravam os escravos à vista por preços em queda e os revendiam a prazo com juros que podiam alcançar até 40% ao ano.

Foram inócuas as medidas do Conselho Político do Recife e do próprio Maurício de Nassau, tabelando os juros em 18%, no caso de empréstimos ou de vendas de bens móveis, como eram os escravos. Listas de credores de senhores de engenho e lavradores cristãos velhos da época não deixam dúvida sobre o peso dos judeus portugueses como abastecedores de escravos na economia colonial, sobretudo nos anos 1642-1644. Entre vários casos, vale citar o de Catarina de Albuquerque, que chegou a dever aos judeus Gaspar Francisco da Costa e Jacob Senior, em 1643, 56 mil florins, quantia equivalente ao preço de 200 escravos da Guiné ou 240 angolanos. Manuel Fernandes da Cruz, por sua vez, senhor do engenho Tapacurá, tinha um passivo acumulado de mais de 40 mil florins, em 1644, 70% dos quais devidos aos judeus.[34]

Em seu relatório, após regressar à Holanda, Nassau aludiu explicitamente a tais "monopólios", formados, na prática, pelos negociantes dotados de recursos para comprar escravos à vista no Recife. Com algum exagero, Nassau chegou a dizer que a WIC era obrigada a vender escravos por preços inferiores aos que pagava na África (não raro a traficantes judeus ou cristãos-novos, vale lembrar). Mas, sem nenhum exagero, informou que os lavradores de cana e senhores de engenho, cativos desses "monopólios", acabavam pagando pelos escravos o triplo do seu valor.[35]

Os judeus portugueses endinheirados fizeram uma festa com o negócio escravista no Brasil holandês, sendo que o próprio Nassau, apesar de seu hábil jogo de cena, nada fez para evitar o crescente endividamento dos lavradores de cana e senhores de engenho financiados pelos negociantes judeus. O papel dos judeus nos leilões de escravos do Recife era tão destacado que, como já disse, eram realizados na *Jodenstraat*. Em 1644, as autoridades holandesas chegaram a adiar um leilão marcado, por engano, para um dia de festa judaica.[36] Jamais um leilão de escravos era marcado para o sábado, por razões evidentes.

Vale a pena aprofundar a análise da participação dos judeus nos negócios escravistas, examinando o ritmo dos investimentos ao longo do período holandês.

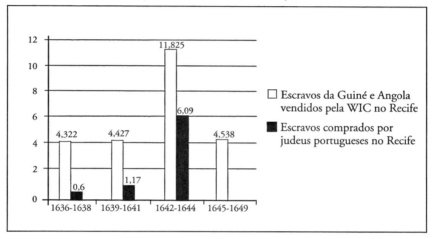

Gráfico 2.8
Participação dos judeus portugueses no tráfico africano
(em milhares de escravos)

Fontes: Hermann Wätchen. *O domínio holandês no Brasil.* Recife: Cepe, 2004, p. 487; J. A. Gonsalves de Mello. *Gente da nação.* Recife: Massangana, 1996, p. 233; Pedro Puntoni. *A mísera sorte: a escravidão africana no Brasil holandês e as guerras do Atlântico Sul.* São Paulo: Hucitec, 1999, p. 152.

O Gráfico 2.8 confirma, com viés ligeiramente distinto, a evolução do investimento dos judeus no negócio escravista. Entre 1636 e 1639, enquanto se formava a comunidade sefardita em Pernambuco, bem tinha início o tráfico de escravos sob controle da WIC, os judeus compraram cerca de 12% apenas dos escravos desembarcados no Recife. No triênio seguinte, o ritmo do tráfico manteve-se estável, mas a participação dos judeus praticamente duplicou. No período 1642-1644, auge do tráfico africano para o Brasil holandês, os judeus consolidaram seu papel de grandes compradores de escravos, adquirindo perto de 50% das peças vendidas. Após 1645, com o início da insurreição pernambucana, os judeus praticamente saíram no negócio escravista e começaram a retirar-se do Brasil, regressando à Holanda, sobretudo após a derrota holandesa na segunda batalha dos Guararapes, no início de 1649.

O gráfico seguinte complementa a anterior ao comparar a participação dos judeus nos negócios escravistas com a de outros comerciantes no auge do tráfico de escravos realizado pela WIC para o Brasil.

Gráfico 2.9
Participação dos judeus portugueses no auge do tráfico para o Brasil holandês (em milhares de escravos)

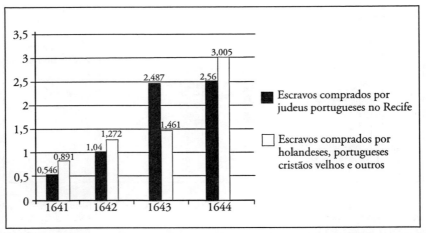

Fontes: Hermann Wätchen. *O domínio holandês no Brasil.* Recife: Cepe, 2004, p. 487; J. A. Gonsalves de Mello. *Gente da nação.* Recife: Massangana, 1996, p. 233.

Tem-se aí um dado formidável para 1643, ano em que os judeus portugueses compraram mais escravos do que os demais comerciantes ou senhores de engenho católicos ou protestantes. Chegaram a comprar, nesse ano, mais de 60% dos escravos vendidos no Recife. Em 1644, pico do tráfico africano no Brasil holandês, compraram ainda mais escravos, em números absolutos, embora o índice tenha caído para cerca de 45% em relação aos compradores não judeus.

A grande maioria dos judeus compradores de escravos não pertencia, porém, como se pode facilmente presumir, ao grupo dos grandes negociantes. A maioria comprou um, dois ou três escravos em uma única ocasião ou duas. Como já se disse antes, eram poucos os judeus portugueses que concentravam o negócio de distribuição de escravos no Brasil. Por outro lado, os judeus portugueses estavam tremendamente envolvidos com a escravidão. Cerca de 33% de todas as atividades desempenhadas pelos judeus estiveram ligados à compra e venda de escravos. Um índice muito maior de indivíduos — impossível de precisar — possuía escravos no Brasil holandês. Alguns chegaram a ter centenas. Outros, apenas um cativo.

Judeus senhores de engenho

Se a participação dos judeus no comércio externo e interno, bem como nos negócios escravistas, foi notável, o mesmo não se pode dizer dos investimentos na agricultura. Há poucos registros deles como lavradores de mantimentos ou roças, lavradores de cana ou senhores de engenho, embora dentre esses últimos houvesse mercadores graúdos que diversificaram seus investimentos na colônia.

O Gráfico 2.10 dá uma ideia dessa participação dos judeus portugueses na agromanufatura do açúcar, embora seja informação incipiente, restrita aos engenhos leiloados pela WIC em 1637, depois de confiscados aos *exilados* na Bahia.

Gráfico 2.10
Distribuição dos 46 engenhos confiscados e leiloados pela WIC em 1637

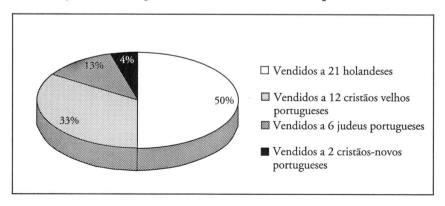

Fonte: J. A. Gonsalves de Mello. *Gente da nação*. Recife: Massangana, 1996, p. 225.

JERUSALÉM COLONIAL

Nessa operação, os judeus arremataram seguramente seis engenhos, ou 13% deles. É possível que, dentre os cristãos arrematantes nesse leilão, alguns fossem cristãos-novos em trânsito para o judaísmo assumido, como fizeram muitos cristãos-novos no Brasil holandês. É possível, mas não provável, uma vez que a comunidade judaica em Pernambuco dava apenas os seus primeiros passos em 1637. O próprio rabino Isaque Aboab da Fonseca ainda não havia assumido a direção da congregação — ele que foi um prosélito da conversão de cristãos-novos de Pernambuco ao judaísmo. Por outro lado, vale fazer um registro paralelo: os holandeses, sim, ao contrário do que se imagina, investiram pesadamente na agromanufatura do açúcar — não se limitando ao comércio e aos serviços prestados à WIC. Arremataram 23 ou 50% dos engenhos confiscados aos *exilados,* imprimindo um tom ligeiramente *flamengo* à açucarocracia pernambucana.

De todo modo, o típico senhor de engenho judeu no Brasil holandês era *também* um grande comerciante, um negociante de *grosso trato*, e nisso não se distinguia de alguns cristãos-velhos que compraram engenhos na época, os *nouveaux riches* do período nassoviano — a exemplo do citado João Fernandes Vieira, futuro líder da rebelião de 1645.

Duarte Saraiva, cujo nome judeu era David Senior Coronel, é um dos melhores exemplos de fortuna, entre os mercadores de *grosso trato* do Brasil holandês. Nascido em Amarante, Portugal, em 1572, foi um dos primeiros cristãos-novos que emigraram para Amsterdã, ainda no final do século XVI — um pioneiro na chamada "Jerusalém do Norte". Antes mesmo de fugir para a Holanda, onde adotou o judaísmo, sua família possuía bens em Pernambuco, havendo registro de visitas dele e do irmão, Antônio Saraiva, à casa de um certo Manuel Cardoso Milão, em Olinda. Duarte foi também um dos primeiros judeus a se fixarem em Recife quando da conquista holandesa. Sua casa na cidade abrigou a primeira sinagoga informal, em 1635, antes da construção da *Zur Israel* no ano seguinte.

Duarte (ou Davi) só fez aumentar sua fortuna no período holandês, como atestam documentos da WIC depositados no Arquivo Nacional de Haia. Arrematou, em 1635, o direito de cobrar impostos sobre o açúcar no passo de Barreta e obteve da WIC terras de cultivo em Beberibe. Arrematou a cobrança do dízimo do açúcar, em 1639, por 128 mil florins, e renovou o contrato, em 1644, por 105 mil florins. Tornou-se chefe de extensa rede de comerciantes ligados ao comércio exterior e ao abastecimento interno, incluindo a distribuição de escravos pelos engenhos pernambucanos, sobretudo após 1643. Comprou regularmente escravos no Recife, por meio de seu filho Isaque Saraiva, aliás Isaque Senior Coronel, durante cinco anos.

Seu patrimônio rural era um colosso. Arrendou o Engenho de Santa Madalena, em 1635, assumindo a dívida de seu proprietário — e parente — Manuel Saraiva. Em 1637, comprou o pequeno Engenho Velho, em Beberibe, onde já possuía partidos de cana, por 10 mil florins. No mesmo ano, comprou por 60 mil florins o Engenho do Bom Jesus, no cabo de Santo Agostinho, e o Engenho Novo, no mesmo sítio, por 40 mil florins. Pouco depois, comprou parte do Engenho da Torre, na várzea do Capibaribe. Finalmente, se apossou do Engenho São João Salgado, do cristão-novo Mateus da Costa, de quem Duarte era credor. Seu plantel de escravos alcançava cerca de 200 cativos, distribuídos pelos seis engenhos que possuía como proprietário ou arrendatário.

Os judeus no capitalismo comercial

A portentosa fortuna de Duarte Saraiva ou David Senior Coronel era superior à de João Fernandes Vieira, o segundo maior devedor da WIC, em 1645. A natureza diversificada de seus negócios, como a de João Fernandes e muitos outros, fossem judeus novos, cristãos velhos ou cristãos-novos, relativiza o modelo que pressupõe uma dicotomia rígida entre grandes comerciantes e senhores de engenho. Modelo segundo o qual os grandes comerciantes, ao enriquecer, costumavam investir na lavoura de cana e nos engenhos em busca de *status* superior, abandonando gradualmente o comércio.

Há incontáveis exemplos de senhores de engenho no Brasil holandês — não somente judeus, vale sublinhar — que exerciam simultaneamente o papel de arrendatários de impostos, negociantes de escravos africa-

JERUSALÉM COLONIAL

nos, prestamistas e comerciantes envolvidos tanto no comércio de exportação e importação quanto no abastecimento de farinha e carne. Somente não exportavam pau-brasil porque o comércio de madeiras tintoriais era monopolizado pela WIC. E, pela mesma razão, não fretavam navios para comprar escravos diretamente em São Jorge da Mina ou Luanda.

O modelo segundo o qual a economia colonial se encontrava subordinada ao capital comercial não equivalia, no seio da comunidade sefardita pernambucana, a uma sujeição dos senhores de engenho aos comerciantes. Antes de tudo porque, nos casos mais importantes de negociantes judeus, os comerciantes eram também possuidores de vários engenhos. Isso vale até para muitos cristãos-velhos do Pernambuco holandês, a exemplo do citado João Fernandes Vieira. Não se pode generalizar, portanto, a tese de que os senhores de engenho eram devedores insolventes no sistema do capitalismo comercial. No caso dos judeus, os grandes negociantes podiam ser, ao mesmo tempo, grandes devedores e grandes credores — alguns até emprestavam dinheiro à WIC, como vimos em casos concretos.

No entanto, é verdade que um número crescente de lavradores e senhores de engenho cristãos-velhos, fossem portugueses ou naturais da terra, tornou-se grande devedor dos comerciantes judeus e dos mercadores livres independentes, vários deles, por sua vez, devedores da WIC. A Companhia das Índias Ocidentais, essa sim, tornou-se a grande credora dos plantadores e senhores de engenho, amargando prejuízos incalculáveis com a derrota de 1654. A complexidade das teias comerciais que financiavam a economia colonial desautoriza qualquer modelo simplificador. No balanço das contas, o capital mercantil holandês saiu perdendo no "negócio do Brasil".

Também os comerciantes judeus amargaram prejuízos com a derrota holandesa de 1654, como veremos a seu tempo. Os grandes comerciantes, porém, conseguiram aguentar as perdas e muitos passaram a investir nas Antilhas açucareiras controladas por holandeses e, mais tarde, pelos ingleses. Entre os pequenos negociantes, alguns saíram da aventura arruinados, pois tiveram de deixar muita coisa às pressas, após a rendição do

Recife. Mas é fato que a aventura de muitos jovens judeus no Brasil holandês foi proveitosa. Como já apontei antes, vários deles conheceram uma rápida ascensão social.

Diversas razões concorreram para esse fenômeno, a começar pelo dinamismo da economia colonial no "tempo dos flamengos". A diversificação e o aumento das importações abriram caminho importante para os que, dispondo de algum recurso, comprassem mercadorias para mascatear no Recife e no interior do nordeste sob domínio holandês. O crescimento da população em toda a região — sobretudo no Recife — resultante do aumento da imigração também foi poderoso estímulo para o mercado interno, sobretudo o de mantimentos.

Milhares de soldados de várias origens chegavam a Pernambuco todos os anos — holandeses, zelandeses, frísios, poloneses, ingleses, franceses, alemães... No rastro da soldadesca vinham também prostitutas que animavam os dias e as noites recifenses. Em meio aos "carregamentos de mulheres perdidas" — pois também elas eram contabilizadas pela WIC — algumas se tornaram famosas: Cristianazinha Harmens, Maria Roothaer (Maria Cabelo de Fogo), Sara Douwaerts (a Senhorita Leiden), Elizabeth, a *Admirável*. Até mesmo uma certa *Chalupa Negra* andou animando o Recife holandês.[37] Esse novo ambiente era regado a vinhos, conhaque, genebra, muita cerveja e outros produtos importados. As noites badaladas do Recife dão uma amostra dos negócios que fizeram a festa dos pequenos comerciantes judeus.

Foram eles favorecidos, em boa medida, por estar inseridos em redes comerciais mais extensas, cujos líderes estavam associados a parentes atuantes na Índia das especiarias, na África do tráfico escravista e na América Espanhola da prata e do ouro. Negócios centralizados em Amsterdã, centro nevrálgico do capitalismo comercial na primeira metade do século XVII.

O conjunto de comerciantes judeus foi também muito beneficiado pelo governo de Maurício de Nassau, fossem negociantes de *grosso trato* ou mascates de pequeno porte. Os grandes negociantes arrematavam direitos fiscais, postos de corretagem, licitações, além de não serem molestados pelos juros exorbitantes que cobravam na venda de escravos a prazo.

JERUSALÉM COLONIAL

Os pequenos comerciantes tampouco o eram, nos seus negócios de secos e molhados a varejo, não obstante as queixas dos comerciantes holandeses, que se viam cada vez mais alijados desse mercado.

Mas talvez a razão mais importante para explicar o êxito dos comerciantes judeus no Brasil holandês, em especial a ascensão dos pequenos comerciantes, resida antes na cultura do que na economia ou na política. Frei Manuel Calado tocou no ponto com argúcia, ao comentar o sucesso dos negociantes judeus:

> "como os mais deles eram portugueses de nação, e juntamente sabiam falar a língua flamenga, serviam de línguas entre os holandeses e os portugueses, e por esta via granjearam dinheiro; e como os portugueses não entendiam os flamengos, nem eles aos portugueses, não podiam negociar nas compras e vendas, aqui metiam os judeus a mão, comprando as fazendas[38] por baixo preço e logo, sem risco nem perigo, as tornavam a revender aos portugueses, com o ganho certo, sem trabalho algum..."[39]

É verdade que nem todos os judeus portugueses eram fluentes na língua holandesa. Como já disse noutro capítulo, os judeus viviam em Amsterdã confinados em bairro próprio, de onde somente saíam para fazer negócios. Viviam em comunidade e a língua falada nas casas e ruas, entre eles, era o português. Os membros mais velhos da comunidade, então, mal falavam o holandês. Mas entre os jovens — alguns chegados em tenra idade à Holanda — o aprendizado da língua foi mais rápido, sobretudo quanto ao vocabulário ligado ao trato comercial, principal elo entre judeus e holandeses na vida cotidiana de Amsterdã. Alguns judeus tornaram-se, na verdade, muito fluentes na língua que Manuel Calado chamava de *flamenga*.

Em terra na qual até mesmo Maurício de Nassau somente arranhava o português após oito anos de governo, como era o Brasil, o bilinguismo dos sefarditas foi trunfo apreciável para seu desempenho na vida econômica e social da colônia. Aliás, foi trunfo decisivo, como um curinga no jogo de cartas.

Outras atividades dos judeus portugueses

Nossa sociologia histórica dos judeus portugueses no Brasil holandês ficaria incompleta sem algumas palavras sobre os 12% das demais atividades desempenhadas pelos sefarditas, além das comerciais. Segundo os registros disponíveis — embora mais lacunosos nesse tópico — tem-se o seguinte gráfico:

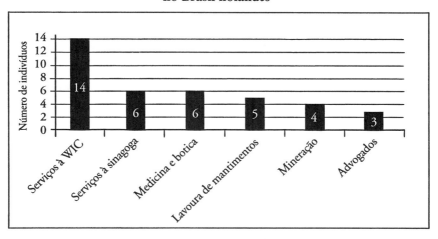

Gráfico 2.11
Outras atividades exercidas pelos judeus portugueses no Brasil holandês

Fonte: J. A. Gonsalves de Mello. "Gente da nação judaica no Brasil holandês: um dicionário dos judeus residentes no Nordeste, 1630-1654". *In: Gente da nação*. Recife: Massangana, 1996, pp. 369-522.

Há 14 registros de judeus que prestaram serviços variados à WIC, alguns como funcionários, outros como consultores ou prestadores de serviços *ad hoc*. Alguns deles, como vimos, lutaram na guerra de conquista, a exemplo de Antônio Dias Paparobalos, português que tinha vivido em Olinda como comerciante e serviu aos holandeses como guia, em 1630. Muitos serviam como tradutores, sendo fluentes na língua holandesa, além de falantes do português. Jehuda Macabeu, cujo nome de batismo era Luís Nunes Vale, natural de Espanha, aparece registrado como calígrafo e serviu à WIC na escrituração de diversos documentos oficiais. Tomou gosto pelo ofício e passou a viver da falsificação de passaportes.[40]

Alguns negociantes de *grosso trato* ou de grande prestígio na comunidade também serviram à WIC. Abraham Cohen, natural do Oriente (provavelmente de Goa, na Índia portuguesa), um dos principais comerciantes judeus do Recife, atuou como uma espécie de embaixador da comunidade judaica junto ao Conselho Político da WIC, defendendo, é claro, os interesses de sua comunidade, sem deixar de municiar o governo holandês de informações preciosas. O ir e vir dos comerciantes judeus nas capitanias açucareiras da WIC e mesmo as viagens de negócios à Bahia fizeram de muitos deles autênticos espiões. Por falar em espionagem, ninguém menos do que Moisés Rafael de Aguillar, grande erudito e rabino da sinagoga de Maguen Abraham, na ilha de Antônio Vaz, decifrou, em 1649, cartas portuguesas criptografadas de grande valor militar, que caíram em mãos dos holandeses. Enfim, muitos outros chegaram a pegar em armas ao lado dos holandeses por ocasião da insurreição pernambucana.

Os seis registros de atividades na sinagoga correspondem, nesse caso, por simples coincidência, aos indivíduos listados no regulamento da comunidade datado de 1648 (*Ashkamot*) como funcionários remunerados da congregação. Diversos outros indivíduos prestavam, no entanto, serviços à sinagoga, cujas atividades eram muito variadas, como veremos no devido tempo. Vários comerciantes ocuparam cargos não remunerados de tesoureiro, assistente de tesoureiro, administrador do cemitério, além do assento no *Mahamad*, o conselho diretor da comunidade judaica. Até o posto de *hazan* — o encarregado de cantar as orações na sinagoga — chegou a ser ocupado por um mercador, Jeoshua Velosino, comerciante de exportação e importação que comprava escravos no Recife com certa regularidade.

Poucos, dentre os oficiais da sinagoga, viviam exclusivamente do seu salário. O salário mais alto era o do rabino ou *haham* Isaac Aboab da Fonseca, que recebia 1.600 mil florins anuais. Era o único salário elevado. O *hazan* ou chantre Velosino recebia 400 florins anuais, quantia que, *grosso modo*, equivalia ao preço de dois escravos africanos. Samuel Frazão era o professor (*ruby*) da escola judaica, com salário de 600 florins.

DIÁSPORA PERNAMBUCANA

Abraão Azubi recebia salário de 300 florins para ajudar o *ruby* Samuel Frazão na educação dos meninos e servir de guarda da sinagoga. Benjamin Levi era o *bodeque*, encarregado da matança ritual da comunidade, com salário de 150 florins, acrescido de propinas pagas pelos que o contratassem para matar galinhas ao modo judaico.[41]

Uns poucos médicos e boticários judeus se mudaram de Amsterdã para Pernambuco a modo de exercer seus ofícios e, ao mesmo tempo, atuar no comércio de remédios. Talvez o mais famoso tenha sido o citado Abraão de Mercado, que tinha clínica particular, mas também cuidou de soldados holandeses feridos na guerra. Enriqueceu, porém, no comércio de medicamentos, vendendo ao governo do Recife os remédios importados da Holanda. Os demais são menos conhecidos, alguns mencionados vagamente na documentação da WIC (doutor Nunes, doutor Musaphia); outros nem isso ("um cirurgião português", por exemplo).

Entre os lavradores de roça, os registros de judeus são escassíssimos, espelhando a atuação quase nula dos judeus nessa atividade. O mesmo vale para os artífices, embora nesse caso seja possível haver subnotificação nas listas, pois era um mister muito exercido pelos judeus, em especial a ourivesaria. Em Amsterdã, há muitos registros de ourives judeus, assim como em Portugal se dá o mesmo em relação aos cristãos-novos. No Pernambuco holandês, porém, somente dois são passíveis de identificação nominal: Jacob Henriques e Isaac Navarro. A resposta para esse enigma não é difícil: a imensa maioria dos artigos manufaturados vinha da Holanda e, quanto aos ourives, faltava-lhes a matéria-prima essencial para o exercício do mister. Sem ouro e prata, os ourives não tinham o que fazer no Brasil holandês.

Alguns judeus, no entanto, meteram-se a descobrir metais preciosos no nordeste e, tão somente por isso, registrei essa atividade no último quadro.[42] Em 1639, Bento Henriques tentou negociar com Nassau um contrato para a exploração "de certa coisa de muita consideração". Eram as lendárias minas de prata de Itabaiana, no Sergipe del Rei, capitania que os holandeses haviam conquistado em 1637. As amostras de minério examinadas no Conselho Político por um conselheiro que, aliás, havia sido ourives na Holanda comprovaram que a descoberta era falsa.

JERUSALÉM COLONIAL

Em 1649, o ourives judeu Jacob Henriques garantiu haver minas de ouro na ilha de Fernando de Noronha. Pura ilusão.

Há, enfim, registros de judeus que exerceram a advocacia ou atuaram no aparelho judiciário no Brasil holandês. Jacob Horta foi nomeado "solicitador judeu", em 1648, assumindo o cargo de procurador do Conselho Político na Paraíba. Miguel Cardoso conseguiu licença do *Dezenove Senhores*, em 1645, para exercer a advocacia junto ao Conselho Político do Recife. As autoridades holandesas no Brasil tentaram impedi-lo, por ser judeu, mas prevaleceu a decisão favorável de Amsterdã. Manuel Abendana, enfim, foi nomeado pelos Estados Gerais, em 1652, procurador junto ao conselho de justiça do governo holandês na colônia — decisão essa que ninguém ousou contestar.

Não consta do quadro acima, mas vale mencionar por escrito, o caso de Baltazar da Fonseca, engenheiro e comerciante, que arrematou nada menos do que o contrato para a construção da famosa ponte que ligou Recife à Cidade Maurícia, na ilha de Antônio Vaz. Foi essa, como é sabido, uma das obras mais badaladas do governo Nassau, inaugurada com grande festa, em 1644, na qual, entre os números apresentados, destacou-se a encenação do "boi voador".*

Baltazar da Fonseca arrematou a obra, em 1641, pela fortuna de 240 mil florins, oferecendo como garantia imóveis no valor de 100 mil florins e dois fiadores riquíssimos. A WIC pagou, portanto, essa enorme quantia a Baltazar da Fonseca para que empreitasse a obra, entregando-a pronta no prazo de dois anos. Foi uma licitação, por assim dizer. A construção da ponte, como sói ocorrer nesse tipo de obra, conheceu vários percalços que não vem ao caso relatar. O fato curioso é que o custo da ponte saiu pela metade: 120 mil florins. Um grande negócio para Baltazar da Fonseca, cujo lucro equivaleu ao preço de 300 escravos, em média, segundo os preços correntes em 1641.

---

*Na inauguração da ponte Recife-Maurícia, em fevereiro de 1644, Nassau prometeu que voaria um boi. Os espectadores viram entrar num sobrado o boi manso de um certo Melchior Álvares e, ato contínuo, atravessar pelo ar o espaço entre o sobrado e uma casa fronteiriça da rua. O famoso "boi voador" era empalhado, movido pela tração de grossos arames, mas fez bem o seu papel no programa da festa. A renda do espetáculo foi de 1.800 florins.

A história da construção da ponte confiada a um empreiteiro judeu pode ser emblemática, quiçá alegórica, do papel que os judeus desempenharam no Brasil holandês. A ponte uniu o Recife velho ao Recife nassoviano. Uniu o porto comercial ao centro de poder — o palácio de *Mauritsstadt*, Cidade Maurícia. Uniu o Brasil português ao Brasil holandês. A ponte empreitada por Baltazar da Fonseca é alegoria quase perfeita do que fizeram os judeus portugueses na diáspora pernambucana, mediadores por excelência na sociedade luso-holandesa. Diáspora afortunada.

Como obra de engenharia, porém, a ponte não foi lá grande coisa. Em 1649, foi necessário recobrir com mosaicos a parte superior dos pilares. O pedreiro holandês que fez a obra ganhou somente 550 florins. Era tempo de guerra, os holandeses já tinham perdido a segunda batalha dos Guararapes. Séculos depois, em 1815, ruíram alguns dos pilares da ponte construída por Baltazar da Fonseca: uma "péssima construção", nas palavras do então governador Caetano Pinto de Miranda Montenegro. Palavras exageradas, pois os pilares da ponte tinham durado mais de 150 anos...

Notas

1. Joanathan Israel. *Diasporas within a Diaspora: Jews, Crypto-Jews, and the Word Maritime Empires, 1540-1740*. Leiden: Brill, 2002, p. 198.
2. Evaldo Cabral de Mello. *Olinda restaurada: guerra e açúcar no Nordeste, 1630-1654*. 2ª ed., revista e aumentada. Rio de Janeiro: Topbooks, 1998, p. 14.
3. Apud José Antônio Gonsalves de Mello. *Gente da nação: cristãos-novos e judeus em Pernambuco, 1542-1654*. 2ª ed. Recife: Fundaj, Massangana, 1996, p. 209.
4. Manuel Calado do Salvador. O *Valeroso Lucideno e triunfo da liberdade* (original de 1648). 5ª ed. Recife: Companhia Editora de Pernambuco, 2004, vol. 1, p. 42.
5. *Diasporas within a Diaspora...*, pp. 197-199.
6. Anita Novinsky. *Cristãos-novos na Bahia*. São Paulo: Perspectiva, 1972, pp. 125-127.
7. *Gente da nação...*, pp. 210-212.
8. Werner Sombart. *Los judíos y la vida económica*. Buenos Aires: Cuatro Espadas, 1981.

JERUSALÉM COLONIAL

9. Hermann Wätjen. *O domínio colonial holandês no Brasil*. 3ª ed. Recife: Companhia Editora de Pernambuco, 2004, p. 83.

10. *Cristãos-novos na Bahia...*, p. 162.

11. Arnold Wiznitzer. *Os judeus no Brasil Colonial*. São Paulo: Pioneira, 1966, p. 49.

12. Francisco Adolpho de Varnhagen. *História das lutas com os holandeses no Brasil desde 1624 até 1654* (original de 1871). Rio de Janeiro: Biblioteca do Exército, 2002, p. 113. Varnhagen encontrou o documento apenso a um requerimento feito por Duarte Gomes da Silveira, um dos principais senhores de engenho da Paraíba. O dado curioso é que, segundo Varnhagen, o documento aparece pessimamente redigido, numa "linguagem tão estrangeirada que faz supor que haverá sido mal traduzido do holandês", quem sabe a mando de Duarte Gomes.

13. Evaldo Cabral de Mello. *O negócio do Brasil: Portugal, os Países Baixos e o Nordeste, 1641-1669*. 3ª ed. revista. Rio de Janeiro: Topbooks, 2003, p. 41.

14. *Gente da nação...*, pp. 219-221.

15. Idem, p. 223.

16. Charles Boxer. *Os holandeses no Brasil*. São Paulo: Companhia Editora Nacional, 1961, p. 187.

17. Egon Wolff & Fieda Wolff. *Quantos judeus estiveram no Brasil holandês e outros ensaios*. Rio de Janeiro: Edição dos Autores, 1991.

18. *Os judeus no Brasil colonial...*, pp. 113-115.

19. *Gente da nação*, p. 182.

20. *Gente da nação...*, p. 289, nota 53. Arnold Winitzer não traduz *Bockestraet* como rua do Bode em *Os judeus no Brasil colonial...*, p. 19.

21. Ver *Um imenso Portugal — História e historiografia*. São Paulo: Editora 34, 2002 p. 188-201. Em holandês antigo, a palavra *bocke* era também usada para designar um tipo de barco próprio para navegação interna. Devo essa informação a Lúcia Furquim Werneck Xavier, a quem agradeço. O próprio Gonsalves de Mello informa que a rua dos Judeus continuava em direção à ponte que ligava o Recife ao bairro de Santo Antônio, na chamada "rua da Balsa". Não obstante, como lembra Evaldo Cabral de Mello, a embarcação tipicamente holandesa utilizada na navegação de cabotagem, sobretudo no período nassoviano, era a *smak*, logo aportuguesada como "esmaca" ou "sumaca".

22. J. A. Gonsalves de Mello. "Gente da nação judaica no Brasil holandês. Um dicionário dos judeus residentes no nordeste, 1630-1654". *In: Gente da nação...*, pp. 369-522.

23. António Marques de Almeida (dir.). *Dicionário histórico dos sefarditas portugueses: mercadores e gente de trato*. Lisboa: Campo da Comunicação, 2009.

24. *O valeroso Lucideno...*, p. 113.

25. Hermann Wätjen. *O domínio holandês no Brasil...*, p. 325.

DIÁSPORA PERNAMBUCANA

26. *Gente da nação...*, p. 495.
27. *O domínio holandês no Brasil...*, pp. 482-486. Para os produtos do comércio de importação e abastecimentos interno, Wätjen oferece preciosas listas da WIC depositadas no Arquivo Nacional de Haia.
28. *O valeroso Lucideno...*, p. 112.
29. Cf. Hermann Wätjen. *O domínio holandês no Brasil...*, p. 464. O monopólio exclusivo da WIC no comércio com o Brasil foi suspenso, em 1634, gerando grande afluxo de comerciantes holandeses não acionistas para Pernambuco. Disso resultou grave crise entre as câmaras da WIC, sobretudo entre as câmaras de Amsterdã e Middelburg (Zelândia). A decisão favorável aos chamados comerciantes livres ou particulares (*particulieren*) foi uma vitória dos acionistas de Amsterdã — interessados em dinamizar o comércio pelo afrouxamento do monopólio — sobre os da Zelândia, defensores do monopólio exclusivo para os acionistas da WIC. A decisão de 29 de abril de 1638 foi deliberada pelos Estados Gerais — constituídos como poder arbitral da controvérsia: o comércio para o Brasil foi franqueado para todos os comerciantes holandeses, bem como para os portugueses e não holandeses residentes no Brasil, com exceção do tráfico de escravos, da importação de material de guerra e da exportação de madeiras de tinturaria — basicamente o pau-brasil. Esses ramos de comércio continuaram privativos dos acionistas da WIC. Além disso, o transporte de mercadorias permaneceu reservado aos navios da WIC ou por ela fretados. A noção de livre comércio por muitos associado à decisão de 1638 deve ser, portanto, relativizada.
30. José Gonçalves Salvador. *Os magnatas do tráfico negreiro, séculos XVI-XVII*. São Paulo: Pioneira, 1981, pp. 21-23.
31. Idem, pp. 51-52.
32. Alberto da Costa e Silva. *A manilha e o libambo: a África e a escravidão de 1500 a 1700*. Rio de Janeiro: Nova Fronteira, 2002, p. 463.
33. Joannes de Laet. *História ou anais dos feitos da Companhia das Índias Ocidentais, desde o começo até o fim do ano de 1636* (original de 1644). CD-ROM.
34. *Gente da nação...*, p. 238.
35. "Memória e instrução de João Maurício, conde de Nassau, acerca de seu governo no Brasil". Relatório apresentado por escrito aos nobres e poderosos senhores deputados do Conselho dos XIX (27 de setembro de 1644). *In*: J. A. Gonsalves de Mello (org). *Fontes para a história do Brasil holandês. Administração da conquista*. Recife: Companhia Editora de Pernambuco, 2004, v. 2, pp. 395-412.
36. *Gente da nação...*, p. 234.
37. Leonardo Dantas Silva. "A vida privada no Brasil holandês". *In: Holandeses em Pernambuco*. Recife: Instituto Ricardo Brennand, 2005, p. 153.
38. Fazendas possuía o significado de mercadorias, bens.

JERUSALÉM COLONIAL

39. *O valeroso Lucideno...*, p. 113.
40. *Gente da nação...*, pp. 462-463.
41. "Atas das congregações judaicas Zur Israel, em Recife, e Magen Abraham, em Maurícia, Brasil, 1648-1653". *Anais da Biblioteca Nacional do Rio de Janeiro*, v. 74, 1953, p. 235.
42. *Gente da nação...*, pp. 271-273.

CAPÍTULO III # Jerusalém no Brasil

1. ZUR ISRAEL E MAGHEN ABRAHAM

É pouco conhecida a organização da comunidade judaica na primeira fase da emigração para o Recife, entre 1635 e 1641, comparada ao período de apogeu dos judeus novos no Brasil holandês, entre 1641 e 1645.

Há notícia de que, por volta de 1633, o mercador Isaac Franco, cujo nome cristão era Simão Drago, teria comprado de Duarte Rodrigues Mendes uma *Sefer Torá*, em Amsterdã, para levá-la ao Recife. Segundo informa o historiador Isaac Emmanuel, um dos pioneiros no estudo da vida judaica no Brasil holandês, a *Sefer Torá* era uma peça valiosa, escrita em fino pergaminho enrolado num bastão de marfim com adornos de prata e brocados dourados. Se essa *Sefer Torá* foi mesmo usada no Recife, em 1634, Simão Drago fez, em Pernambuco, o que Jacob Tirado fizera em Amsterdã, em 1603, quando ofereceu uma luxuosa Torá à *Bet Iacob*, primeira congregação sefardita. Mas presumo que a Torá do Recife era mais simples...

Assim como Jacob Tirado, Isaac Franco era mercador rico que estava em Olinda quando da conquista holandesa. Voltou para Amsterdã pouco depois, para regressar outra vez a Pernambuco, onde atuaria no comércio interno de escravos negros e na corretagem de negócios açucareiros. No entanto, salvo pela informação de Emmanuel, nada há que confirme a existência de alguma congregação judaica no Recife, em 1634. A própria emigração sefardita, como vimos, só deslanchou a partir de 1635.

É possível, assim, que Emmanuel tenha se enganado quanto ao ano em que a *Sefer Torá* chegou ao Recife, sendo mais plausível que isso tenha ocorrido em 1635 ou 1636. Isso porque foi em 1636 que foi criada em Pernambuco a primeira congregação judaica, a *Kahal Kadosh Zur Israel* (Santa Congregação do Rochedo ou Recife de Israel). Ficou conhecida como *Zur Israel*, Recife de Israel: nome perfeito para a "Jerusalém colonial" que os judeus de Amsterdã construíram no Brasil holandês.

Recife de Israel

A sinagoga foi instalada em casa alugada por David Senior Coronel, aliás, Duarte Saraiva, que veio a ser um dos magnatas do Brasil holandês, como vimos no capítulo anterior. Localizava-se na *Jodenstraat*, a rua dos Judeus, onde se concentraram os sobrados dos grandes comerciantes sefarditas e o mercado de escravos africanos. Somente em 1640 foi concluída a construção da nova sinagoga na mesma rua, dessa vez em casa própria da *Zur Israel*.* Mas a história da nova sinagoga pertence à segunda fase da presença judaica no Brasil holandês, quando a congregação já estava consolidada.

Nos primeiros anos da presença judaica no Recife, com ou sem a *Sefer Torá* dourada, os judeus se reuniam para orar na casa de Duarte Saraiva. Eram poucos os judeus estabelecidos no Recife, de modo que os ofícios religiosos não deviam contar com muito mais gente do que o quórum do *minyam* — dez judeus maiores de 13 anos.

A bibliografia é quase omissa sobre quem teria sido o rabino ou *haham* nessa fase heroica do judaísmo pernambucano, havendo consenso de que o primeiro rabino da *Zur Israel* foi Isaac Aboab da Fonseca. Mas esse só desembarcou no Recife em 1642. Não resta dúvida de que Isaac Aboab foi o primeiro rabino *oficial*, não só do Brasil como das Américas, nomeado pela poderosa *Talmud Torá* de Amsterdã. No entanto, vale insistir na pergunta: quem dirigia os trabalhos da *Zur Israel* entre 1636 e 1642?

A resposta pode ser encontrada nas *Memórias do estabelecimento e progresso dos judeus portugueses e espanhóis nesta famosa cidade de Amsterdam*, obra de David Franco Mendes, publicada em 1772.[1] O pri-

---

*Em 2001, o sítio arqueológico onde se erigiu a sinagoga foi tombado pelo Iphan como patrimônio histórico nacional. Em 18 de março de 2002 o prédio foi reinaugurado, como Museu Judaico do Recife, razão pela qual o 18 de março foi oficialmente declarado como o Dia da Imigração Judaica no Brasil, pela Lei nº 12.124, de 16/12/2009.

meiro rabino informal da *Zur Israel* foi provavelmente Arão de Pina, cujo nome judeu era Aarão Sarfati. Segundo o memorialista de Amsterdã, Aarão foi o primeiro menino circuncidado em Amsterdã com oito dias de nascido, conforme manda a lei judaica. Filho de Tomás Nunes de Pina (Jeosua Sarfati), foi criado na Holanda e chegou ao Brasil em 1636, na companhia de seu irmão Benjamin de Pina ou Benjamin Sarfati. Gonsalves de Mello informa que os dois irmãos se dedicaram ao comércio: Aarão fornecia camisas para os soldados da WIC, em 1649, e obteve licença para explorar pau-brasil, em 1652. Seu irmão Benjamim já operava em grande escala, havendo vários registros de compras de escravos que fez no Recife, além da arrematação do direito de cobrar impostos sobre a venda de açúcar e sobre o transporte de mercadorias no rio Capibaribe.

David Franco Mendes informa que Aarão Sarfati era "sábio famoso que luziu no Brasil". De fato, Aarão cursou os graus superiores da *Est Haim*, em Amsterdã, tendo formação na *yeshivá* da *Bet Iacob*, não sei se concluídos. No Recife era tratado como *haham*, e isso basta para a conclusão de que foi ele, na prática, o primeiro rabino do Brasil. Mais tarde assessorou Isaac Aboab em várias matérias ligadas à organização da *Zur Israel*, inclusive na redação dos regulamentos da congregação (*Askamot*) firmados em 1648. Seu irmão, Benjamin, embora fosse homem muito mais dedicado ao *grosso trato* do que Aarão, também tinha boa formação religiosa. Era considerado um dos "quatro senhores práticos do judaísmo", integrando por isso a comissão redatora das *Askamot*. É muito provável que Benjamin Sarfati tenha coadjuvado Aarão Sarfati nos primeiros anos da *Zur Israel*, ao tempo em que a sinagoga funcionava na casa de Davi Senior Coronel. Quem sabe Aarão era o *haham* e Benjamin o *hazan*?

Os registros sobre a organização institucional da *Zur Israel* datam da década de 1640, mas, desde o início, ela se calcou no modelo da *Talmud Torá* de Amsterdã, que, por sua vez, se baseava na homônima de Veneza. Além do rabino (*haham*) e do oficiante (*hazan*), encarregados de dirigir os serviços religiosos, a congregação era governada pelo *Mahamad*, conselho formado por quatro *parnassim* (administradores) e um *gabay* (tesoureiro), eleitos dentre os principais chefes de família (*yahidim)* da comunidade. Criou-se uma escola também chamada de *Est Haim* e

JERUSALÉM COLONIAL

fundou-se uma filial da *Companhia de Dotar Órfãs e Donzelas* sediada em Amsterdã. Um terreno nas cercanias do Recife foi comprado para abrigar o cemitério judaico, também o primeiro das Américas.

A *Zur Israel* foi a primeira e mais duradoura congregação judaica do Brasil holandês, funcionando até 1654, como filial da *Talmud Torá* holandesa. Mas não foi a única. Logo em 1637 foi fundada uma segunda congregação na ilha de Antônio Vaz, na outra margem do Beberibe e do Capibaribe. É óbvio que o surgimento de mais uma congregação refletia o crescimento da imigração de judeus portugueses para o Recife, bem como as limitações da cidade em termos de moradia. Uma das saídas encontradas pelos recém-chegados foi instalar-se na ilha, que, nessa altura, só podia ser alcançada de barco. A famosa ponte de Maurício de Nassau ainda não fora construída.

Escudo de Abraão

Os judeus estabelecidos na ilha de Antônio Vaz solicitaram à *Zur Israel*, em 1637, autorização para fundar ali uma sinagoga para seguir os ofícios do *Shabat*. Ao Recife não poderiam comparecer porque, no sábado, nenhum judeu pode lidar com dinheiro, nem sequer tocá-lo, segundo a *halajá* — a lei judaica. Como poderiam atravessar o rio de barco para chegar ao Recife velho e alcançar a *Jodenstraat* se o sábado estava reservado à oração, vedadas quaisquer operações mercantis, até mesmo tratativas com barqueiros?

A *Zur Israel* concordou com a petição dos conterrâneos da outra banda do rio e autorizou a criação da sinagoga, embora se reservasse o poder de fechá-la a qualquer momento. Não se conhece o lugar exato dessa segunda sinagoga, exceto que foi improvisada em casa particular de um mercador judeu. O que era para ser uma simples sinagoga reservada aos *Shabat* dos moradores da ilha tornou-se, porém, uma congregação rival da *Zur Israel*. No mesmo ano, os judeus da ilha fundaram a *Kahal Kadosh Magen Abraham* (Santa Congregação do Escudo de Abraão), com seus próprios *Mahamad* e rabino, Moisés Rafael Aguillar, grande erudito, de quem tratarei adiante.

Não deixa de ser curioso, para dizer o mínimo, que os judeus portugueses estabelecidos no Brasil tenham se esmerado tanto em multiplicar congregações, enquanto na metrópole holandesa prevalecia a tendência à unificação, concluída em 1639 com a fundação da *Talmud Torá*. Rivalidades pessoais e conflitos de interesse entre mercadores devem ter pesado nesse processo, assim como pesaram em Amsterdã no início do século XVII. A disputa pelo poder na comunidade pernambucana chegaria a níveis insuportáveis, como veremos, no final da década de 1640. Nessa primeira dissidência, vale a pena citar como exemplo o caso do mercador Isaac Franco ou Simão Drago, suposto doador da primeira *Sefer Torá* para a *Zur Israel*, que mais tarde ocuparia lugar de *parnas* no *Mahamad* da congregação rival, a Magen Abraham.

Outras sinagogas?

Talvez estimulados pelo exemplo da Magen Abraham, os judeus portugueses estabelecidos na Paraíba esboçaram, também eles, fundar uma congregação ou sinagoga. Há, de fato, registros documentais de judeus, cristãos-novos e holandeses dando notícia de um "ajuntamento judaico" na Paraíba. No depoimento de um cristão-novo à Inquisição de Lisboa, em outubro de 1637, por exemplo, encontra-se a informação de que um "capitão judeu" de nome Moisés Peixoto dirigia ali uma sinagoga em sua casa, fazendo as vezes de leitor dos textos sagrados.

Esse Moisés Peixoto é o mesmo Moisés Cohen que, como vimos no capítulo anterior, comandou o navio *As três torres*, integrante de uma esquadra holandesa enviada ao Brasil, em 1634. Era português, natural de Lamego, refugiado na Holanda no início do século XVII. Seu nome cristão era Diogo Peixoto e há notícia de que também era conhecido como Moisés Cohen Peixoto. Não há dados sobre a eventual formação do "capitão Moisés" nas *yeshivot* holandesas, sendo difícil confirmar se ele tinha ou não competência para atuar como *hazan*. Era homem letrado, pois consta de uma "Relación de los poetas y escritores españoles de la nación judayca amstelodama", elaborada em Amsterdã por Daniel Levi. O certo é que Moisés Cohen, usando esse nome dentre os quatro que tinha, atuou como comerciante no Brasil, arrematando, em 1643, o imposto da balança do Recife.

O historiador Bruno Feitler reuniu diversos dados sobre a presença dos judeus na Paraíba, durante o domínio holandês, admitindo que ao menos se esboçou, ali, "a formação de uma comunidade independente", no final dos anos 1630. A própria *Zur Israel* reconheceu, nos seus regulamentos (*Askamot*), a existência de uma comunidade na Paraíba. Essa não chegou, porém, a se formar enquanto congregação nos moldes da *Zur Israel* ou da dissidente *Magen Abraham*, ficando a meio caminho entre a *esnoga* doméstica e a sinagoga improvisada.[2] O mesmo se aplica a outras "sinagogas" vagamente mencionadas, aqui e ali, na documentação inquisitorial ou na crônica judaica. O cronista Daniel Levi menciona uma sinagoga dirigida pelo rabino Jacob Lagarto, em Itamaracá, mas disso não há nenhuma evidência documental. Um pouco mais consistente é a referência a um grupo de judeus que se reunia em Penedo, às margens do rio São Francisco, sob a direção de Samuel Israel. Alguns réus do Santo Ofício, arguidos pelos inquisidores nos anos 1640, confirmaram a existência dessa *esnoga*. Mas, também aqui, sequer se esboçou a fundação de uma congregação independente.

De todo modo, a profusão de referências a pseudossinagogas no Brasil holandês não pode passar sem comentário, pois ela é mais importante do que a existência ou não das comunidades referidas. Comparado à Holanda, que podia ser atravessada a cavalo ou em carruagem no período de um a dois dias, dependendo do trajeto, o nordeste brasileiro dominado pelos holandeses era imenso. Distâncias enormes, perigos constantes. As capitanias holandesas estavam em permanente teatro de guerra, mesmo em tempos de paz, de modo que não era fácil para o crescente número de judeus estabelecidos no Recife frequentar a sinagoga da *Zur Israel*. Nem, tampouco, a sinagoga do Recife chegava perto do templo monumental que veio a ser a sinagoga de Amsterdã, nas cercanias da *Breedestraat*. A única saída para os "judeus novos" do Brasil holandês para seguir a *halajá* era fundar ou improvisar sinagogas em várias localidades. No mínimo para seguir os ofícios do *Shabat* e as outras festas do calendário judaico.

A existência dessas *esnogas* em Penedo, na Paraíba ou em Itamaracá não passava de ramificações da vida judaica no Brasil holandês, sem *status* congregacional. Nenhuma delas pode ser chamada de *Kahal Kadosh* (Santa Congregação). Não possuíam *Mahamad*, nem *Askamot*, somente rabinos oficiantes, muitas vezes sem formação completa nas *yeshivot* da

Holanda. A única congregação que de fato rivalizou com a *Zur Israel* foi a *Magen Abraham*, na Cidade Maurícia. Mas, também nesse caso, prevaleceu a tendência à unificação. A união não foi pacífica, como já disse, senão marcada por acusações recíprocas, além do que a *Magen Abraham* não perdeu de todo a sua autonomia. Mas o resultado político da crise foi a unificação congregacional judaica na *Zur Israel*, em 1648, reconhecida e chancelada pela *Talmud Torá* de Amsterdã.

A Lei da Zur Israel

A organização institucional do judaísmo pernambucano é documentada nos estatutos ou *Askamot* da *Zur Israel* unificada, redigidos em 1648, inspirados nos regulamentos da *Talmud Torá*. É provável que o regulamento de 1648 tenha sido uma adaptação do anterior, elaborado entre 1636 (quando a congregação foi fundada) e 1642 (ano em que Isaac Aboab assumiu o posto de rabino). Infelizmente não restou cópia desses primeiros estatutos, mas é certo que a *Zur Israel* não funcionou sem regulamento durante os primeiros 12 anos de sua existência. Só restou, porém, o regulamento de 1648, incluso no livro de atas da congregação entre aquele ano e 1653, o último em que se reuniu o *Mahamad* do Recife. Os livros, felizmente, foram levados para Amsterdã pelos judeus, após a derrota holandesa.

As atas da *Zur Israel* foram transcritas e publicadas, em 1953, pelo historiador Arnold Wiznitzer.[3] O regulamento, em particular, diz respeito à *Zur Israel* unificada (que absorveu, portanto, a *Maghen Abraham*), cujas *Askamot* foram aprovadas em 16 de novembro de 1648 pelos cinco membros do *Mahamad* e mais quatro "práticos do judaísmo", como o já citado Benjamim de Pina ou Benjamin Sarfati, irmão de Aarão Sarfati, primeiro rabino informal do Recife. O regulamento se compõe de 42 artigos normatizadores da vida comunitária judaica no Recife nos mais diferentes aspectos, desde as regras cerimoniais ao pagamento de taxas devidas à congregação.

É documento valioso, que permite reconstruir o modelo organizacional da *Zur Israel*, sua filosofia de governo, seu sistema de escolha dos dirigentes, as rendas da congregação e os detalhes da vida sinagogal. Mas

JERUSALÉM COLONIAL

não só. As *Askamot* explicitam uma série de desvios ou delitos, grandes ou pequenos, incluindo as respectivas penalidades, trazendo à tona muito do cotidiano da comunidade e o modo pelo qual a inadimplência e a indisciplina eram tratadas pelos dirigentes. Enfim, talvez o aspecto mais importante das *Askamot* resida nos critérios de admissão de judeus na congregação, seus direitos e deveres, permitindo alcançar a autoimagem construída pela "gente da nação" no Brasil holandês.

Wiznizter considerou os manuscritos bem conservados e legíveis, mas quem quer que os leia notará, antes de tudo, o português sofrível em que o regulamento está escrito. Difícil explicar a razão de homens letrados, alguns incluídos entre os escritores sefarditas de Amsterdã, terem redigido texto tão confuso. Além disso, o texto mistura do início ao fim a língua portuguesa com a hebraica, o que não surpreende. Nomes de meses, festas, impostos, cargos e muitas outras designações são registrados em hebraico, embora com caracteres latinos. Seja como for, o documento é uma preciosidade.

No texto do regulamento a congregação é algumas vezes designada simplesmente como *Israel*, e não *Zur Israel*, em parte porque ela se chamava mesmo Santa Congregação do Recife ou Rochedo de Israel. Mas em dois ou três artigos essa designação ganha ares solenes, como se a "gente da nação", por ser judaica, habitasse um Israel imaginário, um pedaço da terra de Israel, *Eretz Israel*. Esse é o primeiro traço de identidade dos judeus do Recife, como no caso dos de Amsterdã e de outras comunidades da diáspora sefardita. O sentimento de pertença a uma linhagem — a de Abraão — cuja origem geográfica é a Terra Santa. Aliás, a outra congregação pernambucana também comungava desse sentimento, designando a si mesma como "o escudo de Abraão".

No entanto, a exemplo de Amsterdã, os judeus de Pernambuco eram exclusivistas e não admitiam outros judeus, a não ser os de origem ibérica. Wiznitzer se equivocou ao dizer que nada, no regulamento da *Zur Israel*, permite constatar a discriminação explícita dos *ashkenazim*. A discriminação é mais do que evidente no artigo de número dez, que admite o ingresso na congregação de todos os judeus residentes no Brasil, bem como os que viessem a nele residir, desde que pertencessem à "nação". "Nossa nação" — eis a expressão do regulamento. Judeus alemães e poloneses estavam excluídos *a priori*.

Também foram excluídos os negros, pois o regulamento proibia a circuncisão de escravos, mesmo que os senhores os libertassem. O problema não residia na condição escrava, mas na cor negra ou origem africana. É certo que tal exclusão também se aplicava aos mulatos. Além de proibir a circuncisão de negros, o regulamento interditava a circuncisão de "estranhos", sem licença formal do *Mahamad*. Quem eram os estranhos? Certamente não eram os judeus *ashkenazim*, circuncidados desde os oito dias de nascidos. O regulamento não explicita quem podia ser considerado estranho, mas, provavelmente, essa interdição voltava-se contra cristãos-velhos portugueses e contra holandeses. Houve mesmo casos de uns e outros que tentaram ingressar na comunidade para casar com moças judias, alguns deles com êxito. A *Zur Israel* preferia, no entanto, manter distância dos *goim* (gentios) e talvez se sentisse mais ameaçada, no seu ideal de pureza, numa terra de mestiçagem como o Brasil.

Assim como excluía "homens estranhos", a *Zur Israel* excluía "mulheres estranhas", proibindo que os membros da "nação" as levassem à *tevilá*, isto é, ao banho purificador ligado à conversão ao judaísmo. O banho era efetuado na *mikvê*, uma pequena cisterna no interior do templo — recuperada pelos arqueólogos no prédio do Recife. A sinagoga do Recife possuía, assim, a sua *mikvê*, pois muitas mulheres cristãs-novas passaram pelo rito de purificação ao ingressar no judaísmo.* Mas a *Zur Israel* evitava usá-la para batizar mulheres católicas desejosas de casar com os judeus da comunidade. Assumiu postura francamente contrária à miscigenação, apegada à endogamia radical.

Outros artigos do regulamento confirmam a obsessão de manter a comunidade longe dos *goim*, como se tal convivência ameaçasse a integridade do grupo. Não deixa de causar alguma estranheza — agora sim — que um grupo de portugueses, embora judeus, tenha se esmerado tanto

---

*As mulheres se banhavam na *mikvê* também após a menstruação, sem o que ficavam proibidas de manter relações sexuais com os maridos. Também na *mikvê* eram purificados os utensílios de cozinha fabricados pelos *goim*. Os homens, além de se submeterem à circuncisão (*brit milá*), também se banhavam na *mikvê* no processo de conversão ao judaísmo.

em isolar-se dos cristãos, sobretudo porque, no mundo dos negócios, judeus, católicos e calvinistas conviviam diariamente, muito mais do que em Amsterdã. Recordemos que os judeus eram os corretores e intermediários por excelência na economia pernambucana. A explicação para o paradoxo é simples: os judeus portugueses, sobretudo porque eram "judeus novos", frágeis no seu judaísmo, queriam manter sua vida comunitária a salvo de influências externas. No mundo da sinagoga, não queriam sociabilidades com católicos e holandeses. No mundo dos negócios era diferente, o contato era necessário e desejável.

Os dirigentes da *Zur Israel* sempre foram muito cuidadosos nas relações com o *outro,* fosse católico, fosse reformado. O regulamento da congregação criou, de um lado, uma espécie de cordão de isolamento, uma linha imaginária para separar o mundo judeu do mundo cristão. Por outro lado, os dirigentes da *Zur Israel* proibiram críticas contra católicos e calvinistas em matéria religiosa, pelo "dano e prejuízo" que disso poderiam advir para a comunidade inteira. No caso do Brasil holandês, muito mais do que em Amsterdã, a convivência entre as religiões assentava num barril de pólvora. Em especial no Recife, onde não só os cultos religiosos, mas as próprias pessoas de cada religião, disputavam um espaço urbano sabidamente escasso.

A centralidade do Mahamad

Mahamad é, sem dúvida, a palavra mais recorrente no regulamento da *Zur Israel* pela simples razão de que esse conselho estava incumbido de governar com mão de ferro a comunidade dos *yahidim*. O regulamento da *Zur Israel* concede todo o poder ao *Mahamad*, que governava a sinagoga, as rendas da comunidade, a conduta dos *yahidim*, as festividades e tudo o mais. A exemplo das demais congregações sefarditas na diáspora, os rabinos somente exerciam o poder no plano espiritual e cerimonial.

Era, como vimos, composto de quatro conselheiros (*parnassim*) e um tesoureiro (*gabay*) eleitos, não pela comunidade em assembleia, mas pelos próprios *parnassim* em exercício. A votação era feita numa urna onde os eleitores depositavam buxulos (fruto duro conhecido como uva-ursina) ou favas, aprovando ou vetando o nome indicado. A maioria simples bastava para eleger um *parnas*. As ditas eleições eram realizadas duas vezes ao ano, uma no chamado "sábado grande" (*Shabat ha-Gadol*), que antecedia a Páscoa ou *Pessah*, e a outra no Ano-Novo (*Roshashaná*). No escrutínio do "sábado grande" eram escolhidos dois novos *parnassim* e no de *Roshashaná* mais dois *parnassim* e o tesoureiro. O rodízio entre os *parnassim* era intenso, não havendo possibilidade de alguém ocupar o posto por mais de um ano. Recomendava-se, porém, que as escolhas recaíssem em pessoas beneméritas e adequadas para o cargo de *parnas* ou *gabay*, ou seja, que fosse *homem de negócio* rico e de boa reputação.

Tratava-se, na verdade, de um sistema eleitoral que garantia a conservação do poder nas grandes famílias dentre os *yahidim*. Basta dizer que o regulamento autorizava que um *parnas* poderia ser substituído por um parente seu em qualquer grau, embora impedisse, por escrúpulo, que parentes de primeiro grau exercessem mandatos conjuntamente. Além disso, um ex-*parnas* só poderia voltar ao cargo após um ano, sendo impedida a reeleição. A presidência do *Mahamad* era renovada a cada três meses por escrutínio entre os próprios conselheiros.

Embora admitisse que recém-convertidos tivessem assento no conselho, o regulamento estabelecia o prazo de um ano para que algum deles fosse indicado, a contar da data da circuncisão. Os cristãos-novos residentes no Brasil eram bem-vindos à comunidade, desde que se sujeitassem ao rito da *brit milá* e dessem provas convincentes de que haviam regressado plenamente à religião de seus avós.

Além dos membros do *Mahamad*, também eram escolhidos por eleição, em datas determinadas, os responsáveis por certas funções administrativas ou honoríficas no plano cerimonial. Encontram-se no primeiro caso os tesoureiros (*gabay*), responsáveis pela gestão do cemitério, da escola, da esmola destinada aos judeus da Terra Santa, bem como o responsável pelo correio (*mismereth*) e o porteiro da sinagoga, que ainda servia como bedel na escola (*samas*). Eram tidos como adjuntos dos *parnassim*, integrando o segundo escalão burocrático da *Zur Israel*. As indicações para tais cargos eram feitas, como tudo o mais, pelos membros do *Mahamad*.

No caso das funções honoríficas, destacavam-se os chamados "noivos da Torá", escolhidos para protagonizar os ritos da festa chamada "Alegria da Torá" (*Simchat Torah*), celebrada entre setembro e outubro. O pri-

JERUSALÉM COLONIAL

meiro noivo (*chatam Torah*) recebia a honra de ler os últimos trechos da Torá, no livro do Deuteronômio, e o segundo (*chatam Bereshit*) lia o primeiro capítulo do Gênesis, renovando-se o ciclo de leitura em homenagem à lei judaica. A função de "noivo da Torá" era muito prestigiosa, mas reservada, porque exigia conhecimento do hebraico. Como a festa era diretamente ligada à *Sefer Torá* — os rolos da lei — não era cabível substituir o pergaminho pela bíblia hebraica em castelhano ou ladino.

Mais acessível aos que desconheciam hebraico era a função de retirar a Torá do armário ou arca e carregá-la no ombro direito para o *bimah* — o estrado onde se realizavam os ofícios — ladeado por dois outros membros da comunidade. Era uma grande honra carregar a Torá na sinagoga e os *parnassim* sabiam disso. O regulamento da congregação previa impedimentos de carregar ou ler a Torá como castigo para faltas diversas — um grande vexame para os que, sendo escolhidos, perdessem a honraria.

De todo modo, a congregação funcionava à base de hierarquias superpostas, ambas com rodízio de pessoas no cargo. No topo estavam os *parnassim*, governantes da congregação. Abaixo deles funcionava o segundo escalão administrativo, ladeado por uma hierarquia de prestígio que certas funções sinagogais conferiam a seus ocupantes episódicos. Mas a fonte do poder na congregação estava, na verdade, ligada à riqueza, à posse de grandes fortunas.

Os donos do poder

Pelas atas da *Zur Israel* no período é possível distinguir a assinatura de 21 judeus que atuaram como *parnassim* no período 1648-1653. Todos, sem exceção, eram "judeus novos" provenientes de Amsterdã, sendo que alguns pertenciam à primeira geração dos refugiados na Holanda. O governo da *Zur Israel* foi monopolizado, portanto, pelos "judeus da Holanda", não havendo registro de recém-convertidos no Brasil que tenham ocupado o primeiro escalão no Recife. Eram quase todos grandes comerciantes dedicados à exportação de açúcar, importação de produtos holandeses e distribuição de escravos de Angola e da Guiné.

Alguns deles já foram citados com algum detalhe no capítulo anterior, outros são personagens novos, quase todos graúdos.

Quadro 3.1

PARNASSIM	ATIVIDADES
Aarão Sarfati	primeiro rabino informal do Recife, negociante irmão do traficante Benjamim Sarfati
Abraão de Azevedo	exportador de açúcar, importador de vinho, embaixador da *Zur Israel* na Holanda
Abraão de Mercado	médico que também negociava remédios com a WIC, possuidor de grande fortuna
Abraão Israel Dias	único espanhol do grupo, importador e fornecedor de calças para os holandeses
Benjamim Barzilai	sem dados na documentação
Benjamim Sarfati	um dos maiores negociantes de escravos, atuou na sinagoga desde 1636
David Atias	mercador em Amsterdã, prosperou no Recife como exportador de açúcar e importador de escravos, chegando a possuir dois sobrados na *Jodenstraat*
David Senior Coronel	grande comerciante e senhor de vários engenhos (Duarte Saraiva era o nome cristão)
Eliau Nahamias	grande comerciante de açúcar, mais tarde emigrou para o Curaçao holandês
Isaac Atias	negociava com açúcar em Amsterdã desde 1610 e mais tarde integrou o *Mahamad* que excomungou Baruch Spinoza (Rodrigo Álvares de Castro era o nome cristão)
Isaac Castanho	um dos principais exportadores de açúcar (Gabriel Castanho era o nome cristão)
Isaac da Silva	um dos anciães da comunidade, dedicado ao "comércio de negros" (Fernão Martins da Silva era o nome cristão)
Jacob Cohen	possuía formação religiosa, negociava escravos em parceria com seu irmão mais famoso, Moisés Cohen
Jacob de Lemos	outro ancião da comunidade, revendia vinho espanhol e fornecia camisas para a WIC
Jacob Drago	grande negociante, representante da *Dotar* no Brasil
Jacob Navarro	irmão de Moisés Navarro, um dos principais distribuidores de escravos nos engenhos
Jacob Valverde	negociante de açúcar e escravos, dono de sobrado na rua dos Judeus
José da Costa	chefe de poderosa rede mercantil, com fortuna de 275 mil florins; chegou a presidir o *Mahamad* da *Talmud Torá*, em Amsterdã
José Francês	um dos judeus mais ricos do Brasil holandês, negociava com açúcar e pau-brasil
Moisés de Oliveira	grande exportador e importador
Samuel da Veiga	menos conhecido, mais tarde fixou-se em Londres

Fonte: J. A. Gonsalves de Mello. "Gente da nação judaica no Brasil holandês: um dicionário dos judeus residentes no Nordeste, 1630-1654". *In: Gente da nação*. Recife: Massangana, 1996, pp. 369-522.

O quadro anterior confirma o perfil burguês ou plutocrático dos que governavam a comunidade do Recife. Em sua grande maioria, eram negociantes de *grosso trato*, judeus novos de primeira geração na Holanda, alguns já anciãos, quase todos envolvidos com negócios no Brasil antes mesmo da conquista holandesa. Uns indicavam os outros, como *parnassim,* sucessivamente, de acordo com os estatutos da congregação, monopolizando o conselho e governando os *yahidim* com mão de ferro.

A *rotina do governo judeu*

O *Mahamad* se reunia duas vezes por semana para administrar a congregação, cuidar da arrecadação e distribuição dos fundos, resolver questões junto ao governo holandês, organizar as festividades, julgar pendências entre *yahidim*, condenar os desviantes a penas variadas, enfim, decidir sobre todos os assuntos da comunidade. O *Mahamad* era um colegiado quase tirânico que podia tudo e, conforme o regulamento, ninguém podia criticá-lo por suas decisões, fosse oralmente, fosse por escrito.

Uma atenção especial era dada aos que perturbavam a ordem dos ofícios sinagogais, aos que se excediam nas relações com os *goim* e, sobretudo, aos que não pagavam as taxas devidas à congregação. As penas variavam da simples admoestação até multas variadas e, no limite, a excomunhão (*herem*). Era comum, no entanto, o *Mahamad* aplicar excomunhões temporárias, chamadas ironicamente de *berachá*, cujo significado é "bênção", sinal de que a excomunhão seria logo anulada.

Uma pena muito utilizada contra os inadimplentes era, além da excomunhão, a proibição de enterrar os mortos da família no cemitério judeu enquanto durasse a insolvência. No caso do devedor vir a falecer em meio ao processo, os parentes tinham de juntar recursos para saldar a dívida ou também eles ficariam sem cova sagrada.

O *Mahamad* não se responsabilizava pela defesa de membros da comunidade acusados de crimes afetos no foro holandês. Nesses casos, a regra era clara: que se defendessem por sua própria conta e risco. A comunidade não queria associar sua imagem a qualquer delito grave cometido por um *yahid*. No caso de delitos cometidos no interior da comunidade, ou de disputas envolvendo dinheiro, o *Mahamad* assumia o papel de corte inapelável. O regulamento recomendava, porém, discrição na divulgação das penas, de modo a preservar a imagem da comunidade diante de católicos e holandeses.

Praticamente nada atenuava o poder do *Mahamad*, exceto a recomendação para que gerisse os fundos comunitários dentro de certos limites. Somente em caso de improbidade escandalosa poder-se-ia proceder contra algum *parnas*, substituindo-o por outro membro escolhido pelo próprio *Mahamad*. A congregação judaica era quase um Estado dentro do Estado, com autonomia reconhecida pelo governo holandês no Brasil.

O tesouro da congregação

A máquina fiscal da congregação era formidável e, de certo modo, procurava fazer justiça na distribuição dos recursos comuns. Controlada pelas famílias de grandes comerciantes, arrecadava impostos cobrados sobre os grandes negócios para investir na escola judaica, no cemitério e no auxílio aos pobres. A *Zur Israel*, como as congêneres europeias, ajudava as órfãs com dotes, por vezes os recém-chegados de Amsterdã ou carentes de auxílio para regressar à Holanda. Além disso, arcava com as despesas dos sacerdotes e professores, únicos que recebiam salário da congregação.

O livro de atas da *Zur Isael* contém uma lista detalhada, genericamente chamada de *Imposta*, dos impostos cobrados pela congregação. Apesar da variedade e dos nomes de moedas circulantes no Brasil colonial, além da nomenclatura arcaica utilizada para exprimir percentuais ("um por três mil", "três quartos por 100", "três oitavos por 100"), é possível traçar um quadro da política fiscal do *Mahamad*.

JERUSALÉM COLONIAL

Quadro 3.2

NEGÓCIOS	IMPOSTOS
Importação de secos e molhados	0,75% sobre o valor bruto
Dinheiro contado, ouro, prata, joias, pérolas e âmbar	0,3% sobre o valor bruto
Exportação de açúcar branco	8 soldos por caixa
Exportação de açúcar mascavado	6 soldos por caixa
Exportação de "açúcar de panela" (inferior, feito com mel da purga do açúcar)	4 soldos por caixa
Açúcar branco vendido na colônia	4 soldos por caixa
Açúcar mascavado vendido na colônia	3 soldos por caixa
"Açúcar de panela" vendido na colônia	2 soldos por caixa
Tabaco e conservas	1% sobre o valor bruto
Provisões	3% sobre o valor bruto
Negros	5 soldos por peça
Câmbio	0,3% sobre a operação
Corretores	3% sobre o lucro
Imóveis	1% sobre o valor da casa
Armação de navios para corso	3% sobre o líquido

Os negócios mais rendosos eram a exportação de açúcar e a compra de escravos, porque o imposto era fixo e incidia sobre cada caixa (açúcar) ou peça (negro) negociada. Tratando-se de negócio que envolvia centenas de caixas e dezenas de escravos, a arrecadação da congregação podia ser alta. Vale esclarecer, a propósito, que o *soldo* referido no documento equivalia à metade de uma moedinha de prata (em geral de origem espanhola, produzida nas minas de Potosí), que valia cinco soldos. E, segundo o regulamento, todos os impostos deveriam ser pagos em *dinheiro contado*, isto é, em moeda metálica. Uma prova de que, num meio circulante pobre em metal precioso, os comerciantes judeus controlavam boa parte do dinheiro vivo.[4]

A importação de secos e molhados da Holanda também era muito taxada, porque o valor unitário das mercadorias era elevado, sobretudo no caso dos brocados ou das especiarias orientais. Também os judeus que armavam navios para atacar os comboios espanhóis ou portugueses, em geral saídos da Bahia, tinham de deixar 3% do lucro na caixinha da *Zur Israel*. Os judeus que intermediavam negócios entre holandeses e portugueses católicos, mormente os corretores oficiais, também pagavam 3% de comissão para a congregação.

Em casos extremos, o *Mahamad* podia impor *fintas* especiais, ou seja, impostos extraordinários para presentear alguma autoridade holandesa ou comprar favores políticos. Wiznitzer afirma que a renda da *Zur Israel* também se beneficiava de contribuições voluntárias, ou *nedavot*, para ajudar os necessitados no Brasil ou na Terra Santa. No entanto, a *ascamá* 29 de seu regulamento proibia explicitamente as *nedavot*, salvo em casos excepcionais e desde que autorizadas pelo *Mahamad*. A interdição talvez visasse a impedir que algum ou alguns, dentre os comerciantes mais ricos, se assenhoreassem da congregação por meio de doações especiais.

A fiscalização era rígida. Todos os homens cujos negócios eram passíveis de tributação estavam obrigados a submeter suas contas e seus livros ao *Mahamad* duas vezes por ano. Inspecionados em detalhe pelo *gabay* (tesoureiro), os negócios judeus passavam por verdadeira malha fina fiscal. Mas os inadimplentes ou sonegadores, quando pegos na malha fiscal, podiam negociar o pagamento das dívidas em parcelas.

Na fase de apogeu dos negócios judaicos no Brasil holandês, entre 1641 e 1645, pode-se dizer que o tesouro da *Zur Israel* era sólido. Recheado de moedas ou pedaços de moeda de ouro, prata e cobre. A arrecadação era, porém, exclusivamente destinada ao sustento da congregação, à ajuda aos pobres e ao resgate de cativos. Guiada, portanto, pelo espírito da *sedaca* (caridade). A congregação era controlada pelas famílias dos grandes negociantes, que, no entanto, taxavam seus próprios negócios. Praticavam um fiscalismo implacável, ameaçando os inadimplentes (e seus parentes), por via institucional, com pesados danos no foro espiritual.

Não se pode dizer, portanto, que os *homens de negócio* sefarditas monopolizavam o poder da *Zur Israel* para seu exclusivo benefício em detrimento da maioria. Nesse caso, o clichê não se aplica. Na *Zur Israel*, eram os ricos que pagavam os impostos. Prevalecia, queira-se ou não, o bem comum; prevaleciam os interesses do *Rochedo de Israel* enquanto bastião de uma minoria religiosa emplastrada na sociedade colonial. Uma sociedade de maioria católica e governo protestante; uma sociedade baseada no trabalho de africanos escravizados e no serviço de índios aliados. O regime plutocrático erigido na *Zur Israel*, espremido nessa *babel* cultural, agia em defesa da "gente da nação" enquanto coletividade. Uma raridade, convenhamos, na história ocidental, mormente na colonial.

2. SINAGOGA COLONIAL

Nunca é demais lembrar que a sinagoga da *Zur Israel* foi a primeira das Américas, estabelecida em região onde o judaísmo sempre fora proibido desde o início da colonização. É verdade que Pernambuco tinha recebido um forte contingente de cristãos-novos, desde a doação da capitania a Duarte Coelho, em 1534, e sobretudo após a instalação da Inquisição portuguesa, em 1540. Ficou célebre, ali, a sinagoga clandestina de Camaragibe, dirigida por Diogo Fernandes, marido da quase lendária Branca Dias. Mas essa não passava, porém, de uma *esnoga* doméstica. Ao longo do século XVI, cresceu a imigração para o nordeste de cristãos-novos, atraídos pela economia açucareira e pela ausência da Inquisição na colônia, que só fez sua estreia com a visitação de 1591. Havia, sem dúvida, muitos criptojudeus entre os cristãos-novos de Pernambuco e não poucos tinham parentes próximos nas comunidades da Itália, de Marrocos e da Holanda. Mas construir uma vida sinagogal no Brasil hispano-português era, então, impossível.

O quadro mudou radicalmente com a conquista holandesa das capitanias do açúcar, com exceção da Bahia. Em Pernambuco, como vimos, fundou-se a *Zur Israel*, a congregação judaica mais importante, cuja sinagoga passou a funcionar em 1636. Levas de judeus portugueses, que chegaram a ultrapassar mil pessoas, passaram a emigrar para a Nova Holanda, vista por eles como uma "Nova Jerusalém" ou um "Novo Israel". A *Zur Israel* foi a primeira ramificação das comunidades sefarditas europeias no Novo Mundo. Uma nova diáspora. Diáspora colonial.

Os judeus portugueses experimentaram no Recife, porém, uma situação excepcional. À diferença de Amsterdã, viviam espremidos entre uma imensa maioria de católicos e uma minoria rival de protestantes. Recife chegou a abrigar as três religiões de forma institucional: a Igreja Reformada, o clero católico e a sinagoga sefardita. As três disputaram espaço na cidade. Católicos e sobretudo predicantes calvinistas lançaram imprecações contra os judeus. Esses, por sua vez, ficaram quietos, fiéis ao regulamento da *Zur Israel* e à orientação do *Mahamad*. Trataram de manter os cristãos longe da sinagoga, sem provocá-los, e de cortejar o governo holandês, que, por sua vez, percebeu a valiosa importância dos sefarditas para os negócios da WIC. Diáspora colonial, vale repetir.

Rabinato pernambucano

O rabino dos primeiros anos foi, como vimos, Arão de Pina, cujo nome judeu era Aarão Sarfati, criado na Holanda, homem com formação na *yeshivá* de Amsterdã, irmão e sócio do negociante escravista Benjamim Sarfati. Aarão Sarfati manteve posição destacada na direção da comunidade ao longo de todo o período holandês, figurando entre os *parnassim* da congregação. Mas, a partir de 1642, foi substituído enquanto *haham* por Isaac Aboab da Fonseca, o primeiro rabino oficial do Brasil.

Alguns autores sugerem que Isaac Aboab da Fonseca era neto ou bisneto de um grande sábio judeu, natural de Toledo, também chamado Isaac Aboab, autor de vasta bibliografia sobre o Pentateuco e o Talmud. O Isaac Aboab avô aparece referenciado (e reverenciado) na bibliografia judaica como "o último *gaon* de Castela",* refugiado em Portugal após a expulsão dos judeus decretada pelos Reis Católicos, em 1492, falecendo na cidade do Porto, no ano seguinte, aos 60 anos.

Não há provas documentais, no entanto, dessa ilustríssima ascendência de Isaac Aboab da Fonseca. Sabe-se que ele nasceu em 1605, em Castro Daire, no Viseu (centro de Portugal), filho de Davi Aboab e Isabel da Fonseca, ambos cristãos-novos. Há notícia de que a família era *judaizante*

Gaon é o título atribuído aos grandes sábios da escola judaica que floresceu na Babilônia, entre os séculos VI e XI. A rigor, só houve *geonin* (plural de *gaon*) nas cidades mesopotâmicas de Sura e Pumbetida. O termo significa algo como "excelência" ou "autoridade" no conhecimento judaico.

e, por medo da Inquisição, fugiu de Portugal no início do século XVII. Isaac era então um bebê, se é que não nasceu na rota de fuga, como tantos outros "judeus novos". A família deixou-se ficar em Saint-Jean-de-Luz, no sul da França, escala frequente dos criptojudeus que rumavam para Amsterdã. O pai de Isaac morreu em Saint-Jean-de-Luz e a mãe partiu com o filho para a Holanda, por volta de 1612.

Desde menino, Isaac recebeu educação judaica na *Est Haim* e, mais tarde, ingressou na *yeshivá* da congregação *Neveh Shalom*. Foi discípulo do rabino Isaac Uzziel e colega de Menasseh Ben Israel (Manuel Dias Soeiro), também futuro rabino, como vimos. Isaac Aboab e Menasseh foram, na verdade, os dois primeiros rabinos de destaque formados pela "escola de Amsterdã". "Judeus novos" que, através do estudo, tornaram-se "judeus velhos": talmudistas, hebraístas, professores e grandes escritores na comunidade judaico-holandesa.

Em 1626, o talentoso Isaac Aboab foi nomeado rabino da *Neveh Shalom* aos 21 anos. Mais tarde, quando da criação da *Talmud Torá*, em 1639, foi incluído no rabinato enquanto quarto *haham* na hierarquia da congregação. No meado da década de 1630, Isaac Aboab envolveu-se na forte polêmica suscitada pela dissidência de Uriel da Costa. Uriel, que havia estudado teologia em Coimbra, foi um dos primeiros a se desiludir com o judaísmo rigoroso dos rabinos de Amsterdã. Começou defendendo maior flexibilidade no tratamento dos conversos e terminou questionando a *halajá* e a revelação divina contida na Torá. É claro que foi excomungado, por sinal duas vezes, em 1632 e 1633, cometendo suicídio em 1640. Uriel da Costa foi um precursor de Baruch Spinosa enquanto crítico da tradição rabínica sustentada na *Talmud Torá*.

Isaac Aboab esteve longe de aderir às ideias de Uriel da Costa mas defendeu, no debate provocado pelo caso, ideias contrárias às de Saul Mortera, principal autoridade religiosa da comunidade nos anos 1630. Mortera era um ortodoxo, para quem a salvação dos judeus estava reservada somente aos observantes da "lei de Moisés" em todos os seus pormenores. Os que se diziam judeus, mas recusavam a circuncisão, por exemplo, eram pecadores condenados ao inferno. Os cristãos-novos, de igual modo, eram pecadores irremissíveis, mesmo que fossem criptojudeus e guardassem algumas tradições judaicas em casa. Saul Mortera era enfático: judeus "fora da lei" não eram judeus e suas almas estavam condenadas pela impureza.

Isaac Aboab escreveu, em 1636, um tratado em hebraico intitulado *Imortalidade da alma*, no qual sustentou a tese da transmigração das almas depois da morte, admitindo que elas poderiam reencarnar em novos corpos — humanos ou até animais — para expiar os pecados cometidos na vida anterior.* Segundo Miriam Bodian, a posição de Isaac Aboab exprimia a inquietação de muitos judeus novos com a salvação, nem tanto da própria alma, apesar do passado cristão, mas da alma dos pais e avós falecidos nas "terras de idolatria".[5] Os cristãos-novos que se sentiam judeus, apesar de viver como cristãos, eram pecadores imperdoáveis? Os que morriam incircuncisos na própria Amsterdã, embora decididos a ingressar no judaísmo, também eles estavam condenados? Para Saul Mortera, sim. Para Isaac Aboab, não.

Isaac Aboab defendeu suas posições com prudência, evitando radicalizações como as de Uriel da Costa. Conservou seu posto de *haham*, no qual ganhava salário de 450 florins anuais, e decidiu partir para o Recife, indicado para a *Zur Israel* em 1641, com salário de 1.600 florins anuais. Menasseh Ben Israel, cogitado como primeira opção pela *Talmud Torá*, quase foi para o Brasil no lugar de Isaac Aboab, mas desistiu. Pode-se bem imaginar o impacto que a Nova Holanda causou em Isaac Aboab, quando desembarcou no Recife, em 1642. Terra inundada de cristãos-novos a meio caminho entre o catolicismo e o judaísmo, espremidos entre cristãos-velhos, calvinistas e judeus. O contexto do judaísmo no Recife foi um desafio para Isaac Aboab, que se tornou um grande entusiasta da conversão dos cristãos-novos ao judaísmo, contrariando alguns "judeus da Holanda", que os desprezavam como ignorantes e idólatras.

O rabino da *Maghen Abraham* foi Moisés Rafael de Aguilar, judeu português de origem espanhola, nascido em 1620. Criado em Amsterdã,

---

*Isaac Aboab seguia, nesse ponto, a tese do estudioso e místico judeu de Safed (Galileia) Isaac Luria (1534-1572) conhecida como *metempsicosis* (em grego). Aliás, o grego Pitágoras foi o primeiro a sustentar na filosofia ocidental a teoria da reencarnação da alma, ainda no século VI a.C.

estudou na escola da *Bet Iacob*, tornando-se professor da *Est Haim* com apenas 17 anos. Possuía, como Isaac Aboab, enorme capacidade, tornando-se, também ele, na idade madura um dos grandes rabinos de Amsterdã. Alguns historiadores afirmam que Isaac e Moisés foram juntos para o Recife, mas é provável que Moisés tenha viajado um pouco antes.

Moisés de Aguillar era mais jovem do que Isaac Aboab, porém tinha formação mais ortodoxa. Formado na escola da *Bet Iacob*, era discípulo de Saul Mortera. Ao contrário de Isaac Aboab, Moisés de Aguillar era inflexível em relação às "idolatrias" dos cristãos-novos e à inobservância dos preceitos da *halajá*. A rivalidade entre as duas congregações seria alimentada por essa divergência de opiniões entre os dois rabinos.

Situação realmente formidável era a do judaísmo sefardita no Brasil holandês. Até mesmo as polêmicas dos estudiosos judeus em Amsterdã ecoaram em Pernambuco. As divergências entre Isaac Aboab e Moisés de Aguillar ajudam, de todo modo, a compreender a crise de 1648 na comunidade sefardita pernambucana.

Sinagoga masculina

Conhecer o cotidiano da sinagoga do Recife não é tarefa fácil. As fontes da própria *Zur Israel* são escassas, limitando-se ao regulamento de 1648 e às atas do *Mahamad* entre aquele ano e 1653. Os registros das atas são curtos, sem detalhes sobre as discussões internas. Na realidade são minutas das reuniões. Apesar de tudo, informam sobre alguns fatos relevantes. O próprio regulamento, aliás, sobretudo nas entrelinhas das diversas proibições, permite conjecturar sobre o cotidiano da sinagoga.

Os cronistas da época também não ajudam nesse particular. Do lado hispano-português ocupam-se fundamentalmente da guerra. Os judeus somente aparecem em comentários mais gerais, como os de frei Manuel Calado, sobre o papel que desempenhavam na economia. As atas do Sínodo protestante também são genéricas e, quando tratam da sinagoga, apenas se queixam da sua visibilidade e reclamam dos judeus, seja por açambarcarem a economia da cidade, seja por persuadirem cristãos a ingressar no judaísmo. Não admira que os relatos dos cronistas ignorem a sinagoga por dentro. A preocupação deles era outra e os judeus, por sua vez, faziam de tudo para manter os cristãos longe do templo, fossem católicos ou reformados. A crônica holandesa também não oferece, portanto, informação relevante.

O dia a dia da sinagoga somente pode ser conhecido por meio das fontes inquisitoriais, em especial alguns processos. Refiro-me a processos instruídos na Bahia, pelo bispo dom Pedro da Silva e Sampaio, com base em denúncias contra os cristãos-novos aderentes ao judaísmo no período holandês. Homens que já tinham regressado ao catolicismo após a expulsão dos holandeses, em 1654, ou mesmo antes, permanecendo em Pernambuco. Alguns deles foram presos pela Inquisição depois da derrota holandesa, em razão dos erros passados. Há, enfim, processos contra "judeus novos", vindos da Holanda, que, por azar, caíram prisioneiros das tropas portuguesas na insurreição pernambucana, sendo enviados à Inquisição de Lisboa.

A partir das fontes inquisitoriais torna-se possível colher alguns flagrantes do cotidiano sinagogal: as festas, o ritual da circuncisão, as orações. Mas isso não é o que de melhor oferecem os processos, comparado às histórias de vida dos processados, de como haviam passado ao judaísmo e, por vezes, regressado ao catolicismo. Quanto à vida sinagogal, no entanto, as informações são imprecisas e truncadas. Os termos em hebraico, quando aparecem, são por vezes grafados com descuido, ou porque os processados, apesar de judeus, pronunciavam mal as palavras ou porque os notários e inquisidores as desconheciam por completo — o que parece mais provável. Assim *haham* sempre aparece grafado como "gagão", *hazan* como "gazão", *Pessah* como "Peça" e por aí vai. O próprio nome da *Zur Israel* praticamente não aparece nos registros. No entanto, há boas informações sobre as orações e mesmo sobre as festas da comunidade.

As fontes inquisitoriais, complementadas pelos documentos da *Zur Israel*, permitem perceber, no entanto, um fato de grande relevância no cotidiano dos "judeus novos". A centralidade da sinagoga no cotidiano religioso e, por extensão, o predomínio dos homens na vida cerimonial. No caso da sinagoga do Recife, não há sequer menção às galerias destinadas às mulheres, como as que havia na sinagoga de Amsterdã. É possível que as mulheres mal frequentassem o templo, exceto para purificar-se na *mikvê*, após o ciclo menstrual ou no ato da conversão ao judaísmo. Os relatos dos que frequentaram a sinagoga só mencionam homens, fossem rabinos, oficiantes ou praticantes.

É certo que o mundo doméstico continuou a preencher o lugar de destaque que ocupa na religião judaica: a preparação do *shabat* nas sextas-feiras, ao cair da tarde; a organização das ceias nos dias de festa; a preparação dos alimentos à moda judaica; a observância dos ritos ligados ao luto da família, a exemplo de "deitar fora" a água dos potes da casa. Tais ritos pertenciam ao domínio da *halajá* e neles as mulheres desempenhavam papel fundamental, enquanto gestoras da vida doméstica. Mas o mais interessante é notar que, nos processos inquisitoriais contra os "judeus novos" do Brasil holandês, o lado doméstico do judaísmo fica à sombra da sinagoga ou sequer é mencionado. Em contraste, nos processos contra cristãos-novos residentes no mundo católico, prevalecem os relatos do judaísmo doméstico e familiar.

Esse contraste confirma-se na indicação dos nomes que todo réu *judaizante* do Santo Ofício tinha de apresentar aos inquisidores, acusando parentes e companheiros de Amsterdã ou do Brasil. No caso de processos contra cristãos-novos no mundo ibérico, nota-se uma profusão de nomes femininos, muitas vezes ocupando papel central nos ritos familiares. Nos processos contra "judeus novos", o registro de nomes femininos é modesto e quase sempre associado aos homens da família. Por vezes as mulheres são nominalmente indicadas, outras vezes nem isso. Aparecem como mulheres, irmãs ou filhas desse ou daquele. A fórmula usual é "fulano e sua mulher se converteram ao judaísmo etc.", sem citar os nomes femininos. Os nomes dos filhos são muito mais citados do que os das filhas em acusações contra famílias inteiras.

A conclusão que se pode extrair desse contraste entre processos contra cristãos-novos residentes em "terra de idolatria" e os movidos contra os "judeus novos" em "terra de liberdade" tem mais a ver com o cotidiano religioso do que com os filtros colocados pelo Santo Ofício no registro dos relatos. Numa palavra: no primeiro caso, trata-se de criptojudaísmo — e nele as mulheres assumiam papel central; no segun-

do caso, trata-se do judaísmo restaurado, judaísmo oficial e público —
e nele prevaleciam os homens.

Os "judeus novos", fosse onde fosse, passavam por verdadeira metamorfose cultural e identitária, que obviamente afetava sua vida cotidiana.
Antes de tudo, tinham de se submeter aos ritos ligados ao (re)nascimento,
casamento e morte. No primeiro caso, o foco das informações concentra-se nas circuncisões. Nos outros dois casos, concentra-se nas interdições e ameaças da *Zur Israel* contra casamentos indesejáveis ou
sepultamentos de *yahidim* insolventes, incluindo os parentes, no cemitério judaico.

Circuncisões tardias

O universo das circuncisões (*brit milá*) é tremendamente peculiar, no
caso dos "judeus novos". Praticamente inexistem informações sobre a
circuncisão dos bebês, a remoção do prepúcio aos oito dias de nascido,
de acordo com a lei judaica. Em contraste, as informações sobre a circuncisão de jovens e adultos é frequente e, por vezes, detalhada. A razão do contraste é simples: a circuncisão de recém-nascidos é fato
corriqueiro e dele não encontrei registro documental. A circuncisão de
adultos é típica de "judeus novos": uma exigência da *Zur Israel*; matéria
de discussão entre rabinos; assunto narrado em processos inquisitoriais.

Os "judeus da Holanda", em sua imensa maioria, já chegaram circuncisos ao Recife; os residentes no Brasil holandês atraídos pela sinagoga tiveram de se submeter à circuncisão para ingressar na *Zur Israel*
com plenos direitos. As *Askamot* de 1648 deixam clara essa exigência,
embora alguns tenham permanecido incircuncisos. O rabino Isaac Aboab
foi bastante flexível nessa matéria, permitindo que os cristãos-novos interessados ou curiosos iniciassem o convívio com os judeus, conhecessem a sinagoga, ouvissem algumas orações. Procurava familiarizá-los com
a rotina sinagogal e convencê-los a ingressar no judaísmo para então exigir
a circuncisão. O mesmo ocorria na Holanda, embora ali o processo fosse mais rápido. Lembremos que, no caso holandês, eram os cristãos-novos
que buscavam o judaísmo, enquanto no Brasil holandês era o judaísmo

que tentava recrutar os cristãos-novos. No Brasil holandês, havia que ter mais paciência e tolerância, virtudes que Isaac Aboab tinha de sobra.

No modelo da *brit milá*, cabe ao *mohel*, devendo ser adulto do sexo masculino, executar a circuncisão. A cerimônia pode ser realizada tanto na casa da família como na sinagoga. O ritual exige duas cadeiras: uma para o espírito do profeta Elias, outra para o padrinho (*sandak*) manter o bebê sobre os joelhos para a intervenção do *mohel*. O recém-nascido é colocado por alguns instantes na cadeira destinada ao profeta Elias (*Kisse shel Eliahu*) porque, na crença judaica, ele estaria sempre presente, em espírito, durante todo o ritual. O fundamento da crença é bíblico: Elias teria se queixado a Deus dos israelitas negligentes, que não circuncidavam os filhos, tornando-se uma espécie de guardião da circuncisão e chamado de "Anjo da Aliança". Colocar o recém-nascido, por um instante, na cadeira de Elias é como colocá-lo, simbolicamente, no colo do profeta, antes da intervenção do *mohel*. Ato contínuo, o *mohel* faz o curativo (por vezes suga o sangue da ferida) e o menino recebe um nome judeu.

Passando do modelo do *brit milá* à circuncisão dos judeus novos, a situação era mais complicada, por razões óbvias. Não porque faltasse ao rito fundamento religioso, pois, no livro do *Gênese*, Abraão fez sua própria circuncisão aos 99 anos! A circuncisão de adultos era chamada, por tal razão, de "aliança de Abraão". Na prática, seja na Holanda, seja em meio às rotas de fuga, seja em Amsterdã, os judeus novos eram circuncidados com várias idades. As fontes inquisitoriais dão notícia de que alguns o eram com alguns meses de nascido, outros com sete ou oito anos. Muitos jovens de 17 a 20 e poucos anos também foram submetidos à circuncisão. Até homens maduros, de 40 anos ou mais, aceitaram a circuncisão para ingressar na comunidade.

Na Holanda, recorreu-se de início para o ofício a um *mohel* alemão, que pode muito bem ter sido o rabino Uri Halevi ou seu filho Aarão Halevi, mencionados no primeiro capítulo. Por vezes, na falta de um *mohel* experiente, recorria-se ao *bodeque*, isto é, o encarregado da matança de animais segundo o ritual judaico. Um açougueiro, portanto. No Recife, o próprio "gagão" Isaac Aboab é mencionado em alguns documentos como tendo praticado a circuncisão. Os relatos sobre a circuncisão de jovens e adultos são penosos. Por vezes se oferecia bebida ao "candidato", cerveja ou algo mais forte, para que aguentasse a dor. Não raro os "judeus novos" custavam a recuperar-se da ferida.

Casar e morrer

Apesar de lacunosas, as fontes inquisitoriais e da *Zur Israel* oferecem algumas pistas sobre os casamentos celebrados na sinagoga. Antes de tudo, a preocupação dos dirigentes contra os casamentos mistos, como vimos, mormente aqueles envolvendo negros e mulatos. O próprio Isaac Aboab, apesar de valorizar o potencial judeu dos cristãos-novos, endossou a proibição da circuncisão dos escravos. Pessoalmente, Aboab considerava, com bom fundamento bíblico, que a circuncisão tornava os escravos completamente judeus. Logo, o melhor era proibir *in limine* a circuncisão deles, sobretudo porque os judeus estavam envolvidos até a cabeça com a compra e venda de escravos no Brasil holandês. Além disso, Aboab compartilhava o preconceito dos sefarditas contra os mulatos — e nesse ponto, os judeus eram mais portugueses do que nunca. Isaac Aboab, em certa ocasião, criticou a conduta de um português dizendo que era "homem sem coração, um sádico falacioso cuja mãe era negra".[6]

Os dados disponíveis não permitem quantificar, infelizmente, o volume e o ritmo dos casamentos entre judeus no Brasil holandês. No entanto, a partir de informações qualitativas, é possível dizer que muitas filhas de judeus novos em idade casadoura uniram-se a cristãos-novos residentes em Pernambuco, que para tanto se converteram ao judaísmo. A falta crônica de "mulher branca" no Brasil facilitou maridos para as moças de família judia, desde que os pretendentes fossem cristãos-novos dispostos à conversão. No século XVI, a mesma "falta de mulher branca" para casar estimulou matrimônios entre as filhas de cristãos-novos e cristãos-velhos metidos a fidalgos, como na família de Ana Rodrigues, na Bahia, cujas filhas eram todas casadas com católicos. Mas nesse tempo não havia *Mahamad* no Brasil colonial... O casamento misto era comum.

No Brasil holandês, o casamento com filhas de judeus parece ter sido um caminho importante para a adesão de cristãos-novos ao judaísmo.

Também há informações, em menor escala, de "judeus novos" esposando cristãs-novas. Mas vale lembrar que muitos judeus passaram ao Brasil já casados e os jovens solteiros estavam mais dispostos a enriquecer rapidamente antes de pensar em constituir família.

Houve, porém, casamentos indesejáveis, aos olhos dos dirigentes da *Zur Israel*. O historiador Bruno Feitler mencionou, entre outros, o casamento do cristão-novo mulato Manoel Lopes Seixada, lisboeta, com moça judia do Recife; Francisco Faria, cristão velho "amulatado e de cabelo crespo", converteu-se ao judaísmo para esposar moça judia de família judaica tradicional; Salomão Pacheco, cristão-novo tido como pardo, casou-se com a filha do judeu Moisés Monsanto, "mercador judeu de grande crédito". Esses são apenas alguns exemplos de matrimônios que as *Askamot* procuravam evitar, ao condenar a presença de homens e mulheres "estranhos" na sinagoga. As poucas evidências de casamentos entre cristãos-velhos ou mulatos com moças judias é bom indicador de que as interdições funcionaram no atacado. No varejo, as interdições falharam, aqui e ali, como sempre, havendo notícia de moça judia que largou tudo — família e sinagoga — para se casar com um soldado holandês e calvinista!

A cerimônia de casamento judaica foi descrita com algum detalhe por um judeu novo que caiu nas malhas da Inquisição, de nome Miguel Francês:

> "na casa da noiva se arma um dossel debaixo do qual se untam ambos os contraentes e logo o predicante, sendo para este efeito chamado, pergunta a cada um deles se são contentes de casarem um com outro, chamando-se por seus nomes, e respondendo que *sy*, diz então o contraente eu *foão* recebo a *fulana* por mulher conforme manda a lei de Moisés, e a noiva diz o mesmo, e então o predicante lhe diz certa oração ordenada para aquele efeito e um copo de vidro com vinho na mão, o qual deixa cair no fim da oração para que se quebre e derrame o vinho, e logo os circunstantes dão os parabéns aos noivos e os dois por marido e mulher".[7]

Essa descrição se aproxima bastante da cerimônia matrimonial judaica, na qual o casamento era considerado *kidush*, isto é, santificado. Miguel

Francês não mencionou, porém, a leitura da *ketubá* (contrato de casamento) pelo oficiante, que não só destacava os deveres conjugais recíprocos como especificava o dote da noiva. Enganou-se, ainda, quanto ao rito da quebra do copo de vidro: é o noivo quem o quebra com o pé, não o oficiante, e o copo está vazio, coberto por um lenço, e não com vinho. Miguel Francês enganou-se ao descrever esse detalhe da cerimônia ou era o rabino quem quebrava o copo na diáspora sefardita? Difícil responder. Mas a quebra do copo era um rito essencial na cerimônia, como ainda hoje o é. Possui vários significados: memória da destruição do Templo de Jerusalém em 70 d.C. (com esperança de reconstruí-lo); memória da quebra das tábuas da lei por Moisés, indignado com a recaída idolátrica de seu povo quando desceu do Monte Sinai a primeira vez; mensagem de que todos, homens e mulheres, são como o vidro que se quebra, mas pode ser recomposto por meio da fé e do arrependimento (*teshuvá*).

O judeu novo Miguel Francês, que, como veremos, gostou de ser informante do Santo Ofício, acrescentou na sua narrativa sobre o casamento judeu que:

> "e só na primeira noite se juntam depois de recebidos na mesma cama, e nos 49 dias seguintes se abstêm desta comunicação, agasalhando-se cada um em cama separada, e no fim dos ditos 49 dias, se vão banhar e purificar em um banho que para isto é destinado, e daí em diante se comunicam e tratam como casados".[8]

Francamente, desconheço essa interdição, que, aliás, não integra a lei judaica, nem aparece em outros depoimentos de "judeus novos". A abstinência sexual no casamento é uma recomendação de um ex-judeu, Saul de Tarso, ninguém menos do que São Paulo, principal apóstolo do cristianismo primitivo. A descrição de Miguel Francês é, nesse ponto, suspeita, embebida do cristianismo que aprendeu quando menino. O judaísmo tradicional nunca reprovou o sexo conjugal, exceto nos dias de menstruação e nos dias sagrados, como reza o *Levítico*, um dos cinco livros da Torá.

JERUSALÉM COLONIAL

Seja como for, com ou sem abstinência sexual, a reprodução da comunidade sefardita no Brasil holandês sempre dependeu mais da imigração de "judeus da Holanda" e da conversão de cristãos-novos — homens e mulheres — do que do crescimento vegetativo da comunidade. No Caribe seria diferente, pois a presença sefardita atravessaria todo o século XVIII. No Brasil, os quase 25 anos da Nova Holanda foram insuficientes para reproduzir a comunidade por dentro.

Na hora da morte, os judeus assumiam às claras o que os cristãos-novos tentavam esconder em "terra de idolatria". Assim, quando morria um parente, enterravam-no no mesmo dia, conforme estabelecia a Torá, exceto quando o falecimento ocorria no Dia do Perdão (*Yom Kippur*) ou na véspera do *shabat*, únicos casos em que o adiamento do funeral é autorizado. Deitavam fora água dos potes, quando alguém morria na casa, para que a alma do defunto não se fosse nela lavar. Comiam "em mesa baixa", isto é, sentados no chão, em sinal de luto. Lavavam o corpo do defunto e o amortalhavam com pano novo e branco de tecido grosseiro. Todos eram amortalhados com o mesmo tipo de tecido, independentemente da condição social do defunto.

Nos documentos inquisitoriais, a cerimônia aparece grafada simplesmente como "hevra" ou "hebra", mencionada por alguns judeus novos presos pelo Santo Ofício. Tratava-se do serviço da *hevra kadishá* (confraria santa) da sinagoga, incluindo a preparação do defunto e o sepultamento. Os "lavadores" ou "lavadoras", conforme o sexo do defunto, banhavam o corpo, para purificá-lo, e o vestiam com a mortalha branca, entregando-o aos "enterradores" ou coveiros. Todos os membros do serviço tinham de ser judeus, e não raro ele era tarefa de voluntários. As orações fúnebres, em geral a leitura de salmos, eram proferidas pelo rabino ou *hazan*, mas qualquer membro podia oficiar o sepultamento, desde que soubesse ler em hebraico. A congregação arcava com os custos do enterro, considerado *mitzvá* (obrigação) caridosa.

Pode-se bem imaginar o impacto causado pelo *Mahamad* quando ameaçava os *yahidim* inadimplentes com a privação do enterro no cemitério judaico, extensiva aos parentes. Para homens e mulheres que tinham cruzado a fronteira do catolicismo, no qual foram criados, assumindo que somente o judaísmo lhes podia garantir a salvação eterna, terminar a vida como cristão, sepultado em terra cristã, soava como algo aterrador. Era como se o indivíduo tivesse de regressar, depois de morto, à identidade cristã que tinha abandonado, por vezes com enorme dificuldade, em busca da salvação espiritual.

O cemitério, erigido provavelmente em 1636, ficava ligeiramente afastado do núcleo do Recife e também da ilha de Antônio Vaz. O primeiro documento que menciona o lugar é um mapa holandês do Recife datado de 1639, que o indica como *De Jodse Bergraaf plaats* (lugar do cemitério judeu). Era um descampado localizado no "sítio dos coelhos", às margens do Capibaribe, de onde se podia avistar o palácio de Nassau na Cidade Maurícia, concluído em 1642. Mas o único caminho para se chegar ao cemitério era fluvial. Os defuntos eram levados em barcos para sua última morada, como no cemitério de Amsterdã. Nassau mandou construir uma "boa paliçada" para proteger o cemitério de seus aliados judeus, pelo que lhe ficaram muito gratos.

Rotina das orações

Na Holanda, como no Recife, uma vez circunciso, o "judeu novo" passava a receber instrução religiosa na escola da congregação. Aprendia o principal da "lei de Moisés", o significado das festas judaicas de acordo com o ensinamento bíblico, bem como diversas orações. Os documentos confirmam, com mais recorrência, o uso de dois adereços rituais: o *tallit* e os *tefillin*.

O *tallit,* usado nas orações matinais (*shacharit*), é o xale de lã ou algodão, por vezes seda, com listras pretas e roxas e franjas (*tzitziot*) nos quatro cantos, de acordo com preceito bíblico ("e farão franjas nos cantos de suas roupas..."). O *tallit* cobre a cabeça do judeu, que, por usá-lo, é considerado, na prece, um anjo do senhor. Os *tefillin* (objetos de oração), filatérios em português, consistem em duas pequenas caixas de couro preto contendo escritos de quatro passagens bíblicas extraídas do Êxodo e do Deuteronômio, atadas com correias ao braço esquerdo e à testa. A caixinha atada ao braço esquerdo, com passagens do Êxodo, represienta a memória do braço estendido de Deus quando livrou os israelitas do cativeiro do Egito, enquanto a caixinha da testa simboliza a concentração do pensamento em Deus durante a oração.

Vários judeus novos contaram aos inquisidores que ganharam um "tale" depois de se assumir como judeus e usavam "tafalis" ou "tefalis" ao rezar na sinagoga. Nenhum deles, porém, com exceção de um só, sabia dizer o que significavam esses objetos rituais, limitando-se a mencioná-los ou descrevê-los. A ignorância deles é valiosa, enquanto informação, pois nos transporta ao comum dos judeus novos no século XVII. Homens sábios como Aarão Sarfati, Isaac Aboab ou Moisés Aguilar eram exceções no grupo dos "judeus novos". A maioria deles só tinha dado os primeiros passos na "lei de Moisés". Mas não pode passar sem registro a ignorância dos inquisidores, também eles, em matéria de judaísmo, considerando o registro confuso que fizeram de muitos relatos, confundindo palavras e distorcendo rituais. De modo que uma parte da confusão dos registros se deve ao desconhecimento dos "judeus novos"; outra parte se deve à ignorância dos inquisidores — que possuíam uma ideia muito estereotipada do judaísmo.

De todo modo, a rotina religiosa da sinagoga era muito pesada para o "judeu novo" em relação a seu passado cristão. Era obrigado a comparecer diariamente à sinagoga para fazer as orações matinais; não podia faltar nos ofícios do sábado; devia ficar atento aos dias santificados das festas judaicas, conhecer o significado delas, observar ritos específicos. Ao judeu era exigida uma participação muito mais ativa na vida religiosa do que ao cristão. O judeu devia orar por si mesmo, e não apenas acompanhar passivamente a condução da missa, como no catolicismo. O judeu tinha de lidar, no mínimo, com o texto escrito da oração, embora o ideal fosse ler e conhecer a bíblia hebraica. Muitos convertidos em idade adulta não suportaram a rotina massacrante da sinagoga e também por isso, em vários momentos, voltaram para o catolicismo. A inconstância do recém-convertido era, como vimos, razão de forte preocupação entre os rabinos e dirigentes da comunidade.

Duas orações que todos pareciam saber de cor eram a *Shemá* e a *Amidá*. A primeira, composta de três versos da Torá, significava a renovação diária da profissão de fé que o judeu devia fazer na sinagoga, de manhã, com *tallit* e *teffilin*, além de repeti-la ao fim da tarde e antes de dormir. *Shemá* significa "Ouve", em português, com o que se inicia a oração, em hebraico, *Shemá Ysrael Adonai Elohêinu Adonai Echad* — cuja tradução é "Ouve Israel, o Senhor é nosso Deus, o Senhor é um". A segunda, a *Amidá*, é oração mais longa, composta de 18 bênçãos. *Amidá*, palavra hebraica, significa "em pé" ou "estar de pé", pois assim deve ficar o judeu ao proferi-la. O judeu deve recitá-la em voz baixa, com os pés juntos, com a cabeça voltada para Jerusalém, cuidando de dar três passos atrás e três à frente antes e depois da prece. A bênção inicial, em hebraico, começa com *Baruch atah Adonai Eloheinu veilohei avoteinu, elohei avraham, elohei yitzchak, veilohei ya-akov...*, cuja tradução é: "Bendito sejas Tu, Senhor, nosso Deus e Deus de nossos pais, Deus de Abraão, Deus de Isaac e Deus de Jacob..."

Até que ponto os "judeus novos" sabiam recitar as orações completas, incluindo os três versos da Torá, no caso da *Shemá*, e as 18 bênçãos da *Amidá*? Impossível generalizar a resposta. Alguns sabiam recitá-las bem, inclusive escrevê-las, como fez, entre outros, um certo Antônio Henriques, solicitado pelos inquisidores a pôr as orações no papel.[9] A maioria sabia alguns trechos, os primeiros versos, algumas bênçãos. Chamavam a *Shemá* de "Semá", "Samá", "Asseman"; chamavam a *Amidá* de "Amidad", "Hamidan" e outras corruptelas. Ou então — voltemos ao registro do Santo Ofício — eram os inquisidores que, por não saber nada de hebraico, mandavam escrever o que o ouvido alcançava.

Em que língua os judeus novos recitavam as orações que conheciam melhor? Hebraico, como manda a lei? Português, língua materna da maioria deles? Nem hebraico, nem português, senão castelhano ou ladino. Antônio Henriques, que conhecia muito bem as orações, recitou o início da *Shemá* da seguinte forma: "Semá Israel, Adonai es nuestro dío, Adonai es uno." Quanto à *Amidá*, recitou: "Bendito Tu, Adonai, nuestro dío y dío de nuestros padres, dío de Abraham, dío de Ishac, dío de Jacob..." Em contraposição, a maioria se atrapalhava ao tentar recordar as palavras exatas, sendo que alguns disseram ter esquecido a ordem dos versos. Um dos que conheciam as orações superficialmente (ou, quem sabe, fingiu que as conhecia mal) foi Samuel Velho, judeu novo, convertido aos 17 ou 18 anos, que recitou "Samá Israel, Adonay my dío", no caso da *Shemá*, e "Bendito tu Adonay nuestro dío", no caso da *Amidá*.[10]

A presença do ladino nas orações dos judeus novos, como consta das fontes inquisitoriais, dá prova definitiva do que expus no primeiro capítulo. A doutrinação dos recém-convertidos, na Holanda ou no Recife, era feita na língua da diáspora judaico-castelhana, a mesma que moldou, nos primeiros tempos, a educação religiosa dos "judeus novos" portugueses. Embora falantes de português, os "judeus da Holanda" tinham de aprender o judaísmo em ladino, misturando hebraico com castelhano. Um dos judeus novos processados, o português Gabriel Mendes, não teve dúvida em contar aos inquisidores que lembrava bem das orações que fazia enquanto judeu. Isso porque "as recitava por um livro que lhe davam na mesma sinagoga, nos quais se continham todas as orações que costumam usar e oferecer ao Deus dos céus".[11] Tudo escrito em ladino!

Um indício aparentemente mínimo, mas revelador, do uso do ladino nas orações ensinadas aos "judeus novos" encontra-se na presença do substantivo *Dío*, no lugar de *Dios*, pois os judeus espanhóis consideravam que o uso da letra *s,* no final da palavra, sugeria pluralidade do divino, enquanto *Dío*, sem *s*, reforçava a unicidade. A Bíblia de Ferrara formalizou esse costume e foi baseada nela que se compuseram os livrinhos de orações para uso dos convertidos. Os próprios rabinos de Amsterdã utilizavam a forma *Dío* em seus textos, a exemplo de Saul Mortera e Menasseh Ben Israel.[12] Afinal foram eles, ou homens como eles, que compuseram os "catecismos" judaicos na Holanda.

3. ZUR ISRAEL EM FESTA

No Recife holandês os judeus celebravam publicamente suas festas na sinagoga, provocando um ir e vir de pessoas em determinadas datas que não podia passar despercebido. Afinal, a população livre do Recife, nos anos 1640, mal passava dos oito mil habitantes, dos quais cerca de mil eram judeus. Católicos e protestantes andaram se queixando das ruidosas celebrações judaicas na cidade, incomodados, antes de tudo, com o deslocamento dos judeus nas ruas, mais do que com as cerimônias propriamente ditas. De todo modo, o Recife era, como Amsterdã, "terra de liberdade", de sorte que os judeus podiam celebrar livremente suas datas, parte delas em memória de episódios capitais de sua história sagrada, outra parte dedicada a reverenciar a lei judaica, expressão da vontade de Deus. Algumas festas menores eram lembrança do tempo em que os hebreus eram pastores e agricultores na Terra Prometida, e não os mercadores da diáspora. Ainda assim, tais festas continuavam a integrar o calendário religioso dos judeus em todas as diásporas. O mais importante dessas celebrações é o reforço da identidade coletiva, da ancestralidade comum e, sobretudo, da aliança com Deus — ao qual chamavam "o único e verdadeiro Deus, rei dos Céus e senhor do mundo".

Festas dos judeus

O calendário festivo começava no mês Tishri com o *Roshashaná* (Cabeça do Ano), a festa do Ano-Novo, correspondente ao início de setembro no calendário cristão. O *Roshashaná* é uma festa de regozijo no qual os judeus vestem roupa nova, de preferência branca — e não apenas lavada, como no sábado — e fazem ceia com as frutas da estação. Mas é também uma festa que inaugura um período de dez dias de reflexão e expiação. Na sinagoga, as orações terminam com o toque do *shofar* (trompa), feito de um chifre oco de carneiro, não só para anunciar o novo ano, mas para despertar a consciência de cada um em relação a Deus e aos próximos. A *Zur Israel* ainda aproveitava o *Roshashaná* para escolher dois novos *parnassim* do *Mahamad*.

O período de penitência inaugurado no *Roshashaná* culmina no *Yom Kippur*, Dia do Perdão, décimo dia do mês Tishri, considerado o mais sagrado do calendário judaico. Os homens passam o dia em oração, na sinagoga, e todos na comunidade fazem jejum absoluto até o pôr do sol. Também o trabalho e as relações sexuais são proibidos nesse dia. Mas o ambiente sombrio desaparece como por encanto ao surgir a primeira estrela no céu. Os homens se saúdam na sinagoga, perdoam-se uns aos outros por eventuais rusgas pessoais. Após o solene toque do *shofar*, todos vão para casa, refestelar-se em verdadeiros banquetes familiares. Nessa altura, são as mulheres que aprontam tudo o que tinha sido preparado na véspera, já que também elas não podiam trabalhar no *Yom Kippur*.

No final do mês de Tishri, entre setembro e outubro, era a vez de uma festa alegre, com duração de oito dias. Trata-se da *Sukot* (Tabernáculos) ou a "Festa das Cabanas", em memória dos 40 anos passados no deserto, quando os hebreus fugiram do cativeiro egípcio, liderados por Moisés. Na festa da *Sukot* a importância da casa rivalizava, quando não superava, a da sinagoga, pois era costume armar-se uma tenda à porta da morada para passar os dias da festa ali, comendo e dormindo. Essa festa chegou a estimular queixas dos holandeses, em Amsterdã, e também no Recife, onde os predicantes viviam reclamando da exterioridade escandalosa do culto judaico na cidade. De fato, os judeus aproveitavam a liberdade de que desfrutavam para celebrar a *Sukot* sem pejo, coisa impensável no mundo católico, mesmo entre os criptojudeus. Maurício de Nassau não se importava minimamente com as queixas dos predicantes calvinistas e deixava os judeus festejarem suas cabanas em paz.

Ainda em outubro ocorria a festa da *Simhat Torá*, "Alegria da Torá", que já mencionei a propósito dos "noivos da Torá" escolhidos para lerem o fim do Deuteronômio e o início do Gênesis. Essa era uma festa tipicamente sinagogal e, portanto, masculina, na qual os judeus celebravam sua própria religião, sinônimo de lei escrita. A *Sefer Torá* era o centro do culto, não como objeto dele, é claro, senão como símbolo da palavra de Deus. A disputa nos bastidores pelo posto de levar a Torá no ombro direito, ou mesmo para ladear quem a carregava, era atroz. O ato de levantar a Torá aberta, permitindo que os presentes vissem ao menos três colunas do texto, era solene, supremo. Conferia enorme prestígio na comunidade, sem exigir o conhecimento do hebraico, pois não passava de um gesto cerimonial. Os judeus disputavam essa honraria, sobretudo porque eram "judeus novos". Os *parnassim*, como sempre, aparavam as arestas e decidiam tudo conforme a qualidade das pessoas e as circunstâncias do momento.

No mês de Kislev, entre novembro e outubro, nova festa de oito dias, a *Hanuká* (dedicação, inauguração) ou "Festa das Luzes". Nela se comemora a restauração do templo de Jerusalém, "profanado" por Antíoco IV, rei selêucida da Síria, no século III a.C., que impôs o culto helenístico aos hebreus. A festa é, no fundo, uma homenagem à *Revolta dos Macabeus*, clã guerreiro que derrotou os selêucidas em 165 a.C. O nome da festa tem a ver com a reação dos macabeus ao helenismo, quando reacenderam o candelabro (*menorah*) do templo e as velas ficaram acesas durante oito dias, apesar do óleo escasso. Milagre divino, que as manteve por uma semana, fortalecendo a fé dos hebreus e a garra dos macabeus. Muitos "judeus novos" gostavam de dizer que descendiam dos macabeus...

No dia 15 do mês de Shevat, que caía em janeiro ou fevereiro, comemorava-se a "Festa das Árvores", a *Tu Bishevat*, festa menor, se comparada à *Shavuot* (Pentecostes, Semanas), que caía em maio ou junho — mês de Sivan, no calendário hebraico. *Shavuot* é a "Festa da Colheita" (do trigo), mas também foi associada à revelação dos Dez Mandamentos a Moisés. Na sinagoga, decorada com flores, lê-se o decálogo e os presentes ficam de pé. Também se lê o *Livro de Ruth*, porque, no relato bíblico, consta que ela se converteu ao judaísmo na época da colheita. As orações da *Shavuot* eram proferidas por oficiantes na sinagoga, como sempre, mas não seria exagero dizer que essa festa, ao cultuar a fertilidade da terra, também homenageava a mulher, louvando seu papel na reprodução da comunidade enquanto transmissora da linhagem judaica.

No mês de Adar, em fevereiro ou março, ocorria a festa do *Purim*, evocando os feitos da rainha Ester, casada com o rei persa Assuero — Xerxes I — no século V a.C. Nesse célebre relato, os judeus residentes na Pérsia aquemênida quase foram exterminados por obra de Haman, ministro do rei, não fosse a intervenção de Ester. O nome da festa significa "lançar a sorte", alusivo ao sorteio que fez Haman para executar os hebreus no império persa. Considerada uma "festa menor" pelos estudiosos do judaísmo, tinha enorme importância para os criptojudeus por ser basicamente doméstica, com jejuns sucedidos por alegres banquetes familiares. Os "judeus novos" conservaram essa tradição em toda a diáspora sefardita.

A principal festa judaica ocorre no mês de Nissan, em março ou abril: o *Pessah* (Páscoa), derivado do verbo *passah*, que significa transpor. Evoca a narrativa do *Êxodo*, quando os judeus se livraram do cativeiro no Egito

JERUSALÉM COLONIAL

conduzidos por Moisés, que, no Monte Sinai, recebe os dez mandamentos de Deus. A exemplo do *Purim*, o *Pessah* é festa antes de tudo familiar, pois envolve uma ceia especial e a leitura das passagens bíblicas pelo chefe da casa. Ela reforça a identidade judaica a partir da pergunta que o filho mais novo faz ao avô sobre a razão de aquela noite ser tão diferente das demais. Na semana do *Pessah*, os judeus só comem pão ázimo (*matzá*), sem fermento, para lembrar as agruras do cativeiro e da travessia do deserto. O contraponto com o cristianismo é inevitável, pois é nessa época que ocorre a festa em memória da Paixão e Ressurreição de Cristo.

A última festa do ano culmina no mês de Av, em julho ou agosto, mas é precedida por três semanas de luto, período em que não se realizam casamentos. Seu nome é *Tishá be-Av* (nove de Av). Evoca as duas destruições do Templo de Jerusalém, a primeira pelo rei babilônico Nabucodonosor (VI a.C.), a segunda pelos romanos, no ano 70 d.C. O *Tishá be-Av* é o principal dia de jejum do ciclo, no qual, como no *Yom Kippur*, não se pode comer nada desde a noite da véspera ao pôr do sol do dia seguinte. Mas esse ciclo de luto incluía jejuns prévios: no mês de Tevet, em memória do cerco de Jerusalém por Nabucodonosor; no mês de Tishrei, em memória ao último governador babilônico da Judeia, Guedaliah; em Tamuz, em memória da destruição do segundo Templo, por ordem do imperador Tito. No grande dia de *Tishá be-Av*, as luzes da sinagoga são diminuídas e são lidas as *kinot* (hinos de lamentação).

Festa dos "judeus novos"

Os dirigentes e rabinos de Amsterdã ou do Recife cuidavam para que todo o calendário fosse seguido com rigor, observada a ordem e as tradições nos ofícios da sinagoga, e recomendando a todos que seguissem as *mitzvot* (obrigações) nos ritos domésticos. O comum dos "judeus novos" seguia tudo isso? Conhecia o significado das festas e as *mitzvot* de cada uma?

Impossível generalizar a resposta, mas vale a pena rastrear alguns exemplos extraídos da documentação inquisitorial. Perguntado sobre que festas guardava quando vivia como judeu público, Antônio Henriques respondeu que, além do sábado, festejava a Páscoa, em abril, e a "Sucuot", em novembro. Explicou que a primeira se fazia em "memória do tempo em que se deu a lei de Moisés, vulgarmente chamada de cabanas". Acrescentou que jejuava no "Quipur", em setembro, e no dia da rainha Esther, antes do *Pessah*. Mencionou, enfim, os jejuns em memória da destruição do templo, mas somente mencionou os meses, sem relacionar os jejuns com o significado específico do luto. Aliás, os jejuns aparecem grafados de maneira bizarra: "tebet", "guedalean", "tamus" e "tebeab".[13] Sem conhecer as palavras em hebraico, é quase impossível identificar esses jejuns. Os inquisidores não conheciam. Os "judeu novos" as conheciam ou diziam mesmo as palavras bizarras registradas nas fontes?

Gabriel Mendes, por sua vez, mencionou uma "páscoa de flores", que durava oito dias, na qual era proibido trabalhar nos dois primeiros e no último dia da semana. Tratava-se da *Shavuot*, a festa da colheita. Gabriel identificou, ainda, a festa da rainha Ester, sabendo que celebrava "a liberdade que o povo de Israel alcançou por meio da rainha Ester". Identificou, também, o jejum do "Dia grande", não lembrava o mês, mas sabia que era o dia das "perdonanças". Enfim, lembrou um jejum em memória da destruição do templo de Jerusalém, mas também não lembrava o mês, nem o nome da festa.[14] Gabriel Mendes não citou nenhuma palavra em hebraico ao mencionar as festas. Desconhecia as palavras ou fingiu desconhecê-las?

Samuel Velho referiu-se às festas que guardava mencionando cinco. O "jejum do Gadalia" (*Guedaliah*), que julgava ser "um grande sábio da lei"; o jejum do "Quipur", no Dia Grande, "que era o dia em que Deus perdoava"; a festa da "Canucá" (*Hanuká*), em dezembro, na qual se acendia em cada dia da semana uma vela, "em memória de quando Malachias fez o templo acender as candeias, segundo lhe parece, porque não está certo nisso"; o jejum do "Teber" (*Tevet*), mas não lembrava mais por que fazia esse jejum; o jejum do "Thannuz" (*Tamuz*), em memória do cerco a Jerusalém; o jejum do "Terabeá" (*Tishá be-Av*), em memória à destruição do templo. A lembrança mais curiosa de Samuel Velho foi a da "Festa das Cabanas" (*Sukot*), quando ainda morava em Amsterdã. Samuel com a palavra: "Por oito dias fazem cabanas no quintal em memória de quando o povo de Israel andava no deserto, fora do Egito, e posto que ele, por não ter casa, não fazia cabana, ia à casa de Samuel Barbanel a comer na sua cabana..."[15] Samuel Velho fez o que pôde para descrever as festas judaicas... Não as conhecia bem, pelo visto, ou fingiu não conhecê-las. Os inquisidores, por sua vez, as conheciam muito menos.

Haveria outros exemplos a relatar, mas prefiro ficar com esses três, guardando um ou outro para ocasião mais pertinente. Os três casos acima dão suficiente prova da recepção do judaísmo pelos "judeus novos" comuns, jovens recentemente convertidos, obrigados a aprender a nova religião às pressas, quase que no tranco. Mal sabiam dizer palavras em hebraico; ficavam confusos com tantas festas e diferentes simbolismos; não tinham memorizado o calendário judaico corretamente. Esforçavam-se, porém, para observar as *mitzvot* da religião judaica. O episódio narrado por Samuel Velho, que ia comer na cabana do vizinho na festa das colheitas, é bom exemplo desse esforço.

É claro que muitos desacertos contidos nesses relatos não passavam de dissimulação calculada de "judeus novos" sob cerco inquisitorial, distorcidos ainda mais pela já citada ignorância dos inquisidores em matéria de judaísmo. Mas são relatos minimamente credíveis como prova da fragilidade do judaísmo por eles professado. É verdade que tal fragilidade na crença não vale para homens como Aarão e Benjamin Sarfati, Moisés de Aguillar, Isaac Aboab e outros graúdos da *Zur Israel*, como também não vale para um Isaac de Castro, como veremos. Mas arrisco dizer que a maioria dos "judeus novos" sabia tanto do judaísmo quanto Antônio Henriques, Gabriel Mendes ou Samuel Velho. Conheciam o judaísmo, por assim dizer, pela metade.

Em certo sentido, muitos "judeus novos" eram ainda *marranos*, entendendo-se o *marranismo* como alusivo à identidade dupla ou híbrida dos cristãos-novos, perdidos entre a lembrança de uma religião (judaica) que jamais tinham professado e o catolicismo que lhes fora imposto.[16] Dilacerados por esse dilema, muitos pendiam para o criptojudaísmo, enquanto outros para o catolicismo. Entrementes, eram *marranos* em graus variáveis. Carl Gebhardt usou fórmula imaginosa para definir o *marrano*: "Católico sem fé, judeu sem saber e, todavia, judeu no querer."[17]

Os "judeus novos" tinham muito de *marranos*, pois não deixavam de ser cristãos-novos, exceto por um fato capital: eles tinham ultrapassado a fronteira do catolicismo, viam-se como judeus, esforçavam-se por cumprir os preceitos judeus e, sobretudo, passaram a crer na "lei de Moisés" como o único caminho para a salvação.

Desordem na sinagoga

Na sinagoga do Recife, buscava-se preservar a pureza da lei e a ordem da congregação, quer para reforçar a autoimagem de todos, quer para defender a comunidade das hostilidades externas. O regulamento tardio da *Zur Israel* dá conta dessa preocupação, mas também informa, nas entrelinhas de seu artigo oitavo, que o cotidiano da sinagoga era ou podia ser marcado por variados tumultos. Os judeus não raro chegavam com atraso à sinagoga para fazer as preces diárias, discutiam à porta ou mesmo no interior do templo, durante as cerimônias, ofendiam os *parnassim,* se contrariados por alguma decisão do *Mahamad.* Os incautos e destemperados pagavam multas entre 30 e 50 florins, que podiam dobrar se o alvo da ofensa fosse um *parnas.*

A maior multa era a de 120 florins, aplicável a quem "levantasse a mão contra outrem" na sinagoga, sinal de que as discussões entre os judeus podiam chegar às vias de fato. Como todos tinham entre si, eram comuns as brigas por dinheiro, dívidas atrasadas ou não pagas. O *Mahamad* procurava arbitrar as "disputas por dinheiro" entre os membros da congregação, reservando-se a função de corte suprema da comunidade, mas por vezes a situação fugia ao controle dos *parnassim.* Os documentos inquisitoriais ajudam a compreender esses desentendimentos, pois contêm informações sobre negócios entre judeus: dívidas e dúvidas sobre quem devia pagar quanto a quem. Além disso, as multas previstas contra os insolventes ou retardatários no pagamento da *Imposta* deviam dar motivo a muitas ofensas contra os *parnassim.* O *Mahamad* impunha multas dobradas, como disse, para quem ousasse tanto, aumentando a dívida do insolvente...

Também os sorteios ou as escolhas de quem ocuparia tal ou qual função nas cerimônias podia dar ensejo a desavenças, pois as *Askamot* eram enfáticas em proibir que judeus comuns assumissem funções reservadas ao *hazan*. Até que ponto os membros da congregação desacatavam as decisões do *Mahamad* é difícil de saber, pois as atas das reuniões são muito resumidas.

Outra razão de tumultos era a falta de assento para todos. A sinagoga era pequena, de sorte que a imensa maioria ficava de fora ou fazia suas orações de pé — fosse ou não a *Amidá* — por absoluta falta de espaço. O Artigo 23 das *Askamot* confirma que havia lugares reservados a alguns *yahidim*. Quais seriam os privilegiados? O regulamento não diz, mas é fácil presumir. De todo modo, os judeus que, por sua importância, fizessem jus a um banco quando ingressavam na congregação de início tinham de ocupar o lugar de algum parente com cadeira cativa até receber um banco próprio. A dança das cadeiras na sinagoga da *Zur Israel* era animada, pelo visto, além de excludente e sujeita a desentendimentos frontais.

As cerimônias matrimoniais ou fúnebres também podiam ser tumultuadas, pois era permitido que os parentes subissem no estrado para acompanhar de perto os ofícios, pagando pequena taxa de 12 florins. O mesmo ocorria na festa da *Simhat Torah*, quando entravam em cena os "noivos da Lei". Essa última devia ser mesmo uma bagunça, com multidão de parentes dos "noivos" enxameando a sinagoga. A proibição à encenação de comédias ou entremeses nessa ocasião (Artigo 34) sugere que a festa sagrada tornava-se profana depois de guardada a Torá no armário. O mesmo artigo proibia a realização nessa festa de "convites", palavra que, na época, também significava "banquetes".

Tais comédias ou banquetes eram realizados na sinagoga ou à porta dela, na rua dos Judeus? Possivelmente fora da sinagoga, embora haja notícia, datada de 1650, de tumultos ocorridos no interior do templo por ocasião dessa festa. O certo é que tais "convites" eram momentos de descontração, com bebida e comida à farta, gargalhadas estridentes, danças variadas. O mesmo artigo proibia, além das comédias e danças, "as explicações de enigmas indecentes", ou seja, provérbios grosseiros ou profanos.

O adagiário ladino é rico em ditados que dariam o que falar, se explicados na sinagoga ou na farra que se fazia à porta dela. *Dulces damas, afuera de sus casas* era provérbio misógino, alusivo às solturas femininas na rua e à sua aspereza em casa. *Esta chica no tiene madre ni padre ni spiriu santu*, além de misógino, debochava do catolicismo. *Mas negra que Hana, su ermana* era outra maneira de hostilizar mulheres, além de externar o sentido negativo da cor negra. *Cosa di tudescos* era expressão usada para desqualificar os judeus *ashkenazim*. *Quién si cagó en mis bragas?* expressão chula para culpar a outrem por erros próprios.[18]

Arrisco dizer que muitos "enigmas indecentes" eram ditos e explicados em português, recheados de palavrões, lembrando o que disse Gilberto Freyre sobre os portugueses: gosto pela anedota fescenina ou obscena. "Em nenhuma língua os palavrões ostentam tamanha opulência", escreveu mestre Gilberto, acrescentando que, nessa época, "o erotismo grosso, plebeu, dominava Portugal em todas as classes".[19] Alguns exemplos cabeludos: *Minha mulher, a santeira, luze-lhe o cu por uma esteira; Não é tempo de pousar o cu ao vento; Arrenego de tolo que fode a mulher ao cordo; Juras de foder não são para crer; Antes que vás à igreja, caga e mija.*[20]

Os *parnassim* tentavam proibir, talvez em vão, essa explosão de alegria que combinava o humor judaico com a incontinência verbal do português. Não por acaso, um dos significados da palavra *parnas*, no vocabulário popular ladino, é o de chato, implicante, estraga-prazeres.

Palavrões à parte, o livro de atas da *Zur Israel* comprova que a festa de *Simhat Torá* parecia ser a mais desordeira no cotidiano da comunidade. Em 1650, o *Mahamad* estabeleceu que o *parnas* em serviço trancasse a porta da sinagoga, levando consigo a chave, na noite de *Simhat Torá*, preocupado com as "descomposturas e os tumultos tanto dos *goim* como dos nossos". Logo se vê que, nessa ocasião, contrariando o isolamento pretendido pela *Zur Israel*, havia um congraçamento geral na noite da Torá, reunindo-se os judeus com seus conterrâneos cristãos-novos ou até cristãos-velhos. Confirma-se, por outro lado, que o *Mahamad* acabou com a balbúrdia no interior da sinagoga, fazendo de sua porta uma fronteira física entre o mundo judeu e o mundo exterior.

A indisciplina dos "judeus novos", no entanto, não se continha nem mesmo na véspera do *Shabat*. Prova-o uma decisão do *Mahamad*, em 1649, proibindo aos membros da congregação irem às "casas de jogos", depois do meio-dia de sexta-feira, em nome da bendita preparação do *Shabat*. Como sempre, os *parnassim* estabeleciam multas para os transgressores, incluindo o "dono da casa em que se jogar", caso fosse membro da comunidade. Nos outros dias, porém, a jogatina podia correr solta. Só Deus sabe o que mais faziam os judeus nas noites feéricas, à luz de velas, do Recife holandês...

4. JUDEUS EM ROTAS DE COLISÃO

A relação entre os "judeus novos" vindos de Amsterdã e os cristãos-novos residentes em Pernambuco e demais capitanias da WIC foi mais complicada do que na Holanda. É certo que havia parentes entre os dois grupos e, como vimos, foram celebrados casamentos entre cristãos-novos e judias, bem como entre judeus e cristãs-novas, o que contribuiu para encorpar a comunidade judaica no Brasil holandês. Mas havia também estranhamentos, motivados pelas diferenças entre judeus assumidos, de um lado, e cristãos-novos que, apesar da ascendência judaica, viviam como católicos. A relação entre os dois grupos foi marcada por tensões, afinidades e rejeições recíprocas.

Judeus novos e cristãos-novos

O segmento dos cristãos-novos, muito mais numeroso no Brasil do que na Holanda, era muito heterogêneo. Vários cristãos-novos somente o eram pela origem, levando a sério o catolicismo. Outros eram apenas meio cristãos-novos ou tinham 1/4 ou 1/8 de sangue cristão-novo, sendo mais ligados ao catolicismo do que à memória judaica. Há notícia de cristãos-novos pela metade que rejeitaram o judaísmo e reafirmaram sua identidade católica ao se defrontar com o mundo da sinagoga. No polo oposto, muitos buscaram aderir ao judaísmo ou foram a isso incentivados, nos anos 1640, pelo rabino Isaac Aboab. Entre os aderentes, alguns foram convencidos de que a "lei de Moisés" era melhor do que a "lei de Cristo", enquanto outros ingressaram no judaísmo por conveniências de ocasião. Casar-se com judeu ou judia era uma delas.

No caso da *Zur Israel*, seja antes de Isaac Aboab assumir o posto de rabino, mas sobretudo após 1642, cresceu bastante a conversão de cristãos-novos. Já no caso da Maghen Abraham — menos conhecida — isso talvez não ocorresse, considerado o rigor do rabino Moisés Rafael de Aguillar. Contrariamente a Isaac Aboab, que via com generosidade os cristãos-novos, sustentando que poderiam salvar-se apesar da vivência *goim*, Aguillar era cético quanto à capacidade de o cristão-novo compreender e assumir as leis judaicas. De todo modo, considerava inaceitável que um cristão-novo incircunciso frequentasse a sinagoga, enquanto Isaac Aboab julgava que essa abertura era passo importante para atrair novos judeus. Novos "judeus novos"...

Mesmo na *Zur Israel*, apesar da tolerância demonstrada por Isaac Aboab, havia quem visse os cristãos-novos com muita desconfiança, sobretudo quando eles hesitavam em se converter ao judaísmo. É possível dizer que, entre os *parnassim* — que, afinal, mandavam na congregação — prevalecia uma atitude cética. Lembremos que o regulamento do *Mahamad* estabelecia o prazo de um ano para que cristãos-novos convertidos ao judaísmo no Brasil pudessem ser indicados para cargos na congregação.

De fato, entre 1648 e 1653 — período mais documentado da *Zur Israel* — nenhum cristão-novo residente ou natural do Brasil foi eleito para o *Mahamad*. Todos os *parnassim* do período foram de origem ibérica, portugueses em sua imensa maioria, com passagem pela Holanda durante algum tempo. Provavelmente eram homens dessa grei que tinham lugar marcado na sinagoga ou eram escolhidos como "noivos da lei". Os judeus que prevaleciam na congregação eram, portanto, "os judeus de Holanda".

Os cristãos-novos, por sua vez, quando se convertiam ao judaísmo na *Zur Israel*, não raro se viam em grande dificuldade para aprender a ser judeu, considerado o rigor da congregação e o espantoso número de 613 *mitzvot* — as obrigações que todo judeu deveria seguir. Muitos desistiram, como já disse, tendo crescido o número de arrependidos à medida que a insurreição pernambucana avançava contra os holandeses. Mas um número incerto de cristãos-novos sequer cogitou da possibilidade de largar o catolicismo, além de casos documentados de briga em família, com membros cristãos-novos repudiando ou tentando impedir parentes desejosos de abraçar a "lei de Moisés".

No limite dessas tensões, há casos de jovens judeus que haviam migrado ainda meninos, ou muito jovens, para Amsterdã que "regressaram", no Brasil, a um catolicismo que mal conheciam. As motivações para a recaída cristã de "judeus novos" com escassa formação católica, uma vez que eram judeus desde a infância ou mocidade, explicam-se muitas vezes por circunstâncias fortuitas — incluindo a intenção de se casar com mulher cristã-velha ou cristã-nova hostil à sinagoga. Mas há que considerar um fator geral: a forte presença do catolicismo na região, que sempre foi majoritário na colônia, incluindo a presença de padres seculares e regulares, com exceção dos jesuítas. Para compensar o esforço de um Isaac Aboab em atrair cristãos-novos, houve padres que fizeram o mesmo com "judeus novos" para trazê-los de volta ao catolicismo. Frei Manuel Calado, autor de *O valeroso Lucideno* (1648), foi incansável na tarefa de "abrir os olhos" de jovens perdidos na crença da *lei velha* ou "lei de Moisés". Convenceu vários a se *reduzir* à fé cristã.

A comunidade sefardita da Nova Holanda dependia de novas migrações e conversões para se manter forte na colônia. Mas, de várias maneiras, as conversões foram dificultadas ou não foram facilitadas. Os judeus convertidos no Recife acabaram relegados à condição de judeus de segunda categoria. Judeus incertos. Judeus coloniais.

Católicos contra judeus

A relação entre judeus e católicos no Brasil holandês diferiu muito da que havia em Amsterdã. Embora ali a população de 14 mil católicos, num total de 120 mil pessoas, fosse dez vezes maior do que a judaica, o culto católico era mais confinado do que o judeu. Como vimos no primeiro capítulo, os católicos só podiam realizar missas e outras cerimônias mui reservadamente, dependendo de autorização municipal. Em outras províncias, como a Zelândia, o catolicismo era ainda mais tolhido. Em Amsterdã, chegaram a existir diversas igrejas ou capelas para o culto católico, mas nada que se comparasse às liberdades concedidas aos judeus portugueses. A maioria dos católicos da Holanda era, além disso, formada por holandeses e flamengos. O número de portugueses era reduzido. Chegou a existir uma igreja que abrigava católicos portugueses, a do "Cordeiro Branco", mas seus frequentadores não passavam de 200 pessoas. A maior preocupação dos católicos, vivendo em terra hostil ao "papismo", era a de criar condições mínimas para seguir na "sua lei religiosa". Não tinham força para molestar os judeus.

No Brasil holandês, pelo contrário, a imensa maioria da população livre era católica, composta de cristãos-velhos. A política de tolerância adotada pela WIC, em 1634, depois ampliada por Nassau, favoreceu imensamente a continuidade do culto católico, apesar da expulsão dos jesuítas. A tolerância da WIC em relação ao culto público dos católicos, apesar das reclamações dos predicantes calvinistas, era peça-chave no jogo da dominação holandesa sobre o nordeste açucareiro.

Isso não impediu a expulsão do jesuítas, concluída em 1636, e, mais tarde, a dos frades franciscanos, carmelitas e beneditinos. O contexto que favoreceu as medidas de Nassau contra a fradaria de Pernambuco foi o envio, em 1639, da Armada do Conde da Torre, incumbida de atacar o Recife em represália ao ataque holandês a Salvador no ano anterior. Nassau obteve informações de que muitos frades mantinham correspondência com o bispo da Bahia e agitavam os católicos contra os "hereges". Mandou prender os frades na fortaleza de Itamaracá e os desterrou para a América Espanhola.[21]

Mas nada impediu a continuidade do catolicismo na Nova Holanda, apesar do clero minguado, restrito aos curas paroquiais, e da falta de uma autoridade eclesiástica na região. Em princípio, o clero católico das capitanias holandesas respondia ao bispo da Bahia, mas a comunicação era precária, vigiada, por vezes proibida. O culto católico, porém, era público e por vezes desfilou em procissões autorizadas por Nassau, para desespero dos ministros calvinistas do Recife.

O maior defensor do catolicismo na região foi nosso conhecido frei Manuel Calado do Salvador, clérigo da ordem de São Paulo, homem que desde o início revelou dotes de diplomata. No tempo da conquista holandesa, embora fosse homem de confiança de Matias de Albuquerque, comandante da resistência pernambucana, Manuel Calado já negociava com o governo holandês no Recife. Graças às suas gestões, por exemplo, o Conselho Político desautorizou o massacre da população de Porto Calvo, como queria o coronel Artichevsky, em 1635, para vingar a execução de Calabar. Manuel Calado convenceu as autoridades holandesas de que tal massacre inviabilizaria as boas relações que os holandeses pretendiam estabelecer com os moradores da colônia.

Durante o governo de Nassau, a partir de 1637, frei Manuel Calado tornou-se frequentador do palácio de governo. Ao lado dos comerciantes Gaspar Dias Ferreira e João Fernandes Vieira, integrava o trio que mais confraternizava com o governador à mesa, em jantares no palácio de Vrijburg. Manuel Calado procurou se utilizar dessa proximidade com Nassau para obter favores para o culto católico em Pernambuco, a exemplo de autorizações para festas e procissões. Tentou mesmo arrancar do governador a chancela para a restauração da prelazia de Olinda, reservando-se, naturalmente, o lugar de prelado. Alguns afirmam, com exagero, que Manuel Calado queria mesmo era criar um bispado no Brasil holandês. De todo modo, não conseguiu nem uma coisa nem outra, senão provocar a indignação do bispo da Bahia.[22] Alguns padres do Recife também desaprovavam as ambições de frei Manuel Calado, bem como a sua "amizade com os hereges". O bispo da Bahia chegou mesmo a instruir um processo contra Manuel Calado junto à Inquisição portuguesa, que não foi adiante por falta de provas.

Seria mesmo uma injustiça Manuel Calado sofrer algum processo inquisitorial, antes de tudo porque nunca sequer flertou com o calvinismo, mantendo-se católico durante todo o período. Além disso, agiu para melhorar as condições do culto católico nas capitanias holandesas que, no Brasil, gozou de uma visibilidade impensável nas Províncias Unidas, incluindo a tolerante Amsterdã. De todo modo, quando irrompeu a insurreição pernambucana, em 1645, Manuel Calado esteve sempre

Judeus na sinagoga, 1648.
Rembrandt Van Rijn

Deus aparece para o profeta Samuel. Lápide tumular de Samuel Senior Teixeira com epitáfio em hebraico e português, 1717.

Casa de Isaac Nunes, barão de Belmonte, 1675.
Romeyn de Hooghe

Vista externa da sinagoga portuguesa em Amsterdã, 1675.
Anônimo

Retrato de Ephraim Bueno (médico judeu), 1647.
Rembrandt Van Rijn

Frontispício da primeira edição da Bíblia de Ferrara, 1553.

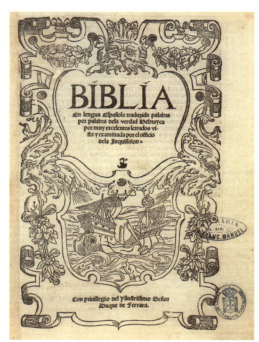

Interior da sinagoga portuguesa em Amsterdã com santuário da Torá em destaque, século XVII.
Bernard Picart

Noiva judia, 1665.
Rembrandt Van Rijn

Mapa-mural do território brasileiro sob domínio holandês, 1648.
Georg Marcgrave

Mercado de escravos da rua dos Judeus, na atual rua do Bom Jesus, 1634-1640.
Zacharias Wagener

Remates em prata para o Rolo da Torá, século XVIII.

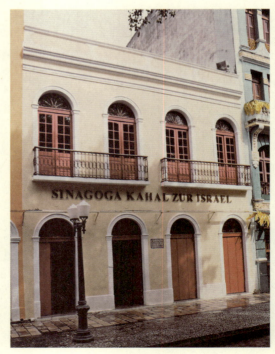

Prédio da Sinagoga Kahal Zur Israel no Recife.

Retrato de Isaac Aboab da Fonseca, 1661.

Início da Amidá, segundo o réu Antônio Henriques.
Anotado no processo 7820 da Inquisição de Lisboa.

Ilustração de um contrato de casamento celebrado por
judeus portugueses em Amsterdã, 1690.

Página de rosto de um exemplar do *Meah Berakhot*, livro que reúne 100 orações judaicas, 1687.

Celebração do Pessah na casa de judeus portugueses, em Amsterdã, 1725.
Bernard Picard

Mordechai diante de
Esther e Ahasver, 1665.
Rembrandt Van Rijn

Moisés com as Tábuas da Lei, 1659.
Rembrandt Van Rijn

Frontispício de O *Valeroso Lucideno*, 1648.
Frei Manuel Calado

Gravura de panfleto anônimo holandês, 1624. A imagem representa as riquezas do Brasil, como o açúcar e a mandioca, antes da conquista de Pernambuco.

Frontispício do relatório de Vicente Soler sobre a Igreja Reformada no Brasil, 1639.

Vista da Cidade Maurícia e Recife, 1653.
Frans Post

Retrato de Maurício de Nassau, 1637.
Anônimo

Trecho do fólio 52, processo 7276, no qual Miguel Francês informa que os judeus eram açoitados pelo rabino no Yom Kippur.

Fac-símile em holandês da Petição da Nação Hebreia, 1642.

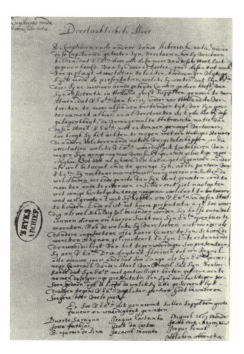

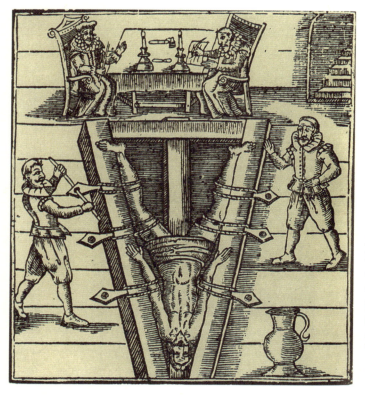

A tortura do potro. No primeiro plano, o preso. Ao fundo, o inquisidor faz perguntas e o notário registra a confissão, 1632. *William Lithgow*

Página de abertura da coletânea de versos e discursos em homenagem ao mártir Isaac de Castro Tartas, reunidos por Isaac Israel Teixeira.

Representação da execução de condenados à fogueira em auto de fé da Inquisição portuguesa, século XVII ou XVIII, 1822.
J. Lavallé.

Retrato de Dom João IV, 1649.
Avelar Rebelo

Retrato do Padre Antônio Vieira.

Placa confeccionada pelo ceramista José Ferreira de Carvalho com base no desenho do artista plástico Bernardo Dimenstein. Em 1992, foi afixada na antiga rua dos Judeus, no Recife, por iniciativa de Leonardo Dantas Silva, em nome da Fundação Joaquim Nabuco.

ao lado de João Fernandes Vieira, chefe dos insurretos. Foi de frei Manuel, com certeza, a ideia de cognominar a insurreição de "guerra da liberdade divina", conferindo à rebelião uma causa maior, uma bandeira ideológica. Uma rebelião de devedores insolventes transformou-se, assim, numa luta de católicos contra hereges. Pelo sim, pelo não, Manuel Calado publicou, em 1648, a sua grande obra, *O valeroso Lucideno ou Triunfo da liberdade*, louvando a "guerra da liberdade divina" e a coragem de seu líder, João Fernandes. Um de seus objetivos era o de neutralizar qualquer rumor sobre seu colaboracionismo no tempo de Nassau.

O valeroso Lucideno, apesar de oferecer excelente testemunho da história das guerras pernambucanas desde 1630, permite constatar o forte antijudaísmo de frei Manuel Calado. No segundo capítulo, citei algumas passagens ilustrativas de como Manuel Calado detestava o judaísmo e os próprios judeus, enquanto judeus. Beirava, pois, o antissemitismo. Logo no início da obra, insinuou que os cristãos-novos de Pernambuco estavam mancomunados com a conquista holandesa, o que não se prova factualmente. Condenou, ainda, a prosperidade dos judeus na colônia, chegando a dizer que chegavam pobres e rotos, mas logo faziam fortuna. Percebeu, e nisso acertou na mosca, que os judeus se valeram muitíssimo da fluência no português e na língua "flamenga" para monopolizar a corretagem e dominar o comércio.

Manuel Calado pôs no papel um sentimento mais ou menos generalizado da população católica em relação aos judeus na Nova Holanda, sobretudo no início dos anos 1640, quando a comunidade alcançou seu apogeu, seja no campo mercantil, seja no campo religioso. O relatório enviado pelo governo Nassau à diretoria da WIC, em 1638, conhecido como "Breve discurso sobre o estado das quatro capitanias conquistadas", informou, sem rodeios, que os cristãos-velhos se escandalizavam "com a liberdade concedida aos judeus, ou antes, que se esforçam por tomá-la".[23]

Causava particular desconforto aos católicos acompanhar a adesão diária de cristãos-novos à sinagoga, homens e mulheres que outrora se diziam cristãos e frequentavam missas. A disposição de muitos cristãos-novos de "regressar" ao judaísmo dos ancestrais parecia confirmar o alerta da Inquisição contra o perigo da "heresia judaica" que corria no sangue dos cristãos-novos. Mal sabiam os cristãos-velhos da colônia o quão penoso era para um cristão-novo tornar-se judeu, entre outras coisas porque possuíam formação religiosa católica, não judaica...

Manuel Calado esforçou-se ao máximo, porém, para desenganar os cristãos-novos que tinham se passado para o judaísmo. Já mencionei o seu empenho em convencer vários "judeus novíssimos" a voltarem ao grêmio da Igreja, homens recém-convertidos que balançavam entre manter-se na "lei de Moisés" ou retornar à "lei de Cristo". Nos papéis da Inquisição encontramos vários que atribuíram aos conselhos de frei Manuel Calado sua decisão de voltar à Santa Madre Igreja de Roma. Nesse ponto, Manuel Calado agia mais como prosélito do catolicismo contra o judaísmo do que como inimigo dos judeus. Empenhava-se em recuperar a alma dos cristãos-novos seduzidos pelos "judeus da Holanda", pouco se importando se corria em suas veias o "infecto sangue judeu", para usar o termo dos estatutos ibéricos de "pureza de sangue". A Inquisição tinha tudo isso documentado e não surpreende que tenha arquivado as denúncias contra Manuel Calado. Afinal, ele lutava silenciosamente contra a "heresia judaica", sabotando a determinação prosélita de Isaac Aboab, além de defender o culto católico em Pernambuco.

A ação de Manuel Calado contra o judaísmo foi discreta e não consta que tenha hostilizado publicamente a sinagoga. Julgou que o melhor, nesse caso, era combater o judaísmo à sombra, percebendo a utilidade dos judeus para a WIC e a proteção oficial de que desfrutavam, sobretudo no governo de seu amigo Nassau. Assim, causou menos dano pessoal aos judeus do que dom Pedro da Silva e Sampaio, bispo da Bahia, que, mesmo a distância, instruiu processos de apostasia contra cristãos-novos moradores nas capitanias holandesas. O bispo da Bahia, como vimos, tinha grande experiência como inquisidor.

Dom Pedro da Silva era natural da Guarda, na Beira Alta, região fronteiriça à Espanha, ao leste, e à Bragança, ao norte. Estudou em Salamanca, depois em Coimbra, onde obteve a licenciatura em cânones. Ingressou no Santo Ofício em 1617, serviu no Tribunal de Lisboa durante 15 anos e foi nomeado bispo em 1632. A nomeação de um ex-inquisidor para o bispado da Bahia, em 1632, não foi fato isolado. O principal historiador do episcopado no império português, José Pedro Paiva, afirmou que "esse filão de bispos inquisidores dominou as nomeações para o Brasil" no século XVII.[24] Assim ocorrera na indicação para a mitra de dom Marcos Teixeira, que defendeu Salvador de armas na mão contra os holandeses, em 1624. O mesmo ocorreu com seu sucessor, dom Miguel Pereira, nomeado em 1627. Todos eles tinham boa experiência como inquisidores. O motivo de tal política? Vigiar a movimentação dos cristãos-novos, considerados pela Coroa espanhola potenciais colaboradores dos holandeses, em caso de invasão. O Conselho Geral do Santo Ofício estava atento a esse perigo, chegando a recomendar a instalação de um tribunal da Inquisição na Bahia, em 1630, ou pelo menos a nomeação de bispos oriundos dos quadros do Santo Ofício.

Dito e feito. Os bispos da Bahia nesse período foram inquisidores de carreira. Dom Pedro da Silva governou a diocese baiana de 1632 a 1649, quando faleceu, acompanhando de perto, apesar da distância, o que se passava no Brasil holandês. Foi, ao mesmo tempo, bispo e inquisidor de primeira instância. Tentou evacuar as capitanias holandesas de sacerdotes, desafiando a posição contrária da Mesa da Consciência e Ordens, preocupada com a assistência espiritual aos católicos em terras de hereges. Colheu diversas denúncias contra padres que flertaram com o calvinismo ou se tornaram calvinistas, como o célebre jesuíta Manoel de Moraes.[25] Tentou coordenar os padres e frades que residiam nas capitanias holandesas, mantendo entre eles uma rede de informantes e espiões. Colaborou, com recursos da diocese, para a defesa da Bahia, em 1638, quando Nassau atacou a cidade. Discordou da política de aproximação cordial do governador Jorge de Mascarenhas, o marquês de Montalvão, nomeado em 1640, com o governo de Maurício de Nassau.

No assunto que nos interessa, dom Pedro da Silva foi muito diligente. Reuniu denúncias contra diversos cristãos-novos que se tornaram "judeus públicos" no Recife e na Paraíba, instruindo processos para futuro ajuste de contas. Municiava-se de acusações feitas por cristãos-velhos — ou mesmo por cristãos-novos — que fugiam para a Bahia ou nela estiveram com salvo-conduto holandês para realizar negócios, sobretudo no período da chamada *pax nassoviana* — nem tão pacífica assim. Foi esse bispo que, convencido de que se tratava de um herege judaizante e não de um espião dos holandeses, decidiu enviar Isaac de Castro para a Inquisição de Lisboa, quando esse foi para Salvador, em 1644. Foi também ele que, em 1645, logo no início da insurreição pernambucana, enviou para o Santo Ofício dez judeus feitos prisioneiros pelos insurretos, após a tomada do Forte Maurício, na vizinhança de Penedo. Entre os cativos havia quatro judeus poloneses e alemães totalmente isentos da jurisdição inquisitorial...

Dom Pedro da Silva acabou fazendo uma dobradinha com frei Manuel Calado na defesa do catolicismo e no combate ao alastramento do judaísmo no Brasil sob o manto protetor dos holandeses. Embora o bispo detestasse o frei, e vice-versa, cada um combateu a seu modo os judeus portugueses. Frei Manuel Calado, que vivia no coração da Nova Holanda, sabotava o proselitismo da *Zur Israel*, reconvertendo judeus ao catolicismo. Dom Pedro da Silva, por sua vez, agia como inquisidor, mais preocupado em prender e castigar os apóstatas do que em reduzi-los à fé católica.

O fato de viverem em "terra de idolatria" com tradição de perseguições inquisitoriais tornava insegura a situação dos judeus no Brasil, apesar da proteção holandesa. Situação muito diferente da que viviam na Holanda, onde os católicos eram minoritários e acuados. Os "judeus novos" estavam cientes de que a sobrevivência da "Jerusalém colonial" dependia dos holandeses, em particular do governo holandês. Se os holandeses fossem derrotados, tudo desabaria como castelo de cartas.

Calvinistas contra judeus

Os holandeses que apoiavam os judeus eram os membros do Conselho Político do Recife, o conde Maurício de Nassau e alguns comerciantes que com eles tinham negócios. Não era apoio desprezível. Mas os predicantes calvinistas, por sua vez, não deixaram de hostilizar os judeus desde que a Igreja Reformada se estabilizou no Brasil, a partir de 1637. Como explicar que o clima de tolerância com os judeus em Amsterdã tenha se transformado em hostilidade frontal na Nova Holanda?

A resposta encontra-se na situação colonial da Igreja Reformada no Brasil, em contraste com sua posição hegemônica na República neerlandesa. No Brasil, os calvinistas eram minoritários em relação aos católicos, ao passo que a minoria judaica no Brasil rivalizava com a calvinista, quando não a superava em número. Um quadro totalmente distinto de Amsterdã, onde a minoria judaica girava em torno de 1% da população, em 1620. A comunidade do Recife era mais visível e mais favorecida pelo governo holandês do que o era em Amsterdã, dado o papel estratégico desempenhado pelos judeus nos negócios da WIC. Um dos pioneiros no estudo do assunto, o historiador Herbert Bloom, percebeu muito bem que os calvinistas militantes sentiam-se inseguros no Brasil, em comparação com a Holanda, assumindo posições de intolerância inusuais na metrópole.[26]

Os predicantes calvinistas esforçaram-se para erigir uma congregação forte, incluindo ambicioso plano de catequese dos índios — e, nesse ponto, coincidiram os anseios dos pastores com os dos acionistas da WIC, interessados em ter os índios como aliados. O apoio da WIC à Igreja Reformada no Brasil derivou, na verdade, dessa estratégia política. Passado o momento crucial da guerra de conquista, em 1635, a organização dos calvinistas militantes deslanchou. Igrejas católicas foram reformadas, literal e religiosamente, como a sé de Olinda e a igreja de São Pedro Gonçalves, no Recife. Outras foram construídas, como a igreja dos calvinistas franceses, na Cidade Maurícia, a igreja de Goiana e a capela do Forte Orange, na ilha de Itamaracá. Em 1636, criou-se o Presbitério ou *Classis* do Brasil, com sede no Recife, que centralizava, na medida do possível, as igrejas calvinistas da colônia. Em 1642, a centralização avançou com a criação do Sínodo da Igreja Reformada, reunindo os presbitérios de Pernambuco e Paraíba e mais igrejas do Rio Grande do Norte, de Itamaracá e Penedo, no rio São Francisco.

O grande historiador da igreja calvinista no Brasil holandês é Frans Leonard Shalkwijk, natural de Amsterdã e ministro da Igreja presbiteriana no Brasil, recentemente falecido. Baseado nas atas do Sínodo estabelecido no Recife e na vasta correspondência que esse manteve com a Igreja Reformada dos Países Baixos, Shalkwijk reconstrói o quadro complexo da organização eclesial, o templo, o consistório, o sínodo, a missão. Recupera as estratégias missionárias dos *predikants* e a biografia dos mais importantes pastores, Vicentius Joahanes Soler, Johannes Eduardus, Thomas Kemp, Dionisio Biscareto, Gilberytus de Vau e muitos outros.[27]

O Sínodo reformado e a congregação judaica estruturaram-se ao mesmo tempo e na mesma Recife superpovoada. Desde o início, manifestações calvinistas em relação aos judeus hostis, por vezes ofensivas, primeiro através do presbitério e mais tarde, do sínodo. Logo em 1637, alertada pelos *predikants*, a Câmara dos Escabinos* de Olinda enviou carta ao Conselho Diretor da WIC, em Amsterdã, protestando contra o crescimento da imigração judaica, "gente inclinada a enganos e falências e odiosa a todas as nações do mundo". Chegou mesmo a proibir o estabelecimento de judeus na cidade.[28] O mesmo fizeram os escabinos da Paraíba, na Câmara de Frederickstadt, solicitando o banimento dos judeus. Os *Heeren XIX* (Dezenove Senhores), no entanto, se fizeram de surdos, pois apoiavam com determinação o estabelecimento dos judeus portugueses no Brasil.

Em 1638, o já citado relatório do governo Nassau aludiu às queixas da "comunidade reformada e seus ministros" contra os judeus, acusados de "caluniar a religião cristã" e de causar escândalo em "seus conventículos do Recife". Há mesmo notícia de uma judia não nomeada que, segundo consta das atas do Presbitério, teria blasfemado contra a religião cristã, na Paraíba, questionando o "santo batismo de nosso salvador, Jesus Cristo". Também há registro de represálias, a exemplo da agressão cometida por judeus contra o escolteto** da Paraíba, interpelados pela publicidade de seu culto na cidade. Foi por escândalos desse tipo que o regulamento da *Zur Israel* proibiu disputas contra os protestantes em matéria religiosa.

Mas nada parecia deter a indignação dos predicantes. No livro de atas do Presbitério do Recife encontra-se a discussão dos predicantes, data-

---

*Câmaras dos Escabinos (vereadores) eram as câmaras municipais do Brasil holandês, que mesclavam representantes dos holandeses (WIC) e das elites luso-brasileiras, escolhidos pelo Conselho Político do Recife a partir de três listas, cabendo ao governador a decisão final.
**O alcaide, na administração holandesa, era também encarregado de funções policiais em escala municipal.

da de janeiro de 1638, sobre o culto judaico praticado abertamente na cidade. Não entendiam os predicantes a razão de o governo restringir tanto os cultos da Igreja Católica, enquanto permitia tudo aos judeus. Os ministros vindos da Zelândia, província muito rigorista, foram os mais enfáticos. Isso não quer dizer que defendessem maior liberalidade para com os cultos papistas, senão que reivindicavam restrições severas tanto ao culto judeu.[29] O Presbitério chegou a queixar-se diretamente aos *Heeren XIX* da permissividade do governo Nassau, sublinhando que "não se achavam em nenhum lugar da Pátria exemplos como esses".

As queixas renovaram-se na reunião do Presbitério ocorrida em 20 de abril de 1640, num claro sinal de que a comunidade judaica continuava a gozar de proteção oficial. Um caso, em particular, chamou a atenção dos predicantes, servindo de pretexto para uma acusação geral contra os judeus que convertiam cristãos para o judaísmo. A situação era peculiar. Tratava-se de um casal de judeus que tinha passado da França para Amsterdã, como tantos outros, e depois a Pernambuco. O marido era filho de um judeu francês, porém batizado católico e circuncidado em Amsterdã, por volta de 1637. A mulher estava no seu segundo casamento, tendo já um filho do primeiro marido, um protestante sem raízes judaicas. Ela era também judia, porém batizada no protestantismo. Casou-se em segundas núpcias na Igreja Católica, em La Rochele, no sul da França, e depois assumiu o judaísmo em Amsterdã, junto com o segundo marido. O enredo novelesco é exemplar do trânsito de religiões e identidades vigente no mundo sefardita.

Nesse caso, o problema residia, em primeiro lugar, no fato de o menino ter sido, também ele, circuncidado aos dez anos, e tanto a mãe como o padrasto depois alegaram que isso tinha ocorrido por vontade da própria criança, e não por decisão do casal. Em segundo lugar, a família protestante do primeiro marido não aceitou a conversão do menino ao judaísmo, exigindo a devolução da criança para ser educada na religião reformada.[30] O caso foi parar no Presbitério do Recife por interveniência de um certo reverendo Rivet ou Rivert, pastor da igreja calvinista valã, nos Países Baixos, e amigo do predicante Vicente Soler, líder dos calvinistas franceses no Brasil.

JERUSALÉM COLONIAL

O casal foi arguido pelos deputados do Presbitério, que decidiram bani-lo para a Holanda e devolver o menino à família paterna, a fim de educá-lo na "verdadeira religião cristã". Considerou que a criança tinha sido "raptada pelo padrasto", com a conivência da mãe, e obrigado à circuncisão. Nassau hesitou muito em cumprir a decisão do Presbitério, alegando que o caso exigia maiores investigações, mas acabou cedendo. O casal foi deportado e perdeu a guarda do menino para a família protestante do pai francês. Os predicantes venceram ao menos essa batalha contra Nassau e seus aliados judeus.

Animados com o sucesso, abriram o verbo na sessão do Presbitério de 21 de novembro de 1640, numa de suas célebres *gravamina* (acusações), talvez a que mais repercutiu no Brasil holandês. Vale a pena citá-la:

> "Visto se saber que os judeus cada vez chegam em maior número a este país, atraindo a si os negócios por meio das suas velhacarias, e já se adiantaram tanto nesse ponto que estão de posse da maior parte do comércio, é de recear que tudo irá a pior, o que será uma desmoralização e prejuízo para os cristãos, escândalo para os índios e portugueses, e enfraquecimento de nosso Estado; acrescendo que a sua ousadia, quanto à religião, torna-se tão grande que não somente se reúnem publicamente no mercado, aqui no Recife, apesar da proibição do governo, dando assim escândalo aos outros, mas também se preparam para construir uma sinagoga; casam-se com cristãs, seduzem cristãos para o sacrílego judaísmo, circuncidam os cristãos, servem-se de cristãos para criados em suas casas e de cristãs para suas concubinas; portanto, a classe (Presbitério), por voto unânime, julga ser de sua jurisdição e estrito dever não só representar contra isso a Sua Excelência e ao Supremo Conselho, mas também rogar, em nome de Jesus Cristo, nosso único Salvador, que é o mais difamado pelos Judeus do que por todos os outros inimigos, para o que ficou descrito seja remediado. E como não há país em todo o mundo em que os Judeus não sejam refreados, deve-se fazer o mesmo aqui, e os que forem contra isso sejam punidos convenientemente."[31]

Essa *gravamina* foi a que mais afrontou a política de Nassau e do Conselho Político em relação aos judeus, inclusive porque, também por unanimidade, os predicantes decidiram mandar uma *missive* de igual teor aos Dezenove Senhores, em Amsterdã. A hostilidade contra os judeus combinou, nesse documento, razões econômicas e religiosas. As primeiras lembram as críticas contundentes de frei Manuel Calado contra a prosperidade dos judeus no comércio colonial. Católicos e protestantes compartilhavam a indignação contra a riqueza dos judeus na economia pernambucana. Não há novidade nesse ponto.

As razões religiosas, essas sim, merecem maior atenção, nem tanto pela acusação tradicional de que os judeus desprezavam Cristo, senão pela denúncia de que circuncidavam cristãos, casavam-se ou se amancebavam com cristãs e serviam-se de cristãos como criados. A inespecificidade dos "cristãos e cristãs" mencionados no texto dá o que pensar. Afinal, quais eram os "cristãos" que o presbitério pretendia resguardar? A denúncia não correspondia exatamente aos fatos, exceto em casos muito circunstanciais. Os judeus, como vimos, evitavam casar-se com mulheres cristãs velhas, negras ou mulatas e praticamente proibiam casamentos mistos entre mulheres judias e *goim*. É verdade que podiam ter concubinas negras e mulatas, um costume dos portugueses, fossem católicos ou não, em especial dos senhores escravistas, já dizia Gilberto Freyre. Mas os judeus não tinham o menor interesse em converter cristãos velhos ou calvinistas.

Criados cristãos? Circuncisão de cristãos? A comunidade judaica procurava, como vimos, isolar-se ao máximo dos cristãos, fossem católicos ou protestantes, no tocante a sociabilidades e à vida cotidiana. O único tipo de cristãos com os quais conviviam de perto eram os cristãos-novos — homens e mulheres. Os casamentos com cristãos eram entre "judeus novos" e cristãs-novas ou entre cristãos-novos e judias, celebrados da conversão dos nubentes não judeus à "lei de Moisés. Os homens, por meio da circuncisão; as mulheres, por meio do banho purificador na *mikvê* da sinagoga. O caso de um Francisco Faria, mulato cristão velho que esposou uma judia, foi exceção que confirma a regra. Também foram raríssimas as uniões entre judeus e holandeses — sei de um ou dois casos totalmente escandalosos, antes de tudo para os judeus. Quanto aos "criados cristãos" dos judeus, a maioria não passava de cristãos-novos integrantes das redes mercantis, parte dos quais em trânsito para o judaísmo, além de feitores e outros trabalhadores dos engenhos que, quando eram cristãos velhos, permaneciam católicos, apesar de os patrões serem judeus.

Em resumo, a indignação dos predicantes era quase bizarra, ao defender a pureza cristã dos cristãos-novos, judeus por origem e "papistas" pelo batismo católico. Ou bem os predicantes estavam tão desesperados que não se davam conta do quão absurdo era defender a pureza cristã dos cristãos-novos ou bem tinham outras razões para atacar os judeus, além das religiosas e sociais.

E tinham mesmo, como se vê na própria decisão do Presbitério enunciada no início da representação. Os predicantes parecem ter assumido um combates sem tréguas aos privilégios econômicos dos judeus no Brasil holandês. Muitos comerciantes holandeses, por sua vez, fizeram queixas semelhantes. Um documento monumental foi um abaixo-assinado enviado por 66 holandeses ao Conselho Político do Recife, em 10 de janeiro de 1641, dois meses depois da reclamação dos predicantes. O tom do requerimento foi, porém, mais contundente. Condenava a "enorme tirania dos judeus no que toca aos negócios, de modo que os cristãos passaram a meros espectadores dos negócios dos judeus"; acusava os judeus de usarem de falsidades e enganos no comércio, o que os cristãos não faziam, por escrúpulo, e por isso acabavam desalojados no mercado; denunciava com eloquência os juros extorsivos cobrados pelos judeus, dilapidando "as economias dos particulares"; solicitava que os judeus, "verdadeira peste neste país", fossem proibidos, como na Holanda, de vender a retalho.

Os signatários da petição consideravam que a contrapartida dos judeus para os benefícios que o governo lhes dava era nenhuma, sobretudo nos momentos de perigo. Lembraram que todos pediram dispensa de montar guarda no *Shabat,* justamente quando a Armada do Conde da Torre ameaçava o Recife, em 1639, e ainda por cima foram atendidos! Consideravam inaceitável que a WIC investisse seus capitais "para que essa corja de judeus" enriquecesse. Apesar de vociferar contra os judeus e condenar os seus privilégios, os signatários, como num ato falho, revelaram o segredo do sucesso dos judeus na economia colonial: "grande razão da preferência que os judeus têm sobre os nossos, nesse particular, é que eles usam da mesma língua que os naturais do país...".[32] O católico Manuel Calado, excelente observador, dizia o mesmo na época.

Tudo leva a crer que os comerciantes que se julgavam lesados — sendo nisso apoiados pelo Sínodo do Recife — não eram os graúdos. Não eram os acionistas da WIC ou seus representantes no Recife ou na Paraíba, nem mesmo os comerciantes livres de *grosso trato*, beneficiados pela liberação do comércio exterior com o Brasil, justamente em 1638, com exceção do pau-brasil, armas, munição e escravos, monopólios reservado à Companhia das Índias. Esses eram sócios ou parceiros dos grandes negociantes judeus em vários empreendimentos. Os comerciantes lesados eram os pequenos mercadores que migraram para o Brasil animados com a perspectiva de enriquecimento por meio da distribuição de produtos holandeses, comércio de doces e bebidas, quem sabe abastecimento de farinha. Foram para o Brasil junto com os judeus portugueses, não raro nos mesmos navios, mas, chegando à colônia, acabaram marginalizados. Não por acaso, os holandeses viviam protestando, em especial, contra o "monopólio" do comércio a retalho exercido pelos judeus portugueses.

Em 26 de junho de 1641, os escabinos holandeses da Cidade Maurícia Samuel Halters e Mathias Beck voltaram a solicitar ao Conselho Político que fosse proibido aos judeus manter lojas, vender a retalho e exercer o ofício de corretores. Solicitaram, ainda, que tal requerimento fosse enviado para apreciação dos Dezenove Senhores, na Holanda. O Conselho Político recusou o pleito por considerá-lo mal escrito, sugerindo que redigissem outro "em melhor estilo e forma...".[33] Essa queixa dos negociantes holandeses foi repetida diversas vezes ao longo de 1641, sem nenhum resultado para os reclamantes. Os judeus saíram ilesos desse combate e, como vimos no segundo capítulo, emigraram para o Brasil em grande escala, multiplicando seus negócios exatamente nesses anos, quer os grandes tratos ligados ao açúcar ou à distribuição de escravos, quer o pequeno comércio interno ou importador.

No entanto, os Dezenove Senhores elaboraram, em abril de 1642, um regulamento específico não só para os judeus como para os "papistas", ao menos para dar alguma satisfação aos descontentes. Gaspar Barléus resumiu os itens do regulamento que, diga-se de passagem, foi praticamente ignorado pelo governo holandês no Brasil. Quanto aos judeus:[34]

a) foram proibidos de edificar outras sinagogas — decisão inócua, pois a nova sinagoga da *Zur Israel* já estava em funcionamento;

b) foram proibidos de se casar com cristã ou ter concubina cristã — outra decisão inaplicável, pois era impossível controlar relações concubinárias na colônia, além do que, quanto aos matrimônios, os judeus somente se casavam com mulheres judias e vice-versa;

c) foram proibidos de converter cristãos ao "mosaísmo", retirando-os da "liberdade evangélica para os encargos da lei Velha (da luz para as sombras)" — restrição mais "literária" do que efetiva, pois os judeus só se interessavam em converter cristãos-novos, mesmo assim, com muita cautela, por considerá-los "filhos de Abraão" de segunda categoria;

d) foram proibidos de "ultrajar o sacrossanto nome de Cristo" — uma decisão que o próprio *Mahamad* tinha incluído no regulamento da *Zur Israel*, ao proibir desacatos religiosos aos cristãos;

e) foram obrigados a entregar os "filhos nascidos de judeus e cristãos" à família dos parentes cristãos, morrendo os pais da criança — uma providência motivada pela mencionada celeuma do casal francês, em 1640, e totalmente descabida, pois os judeus praticantes não celebravam casamentos com *goim*;

f) foram também instados a não fraudar ninguém no comércio (é quase inacreditável que o alto conselho diretor da WIC tenha se dado ao trabalho de prescrever tal regra).

A única restrição que, se aplicada, poderia afetar os negócios sefarditas no Brasil determinava que os corretores judeus não poderiam ultrapassar a fração de 1/3 do total de corretores nomeados pela WIC. Mas a expressiva nomeação de corretores de açúcar, tabaco e outros produtos no auge do período nassoviano, e mesmo depois de 1644, sugere que essa restrição aos judeus foi decidida "para holandês (mercador) ver" e para holandês (governante) não aplicar.

A intolerância religiosa dos predicantes calvinistas e o ressentimento dos comerciantes holandeses lesados perderam o fôlego após 1642. O pastor Vicente Soler, regressando a Amsterdã, em 1644, afirmou que deixara um Brasil repleto de judeus, vivendo em uma "liberdade tão grande que se não achava assim em nenhum lugar". Soler, um dos campeões do calvinismo ortodoxo, além de expoente do antijudaísmo no Presbitério do Recife, confessava sua derrota da ofensiva contra os judeus. De fato, a *Zur Israel* derrotou o Sínodo da Igreja Reformada em quase todas as batalhas.[35]

É verdade que, ainda em janeiro de 1642, uma "multidão açulada" por protestantes exaltados, na Cidade Maurícia, atacou um judeu blasfemo, que acabou preso e torturado por ordem do escabinato. Chamava-se Daniel Gabilho, corretor que trabalhava para Duarte Saraiva. Retomarei o episódio mais adiante. Por ora, interessa registrar que a prisão de Gabilho mereceu protestos da *Zur Israel*. Os judeus mais indignados chegaram a dizer que se havia introduzido na colônia "uma espécie de inquisição". Puro exagero dos *parnassim*. Jamais houve qualquer inquisição na Nova Holanda, nem *de jure*, nem de fato.

Judeus contra judeus

Não bastassem os conflitos contra os católicos e calvinistas em todo o período da dominação holandesa no Brasil, os judeus vivenciaram uma crise interna sem precedentes, em 1648. Refiro-me à disputa entre a *Zur Israel*, do Recife, e a *Maghen Abraham*, da Cidade Maurícia, conhecida por isso como a sinagoga da "Outrabanda". A rivalidade entre as congregações vinha dos anos 1630, mas agravou-se no final da década seguinte.

O conflito teve início em 1647 e aprofundou-se no ano seguinte pelo simples fato de a *Zur Israel* ter exigido que a *Maghen Abraham* admitisse a primazia do *Mahamad* do Recife. Afinal, a inauguração da ponte unindo o Recife à Cidade Maurícia, em 1644, tornou viável o comparecimento dos moradores da outra banda aos ofícios do *Shabat*. Desde então, se quisessem, podiam ir ao Recife a pé. Uma vez que não precisariam negociar com barqueiros para a travessia do rio — o que era proibido fazer no sábado — a sinagoga na "Outrabanda" não seria mais necessária. Simples assim?

Na realidade, o problema era muito mais complicado. A fundação da sinagoga na "Outrabanda", em 1637, tinha sido autorizada pela *Zur Israel* apenas enquanto casa religiosa, justamente para que os judeus ali moradores não ficassem impedidos de cumprir suas *mitzvot* dos sábados. Mas a sinagoga da outra banda logo se transformou numa congregação, com *Mahamad* e receita fiscal independentes da *Zur Israel*. A autonomia da *Maghen Abraham* reforçou-se, no plano espiritual, com a chegada do rabino Moisés Rafael de Aguillar, discípulo de Saul Mortera, de modo que a intervenção da *Zur Israel* na *Maghen Abraham* foi, antes de tudo, política e institucional. Assim alegaram os "outrabandistas" em correspondência com a *Talmud Torá* de Amsterdã.

Em 1648, os *hahanim* (rabinos) Isaac Aboab e Aarão Sarfatti foram enviados para convencer os *parnassim* da *Maghen Abraham* a assinarem um termo de subordinação à *Zur Israel*. Os *parnassim* da *Maghen Abraham* reagiram, defendendo sua autonomia e "liberdade", alegando que a capitulação poderia significar o fechamento de sua própria sinagoga. Duas tentativas de Isaac Aboab fracassaram em 1648.

O *Mahamad* da *Zur Israel* decidiu, então, apelar para as autoridades holandesas, solicitando a intervenção do Conselho Político do Recife, que deu ganho de causa à sinagoga do Recife. O conselheiro Michel van Goch, a quem Isaac Aboab chamava de "meinher Vangog" (meu senhor Vangog), fez a sua parte, procurando os *parnassim* da *Maghen Abraham*. Argumentou que a primazia da *Zur Israel* sobre todos os judeus de Pernambuco não ameaçava a sinagoga da "Outrabanda", nem tampouco a existência da congregação na Cidade Maurícia. Tratava-se de uma subordinação institucional — explicou — semelhante à que existia entre os protestantes, na qual a igreja de Maurícia ficava subordinada ao Sínodo da Igreja Reformada, no Recife. A intervenção do conselheiro só complicou ainda mais a dissensão. Os *parnassim* de Maurícia apelaram ao Conselho de Justiça do governo holandês, que, no entanto, confirmou a decisão anterior, obrigando a *Maghen Abraham* a assinar o termo de subordinação à *Zur Israel*. A *Maghen Abraham* apelou, então, à *Talmud Torá* de Amsterdã.

A congregação holandesa, por sua vez, condenou frontalmente os apelos que os judeus do Brasil tinham feito às autoridades holandesas para resolver assuntos de seu foro. Isso contrariava, por princípio, a autonomia judaica nos domínios da Casa de Orange, conforme os acordos estabelecidos na metrópole holandesa. Em carta datada de 29 de janeiro de 1649, ameaçou cortar toda a ajuda financeira aos judeus de Pernambuco, caso insistissem na disputa, exigindo a reconciliação entre as congregações.

O historiador Isaac Emmanuel publicou, em 1955, documentos de valor inestimável para se entender esse conflito, em especial uma carta de Isaac Aboab e outra do *Mahamad* da *Zur Israel* endereçadas à *Talmud Torá*, a primeira datada de 7 de junho de 1649 e a segunda, de 14 de junho do mesmo ano.[36] É óbvio que as duas cartas refletem o ponto de vista da *Zur Israel*, que condenava a pertinácia dos "outrabandistas". Também é certo que os dirigentes da *Zur Israel* asseguraram que sua intenção jamais foi fechar a sinagoga da Cidade Maurícia — o que parece ser verdadeiro. Importam menos, porém, as justificativas da *Zur Israel* para suas ações do que certas informações contidas nas entrelinhas das cartas.

Refiro-me, basicamente, a dois registros. O primeiro encontra-se na carta de Aboab, quando afirma que desaconselhou a alternativa de excomungar os membros da congregação rival, no auge da crise, porque suspeitava que os "outrabandistas" fariam o mesmo com os da *Zur Israel*. Afirmou, literalmente, "que eles tomariam ousadia a quererem o mesmo e procederem daí maiores escândalos e desgraças".

O segundo registro encontra-se nas duas cartas e refere-se a um autor ou mentor da cizânia dentre os amotinados da *Maghen Abraham*. Aboab afirmou: "Não deixaremos de apontar o grande escândalo que temos de quem foi o autor de toda essa inquietação", mencionando, por alto, "vários procedimentos escabrosos que pelo passado usou, que quisemos dissimular". Aboab não menciona o nome do autor da cizânia, mas sugere ter sido ninguém menos do que o rabino Moisés de Aguillar. A carta do *Mahamad* é menos específica nesse ponto, mas indica, de igual modo, que os "outrabandistas" estavam influenciados, na sua rebeldia, "por alguma pessoa pertinaz".

Tudo converge para a figura de Moisés de Aguillar, homem capaz de ter a "ousadia", como disse Aboab, de excomungar todos os dirigentes da *Zur Israel* em represália a uma eventual excomunhão dos *parnassim* da *Maghen Abraham*, e dele próprio, pelos rivais.

A recusa da *Maghen Abraham* a se submeter à *Zur Israel* resultaria das divergências doutrinárias entre os dois rabinos? Moisés de Aguillar, com seu rigorismo em face dos cristãos-novos, de um lado, e Isaac Aboab com sua tolerância e proselitismo, de outro? Algo dessa divergência de fato pesou na cizânia e, quando menos, ajuda a explicar a resistência de Moisés de Aguillar em face da intervenção da *Zur Israel*. Aguillar parece ter percebido que a união das congregações esvaziaria o poder que havia granjeado entre os judeus da Cidade Maurícia, mesmo que a sinagoga da "Outrabanda" não fosse fechada. Mas o personalismo ou as convicções doutrinárias de Moisés de Aguillar não esgotam a questão. Os *parnassim* da "Outrabanda" perceberam, com clareza, que a unificação das congregações resultaria na centralização da máquina fiscal pela *Zur Israel*.

E foi mesmo isso o que ocorreu com a unificação declarada em 14 de janeiro de 1649. O mercador Isaac Atias, da *Maghen Abraham*, contemporizou e convenceu os colegas "outrabandistas", assegurando que a sinagoga da ilha não seria fechada. Atias, grande negociante de açúcar, acabaria integrando o *Mahamad* da *Zur Israel* unificada. Não tenho como esclarecer a posição assumida por Simão Drago (Isaac Franco), um dos primeiros dissidentes da *Zur Israel*. Presumo que Drago integrou o grupo dos refratários, pois ainda integrava o conselho dos judeus de Maurícia em 1653.

A unificação foi declarada no início de 1649, mas já estava consumada desde o final de 1648, quando se firmaram as *Askamot* da "nova" congregação. Antes, portanto, da ameaça lançada pela *Talmud Torá* de cortar o auxílio aos judeus de Pernambuco, em carta de 29 de janeiro de 1649. Os judeus da Nova Holanda resolveram internamente o seu impasse. O Artigo 9º do regulamento de 1648 não deixa dúvidas a respeito:

JERUSALÉM NO BRASIL

"Que não possa haver neste Recife e Antonio Vas outra congregação mais que hoje há, que o Deus aumente, e havendo agora ou em algum tempo quem que o intente será molestado por os senhores do Mahamad o não faça, e não obedecendo, será castigado com todo vigor e apartado da nação como perturbador da paz e bem geral, e o mesmo se entende de todos os que se ajuntarem para o mesmo efeito."[37]

Chega a surpreender, na verdade, que a comunidade judaica do Brasil holandês tenha se lançado em tamanha disputa no contexto de 1648, ano em que a insurreição pernambucana colheu vitórias decisivas contra os holandeses. A primeira batalha dos Guararapes ocorrera em 19 de abril de 1648, com estrondosa vitória dos insurretos. A segunda vitória dos restauradores, no Monte Guararapes, não tardaria a chegar, em 19 de fevereiro de 1649, cerca de um mês depois de a *Zur Israel* proclamar a unificação das duas congregações. O desenrolar da guerra sinalizava que o domínio holandês no Brasil estava com seus dias contados. Os judeus do Recife também perceberam o perigo que a derrota holandesa representava para sua sobrevivência material e até pessoal. O regresso de judeus para a Holanda passou a crescer diariamente, desde 1645, e, por conseguinte, minguavam os recursos da congregação. A unificação das congregações tornou-se imperiosa, ao menos para atravessar os últimos tempos e organizar a retirada.

5. NASSAU, FIADOR DOS JUDEUS

Não seria exagero dizer que, em meio a tantos conflitos, atacados pelos predicantes calvinistas e pelos pequenos comerciantes holandeses, cobiçosos de ocupar o lugar dos judeus no comércio varejista, o conde Maurício de Nassau pendeu a favor da "gente da nação". Cumpria, nesse ponto, os objetivos da WIC traçados pelo seu conselho diretivo, também favorável à emigração de comerciantes judeus para a Nova Holanda. Não esqueçamos que cada comerciante sefardita, mesmo que miúdo ou de "vestido roto", como dizia Manuel Calado, nunca estava totalmente só. Não era um aventureiro solitário que se lançava ao Brasil às cegas. Por mais pobre que fosse, ele integrava uma rede, ao menos como vendedor ambulante de um consórcio, distribuidor de bebidas importadas ou mercador de doces, batendo de porta em porta. Quase sempre tinha parentes na Holanda e no Brasil, o que facilitava os contatos comerciais no exterior e o alojamento na colônia.

Os acionistas da WIC sabiam dessa elasticidade das redes judaicas; os Dezenove Senhores também conheciam a experiência e o estilo do comércio sefardita; o Conselho Político do Recife, enfim, reconhecia o papel estratégico dos judeus nos negócios do Brasil. Maurício de Nassau, homem de confiança da WIC e autoridade máxima na Nova Holanda, protegeu os judeus por dever de ofício e responsabilidade do cargo.

Maurício de Nassau, o príncipe

Mas Nassau pisou em ovos desde o início, pois seu governo coincidiu com o afluxo crescente de judeus e aventureiros holandeses, atraídos pela política de "livre comércio" inaugurada em 1638, a seu conselho, um ano depois de chegar ao Recife. O início de seu governo coincidiu, ainda, com a estruturação das congregações judaicas, de um lado, e do presbitério calvinista, de outro, entre 1636 e 1638, sem contar as reivindicações dos católicos, incansáveis no peditório de licenças para processões e festas barrocas. As três principais religiões do Brasil holandês — católica, calvinista e judaica — brigavam por espaço institucional e físico numa Recife cada vez mais abarrotada de gente. Os grupos de interesse da Babel holandesa também disputavam privilégios, cada um com seu poder de pressão, suas habilidades e limitações.

Nassau ainda se dedicou, enquanto estadista, a reconstruir um Pernambuco devastado pela guerra de conquista, além de transformar o Recife em uma capital da Nova Holanda digna desse nome. Melhorar o arruamento do Recife velho, estimular a construção civil, aperfeiçoar o porto e as fortificações. Construir uma "nova cidade" na outra banda do Capibaribe — Cidade Maurícia, *Mauritzstadt* — dotada de palácio monumental, horto, jardim zoológico.

Como "príncipe humanista", afinado com o que de melhor se ensinava na Universidade de Leiden, a mais moderna da Europa, Nassau houve por bem patrocinar uma missão de naturalistas e artistas holandeses, alemães, flamengos. Na sua agenda de governo, era fundamental recolher informações sobre história natural e etnografia, retratar a paisagem rural e a cidade, o engenho de açúcar e os becos do Recife. Colecionar amostras de plantas exóticas, descobrir suas qualidades. Colecionar animais, aves e mamíferos brasílicos. Foi nessa onda que Frans Post, Albert Eckout, Zacharias Wagener, Gaspar Barléus, Willem Piso, George Marcgrave e tantos outros chegaram a Pernambuco, produzindo o principal acervo iconográfico, etnográfico e cartográfico de nossa história colonial.

Na política exterior, Nassau valeu-se da experiência militar adquirida nas guerras europeias, embora obrigado a adaptá-las ao estilo da "guerra brasílica", ao menos nas batalhas campais. Mas seus encargos foram enormes. Conquistar o Sergipe del Rei, em 1637. Conquistar, no mesmo ano, a praça de São Jorge da Mina, na Guiné, pelo mar. Conquistar nada menos do que a Bahia, em 1638, de onde foi escorraçado. Defender o Recife da contraofensiva hispano-portuguesa, em 1639, derrotando a malsinada expedição do Conde da Torre. Conquistar Luanda, na África, em 1641, e de quebra São Luiz do Maranhão, no mesmo ano. Ainda recebeu embaixadores do rei do Congo e do conde do Sonho, em 1643, buscando arbitrar os conflitos entre os dois potentados congoleses para preservar os interesses da WIC em Angola.

Em meio a tantas atribulações de governo, tentou apaziguar a "nobreza da terra", facilitar créditos, proteger interesses, cativar amizades. Negociou até mesmo uma convivência civilizada com o governo hispano-português da Bahia, encarnado na pessoa de Jorge Mascarenhas, marquês de Montalvão. Nesse clima de *pax nassoviana*, promoveu festanças, banquetes e jogos, além de cultivar paixões. Margarita Soler, filha do predicante Vicente Soler, deixou o marido — senhor de engenho — para amasiar-se com Nassau. Segundo Manuel Calado, Margarita morreu de "paixão e tristeza", ao ver-se abandonada pelo ilustre amante, que a trocou pela filha do sargento-mor da Bahia. A famosa Ana Paes, dona do Engenho da Casa Forte, também parece ter namorado Nassau, embora haja polêmica sobre o assunto.[38] O fato de tratar Nassau como "vossa excelência e muito obediente cativa" não quer dizer absolutamente nada em termos eróticos, nem mesmo na época, quanto mais hoje.

Nassau tinha 32 anos quando chegou ao Brasil. Não falava uma palavra de português e, mesmo após oito anos de governo, claudicava na língua de Camões. Era, porém, muito fluente em francês, língua que admirava, alemão e holandês. Aliás, Johan Mauritz von Nassau-Siegen era alemão, não holandês. Nenhuma das línguas faladas por Nassau o credenciava a comunicar-se com as gentes do Brasil. Estava fadado a ser um governador distante, dependente de um séquito de intermediários para administrar a Nova Holanda. Mas não foi o que ocorreu.

Aprofundou-se como poucos no conhecimento do Brasil, procurou governar com moderação e vigor, mantendo extraordinário equilíbrio entre católicos, calvinistas e judeus; entre comerciantes holandeses e senhores de engenho luso-brasileiros. Era chamado de *príncipe*, embora fosse conde, pois só ganhou aquele título em 1653, quando já tinha deixado o Recife. Nassau foi príncipe de fato no Brasil antes de sê-lo na Europa. Alguns conselheiros da WIC o chamavam de "brasileiro", ironicamente, sabedores do largo uso do pau-brasil no mobiliário, nas portas e janelas de seu palácio de Vrijburg. Uma crítica fina à exorbitância de seus gastos na governança. Os judeus o idolatravam e veremos em detalhe o porquê. Os católicos o chamavam de "o nosso Santo Antônio", reconhecidos pela proteção que Nassau dispensava aos cultos "papistas". Os que menos o apreciavam, quando não detestavam, eram os predicantes calvinistas, perdidos no seu rigorismo, órfãos de um príncipe que nunca foi deles.

Política judaica de Nassau

Tantas digressões ou atalhos, alguns saborosos, outros instrutivos, vários ociosos, têm por objetivo contextualizar o personagem Maurício de Nassau[39] e, sobretudo, a variedade e complexidade das questões que devia administrar. No assunto que nos interessa, Nassau decidiu proteger os judeus, simulando, ao mesmo tempo, que governava com equidade, dando a devida atenção às reivindicações dos cristãos reformados. Essa dissimulação calculada era dirigida aos predicantes calvinistas, mas também aos *Heeren XIX*. Nas mensagens para os diretores da WIC, porém, Nassau parecia usar de linguagem quase cifrada.

No relatório de 1638, conhecido como "Breve discurso", Nassau reportou a ousadia dos judeus e a insatisfação dos ministros calvinistas, e mesmo a dos católicos, em face dos desacatos que os judeus faziam ao cristianismo. Mas o relatório contém um lapso calculado, ao dizer que *os cristãos velhos se escandalizavam com a liberdade concedida aos judeus, ou antes, que se esforçam por tomá-la.* Arrisco interpretar: Nassau considerava que os judeus tinham alcançado aquelas posições por mérito próprio — como bem sabia a WIC — e que ele, governador, só fazia reconhecer as evidências.

No entanto, para temperar o informe, acrescentou um juízo capital:

> "Os judeus entendem que devem ter mais liberdade que os papistas, porque nós estamos mais certos de sua fidelidade, pois sabemos que, como eles fazem pública profissão do judaísmo, de modo algum quereriam ou poderiam voltar ao domínio dos espanhóis, mas antes, pelo contrário, haviam de envidar esforços para manter e defender este Estado, ao passo que os portugueses papistas têm mostrado que nos são inteiramente infiéis, e na primeira mudança nos abandonariam."[40]

Enigma de fácil interpretação. Nassau lembrou aos Dezenove Senhores que os judeus, ao contrário dos católicos, eram aliados fiéis dos holandeses. Ganhavam dinheiro como parceiros comerciais da WIC e odiavam a Inquisição e os espanhóis (católicos) do mesmo modo que os holandeses. Nassau sustentou, por meio de hábil jogo de palavras, a continuidade, no Brasil, da política pró-judaica vigente na Holanda. Quanto aos católicos, por sua vez, insinuou que seriam capazes de inventar uma "guerra divina" para expulsar os holandeses do país, se tivessem chance. Nassau não escreveu exatamente isso, porque não era adivinho. Mas ainda em 1638, preâmbulo do idílio luso-holandês no Brasil, antecipou os lances possíveis do jogo, como enxadrista.

Em resumo: os predicantes calvinistas deviam pagar a conta espiritual e qualquer outra fatura, aguentando a pujança judaica, religiosa e mercantil na Nova Holanda. Tratava-se de uma questão de Estado e de negócios. A WIC devia colocar seus interesses comerciais acima de quaisquer sectarismos religiosos. Nassau estadista.

O Presbitério do Recife sabia que Nassau protegia os judeus e, por isso, provocava o governador. Em janeiro de 1638, proclamou que as liberdades concedidas aos judeus eram tamanhas que tanto calvinistas como *portugueses* (sinônimo de católicos para os predicantes, como se os judeus em causa não fossem portugueses) achavam que os holandeses eram "meio-judeus". Crítica acérrima. Nassau, no entanto, manteve sua política pró-judaica. A cada nova queixa, prometia aos predicantes que resolveria o problema o quanto antes. Quem sabe amanhã ou depois de amanhã...

Alguns episódios dramáticos puseram em xeque a aliança entre Nassau e os judeus portugueses. Um deles foi o já mencionado caso de Daniel Gabilho que, apesar de pouco documentado, foi elucidado com brilho por Gonsalves de Mello.[41] Daniel Gabilho era homem de 25 ou 30 anos, descrito como baixo, tez muito alva, olhos grandes e "cabeça quase pelada". Dizia ter nascido na Holanda, de onde partiu para o Recife, em 1635, junto com um tio, mercador de *grosso trato*, a serviço de Duarte Saraiva, um dos judeus mais ricos do Brasil holandês. Gabilho tinha, então, no máximo, 20 anos.

Se não nasceu na Holanda, como dizia, cresceu ali, sendo daqueles jovens judeus fluentes em português e holandês. Isso se confirma por ter sido corretor, não sei de que negócio, função que exigia homens bilíngues. Gabilho integrava, de todo modo, a rede comandada por Duarte Saraiva. Pode muito bem ter sido, como se diz hoje, um "laranja" de Duarte Saraiva nos contratos com a WIC. Há registro de que Gabilho comprou escravos angolanos no Recife e carregou mercadorias para a Holanda. Gabilho tinha seus próprios negócios, além de integrar o grupo de representantes comerciais de Duarte Saraiva. Um caso típico de inserção de jovem judeu nas redes mercantis sefarditas.

Mas o rapaz atrapalhou-se nos negócios e, para fugir das dívidas, sumiu do Recife, em dezembro de 1641. Devia mais de 10 mil florins aos credores holandeses. O Conselho Político logo tomou providências, alertando a todos os navios para evitar o embarque do judeu insolvente — coisa muito comum na época. Uns fugiam para a Bahia, outros para a Holanda. Em janeiro de 1642, Gabilho foi capturado na Cidade Maurícia e deve ter resistido à prisão aos gritos, pois foi nessa ocasião que blasfemou contra Cristo e quase foi linchado ali mesmo.

O clima de tensão entre calvinistas e judeus era, então insuportável. Lembremos que poucos meses antes, em junho de 1641, dois escabinos holandeses de Maurícia pleitearam, junto ao Conselho Político, a proibição do comércio a retalho e do ofício de corretagem para os judeus, sendo a solicitação indeferida por erros de "estilo e forma". Os holandeses mais pobres e pequenos negociantes estavam em pé de guerra com os judeus. A própria Câmara dos Escabinos resolveu julgar o caso sumariamente e parece ter torturado Gabilho na prisão. Condenou-o, sem delongas, à morte por blasfêmia, mandando erguer uma forca na cidade. A comunidade judaica interveio e pediu a Nassau que concedesse clemência ao condenado, alegando, entre outras coisas, que o Escabinato não tinha poderes legais para exarar sentença de morte. Foi nesse contexto que surgiu, entre os judeus, o rumor de que se havia introduzido uma "nova inquisição" ou "uma inquisição calvinista" na Nova Holanda.

Nassau interferiu a favor dos judeus, embora a situação fosse muito delicada. O conde negou a oferta de 11 mil florins que os judeus lhe ofereceram para perdoar Gabilho, mas montou uma operação para aplacar a ira dos credores holandeses do condenado. Reuniu-se com os comerciantes holandeses e negociou a suspensão da pena de morte em troca de 15 mil florins a serem divididos pelos credores na razão do que tinham emprestado a Gabilho. A pena de morte foi comutada por degredo para a ilha de São Tomé, na costa africana. O negócio saiu caro para os judeus, pois 15 mil florins eram quantia suficiente para comprar cerca de 40 escravos angolanos, considerando os preços vigentes em 1642. O preço do escravo havia caído, vale lembrar, com a conquista holandesa de Luanda, em agosto do ano anterior. É fácil presumir de onde saiu o dinheiro que salvou Gabilho da forca. Saiu dos cofres de seu patrão, Duarte Saraiva, ajudado por um tio rico de Daniel, Bento Henriques.

Ainda mais grave foi o caso de Moisés Abendana, integrante da primeira leva de judeus portugueses estabelecidos no Recife.[42] Abendana exportava mercadorias para a Holanda desde 1637 e, a partir de 1642, passou a comprar escravos no Recife para revendê-los nos engenhos. Pegou empréstimos junto a holandeses e judeus, mas foi desastrado nos negócios e acabou insolvente. Desesperado, cometeu suicídio em 5 de agosto de 1642. A hostilidade contra os judeus chegou ao máximo nesse episódio. O escolteto da Cidade Maurícia, onde Abendana residia, sequestrou o corpo e proibiu seu enterro, decidindo que o cadáver devia ser pendurado numa forca pública até apodrecer. Pretendia humilhar a família do defunto, comprometer a salvação de sua alma e desmoralizar a comunidade judaica de Pernambuco.

Os judeus reagiram, alegando que Abendana tinha sido assassinado por holandeses. Além disso, uma comissão de judeus ofereceu "grande soma de dinheiro" para Nassau impedir a execução da sentença contra o cadáver de Abendana. Novamente o conde recusou a oferta, mas se dispôs a interferir a favor dos judeus, caso a dívida de 12 mil florins fosse paga. Os mercadores judeus procuraram, então, os colegas holandeses e assumiram a dívida do morto. Ato contínuo, Nassau despachou o caso, proibindo a execração do cadáver. Abendana foi sepultado no cemitério judaico. Os judeus insistiram na versão do assassinato. Não tinham saída senão ocultar o suicídio do amigo.

Nos dois episódios, Nassau defendeu os interesses da comunidade judaica, sem desconsiderar o interesse dos holandeses. Agiu como magistrado, mas procurou preservar a imagem dos judeus numa conjuntura difícil. Recusou, seguramente, as ofertas mais polpudas dos judeus, nos casos de Daniel Gabilho e Moisés Abendana. Defendeu os judeus no mais perfeito estilo do Antigo Regime, ou seja, usando de seu prestígio pessoal para neutralizar as instituições. Transformou sentenças judiciais, inclusive penas de morte, em acordos financeiros para ressarcir credores coléricos. Promoveu a interseção entre o público e o privado. O capitalismo comercial à moda holandesa, por mais moderno que fosse, não dispensava os ingredientes da sociedade de corte, ainda mais no Brasil, tão distante do *board* da Companhia das Índias Ocidentais.

Nassau administrou os negócios da WIC no Brasil enquanto autêntico príncipe absolutista. Construiu uma corte, criou um séquito, erigiu um palácio, fundou uma cidade. Incluiu os judeus, enquanto comunidade, na sua rede clientelar, e bastaria isso para demonstrar a mescla entre a lógica do mercado e a da corte principesca no governo nassoviano. Além de proteger os judeus em momentos cruciais, continuou favorecendo seus negócios, que, de certo modo, se articulavam com os investimentos da WIC e dos grandes comerciantes holandeses. Saíram perdendo, nesse contexto, os pequenos negociantes holandeses e os predicantes, que dependiam da degradação dos judeus para se afirmar na colônia, cada grupo a seu modo.

Antes mesmo do caso Abendana, quando circularam rumores de que Maurício de Nassau seria chamado de volta à Holanda por improbidade administrativa e gastos excessivos, os judeus fizeram uma petição comprobatória de seu apreço pelo governador. Arnold Wiznitzer traduziu e publicou na íntegra esse documento, cujo original, datado de 1º de maio de 1642, encontra-se no Rijksarchief, em Haia.[43] O documento tem por título "Petição da nação hebraica" e contém, basicamente, uma proposta dos moradores das capitanias holandesas ao governador Nassau para convencê-lo a ficar no Brasil. O tom é o mais elogioso possível à pessoa e ao governo de Nassau, qualificando sua administração como "agradável, prudente e feliz" e reconhecendo os "benefícios, a honra e o favor de sua parte usufruídos". Os judeus praticamente suplicavam a Nassau que permanecesse no cargo, dispondo-se a pagar uma doação mensal de três mil florins enquanto o governador permanecesse no Brasil. Dez judeus graúdos assinaram a petição, entre eles Duarte Saraiva e Benjamim de Pina. Ambos assinaram com seu nome português — vale sublinhar — e não com o nome judeu que usavam na comunidade.

No mesmo ano, o representante da "gente da nação hebreia" do Brasil em Amsterdã, provavelmente Abraão de Azevedo, escreveu no mesmo sentido aos Dezenove Senhores, esclarecendo que, "se lhes fosse necessário pagar a permanência de Sua Excelência nesta terra, nenhum

JERUSALÉM COLONIAL

preço achariam demasiado elevado para isso, ainda que se tratasse de seu próprio sangue, contanto que o pudessem reter".[44]

O jesuíta Antonil escreveria, no final do século XVII, que o Brasil era o inferno dos negros, purgatório dos brancos e paraíso dos mulatos. Na Babel religiosa do Brasil holandês, o paraíso era dos judeus, o inferno dos calvinistas e o purgatório dos católicos. Ao menos no governo de Nassau, que, nos momentos de maior tensão entre as comunidades religiosas, sempre encontrava um jeito de favorecer os sefarditas.

Maurício de Nassau somente deixaria o Brasil em meados de 1644, chegando à Holanda em julho. Havia sido dispensado do governo pela WIC desde setembro do ano anterior, mas permaneceu um pouco mais, inclusive para inaugurar a ponte unindo o Recife Velho à Cidade Maurícia. Sua bagagem pessoal ocupava nada menos do que duas naus, com carga estimada em 2,6 milhões de florins! Essa, sim, foi a maior fortuna amealhada no Brasil holandês. A carga incluía infinidade de madeiras da terra, toras de jacarandá, 100 barris de frutas cristalizadas, um sem-número de botijas de farinha de mandioca, coleções de plantas e aves, 30 cavalos... Na companhia de Nassau seguiu número elevado de judeus portugueses para Amsterdã. O retorno de Nassau marcou o refluxo da imigração judaica para o Brasil. A partir de 1645, com o início da insurreição pernambucana, o número de judeus retornados só faria aumentar a cada dia. Sinal de que a "Jerusalém colonial", cedo ou tarde, entraria em colapso.

Notas

1. David Franco Mendes. *Memórias do estabelecimento e progresso dos judeus portugueses e espanhóis nesta famosa cidade de Amsterdam*. Edição fac-similada. Lisboa: Távola Redonda, 1990, p. 12.
2. Bruno Feitler. *Inquisition, juifs et nouveaux chrétiens au Brésil*. Leuven: Leuven University Press, 2003, pp. 151-152.
3. Os manuscritos originais encontram-se na biblioteca da comunidade judaico-portuguesa de Amsterdã, Livraria Est-Haim. A publicação de Wiznitzer encontra-se nos Anais da Biblioteca Nacional do Rio de Janeiro, v. 74, 1953, pp. 213-240.

4. Luís Augusto Vicente Galante. *Uma história da circulação monetária no Brasil do século XVII*. Tese de doutorado apresentada ao Programa de Pós-Graduação em História da UnB. Brasília, 2009, pp. 238-268.
5. Mirian Bodian. *Hebrews of the Portuguese Nation: Conversos and Community in Early Modern Amsterdam*. Indianapolis: Indiana University Press, 1999, p. 121.
6. *Inquisition, juifs et nouveaux chrétiens au Brésil...*, pp. 157-158.
7. IANTT, Inquisição de Lisboa, processo 7276, sem microfilme, fólios 55-56.
8. Idem, fólio 56v.
9. IANTT, Inquisição de Lisboa, processo 7820, microfilme 4476, fólios 31-32v.
10. IANTT, Inquisição de Lisboa, processo 11575, microfilme 4896, fólio 63.
11. IANTT, Inquisição de Lisboa, processo 11362, microfilme 4889, fólio 35v-36.
12. Harm den Boer. "La Biblia de Ferrara y otras traducciones españolas de la biblia entre los sefardíes de origen converso". *In:* Iacob Hassan (org.). *Introducción a la Biblia de Ferrara*. Madrid: Ediciones Siruela, 1994, p. 265. Na segunda metade do século XVII começaram a surgir os primeiros livrinhos de oração em português, sem desalojar os escritos em ladino. Nos opúsculos portugueses também se usava *Deu*, sem o *s*, no lugar de Deus.
13. IANTT, Inquisição de Lisboa, processo 7820, microfilme 4476, fólios 26v-30v.
14. IANTT, Inquisição de Lisboa, processo 11362, microfilme 4889, fólio 31-32.
15. IANTT, Inquisição de Lisboa, processo 11575, microfilme 4896, fólios 82-84.
16. Nathan Wachtel. *A lembrança da fé: labirintos marranos*. Lisboa: Caminho, 2002, pp. 15-18.
17. Carl Gebhardt. "Le déchirement de la conscience". *Cahiers Spinosa*, nº 3, 1980, p. 146.
18. Mischel Levy. *Em ladino*. São Paulo: Edicon, 1993, pp. 35-37.
19. Gilberto Freyre. *Casa-grande e senzala*. 16ª ed. Rio de Janeiro: José Olympio, 1973, pp. 250-251.
20. C.F. de Freitas Casanova. *Provérbios e frases proverbiais do século XVI*. Brasília: MEC/INL, 1969, pp. 220, 236, 87, 78.
21. J.A. Gonsalves de Mello. *Tempo dos flamengos: influência da ocupação holandesa na vida e na cultura do Norte do Brasil* (original de 1947). 3ª ed. aumentada. Recife: Massangana, 1987, p. 256.
22. J.A. Gonsalves de Mello. *Frei Manuel Calado do Salvador, religioso da Ordem de São Paulo, pregador apostólico de Sua Santidade, cronista da Restauração*. Recife: Universidade do Recife, 1954.
23. "Breve discurso sobre o estado das quatro capitanias conquistadas de Pernambuco, Itamaracá e Rio Grande, situadas na parte setentrional do Brasil". J.A. Gonsalves de Mello (org.). *Fontes para a história do Brasil holandês. A economia açucareira*. Recife: Companhia Editora de Pernambuco, 2004, v. 1, p. 100.

JERUSALÉM COLONIAL

24. José Pedro Paiva. *Os bispos de Portugal e do Império (1495-1777)*. Coimbra: Imprensa da Universidade de Coimbra, 2006, pp. 414-416.
25. Ronaldo Vainfas. *Traição: um jesuíta a serviço do Brasil holandês*. São Paulo: Companhia das Letras, 2008.
26. Herbert Bloom. "A Study of Brazilian Jewish History, 1623-1654. Based Cheifly upon the Findings of the Late Samuel Oppenheim". *American Jewish Historical Society*, nº 33, 1933, p. 69.
27. Frans Leonard Shalkwijk, *Igreja e Estado no Brasil Holandês*. Recife: Fundarpe, 1986.
28. Francisco Adolpho de Varnhagen. *História das lutas com os holandeses no Brasil desde 1624 até 1654* (original de 1871). Rio de Janeiro: Biblioteca do Exército, 2002, p. 150.
29. "Actas dos synodos e classes do Brasil, no século XVII, durante o domínio holandez". Edição e tradução de Pedro Souto Maior. *Revista do Instituto Histórico e Geográfico Brasileiro*, tomo especial, nº 1: 707-80, 1912, p. 104.
30. Actas..., p. 126.
31. Actas..., p. 135.
32. *Tempos flamengos...*, pp. 268-269.
33. *Tempos flamengos...*, p. 267.
34. Gaspar Barléus. *História dos feitos recentemente praticados durante oito anos no Brasil* (original de 1647). Belo Horizonte: Itatiaia, 1974, p. 327.
35. *Igreja e Estado no Brasil Holandês*, p. 382.
36. Isaac Emmannuel. "New Light on Early American Jewry". *The American Jewish Archives*, nº 7, 1955, pp. 27-34.
37. "Atas das congregações judaicas Zur Israel, em Recife, e Magen Abraham, em Maurícia, Brasil, 1648-1653". *Anais da Biblioteca Nacional do Rio de Janeiro*, v. 74, 1953, p. 223.
38. Leonardo Dantas Silva. "A vida privada no Brasil holandês". *In: Holandeses em Pernambuco*. Recife: Instituto Ricardo Brennand, 2005, pp. 158-59.
39. Evaldo Cabral de Mello. *Nassau*. São Paulo: Companhia das Letras, 2006.
40. "Breve discurso sobre o estado das quatro capitanias...", p. 100-101.
41. J.A. Gonsalves de Mello. *Gente da nação: cristãos-novos e judeus em Pernambuco, 1542-1654*. 2ª ed. Recife: Fundaj, Editora Massangana, 1996, pp. 269 e 399.
42. Idem, pp. 269-270 e 489.
43. Arnold Wiznitzer. *Os judeus no Brasil Colonial*. São Paulo: Pioneira, 1966, p. 195.
44. Apud Charles Boxer. *Os holandeses no Brasil: 1624-1654*. São Paulo: Companhia Editora Nacional, 1961, p. 173.

CAPÍTULO IV Identidades fragmentadas

É chegado o momento de verticalizar a abordagem, centrando o foco em trajetórias individuais. Já rascunhei esse tipo de análise no terceiro capítulo, a propósito do significado das festas e do modo de rezar de alguns "judeus novos" processados pela Inquisição. Judeus novos comuns, não os graúdos de *grosso trato*, como Duarte Saraiva ou Davi Senior Caronel, Benjamim de Pina ou Benjamin Sarfati. O primeiro faleceu no Recife, em 1650, aos 78 anos. O segundo, outro ancião dentre os *yahidim*, regressou para Amsterdã em segurança, em 1654, depois da derrota holandesa, a exemplo da maioria dos judeus novos que ainda moravam no Recife. Também não é caso de biografar Isaac Aboab da Fonseca ou Moisés Rafael de Aguillar, os rabinos rivais do Recife, que também regressaram, Moisés antes de Isaac. Esses são personagens ilustres já estudados por *experts* na intelectualidade sefardita da Holanda.

Nenhum judeu ilustre do Brasil holandês foi processado pelo Santo Ofício, que não tinha como alcançá-los. Alguns "judeus da Holanda" chegaram a ser processados *in absentia* e até condenados à morte na fogueira. Nesses casos, eram queimados em efígie ou estátua, respectivamente um retrato desenhado e um boneco de estopa, ambos com o nome do condenado. Morriam simbolicamente para o mundo católico. Mas continuavam vivos, enquanto judeus, nas "terras de liberdade".

Os judeus comuns de que vou agora me ocupar tiveram a má sorte de cair na teia do Santo Ofício. Parte deles caiu no início da guerra de restauração pernambucana, outra parte caiu depois, acusados por vizinhos que bem sabiam das apostasias por eles cometidas no tempo dos flamengos. Um deles, o mais importante, caiu nas malhas da Inquisição ainda em 1644, preso na Bahia: Isaac de Castro Tartas. Era um jovem mercador do terceiro escalão, dentre os "homens de negócio da nação".

JERUSALÉM COLONIAL

Mas era moço intelectualmente brilhante, um prodígio. Seu destino trágico, em 1647, rendeu-lhe reconhecimento póstumo, celebrizado como mártir pelos sefarditas de Amsterdã.

Este capítulo reduzirá a escala de observação, adotando procedimento micro-histórico. Trata-se de examinar os judeus novos por dentro, alguns ao menos, esboçando biografias que a documentação inquisitorial permite realizar, ainda que de forma incompleta. Entram em cena, doravante, "judeus novos" de corpo inteiro, e não apenas nomes, negócios, cargos ou papéis sociais. Entram em cena os dilemas religiosos, as dúvidas identitárias, percursos nos quais se cruzam processos gerais de metamorfose cultural e trajetórias muito particulares. No pano de fundo, orquestrando a tessitura das fontes, a Inquisição domina o cenário, vasculhando a vida pregressa de cada um, promovendo um diálogo de surdos até conseguir confissões de culpa, sinceras ou dissimuladas.

1. PRISIONEIROS DO FORTE MAURÍCIO

Deflagrada em 13 de junho de 1645, dia de Santo Antônio, a insurreição pernambucana contra os holandeses mobilizou grandemente os moradores de Pernambuco. Seu líder máximo, João Fernandes Vieira, tinha enriquecido no tempo de Nassau, cujo palácio frequentava, tornando-se um dos mais poderosos senhores do Brasil holandês. Também era um dos mais endividados, o segundo maior devedor da WIC. João Fernandes resume o perfil da "nobreza da terra" que conspirou, em 1644, e se pôs em armas contra os holandeses, no ano seguinte. "Nobreza" constituída por devedores insolventes, com a corda no pescoço depois da demissão de Maurício de Nassau. Lançaram-se à guerra, auxiliados pelo terço negro de Henrique Dias e pelos guerreiros potiguaras de Filipe Camarão, colhendo vitórias espetaculares. Em 3 de agosto, venceram os holandeses e seus aliados indígenas no monte das Tabocas. Em 17 de agosto, reconquistaram o Engenho da Casa Forte.

Os holandeses ficaram atônitos, sem saber o que fazer. Queixaram-se com o governador da Bahia, Antônio Teles da Silva, que fingiu não saber de nada e prometeu justiçar os rebeldes. Queixaram-se, em Haia, ao embaixador de dom João IV, Francisco de Sousa Coutinho, exigindo a imediata devolução do território ocupado pelos rebeldes. O embaixador português assegurou que tomaria as providências devidas, embora nada pudesse fazer para impedir a rebelião...

A imensa maioria dos "judeus novos", que alcançava o número de 1.450 pessoas, em 1644, preferiu tomar o caminho de casa, isto é, de Amsterdã, a "Jerusalém do Norte", deixando a "Jerusalém colonial" para trás. Cerca de 650 judeus, no entanto, permaneceram no Brasil até o final da guerra, auxiliando os holandeses de diversas maneiras, inclusive na guerra. Em 18 de setembro, os insurretos avançaram na Várzea e tomaram o Forte Maurício, distante 28 quilômetros da foz do rio São Francisco, perto da vila de Penedo. Fora construído em 1637, em homenagem a Maurício de Nassau, conquistador da praça, no tempo em que a guerra favorecia os flamengos.

Com a rendição do forte, os luso-brasileiros fizeram quase 200 prisioneiros, a maioria deles, cerca de 180, formada por soldados holandeses, franceses, alemães, poloneses, escoceses e ingleses que compunham a verdadeira "legião estrangeira" dos exércitos da WIC. A maior parte dos soldados era composta de protestantes, mas havia muitos católicos mercenários, oriundos de várias partes da Europa, e também judeus sefarditas e *ashkenazim*. Dez judeus foram capturados na queda do Forte Maurício, também conhecidos, dali em diante, como os "dez cativos do rio São Francisco".

Foram todos enviados à Bahia, onde ficaram presos alguns meses, submetidos à investigação do bispo dom Pedro da Silva e Sampaio, que, como vimos, tinha grande experiência como inquisidor. O bispo da Bahia deve ter entrado em êxtase ao receber de uma só vez dez homens que se diziam judeus, mas bem poderiam ser cristãos-novos apóstatas e, portanto, hereges passíveis de castigo inquisitorial. Constatou que alguns, dentre os judeus presos, não eram portugueses, senão alemães e poloneses — o que, em princípio, os isentava do foro inquisitorial. Mas dom Pedro da Silva preferiu mantê-los no cárcere do bispado, no mínimo para argui-los, por meio de intérpretes, sobre os demais judeus falantes de português. Uma arbitrariedade típica do Antigo Regime, vale frisar, e não só da instituição episcopal ou inquisitorial.

O bispo também atropelou a Cláusula 25 do tratado celebrado entre Portugal e Províncias Unidas, em 12 de junho de 1641, que isentava os súditos da casa de Orange de qualquer processo inquisitorial, caso fossem capturados em guerra. Evaldo Cabral de Mello lembra bem que a citada cláusula não mencionava especificamente os judeus,[1] embora fossem eles o alvo da proteção exigida pelos diplomatas holandeses quando firmaram o tratado, em Haia.

O bispo da Bahia manteve os dez judeus presos até meados de 1646, tempo que julgou necessário para instruir os processos contra eles. Isso feito, os remeteu à metrópole, tudo com o aval do Tribunal de Lisboa, onde chegaram em fins de julho. Enquanto estiveram presos na Bahia, os judeus portugueses ouviram ameaças e imprecações, muitos dizendo que iriam todos arder na fogueira do Santo Ofício ou que "a Inquisição os haveria de queimar". Ficaram apavorados, pois esse era o grande medo dos "judeus novos" quando irrompeu a guerra pernambucana, em 1645, e o principal motivo de embarcarem para a Holanda às centenas, fugindo do Recife.

Judeus em apuros, inquisidores em dúvida

Chegando a Lisboa, foram logo remetidos à Inquisição nos cárceres da custódia, menos assustadores do que os cárceres secretos. A diferença entre os cárceres não se devia às condições melhores ou piores da prisão, senão ao significado que cada um deles tinha na máquina inquisitorial. O Regimento da Inquisição Portuguesa 1640 reservava os cárceres da custódia aos suspeitos de crimes leves ou aos réus cujas culpas mereciam melhor investigação antes de decidir-se metê-los ou não nos cárceres secretos, reservados para os suspeitos de heresia grave.[2]

Dentre os "dez cativos do rio São Francisco", quatro deles só arranhavam o português e ficaram detidos por pouco tempo, apenas para prestar depoimento sobre o restante do grupo. Eram eles Jehuda Bar Jacob, natural da Polônia, conhecido como "Jacob Polaco", e os alemães David Michael, Isaac Johannis e Salomão Bar Jacob. Judeus *ashkenazim*, que, sendo naturais de outras partes, não estavam sujeitos à jurisdição do Santo Ofício.

Os seis outros eram falantes de português, embora também falassem outras línguas, todos jovens, o mais velho com menos de 40 anos, mercadores de pequeno ou médio porte. Judeus sefarditas que asseguraram aos inquisidores e, antes, ao bispo da Bahia ter nascido em Amsterdã, Hamburgo ou França. Diziam, pois, que eram "judeus de nascimento" ou *judeus de crença*, alegando que não eram batizados como católicos nem eram súditos do rei de Portugal. Os seis judeus luso-falantes buscaram, por meio dessa declaração, escapar ao foro do Santo Ofício, do mesmo modo que os colegas *ashkenazim*. Apostaram nessa estratégia, declarando, com firmeza, os nomes judeus recebidos no ato da circuncisão: Samuel Israel, Samuel Velho, David Shalom, Abraão Bueno, Isaac de Carvalho e Abrãao Mendes.

Os inquisidores agiram com prudência e trataram de averiguar quais deles eram realmente judeus naturais de outras partes e quais tinham nascido em Portugal. Em princípio, todos eram suspeitos de ser cristãos-novos hereges, pois na Inquisição os réus eram considerados culpados até provar sua inocência — e não o contrário. Mas era preciso averiguar o caso com minúcia, pois a Inquisição não queria "cometer injustiças", ressalvado o sentido peculiar de justiça dos tribunais no Antigo Regime. Um conceito de justiça que desconhecia "direitos humanos" e pressupunha que os homens eram *desiguais* perante a lei, uns porque eram nobres, outros porque plebeus, uns porque tinham sangue limpo, outros porque o tinham "infecto". Um conceito de justiça que podia condenar por presunção de culpa, dispensando provas, ao arbítrio dos juízes. Um conceito de justiça que mal se diferenciava da ideia de castigo. *Justitia*, castigo. Justiçar, castigar.

Seja como for, os inquisidores não desejavam cometer a *injustiça* de condenar homens que jamais tinham professado a "lei de Cristo". Injustiça e impertinência, porque o crime de heresia contra a fé católica só poderia ser cometido por católicos batizados. O herege era um desviante da religião e dos mandamentos da Igreja de Roma, um *fiel* que cometia um erro de consciência, um erro de fé. O judeu de nascimento jamais poderia ser considerado herege, porque era desde sempre *infiel*, professante de outra religião — a "lei de Moisés". Herege e infiel eram conceitos diferentes e, no caso dos seis portugueses que se diziam judeus, essa diferença era capital para formar juízo. Os que fossem judeus de nascimento poderiam ser liberados. Os que fossem portugueses só eram

JERUSALÉM COLONIAL

também cristãos-novos batizados, logo hereges *judaizantes*, uma vez que se declaravam judeus.

Mas é bom lembrar que o cuidado dos inquisidores no caso dos "dez cativos" — que na realidade eram seis, excluídos os *ashkenazim* — não se devia apenas à disciplina regimental ou a escrúpulos de consciência, enquanto juízes de fé. Havia o já mencionado tratado de 1641, que protegia quaisquer súditos do príncipe de Orange, fossem judeus de nascimento, fossem apóstatas do catolicismo. O Santo Ofício estava ciente de que o simples fato de mantê-los presos e processá-los já constituía sério desafio aos acordos diplomáticos entre a Coroa portuguesa e as Províncias Unidas.

É verdade que a Inquisição tinha ficado ao lado da Espanha contra a restauração portuguesa proclamada em 1640, como veremos a seu tempo, de modo que desmoralizar o rei diante dos Estados Gerais, processando súditos da Holanda, era lance político oportuno e conveniente. Ainda assim, todo cuidado era pouco, sobretudo porque havia gente importante, no círculo do rei, empenhada em limitar os poderes do Santo Ofício no reino. Dom Francisco de Castro, inquisidor-geral e inimigo do rei, avaliou a situação com método. Valia a pena manter os judeus presos e desafiar o rei, expondo sua fraqueza diante dos holandeses; mas era preciso decidir até que ponto deveria ir a intransigência do tribunal, seja nas diligências processuais, seja no sentenciamento dos condenados. Jogo de xadrez no campo político. Queda de braço entre a Coroa e a Inquisição.

Judeus assumidos, identidades em xeque

O primeiro grande ato da Inquisição nesse caso foi arguir outra vez, em 11 de agosto de 1646, o judeu polonês Jehuda bar Jacob, o Jacob Polaco, já interrogado pelo bispo da Bahia em maio, pouco antes de embarcar a turma de judeus para Lisboa. Por que o bispo não arguiu também os judeus alemães do grupo? Provavelmente por que não havia intérprete, o que sugere que Jacob Polaco devia ao menos arranhar o português. Se de fato não havia intérpretes para o alemão, muito menos haveria para o polonês, em plena Bahia de Todos os Santos. A Inquisição de Lisboa teria facilidade de conseguir intérpretes para os alemães, mas preferiu poupar tempo e interrogou apenas o polonês.[3]

IDENTIDADES FRAGMENTADAS

Jehuda era natural de Poznan, na chamada Grande Polônia, quase fronteira com a atual Alemanha, e tinha cerca de 30 anos. Com 20 e poucos, migrara para Amsterdã, sendo, portanto, um dos primeiros *ashkenazim* da cidade — os quais, como vimos, foram recebidos com grande reserva e algum desgosto pelos judeus sefarditas. Por volta de 1640, Jehuda foi para Pernambuco "com mercadorias", primeiro para Porto Calvo, depois para Penedo, na beira do São Francisco. Era um comerciante miúdo, além de figurar entre os raros *ashkenazim* identificáveis no Brasil holandês. Jehuda nada tinha a ver com o mundo ibérico, catolicismo ou heresias, mas permanecia preso há quase um ano. Talvez por compreender alguma coisa de português, ficou detido como testemunha.

A questão que, de várias maneiras, os inquisidores colocaram para o polonês dizia respeito à naturalidade dos judeus falantes de português. Perguntaram-no se os conhecia bem ou mal, se considerava que falavam bem o português, se tinha alguma ideia de onde tinham nascido. Jacob Polaco sabia muito pouco sobre os judeus portugueses. Admitiu que ouviu dizer que eles eram naturais de Portugal, embora não estivesse seguro disso. Acrescentou que tal juízo decorria do fato de todos falarem português como se fossem naturais de Portugal. Ele mesmo não sabia avaliar, por conhecer mal a língua. Acrescentou, porém, que lhe parecia que os presos em causa falavam melhor português do que outra língua, pois todos eram filhos de imigrantes portugueses.

Os inquisidores chegaram ao ponto de perguntar ao polonês se acaso ele tinha notado alguma alegria nos judeus portugueses quando o navio em que vinham presos se aproximou de Lisboa; pareciam felizes por "voltarem a sua pátria" ou se mostraram angustiados? Jacob Polaco não soube avaliar os sentimentos dos judeus portugueses. Não viu "paixão alguma, nem de alegria, nem de desgosto". E disse mais: que não poderia esclarecer grande coisa nessa matéria porque "não tinha conversação" com aqueles homens, pois estes o trataram sempre como estranho".

Eis um momento fascinante na arguição do judeu polonês, o que torna seu testemunho particularmente credível. Os judeus portugueses não queriam conversa com ele, *ashkenazim* que mal falava português e decerto só falava em iídiche com os judeus alemães do grupo. Depoimento em tudo verossímil, porque confirma uma divisão que os judeus mantinham na Holanda e no Brasil. De um lado, seis judeus sefarditas falando português; de outro, quatro *ashkenazim* falando iídiche. Não se misturavam, não compartilhavam coisa alguma. Aos olhos dos judeus portugueses, os judeus poloneses eram estranhos. Jacob Polaco, assim o chamavam os sefarditas, em português claro, incapazes (ou desinteressados) de pronunciar Jehuda Bar Jacob, em hebraico.

O depoimento do judeu polonês não serviu de grande coisa para os inquisidores. Continuavam sem saber se os judeus falantes de português eram ou não portugueses e, por isso, decidiram examinar os presos em matéria linguística. Era preciso saber se os judeus suspeitos eram fluentes nas línguas dos países de que diziam ser naturais. Os "prisioneiros do Forte Maurício" foram submetidos a uma autêntica prova oral de línguas estrangeiras, conforme o caso, para o Santo Ofício ajuizar se eram mesmo estrangeiros, como diziam, ou se não passavam de portugueses disfarçados. Em outras palavras, tratava-se de descobrir se eles eram judeus de nascimento ou hereges judaizantes.

Os exames prosseguiram ainda em agosto de 1646, atribuindo-se a Guilherme Rozen, familiar ao Santo Ofício, a tarefa de arguir os presos. Rozen era um homem de 60 anos, natural da Flandres e poliglota. Foi acompanhado pelo licenciado João Carneiro, secretário do tribunal. Os examinadores visitaram cada preso em suas celas para testá-los em prova oral e arguir também sobre as respectivas famílias. Apresentaram resultados muito criteriosos em relatório de 17 de agosto.

Segundo Rozen, Abraão Mendes, que dizia ter nascido em Hamburgo, falava bem a língua "flamenga" usada naquela cidade — língua diferente da falada na Holanda, embora muito parecida. Rozen acrescentou: "Quem entende uma entende outra e, de ordinário, os naturais de Hamburgo que vêm à Holanda confundem uma com a outra". Rozen referia-se ao dialeto ou variante do alemão falado no norte — o *plattdeustch* (baixo-alemão), parecido com o neerlandês da Holanda ou *nederduytsch*.[4] São línguas da mesma família. Curioso notar que Rozen referiu-se à língua falada em Hamburgo como "língua flamenga", o que não condiz com seus conhecimentos, ainda mais sendo ele natural da de Flandres. Tudo indica que "flamengo" ou "língua flamenga" era um termo genérico para se referir aos holandeses e povos vizinhos, sem grande rigor

IDENTIDADES FRAGMENTADAS

etnolinguístico. Na verdade, a tal "língua flamenga" mencionada por Rozen era a variante do neerlandês falada na região norte da Bélgica atual.

De todo modo, Abraão Mendes passou no teste de "flamengo". No entanto, submetido à conversação em português com o secretário João Carneiro, Abraão parece ter se saído melhor. Falava português "como se fora nascido neste reino". Guilherme Rozen, sempre muito judicioso, explicou que como Abraão era filho de pais portugueses, era natural que fosse mais fluente na "língua materna", falada em casa. Só depois de crescidos, ajuizou, esses judeus passam a falar com a gente do país e aprendem o "flamengo", para eles mais difícil do que o português. Acrescentou que os judeus viviam em bairros e ruas "onde não vivem os flamengos", o que dificultava o aprendizado da língua. Só tratavam com os flamengos "para bem de seus comércios e contratos". Depois dessa "aula" de antropologia histórica, Rozen concluiu que Abraão Mendes era fluente nas duas línguas. Tanto podia ser português como natural de Hamburgo.

Samuel Israel, por sua vez, contou em holandês para Rozen a sua passagem pelo Brasil até ser rendido no Forte Maurício. Assegurou que era judeu de nascimento e que, além de flamengo, também falava e lia em hebraico. Rozen ajuizou que Samuel Israel falava a língua flamenga "com a mesma propriedade e pronunciação" dos holandeses. É claro que Samuel também era fluente em português, conforme atestou João Carneiro. Isaac Carvalho foi outro que, dizendo-se holandês, saiu-se bem na prova. Segundo Rozen, "falou flamengo com grande perfeição".

O mesmo não ocorreu com Davi Shalom, que se dizia holandês. Guilherme Rozen relatou que esse "usava a língua flamenga com dificuldade, antes falava com erros". Faltavam-lhe palavras para completar as frases e confundia o plural com o singular. Shalom não era natural da Holanda, mas português, cuja língua dominava perfeitamente. Samuel Velho foi outro que, embora afirmasse ter nascido em Amsterdã, falava "com grande embaraço o flamengo", a ponto de, muitas vezes, não se fazer entender. Dominava, porém, a língua portuguesa.

Abraão Bueno foi um caso à parte, pois se dizia natural de Bayone, na França, filho de pais portugueses, com curta passagem pela Holanda antes de ir para o Brasil. Na conversação em francês saiu-se muito bem, segundo Rozen, para quem o rapaz falava a língua como "verdadeiro

JERUSALÉM COLONIAL

natural da França". Em flamengo saiu-se mal; em português, com perfeição, a exemplo de todos os outros.

O testemunho de Guilherme Rozen esclarecia para os inquisidores apenas os casos de Davi Shalom e Samuel Velho, que obviamente mentiram quanto à naturalidade holandesa. Quanto aos outros quatro, apesar de fluentes nas línguas estrangeiras, a Inquisição decidiu investigar mais. Permanecia desconfiada de que eram portugueses de nascimento e batizados no catolicismo. Foi esse o parecer enviado pela Mesa ao Conselho Geral do Santo Ofício, em 31 de agosto de 1646, recomendando, ainda, soltar os outros quatro judeus que mal falavam português, "por não haver fundamento para os deter". Mas o Conselho Geral preferiu continuar as diligências. No pano de fundo, prosseguia a queda de braço entre o inquisidor-geral, Francisco de Castro, e o rei dom João IV, aflito com a pressão dos diplomatas holandeses pela soltura imediata de todos os judeus.

O ato seguinte foi uma confrontação entre os "dez cativos" com soldados da Holanda que também tinham sido capturados no Forte Maurício, estantes em Lisboa sob a custódia do cônsul holandês, Pedro Cornelius. Acompanhados pelo cônsul, que serviu de intérprete, três holandeses foram apresentados a cada um dos dez cativos, separadamente. O depoimento menos incompleto foi o do soldado Martim Kramer (grafado erradamente no processo como Crama), em 4 de setembro. Vale dizer, de passagem, que este holandês era católico, embora alistado no exército da WIC. Disse que Samuel Velho e Abraão Mendes eram naturais do Porto e católicos, que se fizeram judeus, segundo ouviu de portugueses. Abraão Bueno era francês, segundo Kramer, e o que chamavam de Jacob Polaco era polonês! Os demais não conhecia ou não sabia de onde eram. Acrescentou que, apesar de lutarem juntos no forte, não se dava com eles, nem quis embarcar no mesmo navio "por eles serem judeus".

No dia seguinte, os inquisidores ouviram mais quatro soldados, três ingleses e um escocês, servindo de intérprete o padre Onofre Eliseu. Os nomes dos depoentes, conforme o registro bizarro do notário, eram Guilherme Rahlif, Alexandre Holoc, Nicolau Perse e Guilherme Jonson. Na verdade, chamavam-se Wilhem Ratchif, Alexander Haller, Nicolas Pierce e Wilhem Johnson. O melhor depoimento foi o de Ratchif, que conhecia quase todos os cativos. Quanto aos *ashkenazim*, informou que

David Michael e Isaac Johannis eram alemães, o primeiro natural de Frankfurt e conhecido como "judeu alemão" no meio da soldadesca. Samuel Bar Iacob, disse que não conhecia e o judeu polaco, como todos sabiam, era "polaco". Quanto aos outros seis que estavam na alça da mira inquisitorial, Ratchif só sabia a naturalidade de três deles, por ouvir dizer: Abraão Bueno era francês; Isaac Carvalho, holandês; Samuel Velho, português, batizado católico "que se fez judeu".

Os novos testemunhos contra os "dez cativos" elucidaram um pouco mais a história para os inquisidores. Quanto aos *ashkenazim*, confirmou-se o óbvio: não eram portugueses, aliás nem falavam a língua. Foram libertados em outubro ou novembro de 1646. Os demais foram mantidos no cárcere para mais diligências. Com muita paciência, os inquisidores arguiram os próprios réus e avançaram um pouco mais a investigação. Suspeitaram, por exemplo, que Abraão Bueno, o judeu francês, talvez fosse natural da Torre de Moncorvo, arcebispado de Braga, a partir de informação do próprio réu acerca de seus pais. Também conseguiram que os cativos se acusassem uns aos outros, a exemplo do próprio Abraão Bueno, que denunciou Samuel Velho como natural do Porto. Outras testemunhas acrescentaram detalhes que deixaram os inquisidores atentos.

Seguindo essas pistas, os inquisidores de Lisboa solicitaram ao Tribunal de Coimbra a realização de diligências na cidade do Porto, para arguir testemunhas capazes de desvendar os casos de Samuel Velho e Abraão Mendes. Conforme o resultado, valeria a pena pesquisar nos livros de batismo da igreja de São Nicolau. No caso de Abraão Bueno, o "judeu francês", os inquisidores solicitaram diligências similares na vila de Moncorvo e foram além, perguntando a vários presos e, finalmente, ao próprio cônsul francês em Lisboa se o judaísmo era permitido no reino de França. Abraão Bueno dizia que o judaísmo era livre em La Bastide, onde dizia ter nascido. Os inquisidores simplesmente não sabiam...

O cônsul francês, homem de 65 anos, esclareceu o assunto em novembro de 1646, informando que o judaísmo era proibido em todo o reino de França, com exceção de Metz, antiga cidade imperial, e de Avignon, domínio pontifício. Confirmou, porém, que o sul da França estava cheio de cristãos-novos portugueses que viviam exteriormente como católicos, mas em casa praticavam o judaísmo. Citou particularmente a vila de La Bastide, nas cercanias de Bayonne, onde Abraão Bueno dizia ter nascido. E, para agravar a situação do rapaz, o cônsul acrescentou que conhecia bem a região por ser dela natural. O cônsul confirmou a suspeita dos inquisidores que, pelo visto, tinham pouca informação sobre o mapa político-religioso europeu. O fato é que, como vimos no primeiro capítulo, o judaísmo público estava proibido na França desde 1615, com exceção daquelas cidades.

Entrementes, o rei fustigava a Inquisição para soltar os judeus, pressionado que estava pelo governo de Haia. Em dezembro de 1646, os inquisidores decidiram liberar três judeus, dentre os prisioneiros do Forte Maurício, levando a termo os processos contra os demais. Esse foi o acordo, embora não documentado, entre a Coroa e a Inquisição. Os escolhidos para soltura foram Samuel Israel, Isaac Carvalho e Davi Shalom. Compreende-se a liberação dos dois primeiros, porque se saíram muito bem na prova de flamengo e não havia mais indícios contra eles. No caso de David Shalom, é difícil entender por que foi solto, uma vez que dizia ser natural de Amsterdã, mas não falava holandês. Tudo indica que Davi foi beneficiado pelo acordo secreto entre o rei e a Inquisição, pelo qual metade dos réus seria liberada, metade processada até o fim. Como havia indícios mais seguros contra Samuel Velho,[5] Abraão Mendes[6] e Abraão Bueno,[7] foram eles os escolhidos. Davi ficou livre, bafejado pela sorte.

A situação dos presos remanescentes complicou-se à medida que a Inquisição reunia provas de que os três não eram judeus de nascimento, senão cristãos convertidos ao judaísmo, logo apóstatas. O primeiro indício do perigo que corriam foi a transferência para os cárceres secretos. Os réus, no entanto, sustentaram até o limite a versão de que eram judeus. Durante meses, negaram-se a colaborar com o Santo Ofício, recusando-se, no início dos interrogatórios, a jurar pelos santos evangelhos. Somente juravam pelo "deus verdadeiro e único" — jogo de cena indispensável.

Samuel Velho e Abraão Bueno também conheciam muito bem a cláusula do tratado entre Portugal e as Províncias Unidas que protegia os judeus. Alegaram, cada um a seu modo, que eram vassalos do príncipe de Orange e, como tais, isentos do foro inquisitorial. Abraão Bueno chegou a dizer que estava "certo de que poderia se livrar muito brevemente por meio das instâncias que, da parte do príncipe de Orange, se hão de fazer com Sua

Majestade, em virtude do pacto que tem com os Estados (Gerais)". Samuel Velho também desafiou os inquisidores, sublinhando que era prisioneiro de guerra, rendido no Forte Maurício, e, como tal, "fazia jus à livre passagem" (para a Holanda) nos termos dos tratados em vigor. Afirmou, com todas as letras, que não podia ser detido por nenhuma razão ou pretexto, ainda que por motivo de religião. Percebe-se, claramente, que os dois estavam bem informados, não só do tratado de 1641 como das gestões diplomáticas em curso a favor da soltura dos judeus. A incomunicabilidade dos presos do cárcere inquisitorial não passava de ficção...

O mais interessante, porém, nessa fase em que os réus resistiram às pressões inquisitoriais, reside na obstinação dos três de se proclamarem judeus de nascimento, judeus de crença, judeus públicos. Uma vez judeus, sempre judeus e, portanto, a Inquisição não poderia proceder contra eles, muito menos obrigá-los a serem cristãos. A profissão de fé judaica sustentada por aqueles homens tornou-se sua grande peça de defesa! Se fossem considerados judeus, teriam de ser inocentados das acusações de heresia judaica. Paradoxal, sem dúvida, porém exato.

Os inquisidores também arguiram, nesse meio-tempo, companheiros de cárcere dos judeus presos. Um certo padre Antônio Nabo, preso por crime de solicitação, pois seduzia mulheres no confessionário, acusou Abraão Bueno de debochar da religião católica, dizendo que não passava de "uma panela sem água, sal nem adubo... dando com o pé no chão em forma de desprezo". Acusou-o também de dizer que ninguém entendia nada da Sagrada Escritura, em Portugal, porque somente as nações que sabiam hebraico podiam entendê-la. Para completar a cena, Abraão recitava sentenças que dizia constarem do Talmud. Se isso de fato ocorreu — e deve ter ocorrido — Abraão Bueno percebeu que o companheiro de cela — um padre muito desbocado — poderia mesmo acusá-lo na Mesa como judeu obstinado. Santa acusação! Era tudo o que Abraão queria para se livrar do cárcere como judeu reconhecido.

Mas Abraão exagerou na dose quando pediu ao padre, no cárcere, que lhe ensinasse a rezar o Pai-Nosso e a Ave-Maria, tudo para fazer chegar aos ouvidos dos inquisidores a notícia de que ele nada sabia de catolicismo. Abraão exagerou porque, a certa altura, para desconcertar o padre, interrompeu a lição dizendo que já conhecia aquelas orações e as recitou em "outra língua"... Padre Nabo também contou isso aos inquisidores, que, muito perspicazes, suspeitaram que Abraão poderia ter recitado as orações em francês, por tê-las aprendido em La Bastide. Os inquisidores estavam certos.

Em momento posterior do processo, os inquisidores resolveram colocar Abraão contra a parede, batendo na tecla de que o judaísmo era proibido na França, onde não havia sequer sinagogas, salvo em algumas cidades, mas não em La Bastide, de modo que o réu devia ter sido batizado como católico. Abraão, então, polemizou com os inquisidores, dizendo que os judeus não ergueram sinagoga em La Bastide para não provocar os católicos, nem despertar inveja; os templos judaicos — prosseguiu — eram muito ornamentados em ouro e prata, correndo o risco de ser roubados. Não fosse por isso, prosseguiu o réu, os judeus teriam erguido sinagoga em La Bastide, pois todos eram judeus públicos. Abraão foi interrogado, então, sobre a razão de os judeus erguerem sinagoga em Amsterdã, onde eram dotados de "mais grossos cabedais, podendo enchê-la de ouro e prata", arriscando-se a maior perigo de roubos e furtos. Abraão não perdeu a pose e respondeu que "o povo de Amsterdã não era cristão romano", não vendo "nenhum escândalo na lei de Moisés". Não tinha inveja dos judeus, nem implicava com a sinagoga.

Abraão Bueno mostrou, durante a maior parte do processo, enorme sagacidade para se defender e, ainda por cima, armar ciladas para os inquisidores, usando a seu favor o artifício da delação no cárcere, como fez com padre Nabo. Foi o que melhor se defendeu, dentre os três "prisioneiros do forte". Samuel Velho também fez o que pôde, embora tenha percebido que sua situação era muito frágil desde a "prova de flamengo". Mesmo assim, insistiu na sua imunidade diplomática, naturalidade holandesa e "nacionalidade" judaica. Vez por outra, tentou simular desconhecimento total do catolicismo, ao dizer, por exemplo, que não fazia ideia "do que era ser crismado". Abraão Mendes, embora soubesse falar neerlandês ou quase isso (o dialeto de Hamburgo), foi o mais frouxo dos três. Inseguro por saber-se batizado no catolicismo, e apavorado com o risco de ser mandado à fogueira, foi o primeiro a confessar tudo aos inquisidores.

Abraão Bueno, Samuel Velho e Abraão Mendes, três judeus novos presos na Inquisição de Lisboa. Quem eram eles, afinal?

IDENTIDADES FRAGMENTADAS

De cristãos a judeus, a verdade de cada um

Além de arguir várias vezes os três "prisioneiros do forte", vimos que os inquisidores mandaram fazer diligências no Porto e na vila de Moncorvo. Não vale a pena cansar o leitor com os detalhes dessas diligências, verdadeira pesquisa genealógica baseada em fontes paroquiais e testemunhos orais. As diligências realizadas em Trás-os-Montes, arcebispado de Braga, chegaram a localizar o batismo de um irmão de Abraão Bueno, mas somente dele. Em Moncorvo, Abraão não havia nascido. No caso de Samuel Velho e Abraão Mendes, o Santo Ofício descobriu tudo, inclusive os nomes cristãos dos acusados, examinando os registros de batismo das igrejas de São Nicolau, no Porto. Muniram-se os inquisidores de provas suficientes para dar um xeque-mate ao menos nesses dois *judaizantes* que se diziam judeus de nascimento.

Mas quem eram eles? Ou melhor: quem foram eles antes de se tornar judeus? Melhor ainda: como e por que se tornaram judeus?

Antes de tudo, os nomes de batismo: Abraão Mendes era Gabriel Mendes. Samuel Velho era João Nunes Velho. Abraão Bueno era Diogo Henriques. Esses eram os nomes católicos, os nomes que valiam para a Inquisição.

Gabriel era o mais jovem dos três, 22 anos. Era natural do Porto, solteiro, filho de cristãos-novos modestos. Seu pai, Filipe Mendes, trabalhou como sirgueiro, tecelão de seda. Sua mãe se chamava Maria Nunes. Quando informou sobre a família aos inquisidores, lembrou-se do nome dos avós, de dois tios, de duas irmãs e da tia Martha. Tinha dois irmãos, mas não disse o nome deles, nem o inquisidor perguntou. Ambos tinham partido para a Índia há tempos. Gabriel nunca mais os vira. A família devia ser criptojudia, pois o pai fora penitenciado pelo Santo Ofício em certa ocasião. Mas Gabriel não se lembrava de detalhes sobre o caso, ou fingiu não se lembrar.

Foi batizado na igreja de São Nicolau, no Porto, e se lembrava da madrinha, mas não do padrinho. Nunca foi crismado, nem tinha feito a primeira comunhão, embora tenha alcançado a "idade da razão ou discrição" estabelecida pela Igreja para comungar. Digo isso porque aos sete anos, Gabriel ainda vivia no Porto, frequentava a igreja e ia às missas com a família. Sabia rezar o Pai-Nosso e a Ave-Maria, embora tivesse esquecido os cinco mandamentos da Igreja. Foi sua mãe quem o enviou, por meio de um judeu francês, para Hamburgo, onde a comunidade de judeus portugueses era forte. Tinha apenas cerca de dez anos quando partiu do reino.

Em Hamburgo foi abrigado em casa de Diogo Nunes da Veiga, mercador português, casado, cujo nome judeu era Abraão Israel Passarinho, primo de Levi Mendes, um de seus tios paternos. A trajetória de Gabriel exemplifica um tipo de percurso comum a diversos meninos cristãos-novos nascidos em família criptojudia em Portugal. Quando não era a família toda que fugia em busca das "terras de liberdade", mandava alguns filhos por meio de algum parente ou amigo para que fossem criados no judaísmo. Uma vez na Holanda, Hamburgo ou mesmo em cidades do sul da França, os meninos eram adotados por algum tio, genro, primo mais velho ou amigo da família. No caso de Gabriel, filho caçula, sua mãe decidiu enviá-lo depois de enviuvar. Os irmãos já tinham ido para Goa. A mãe e as irmãs permaneceram no Porto. Família fragmentada.

Durante dois meses, Gabriel foi preparado para ingressar na comunidade judaica. Foi doutrinado por Abraão Israel, seu tutor, e por outros judeus que frequentavam a casa, em especial Isaac Milano, casado com Rachel Milana, e Moisés Zacuto. Os dois primeiros eram homens de 50 anos, o terceiro era jovem de 28 anos. Os três foram os principais responsáveis por sua conversão ao judaísmo, consumada com a circuncisão. Gabriel cresceu, portanto, na religião judaica com o nome de Abraão Mendes. Aprendeu as orações judaicas, participou das festas da comunidade. O aprendizado começara em Hamburgo e prosseguiu em Amsterdã, para onde se mudara com 14 anos. Deve ter feito *bar mitzvá* em Hamburgo, mas não tratou do assunto em suas confissões.

Foi para Amsterdã na companhia de um mercador, provavelmente um daqueles de quem era próximo, servindo como criado nos negócios. Ali frequentou a sinagoga e aprimorou seu conhecimento do judaísmo. Gabriel era um típico "judeu novo" da terceira geração de cristãos-novos que chegaram a Amsterdã já com a expansão holandesa avançada. Com base nas idades que tinha quando disse ter feito isso ou aquilo, chegara a Hamburgo por volta de 1636 e seguira para Amsterdã em 1640.

Em 1642 foi para o Brasil, como muitos outros jovens da comunidade, em busca do enriquecimento rápido que a Nova Holanda oferecia para os judeus. Ficou a maior parte do tempo em Penedo, depois de breve passagem pelo Recife, atuando como mercador a retalho. Gabriel Mendes, aliás, Abraão Mendes, era o tipo de jovem mercador odiado pelos pequenos negociantes holandeses, derrotados pelos judeus no comércio a varejo. Em Penedo pôde continuar na observância da lei judaica, pois ali havia uma *esnoga*, como vimos, cujo rabino era Samuel Israel, um dos "dez cativos do Forte Maurício", o tal que falava muito bem holandês e conhecia hebraico. Vivia em Penedo como judeu público e assim permaneceria, não fosse a queda do forte holandês que ajudou a defender, em setembro de 1645.

João Nunes Velho, homem de quase 30 anos quando foi preso, teve percurso distinto. Vou me permitir interpretar a história de João, contornando as versões mirabolantes que ele mesmo apresentou ao Santo Ofício, em diferentes confissões, quando ainda insistia ser natural de Amsterdã. Vou poupar o leitor de certas maquinações de João, enquanto réu, a exemplo de ter dito aos inquisidores que soube da existência de uma tal "lei de Moisés" aos 15 ou 16 anos! Na verdade, essa foi a idade em que João ingressou no judaísmo, já na Holanda, o que, convenhamos, faz enorme diferença.

João também era natural do Porto, reduto de cristãos-novos judaizantes, filho de Francisco Velho e Catarina Nunes. A família era criptojudia ou disso foi acusada, pois sua mãe já tinha saído em auto de fé do Tribunal de Coimbra, com pena leve. Em 1631, quando tinha cerca de 16 anos, João se apaixonou por moça cristã-nova chamada Branca. "Tratava de amores" com ela, o que pode significar que tinham um caso, uma primeira aventura amorosa e sexual para os dois. João estava disposto a se casar com Branca e desesperou-se ao saber que a família da moça estava de partida para a Holanda, fugindo da Inquisição. Vários membros da família de Branca tinham sido penitenciados por culpas de judaísmo e temiam ser outra vez acusados. Isso seria fatal, pois o Santo Ofício costumava mandar os relapsos à fogueira. Muitos cristãos-novos fugiram para a Holanda por razões semelhantes às da família de Branca.

Foi nesse contexto que João resolveu partir para Amsterdã. Fugiu para não perder Branca. Provavelmente combinaram casar-se na "lei de

Moisés", caso ele também topasse fugir de Portugal. João não quis saber de mais nada. Pediu socorro à mãe, para que acionasse parentes que viviam na Holanda, determinado a fugir para se unir a Branca. Em 1632, viajou para Amsterdã.

Abrigou-se na casa do tio Samuel Barbanel, mercador, cujo nome cristão era Jerônimo Rodrigues de Souza. Não foi preciso grande esforço dos parentes judeus residentes na Holanda para convencer João a converter-se. João lembrava-se da data exata da circuncisão, 24 de junho de 1632, além dos detalhes da cerimônia. Dois homens com vela na mão, um chamado Manoel Atias, o segundo Manoel Lopes de Leão. O *mohel* era alemão, chamava-se Jacob Levi. Lembrava-se também de "um prato que tinha a faca com que o cortaram". João bebeu cerveja enquanto lhe retiravam o prepúcio. Outros também beberam. Cena dramática, dolorosa.

Feito o curativo na ferida, João ganhou de presente 120 florins de "esmola", uma contribuição dos judeus presentes como estímulo para que aprendesse a lei judaica e a língua flamenga! João não mencionou a "esmola" do *mohel*, cujo ofício, como vimos antes, era uma *mitzvá* (obrigação). Mas duvido muito de que os *tudescos* com ofício de *mohel* não recebessem alguma ajuda dos sefarditas. Os judeus portugueses eram ricos, os *ashkenazim* pobres e raros sefarditas estavam habilitados para oficiar (e efetuar) a circuncisão, mormente sendo a demanda pelo rito muito elevada nesse tempo.

João lançou-se com entusiasmo aos estudos de judaísmo e da língua flamenga. No caso da língua não se saiu muito bem, haja vista o fiasco de seu desempenho no exame de Guilherme Rozen. João sabia de suas deficiências em neerlandês, fato que atribuía à sua mestra em Haarlem, cidade que distava 18 quilômetros de Amsterdã. A professora era uma flamenga católica, que também falava português, e isso perturbou seu aprendizado. Na religião judaica, João se saiu melhor, passou a conhecer as festas, seus significados, decorou as orações em ladino, algumas palavras em hebraico. Mas, também nessa matéria, João não foi brilhante. Só não vou dizer que era um "cristão já velho" por razões óbvias. Mas o rapaz tinha crescido no catolicismo, apesar do judaísmo que a família guardava em casa. João era, antes de tudo, um *marrano*, meio cristão, meio judeu, e, no momento de sua conversão, conhecia melhor a "lei de Cristo" do que a "lei de Moisés".

IDENTIDADES FRAGMENTADAS

De todo modo, em junho de 1632, João Nunes Velho começou a se transformar em um novo homem: Samuel Velho, "judeu novo". Seu sacrifício foi, porém, frustrante. A família de Branca, paixão de João, mudou-se, de fato, para Amsterdã, mas a moça se casou com outro, um certo Lopo da Cunha, cristão-novo. Há registro de que Branca e Lopo viviam como judeus públicos no Recife nassoviano. Tornaram-se "judeus novos". Pobre João ou Samuel, que mudou radicalmente sua vida por causa de amores. Nunca veio a se casar ou, pelo menos, não era casado quando caiu na teia do Santo Ofício. Restou-lhe o consolo do judaísmo, que abraçou com sofreguidão, certo de que salvaria sua alma nessa lei, além da carreira de negociante, típica dos judeus da Holanda.

O "judeu novo" Samuel Velho trabalhou na Holanda enrolando tabaco, um dos negócios de seu tio Barbanel. Carreira usual de jovens inseridos nas redes sefarditas. Começavam em funções subalternas para depois alçar voos mais altos. Na década de 1640, quando já era moço de 25 anos ou mais, foi para Pernambuco, integrando a crescente onda de imigrantes judeus. Viveu no Recife um tempo, mas fixou-se em Penedo, seguindo a orientação do rabino Samuel Israel.

Samuel Velho ou João Nunes foi o que amealhou a maior fortuna entre os "prisioneiros do Forte Maurício". Possuía nove casinhas nas cercanias do forte, três negros, negociava panos, emprestava dinheiro a juros, tinha créditos a seu favor e dívidas a pagar, mercador que atuava entre Recife, Paraíba e São Francisco. Não era comerciante graúdo, como um Duarte Saraiva, longe disso. Mas prosperava a olhos vistos, como tantos outros judeus no Brasil holandês, que chegaram *rotos* e ficaram *ricos*. Pegou em armas para defender a posição holandesa no rio São Francisco, atacada pelas tropas de João Fernandes Vieira. A rendição do Forte Maurício, em 1645, foi um baque na vida de Samuel ou João Velho. Pior do que a perda de Branca, muito pior.

Diogo Henriques, 25 anos, o que se dizia natural de França, tinha história ainda mais complicada, que contarei em seguida, depurando-a dos artifícios que o próprio Abraão contou aos inquisidores, enquanto réu, na esperança de enganá-los. Filho de Pedro Henriques, mercador, e Ana Vaz, o rapaz nem era francês, como dizia, nem português, como presumiam os inquisidores. Diogo nasceu na Espanha, por volta de 1620,

JERUSALÉM COLONIAL

em Medina del Rio Seco, escala usual na rota de fuga dos judeus que atravessavam os Pireneus no rumo da França. Os moradores de Moncorvo que testemunharam nas diligências confirmaram que o casal tinha mesmo sumido da vila há décadas, sem deixar rastro, mas nenhuma testemunha mencionou filhos.

Seus pais não tinham a intenção, ao menos de início, de se estabelecer em Amsterdã. O objetivo era fugir da Inquisição, talvez porque soubessem de acusações contra algum deles ou porque presenciaram prisões e castigos de parentes. A família tinha parentes em vários lugares, um tio materno que vivia na Itália, outro tio paterno que vivia na Bahia, tias e primos que viviam na França. Um caso típico de família sefardita da época, espalhada pelo mundo, entre fugas e negócios. O casal desejava recomeçar a vida noutra parte onde os judeus pelo menos não fossem perseguidos, ainda que obrigados ao batismo cristão, como na França. A mãe de Abraão estava grávida dele mesmo quando o casal fugiu. Uma temeridade. Ana Vaz teve o filho no caminho e quase morreu no parto. A família permaneceu cerca de quatro meses na vila castelhana e, para não despertar suspeitas no lugar, batizou o menino, que recebeu o nome de Diogo Henriques, na igreja local de Santa Marta.

Tão logo sua mãe deu sinais de recuperação, o casal partiu para a França com o bebê a tiracolo, fixando-se em La Bastide. A mãe de Diogo voltou a ficar doente, com sequelas do parto, sobretudo após a longa viagem de Medina del Rio Seco a La Bastide. Viagem penosa, correspondia a um trajeto de 60 léguas, ou seja, cerca de 360 quilômetros de caminhos íngremes percorridos a pé ou em carroças precárias. Ana Vaz não teve condições de cuidar do bebê e o entregou a uma parenta que vivia em Avignon, cidade papal onde o judaísmo era mesmo autorizado. Diogo foi circuncidado ali, aos dez meses, recebendo o nome de Abraão. Abraão Bueno. Mais tarde foi devolvido à mãe, plenamente recuperada, e foi criado em La Bastide.

O casal conseguiu refazer a sua vida na França, tendo mais cinco filhos, três meninos e duas meninas, que cresceram em La Bastide. Pedro Henriques, pai de Abraão, fez a circuncisão mais tarde, na Holanda, quando passou a se chamar Moisés ou Isaac Henriques. Os irmãos de Abraão, como ele, foram

IDENTIDADES FRAGMENTADAS

circuncidados em Avignon, embora tenham recebido batismo católico em La Bastide, como mandava a lei francesa. Viviam todos como criptojudeus não muito secretos. Celebravam as festas judaicas e recebiam instrução religiosa em escolas informais. Embora não pudessem frequentar sinagoga pública, proibida pela Coroa, não faltavam *esnogas* domésticas na vila ou na vizinhança para os judeus da região. O pai de Abraão manteve seus contatos comerciais no mundo ibérico, sobretudo em Casela, mas também em Navarra e Aragão. Vez por outra arriscava-se a cruzar a fronteira para fechar negócios ou trazer mercadorias, ocasiões em que retomava a identidade cristã e frequentava igrejas, para manter as aparências.

Abraão recebeu educação judaica, mas também frequentou a escola paroquial destinada aos meninos de La Bastide. Tornou-se fluente em francês e aprendeu um pouco de latim. Abraão parece ter tido uma educação católica pouco usual entre os meninos judeus na diáspora. Chegou a estudar filosofia com um padre, embora tenha recebido lições do Talmud, provavelmente ensinadas por ancião judeu de La Bastide. Quando tinha oito anos, perguntou ao pai por que os meninos católicos da sua escola não eram circuncidados. Por que não iam à igreja aos domingos, enquanto as famílias de seus colegas franceses sempre iam? Abraão cresceu prisioneiro de dubiedades. Vivia como judeu em família e como católico na escola. Na comunidade era chamado de Abraão; na escola, chamavam-no de Jacques. E sabia que seu nome de pia era Diogo. Teve mesmo de usá-lo quando acompanhou o pai, por duas vezes, em viagens à Espanha a negócios. Nessas ocasiões esteve em igrejas de Madri, Navarra e Aragão, rezando e comungando.

Em 1637 ou 1638, a família mudou para Amsterdã, provavelmente por decisão do pai, realocado na Holanda pelos chefes de sua rede de comerciantes. Era tempo de franca expansão marítima holandesa, em particular de negócios com o Brasil, onde os judeus portugueses mais atuavam. O pai de Abraão morreu na Holanda pouco depois de chegarem a Amsterdã. Ele mesmo passou a atuar como pequeno negociante, provavelmente a serviço de algum dos grandes *tratantes* da comunidade. Aprimorou, também, durante três anos, a sua formação judaica.

Em 1641 foi para Pernambuco, em meio ao *boom* da emigração judaica para a Nova Holanda. Viajou com a mãe e pelo menos dois ir-

JERUSALÉM COLONIAL

mãos, Jacob e Joseph Bueno, estabelecendo residência em Penedo. Tornou-se um dos muitos negociantes judeus que vendiam a retalho na colônia. E, enquanto judeu, frequentava os ofícios da *esnoga* dirigida por Samuel Israel. Seu grande azar foi estar no Forte Maurício em 18 de setembro de 1645, quando, consumada a derrota holandesa, passou a integrar o grupo dos "dez cativos judeus" enviados ao bispo da Bahia.

Os três casos permitem perceber, com nitidez, o tipo de transformação por que passavam jovens ou meninos cristãos-novos quando, em diversas circunstâncias, eram levados a abraçar o judaísmo dos ancestrais. Gabriel Mendes viveu até os 10 anos como menino cristão, João Nunes foi católico até os 16 ou 17 anos e mesmo Diogo Henriques, criado no judaísmo de La Bastide, recebeu instrução católica na infância. Todos, porém, transformaram-se em judeus convictos. Judeus novos. Mesmo quando admitiram ter sido batizados no catolicismo, os três confessaram aos inquisidores que, na maior parte de suas vidas, ou por toda a vida, como Diogo, não criam no mistério da Santíssima Trindade, senão no Deus único e verdadeiro. Não criam nos sacramentos. Jamais se confessaram, depois de convertidos, por não sentir que pecavam por assumir o judaísmo. Não criam nos santos, nem na Virgem Maria. Não criam que haveriam de salvar-se na lei da Santa Madre Igreja de Roma. Não criam em que o Messias já tinha chegado; pelo contrário, ainda o esperavam.

Eram homens com dupla formação religiosa, mas a católica, comparada à judaica, era muito imperfeita, além de restrita à infância. Mesmo João Nunes, que se converteu aos 16 ou 17 anos, vivia mergulhado numa família criptojudia. Até sua namorada era de família judaizante que fugira para a Holanda. Enquanto judeus, os três aprenderam as orações na "forma ladina" utilizada na doutrinação de cristãos-novos. Abraão Bueno até sabia um pouco mais de hebraico, por ter crescido em La Bastide. Os dois outros, porém, conheciam o judaísmo mais superficialmente. Mas enquanto viveram em "terras de liberdade", como Hamburgo, Amsterdã ou Pernambuco, foram observantes da lei judaica, ainda que em Penedo tudo fosse mais frouxo em comparação ao Recife, sede da *Zur Israel* e de seu implacável *Mahamad*. Os três eram, porém, vale insistir, judeus assumidos. Muito mais judeus do que os cristãos-novos convertidos por Isaac Aboab da Fonseca, nos anos 1640. Eram "judeus novos" "mais velhos" no judaísmo — se me for possível dizer uma coisa dessas — do que os "judeus novos" convertidos no Recife, homens "mais velhos" no catolicismo e mesmo em idade — alguns com mais de 40 anos.

Nossos cativos do Forte Maurício, agora reduzidos a três réus, uma vez provado seu batismo católico, viram-se na inglória tarefa de reconhecer que o judaísmo era uma heresia da qual queriam afastar-se. Tinham de admitir a "falsidade da lei de Moisés", por ser lei velha e não reconhecer que o Messias já tinha sido enviado — morrendo na cruz para salvar a humanidade. Ou bem se vergavam aos inquisidores, reconhecendo que sua crença era um erro de fé, ou bem se mantinham convictos no judaísmo, pagando com a vida o preço pela obstinação.

De judeus a cristãos, dissimulação necessária

Os três escolheram recuar, aceitando se *reduzir* à fé católica. Gabriel Mendes foi o primeiro a se entregar, ainda em 5 de setembro de 1646, quando "pediu Mesa" para confessar suas culpas. Contou uma história rocambolesca de um sonho que tivera no cárcere, no qual "morria e se perdia"; um pesadelo horrível, que interpretou como sinal de que sua teimosia seria castigada. Dispôs-se, então, a confessar tudo, a começar pela sua naturalidade portuguesa e pelo batismo católico, esperando que fosse tratado como réu "apresentado", isto é, o que voluntariamente se apresenta ao Santo Ofício para confessar heresias. Desconhecia ou fingiu desconhecer que esse benefício só era concedido, em princípio, aos que se entregavam sem estar denunciados. Não era o caso de Gabriel, que, apesar da confissão, ainda ficou mais de um ano preso, arguido sobre ritos, orações e nomes de outros apóstatas que conhecera na Holanda ou no Brasil.

João Nunes Velho foi mais duro na queda e só confessou tudo em 3 de junho de 1647. Fez uma confissão recheada de detalhes inverossímeis. Admitiu que se tornou judeu em Amsterdã, deu detalhes de tudo, mas construiu a versão de que sua conversão tinha sido um acidente. Atribuiu à mãe a iniciativa de mandá-lo para a Holanda, temerosa de que a Inquisição o apanhasse, como tinha feito com o pai e com ela mesma. Contou que só conhecera a "lei de Moisés" quando sua antiga namorada, Branca, disse que só se casaria com ele naquela lei. Mesmo assim confessou que, após converter-se, passou a crer somente na "lei de Moisés". Também permaneceu preso até fins de 1647, esclarecendo detalhes das cerimônias e fornecendo nomes de cristãos-novos hereges.

Diogo Henriques, por sua vez, desistiu de negar suas culpas em dezembro de 1646. Também foi criativo na invenção de atenuantes, ao dizer, por exemplo, que somente soubera que era batizado católico anos depois, quando estava para sair de La Bastide, de modo que teria vivido boa parte da vida pensando que sempre tinha sido judeu de nascimento... Se o companheiro João Nunes tinha confessado que tinha abraçado o judaísmo por acidente, Diogo Henriques disse o mesmo em relação a seu batismo católico. Um acidente de percurso, um "descuido".

Os três admitiram que haviam mentido para os inquisidores sobre os respectivos batismos por medo. Jurando sobre os santos evangelhos, e não mais pelo "deus único", lembraram que, tanto na Bahia como no navio que os levou presos para Lisboa, muitos diziam, com ar de deboche, que eles seriam queimados. Por tal razão — disseram aos inquisidores — decidiram se declarar judeus de nascimento — álibi que muitos outros "judeus novos" haveriam de utilizar. Contavam, também, com a eventual interveniência do príncipe de Orange, que acabou não chegando...

Colaboraram, ainda, com o Santo Ofício, fornecendo nomes de cristãos-novos portugueses que viviam como judeus públicos em Amsterdã, Hamburgo ou no Brasil. Essa era uma etapa essencial dos processos contra "judeus novos", sobretudo porque municiava o tribunal com informações eventualmente úteis em futuro próximo. Os réus não podiam deixar de colaborar, do contrário estariam protegendo hereges, dando provas de fidelidade à heresia. O resultado era a inclusão, nesse processos, de listas com dezenas de nomes, incluindo menção à mulher e aos filhos do acusado, além de descrições físicas, como mencionei no segundo capítulo. Era essencial, para a Inquisição, saber se o indivíduo era alto ou baixo, magro ou alto, a cor do cabelo ou a falta dele, algum sinal ou cicatriz. Isso fazia parte da ficha policial da época.

O fornecimento das listas nominativas não equivale, porém, a uma evidência de pusilanimidade, fraqueza ou arrependimento dos que as

IDENTIDADES FRAGMENTADAS

forneciam. Digo isso porque a imensa maioria dos nomes indicados era de nomes judeus dos acusados. Em raros casos indicavam o nome cristão, dizendo que não se lembravam senão do nome judeu. Ora, sem o nome cristão, os inquisidores ficavam muito limitados na sua base de dados manuscrita, porque era esse o nome que o judeu de Amsterdã usava, quando ia a negócios para as "terras de idolatria". Conservava seu nome cristão como um codinome para circular no mundo católico, dissimulando a identidade judaica. Além disso, o nome cristão também era, como vimos, o nome dos negócios usado nos contratos, mesmo quando firmados em cartórios holandeses. O nome cristão era valioso. Desconhecendo os nomes cristãos de suas listas, os inquisidores só podiam agir vasculhando registros paroquiais e ordenando diligências, como no caso dos "prisioneiros do Forte Maurício". Para valer a pena tanto esforço, só com os acusados já presos no cárcere.

O recuo dos "judeus do forte" livrou-os da fogueira, mas não da condenação inquisitorial. O Santo Ofício condenou os três a saírem no auto de fé de 15 de dezembro de 1647 para fazer *abjuração em forma* do judaísmo. Tiveram confiscados os bens, que não eram muitos, mas era tudo o que tinham. Foram sentenciados também a cárcere a arbítrio dos inquisidores, ou seja, obrigados a ficar em Lisboa pelo tempo que o Santo Ofício desejasse, recebendo instrução religiosa no colégio da doutrina, além de fazer penitências espirituais periódicas. Enfim, foram condenados a usar o infamante hábito penitencial. No caso de qualquer inobservância dessas penas, como tirar o hábito por conta própria ou sair de Lisboa sem autorização do tribunal, seriam — se capturados — julgados como relapsos e sujeitos a penas piores, talvez a fogueira.

Os réus do Santo Ofício condenados pelo Tribunal de Lisboa a "cárcere" perpétuo ou ao arbítrio dos inquisidores em geral tinham de viver na rua de Santa Marinha, no bairro da Graça. Há depoimentos de que o bairro ou a rua era lugar que molestava muito a quem ali morava, por ser rua de "muitas desonestidades" — entenda-se prostituição — frequentada por ladrões e vadios. Tudo se agravava quando o morador ainda usava o hábito penitencial, que tinha de vestir mesmo por cima da roupa comum, sinalizando que tinha sido condenado pelo Santo Ofício. Ninguém respeitava quem usasse o hábito ou dava trabalho a ele. Até conseguir esmolas não era fácil.

Gabriel, João e Diogo viveram ali por algum tempo, de onde saíam para cumprir as penitências espirituais, receber instrução católica e fazer algum serviço. Gabriel Mendes conseguiu autorização para tirar o hábito em março de 1648, apenas três meses depois do auto de fé. Suplicou aos inquisidores em nome da "morte e paixão do senhor Jesus Cristo" para que tivessem pena de suas misérias, tirando-lhe o hábito. Em junho de 1651, foi autorizado a sair de Lisboa e a embarcar para o Brasil, como pedia, por ter dado mostras de ser bom católico nos quase quatro anos de confinamento.

João Nunes Velho também pediu para tirar o hábito em março de 1648, alegando não ter meios de granjear seu sustento com aquele traje e lembrando que só tinha abandonado a fé católica por ser, na época, "moço de pouco entendimento", dizendo-se muito arrependido. Conseguiu seu intento e não pediu mais nada à Inquisição. Diogo Henriques pediu para se livrar do hábito penitencial logo após vesti-lo no auto da fé. Muito apressado, teve duas petições indeferidas até ser contemplado em março de 1648. Depois disso, sumiu sem deixar rastro.

Tais pedidos eram costumeiramente atendidos pela Inquisição três ou quatro meses depois de aplicada a sentença. Os inquisidores sabiam que o uso daquele traje condenava o infeliz à miséria e à execração pública. Mantinham, porém, o castigo por algum tempo, para que purgassem nas ruas da cidade os erros cometidos. Também era praxe tais pedidos serem redigidos com máxima humildade; o postulante tinha de jurar sua fidelidade ao catolicismo, renegar totalmente os erros passados e suplicar misericórdia pelas lágrimas de Nossa Senhora, pelas chagas da Paixão de Cristo e outras invocações. Era procedimento comum, com textos redigidos ou ditados por "profissionais do ramo", quem sabe procuradores do próprio Santo Ofício.

O arrependimento declarado e as demonstrações de apego ao catolicismo registrados nessas petições não queriam dizer grande coisa, exceto que o condenado estava em tremenda dificuldade e precisava tirar o hábito, sair da cidade ou da rua "desonesta" do bairro da Graça.

Como passaram a viver os "três cativos" do São Francisco após a experiência inquisitorial? Tornaram-se cristãos? Voltaram a ser presos? Ousaram regressar ao judaísmo?

Gabriel Mendes, o mais assustado dos três, parece que se esforçou para reassumir a identidade católica que tinha deixado aos dez anos. Cumpriu as penitências espirituais com denodo, deixou-se instruir na doutrina católica e só saiu de Lisboa com a autorização do Santo Ofício após quatro anos, vivendo de trabalhos subalternos, passando dificuldades. Quando obteve, enfim, a suspensão do "cárcere em Lisboa", escolheu voltar para o Brasil, não para Pernambuco, senão para a Bahia. Chegando a Salvador, foi reconhecido por antigos moradores do rio São Francisco, que logo o denunciaram ao vigário da Vara Eclesiástica. Alguns lembravam-se de detalhes sobre sua vida em Penedo, a exemplo de que não aceitava tocar em dinheiro aos sábados, mesmo que alguém lhe quisesse pagar dívidas. Quando havia alguma procissão católica, ele e seus amigos viravam as costas, "metendo-se pelas casas". Alguns o tinham visto entrar na sinagoga do Recife, muitos na *esnoga* de Samuel Israel.

Gabriel tentou se explicar, mas não adiantou. Acabou embarcado de volta para Lisboa e encarcerado outra vez no Santo Ofício. Só não foi processado e penitenciado pelo mesmo delito uma segunda vez porque a Inquisição tinha seus arquivos organizados e a memória de seus procedimentos. Apurou que o rapaz já tinha sido penitenciado pelas culpas constantes das "novas" denúncias e o liberou. O azarado Gabriel Mendes teimou em voltar para a Bahia. Queria distância de Portugal, mas também da Holanda. Queria esquecer que um dia fora o judeu Abraão Mendes.

João Nunes Velho voltou para a Holanda, ainda em 1648, sem pedir autorização à Inquisição. Fugiu outra vez para Amsterdã, como tinha feito aos 16 anos. Tinha parentes ali. Logo em julho de 1648, assinou como Samuel Velho a ata da irmandade *Ghemilut Hassadim,* da qual se tornou membro. Mais tarde, não hesitou em incluir seu nome na lista de súditos da Holanda a serem indenizados pela Coroa portuguesa, conforme o tratado de paz de 1661, ratificado em 1663. Na lista de credores, datada de 1672, Samuel Velho consta como credor de cerca de 18 mil florins.[8] Samuel já passava dos 50 anos, nessa época, mas tentou o artifício de receber indenização de guerra quando, na verdade, seus bens tinham sido confiscados pela Inquisição. Não sei se conseguiu a proeza. Mas viveu como judeu até seus últimos dias. Deve ter aprendido melhor a língua flamenga e as orações hebraicas...

JERUSALÉM COLONIAL

Diogo Henriques só reaparece em 1655 e quem o redescobriu foi o historiador Elias Lipiner.[9] Reaparece enquanto Abraão Bueno, postulando a reintegração no judaísmo após viver na idolatria por alguns anos. Abraão é citado no parecer de um grande rabino do Marrocos, Jacob Sasportas, consultado sobre se era lícita a readmissão de Abraão Bueno. Vimos, no primeiro capítulo, que tais casos eram comuns.

O rabino em questão oficiava no Marrocos, o que poderia sugerir que Abraão buscou integrar-se àquela comunidade sefardita. Mas o mais provável é que tenha voltado para Amsterdã, onde já deviam estar também seus irmãos e outros que fugiram do Recife após a derrota holandesa. A consulta deve ter sido feita ao rabino marroquino por conta de seu conhecimento da jurisprudência no assunto. Era comum, de igual modo, esse tipo de consulta a rabinos distantes, base de uma literatura normativa conhecida como *responsa*.[10] Seja como for, citando a Bíblia hebraica e comentários talmúdicos, o rabino reconheceu que Abraão Bueno tinha sido vítima da intolerância católica. Um "tição arrebatado da fogueira", expressão levítica (18:5), um jovem que só tinha aderido à idolatria para salvar sua vida. "A Lei do Sinai fora baixada para viver por ela, e não para morrer por ela", concluiu o rabino com sua erudição bíblica. Abraão voltou a ser judeu. Diego ou Jacques, seus nomes em português e francês, foram deixados para trás.

2. O PRIMEIRO RENEGADO DO BRASIL

Miguel Francês, cujo nome judeu era Davi Francês, desembarcou em Lisboa em 25 de fevereiro de 1646 e foi logo enviado aos cárceres da Inquisição.[11] Tinha, então, 34 anos, era homem mediano, cabelo castanho, rosto sardento, solteiro. Chegou a Lisboa acusado de praticar publicamente o judaísmo no Recife holandês — o que era verdade. Mas Miguel não vivia mais entre os judeus do Recife, senão na Várzea do Capibaribe, entre os insurretos liderados por João Fernandes Vieira, quando foi preso por ordens do auditor da guerra, Domingos Ferraz de Souza, no final de 1645. Havia renegado o judaísmo, persuadido pelo maior defensor do catolicismo no Brasil holandês, frei Manuel Calado do Salvador. Por ter vivido entre os judeus, no entanto, Miguel era naturalmente suspeito de espionar em favor dos holandeses. Ainda teve a sorte de ser enviado à Inquisição, ao invés de ser sumariamente executado pelos rebeldes, como ocorreu com alguns judeus no início da guerra.

Miguel Francês foi o primeiro judeu do Brasil que regressou voluntariamente ao catolicismo. Mais do que isso, foi o primeiro "judeu novo" a fazê-lo, dentre os que acompanharam os holandeses na aventura pernambucana. Miguel Francês não era um dos muitos cristãos-novos que se deslumbraram com a sinagoga do Recife, deixando-se converter pelo rabino Isaac Aboab, para depois retornar ao catolicismo diante da iminente derrota flamenga na "guerra da liberdade divina". Não. Miguel Francês não era um desses, senão um "judeu novo" típico, com trajetória parecida com a dos nossos "prisioneiros do Forte Maurício".

Além disso, Miguel foi um dos primeiros "judeus novos" estantes no Brasil a cair na teia inquisitorial. Antes dele, somente Isaac de Castro, cujo processo, em Lisboa, começou em 1645. Mas Isaac de Castro, como veremos, nunca foi renegado; pelo contrário, foi tido e havido como mártir da "nação hebreia" pelos judeus da Holanda. Miguel Francês, ao contrário, apresentou-se como católico assumido para os inquisidores de Lisboa e fez de tudo para colaborar com o tribunal. Contou o que sabia dos judeus públicos da Holanda, de Hamburgo e do Brasil. Descreveu as cerimônias em detalhe, dando um toque pessoal muito criativo às suas narrativas. Escreveu para os inquisidores diversas orações judaicas em ladino ou, como querem alguns, em castelhano. Como foi um dos primeiros a fazê-lo, Miguel deve ter encantado os inquisidores que, como vimos, conheciam apenas o judaísmo estereotipado dos monitórios regimentais: guardar o sábado, não comer carne de porco, jogar água fora dos potes quando alguém da casa morria... Miguel descreveu a sinagoga por dentro.

Enfim, Miguel Francês pertencia a uma extensa família de cristãos-novos que havia se espalhado pela Itália, para Hamburgo, pela Espanha, Holanda, França, Índia, Brasil, a maioria deles como judeus públicos. Uns com máxima convicção, outros nem tanto. Miguel pertencia à família dos Bocarro Francês, exemplo típico da mescla entre parentela e rede comercial sefardita na Época Moderna.[12] O caso dele promete surpresas.

JERUSALÉM COLONIAL

Uma família de judeus novos

Miguel nasceu em Lisboa, em 1610, filho de Pedro Francês, mercador de panos, e de Beatriz Soares, ambos cristãos-novos de quatro costados, naturais de Abrantes, na antiga província do Ribatejo, no centro de Portugal. Foi batizado na igreja de São Julião, em Lisboa, vivendo como cristão até os 15 anos, quando se converteu ao judaísmo. Talvez tenha sido crismado, do que disse não se lembrar ao certo, quando se tratou do assunto com os inquisidores.

A família de Miguel Francês era como muitas outras famílias de cristãos-novos, cujos pais procuravam guardar a memória da origem judaica, embora separados por mais de um século da conversão forçada (1497). Era família de criptojudeus. Seu pai, Pedro Francês, e um tio chamado Miguel Francês também tinham sido processados pelo Santo Ofício e condenados, por volta de 1625, à abjuração em forma, cárcere e hábito penitencial, a exemplo dos "dez cativos do forte". Foi nessa época que a família de Miguel Francês resolveu fugir de Portugal para as "terras de liberdade", começando pela escala costumeira de Saint-Jean-de-Luz, no sudoeste da França. Toda a família se "reconverteu" ao judaísmo: pai, mãe, Miguel, seus quatro irmãos e suas duas irmãs.

Outra banda da família fugiu de Portugal na mesma época. Refiro-me, em especial, ao ramo mais famoso dos Bocarro Francês, berço de dois cristãos-novos ilustres: o cronista Antônio Bocarro (1594-1643), autor do *Livro do Estado da Índia Oriental,* e Manuel Bocarro Francês (1588-1662), médico, matemático, astrônomo, astrólogo e poeta renomadíssimo no século XVII. Não é caso de abrir um atalho na história de nosso Miguel para tratar de um personagem já muito estudado por especialistas na história da ciência e do *sebastianismo*[13] — esperança de retorno do jovem rei português morto em Alcácer-Quibir. Isso sem falar nos estudiosos da própria família Bocarro Francês. Algumas palavras são, porém, necessárias.

Filho do médico Fernão Bocarro, natural de Estremoz, no Alentejo, e de Guiomar Martins, natural de Abrantes, Manuel Bocarro Francês foi um dos nove filhos do casal. Estudou na Universidade de Alcalá de Henares, uma das principais da Espanha, e na Universidade de Coimbra. Não se comprova ter estudado na universidade francesa de Montpellier, principal centro de estudos médicos da época. Certamente não foi pela experiência francesa, ao contrário do que alguns presumiram, que Manuel Bocarro também trazia o sobrenome Francês. Tratava-se de um nome de família compartilhado por vários de seus irmãos.

Manuel Bocarro é tido como o único judeu que defendeu a crença sebástica, misturando política com astrologia, numa obra de título curioso: *Anacephaleosis da monarquia lusitana*, cuja primeira parte foi publicada em 1624 e a quarta — a mais famosa — em Roma, dois anos depois. A palavra *anacephaleosis* vem do grego e significa "recapitulação". No caso de Bocarro, a recapitulação da história portuguesa foi mesclada com prognóstico político, em parte providencialista, em parte astrológico. Bocarro já tinha publicado, em 1619, um *Tratado dos cometas*, exprimindo ideias reconhecidas por ninguém menos do que Galileu Galilei. Misturando astronomia e política, Bocarro prognosticou, como outros de seu tempo, a volta do "rei Encoberto", que para ele não seria dom Sebastião — não mais — senão dom Teodósio, sétimo duque de Bragança, filho da infanta dona Catarina, rival de Filipe II na disputa pela Coroa portuguesa, em 1580.

Manuel Bocarro viveu em Roma, Amsterdã, Hamburgo, Florença e Livorno, todas elas cidades de comunidades sefarditas sólidas. Suas convicções políticas nunca foram, porém, muito firmes ou, pelo menos, eram menos pró-lusitanas do que se imagina. Tanto é que, mais tarde, no contexto da Restauração portuguesa (1640), Bocarro apoiou os Filipes. Tinha negócios com a Coroa espanhola. A família estava no círculo de cristãos-novos portugueses (ou mesmo judeus) protegidos pelo conde-duque de Olivares, principal ministro de Filipe IV, homem que, como vimos, tentou disputar com os holandeses, inimigos da Espanha, os benefícios das redes comerciais sefarditas. A rede dos Bocarro Francês foi uma das pinçadas pelo ministro espanhol. Manuel Bocarro, embora vivesse como judeu público em Hamburgo, nos anos 1630, tornou-se o representante comercial da Espanha naquela cidade, contratado para o fornecimento de armas, couros e panos de lã para o exército espanhol. Só rompeu com a Espanha após a queda de Olivares, em 1643.[14] Manuel Bocarro, erudito dedicado a observar cometas e a escrever obras políticas, era também um negociante de *grosso trato*.

JERUSALÉM COLONIAL

A história de Miguel Francês se cruza, de maneira formidável, com a de Manuel Bocarro, embora integrassem ramos e gerações diferentes da família. Manuel Bocarro, nosso personagem graúdo, era jovem de 23 anos quando nasceu Miguel Francês. Eram primos de primeiro grau. O pai de Miguel, Pedro Francês, era irmão de Manuel Bocarro, um dos nove filhos do médico Fernão Bocarro, todos netos do "patriarca" Manuel Francês. À diferença do irmão Manuel, celebrizado por seus conhecimentos eruditos, o pai de Miguel era apenas comerciante de tecidos. Todos eram criptojudeus e vários deles tornar-se-iam judeus públicos no início do século XVII. Pais, filhos, irmãos, primos...

Manuel Bocarro foi ainda decisivo na educação judaica de seu primo, Miguel Francês, apesar das diferentes rotas de fuga. Manuel Bocarro fugiu de Portugal para Roma, em 1624, sabedor de que seu irmão, o cronista Antônio Bocarro, então preso pela Inquisição de Goa, tinha denunciado vários membros da família por judaísmo. Manuel Bocarro já era homem de 36 anos nessa altura. Miguel Francês era um rapazola de 15 anos quando sua família fugiu para a Saint-Jean-de-Luz, na mesma época.

Por volta de 1630, talvez um pouco antes, Manuel Bocarro mudou-se para Hamburgo, onde se converteu ao judaísmo e se tornou adido comercial da Coroa espanhola. Foi também nesses anos que a família de Miguel Francês deixou Saint-Jean-de-Luz, fixando-se no porto de Calais, nos Países Baixos espanhóis. É óbvio que a família não trocou o sul da França pelo litoral belga em busca de maior liberdade religiosa. A rigor, os judeus eram menos molestados no sul da França do que em território dos Habsburgo. O criptojudaísmo em Sain-Jean-de-Luz podia correr mais solto, menos secreto. O mais provável é que o pai de Miguel, Pedro Francês, tenha sido deslocado para atuar no porto belga, conforme os interesses da rede Bocarro Francês. Era tempo de ligação da família com o conde-duque de Olivares.

Foi nessa fase da vida que Miguel passou, também ele, a se dedicar ao comércio, vivendo como criptojudeu, pois em Antuérpia "não era permitido declarar-se na lei de Moisés". Era possível professá-la em casa ou em *esnogas* secretas. Declará-la, não. Viveu ali com seu irmão, enquanto outro foi enviado para Amsterdã. Cartas embaralhadas: os Bocarro Francês negociavam com a Espanha, mas apostavam na Holanda.

Mas foi ainda em Calais que Miguel Francês e seus irmãos — até mesmo o pai, a mãe e outros exilados — receberam instrução judaica mais sólida. Quem foi o mestre? Manuel Bocarro Francês, que visitava periodicamente o grupo e chegou a passar temporadas ali, dirigindo a *esnoga* da família. Parece ter ministrado um curso intensivo de judaísmo para os parentes... Miguel Francês, que diante dos inquisidores se gabava de ter voltado ao catolicismo, não escondia a admiração pelo primo sábio. "Doutor Manuel Bocarro" — eis como se referia a seu primo, informando ter sido ele o "predicante" da família e de mais judeus exilados, doutrinando "nas cerimônias da lei de Moisés todas as vezes em que acabavam de comer e mais ocasiões em que o trabalho da jornada dava lugar..." Manuel Bocarro Francês já era, nessa altura, um "judeu novo". Circuncidado e com novo nome: Jacob Rosales Hebreu.

Miguel Francês prosseguiu na sua carreira de mercador da "rede Bocarro" e professante da "lei de Moisés". Frequentava diariamente a sinagoga, aprendeu as orações, tornou-se judeu. Viveu um tempo em Hamburgo, esteve também na Itália, sempre a negócios, mas só se submeteu à circuncisão em Amsterdã, a "Jerusalém do Norte". O *mohel* foi sefardita, Isaac Cohen de Azevedo, cujo nome cristão era Henrique de Azevedo, natural de Lisboa, 40 anos, magro, barba castanha. Miguel passou a se chamar Davi Francês, tornando-se um judeu entusiasmado, como a maioria dos "judeus novos", rejeitando o cristianismo *in totum*. Foi para o Brasil, cerca de 1639, para *ir a valer más*. Ganhar mais dinheiro, ascender na hierarquia dos Bocarro Francês.

Topou, no entanto, em plena "Jerusalém colonial", com a esmagadora maioria de católicos residentes no Recife e em Olinda, igrejas funcionando, procissões na rua. Não via coisa parecida desde os 15 anos, apesar de ter morado em Antuérpia e Calais. No Brasil, o agora Davi Francês reencontrou-se com o catolicismo português, temperado pelo calor do trópico, pelos batuques de negros, pelo desfile de potiguaras calvinistas e tapuias seminus. Seguiu no judaísmo, mas ficou mexido. Pelo que viu, ficou abalado em sua fé. Pelo que ouviu — de frei Manuel Calado — decidiu regressar à "lei de Cristo".

A escolha católica de Miguel

Miguel Francês não sabia dizer exatamente quando tinha abandonado a "lei de Moisés". Presumia que já se tinham passado "alguns anos quando entendeu que estava errado" ao perseverar no judaísmo. Disse que, ainda em Antuérpia e Hamburgo, tinha feito duas vezes confissão em igrejas, mas foi no Brasil que voltou à "lei de Cristo", depois que "se comunicou com frei Manuel dos Óculos". Miguel contou ter procurado frei Manuel, na Várzea, pedindo para confessar e se reduzir à fé católica, o que fez no dia seguinte. Frei Manuel teria agido com prudência, recomendando que Miguel pensasse muito bem naquela decisão. Decisão tomada, retorno garantido ao catolicismo.

É verdade que frei Manuel Calado não tinha poderes para absolver hereges como Miguel. A heresia não era apenas um pecado, mas um delito de fé afeto à jurisdição exclusiva da Inquisição. A autorização que frei Manuel recebeu do papa, em 1641, para "absolver de casos reservados" dizia respeito à jurisdição do bispo, não da Inquisição.[15] Os judeus que frei Manuel e outros frades reconduziram ao catolicismo tiveram de responder ao Santo Ofício mais tarde. Mas essas reconversões tinham algum valor, tanto para a Igreja como para os judeus arrependidos. A cada reconversão a Igreja colhia uma vitória simbólica contra o judaísmo e desmoralizava a sinagoga. O reconvertido, por sua vez, ganhava ao menos algum atenuante, caso fosse preso pela Inquisição no futuro.

O mais espantoso é que Miguel parece ter retornado ao catolicismo muito cedo. Chegou ao Recife em 1639 e ali ficou apenas alguns meses, mudando-se para a Várzea, onde fazia pequenos negócios. Tudo indica que abandonou o judaísmo no início da década de 1640, talvez depois da autorização recebida por Manuel Calado para "absolver de casos reservados" em confissões sacramentais. Miguel reconverteu-se, portanto, em 1641, no máximo em 1642. Não fez como muitos "judeus novíssimos", *reduzidos* ao catolicismo, em 1645, com medo da insurreição pernambucana.

O próprio Miguel contou ter presenciado algumas dessas reconversões na Várzea, mencionando um certo Abraão Tudesco e outro chamado Bento Henriques, cujo padrinho foi o próprio João Fernandes Vieira.

Ambos retornaram ao judaísmo tão logo puseram os pés no Recife. Afinal, que motivação poderia ter um judeu *askhkenazi*, o tal Tudesco, para abraçar o catolicismo, exceto o medo de alguma represália? Muitos judeus capturados no início da rebelião foram enforcados sem qualquer julgamento, apenas por ser aliados dos holandeses. No início da rebelião, Miguel Francês *apenas* foi preso, enviado ao auditor da guerra e transferido ao bispo da Bahia. Prudência de João Fernandes, que mandou prender muitos que julgava passíveis de trair a "causa da liberdade".

A razão da precoce reconversão de Miguel Francês ao catolicismo é um mistério. Nas diásporas francesa, flamenga e holandesa, Miguel parecia ser um judeu convicto, a exemplo de seu pai, seus irmãos, toda a família, enfim. Mas, com pouco tempo de Brasil, voltou ao catolicismo. Saudade do catolicismo português que não vivenciava desde os 15 anos? Improvável, sobretudo porque sua parentela estava repleta de judaizantes, inclusive "doutores". Alguma desavença pessoal com os judeus do Recife, como ocorreu em outros casos de reconversão? Nada há, no processo, que sustente essa hipótese. Arrependimento sincero por ter abandonado Cristo? Na verdade, é impossível saber ao certo por que Miguel Francês abandonou tão cedo o judaísmo no Brasil, depois de viver 15 anos como judeu nas "terras de liberdade".

Mas o gesto intempestivo de Miguel Francês no Brasil não foi o único na família dos Bocarro Francês. Gaspar Bocarro Francês, irmão mais novo de Manuel Bocarro, faria o mesmo em 1641. Gaspar tinha a mesma idade de Miguel, ambos naturais de Lisboa, provavelmente brincaram juntos quando meninos. Gaspar tinha, porém, estudado dez anos no colégio jesuíta de Santo Antão, em Lisboa, o que não ocorreu com Miguel, até onde sei. Com pouco mais de 20 anos, Gaspar juntou-se aos parentes, em Hamburgo, com escala em Saint-Jean-de-Luz. Conviveu com Miguel no sul da França e em Hamburgo, como ambos admitiram no Santo Ofício. Ambos tinham sido instruídos no judaísmo pelo mesmo mestre: Manuel Bocarro Francês. Converteram-se na mesma época, em Amsterdã, quando Gaspar passou a chamar-se Uziel Rosales, mesmo sobrenome adotado pelo irmão famoso.

Gaspar tinha melhor formação cultural do que Miguel. Iniciou estudos de medicina em Leiden, mas logo abandonou a universidade e a própria Holanda. Prosseguiu os estudos em Pádua, mas também se enfadou. Viveu cinco anos na Itália como representante comercial dos Bocarro Francês na região, mas talvez não gostasse do ofício. Há registro de rixas entre ele e outros membros da família. Também há registro de que frequentou casas da nobreza italiana. Gostava mesmo era de fazer a guerra, pois combateu em armadas espanholas, "sob a bandeira lusitana", no final dos anos 1630.

Na família Bocarro Francês havia hierarquia no interior das parentelas mais ricas e cultas, prevalecendo os mais velhos ou ilustres, e também no seio das parentelas restritas, as menos cultas seguindo a orientação das mais bem postadas. Miguel nutria admiração pelo primo mais culto, Gaspar, do mesmo modo como seu pai, Pedro Francês, admirava e seguia o irmão Manuel Bocarro. Miguel Francês, a exemplo do pai, era do ramo mais pobre — e menos instruído — da família. Davam duro no comércio, obedeciam ordens. Miguel ainda se aventurou nos estudos, ao menos tinha livros que levou consigo para o Brasil. Os Bocarro Francês da outra banda eram diferentes. Gaspar quase foi médico, frequentou a nobreza de Pádua e mandou carta direta ao embaixador do rei. Manuel Bocarro, então, nem se fala. Além de intelectual renomado, era adido do rei de Espanha em Hamburgo. Recebeu do imperador Ferdinando III, em 1641, o título de conde Palatino, o que lhe assegurou direitos de cidadão em Hamburgo.

O choque intrafamiliar deu-se na banda nobre do clã, quando Gaspar afrontou seu irmão Manuel Bocarro em defesa da casa de Bragança, enquanto esse último mantinha-se fiel aos Filipes. Seria essa a única razão ou haveria também desavenças comerciais no interior da rede Bocarro Francês? O fato é que Gaspar Bocarro Francês ou Uziel Rosales escreveu, em 1641, ao embaixador português na Holanda, Tristão de Mendonça Furtado, oferecendo-se para lutar ao lado de Sua Majestade, el rei dom João IV. Acusou o irmão ilustre, a quem chamou de "apóstata ímpio", acusando-o de "violentar-lhe a consciência e reduzi-lo aos abusos de sua religião (judaica)" — o que muito o aborreceu, acrescentou, por ser cristão batizado com dez anos de estudos na Companhia de Jesus. Pedia proteção para voltar a Portugal e *algum socorra ad panem nostrum quotidianum* — maneira elegante de pedir auxílio financeiro à Coroa.[16]

O embaixador português hospedou-o por um tempo em Haia. Sua jovem esposa, Sara de Souza, judia de nascimento, foi convertida ao catolicismo, apadrinhada pelo próprio embaixador. Regressou a Lisboa na comitiva diplomática, mas não escapou da prisão inquisitorial. Nem poderia, considerado o passado recente de "judeu público". Além disso, a Inquisição portuguesa — filipina, como vimos — não perdia oportunidade de fustigar a monarquia portuguesa restaurada. Gaspar Bocarro Francês saiu no auto de fé de 6 de abril de 1642, mas recebeu pena muito leve. Acusou membros da família e contou detalhes da vida judaica em Amsterdã, Hamburgo e outras partes da diáspora sefardita. Prestou, assim, bom serviço à Inquisição, além de agradar ao rei por romper com o ramo Bocarro Francês aliado da Espanha. Afinal, a guerra entre Portugal e Espanha estava apenas no início e o apoio dos capitais sefarditas era essencial para os dois lados.

É perfeitamente possível que Miguel Francês tenha sabido da atitude do primo Gaspar, seu amigo de infância, companheiro de exílio na mocidade, colega de estudos judaicos e de conversão em Amsterdã. As notícias corriam mundo nessa época com mais rapidez do que se imagina, embora não chegassem antes de um mês ou dois, de Lisboa ao Recife. Miguel Francês pode muito bem ter seguido o exemplo de Gaspar quando decidiu retornar ao catolicismo da infância e da mocidade. Miguel jamais disse isso aos inquisidores, realçando, antes, a sua própria vontade e o auxílio espiritual de frei Manuel Calado. Mas, à falta de outras razões concretas para uma reconversão tão precoce no Brasil, qualquer conjectura é lícita.

Um judaísmo "barroco"

O processo de Miguel Francês é muito rico em registros sobre as cerimônias judaicas, só perdendo, entre os judeus do Brasil, para o de Isaac de Castro. Compreende-se. Foi um dos primeiros processos contra "judeus novos", incluindo casos da diáspora holandesa, como o de Gaspar Bocarro, de modo que a Inquisição estava em fase de reunir o máximo possível de informações sobre crenças e ritos.

Miguel Francês percebeu com clareza a curiosidade mal disfarçada dos inquisidores e, perguntado sobre as cerimônias e orações, "pediu

JERUSALÉM COLONIAL

papel para trazê-las escritas", alegando que desejava "cuidar devagar acerca delas". Miguel fez um rascunho no cárcere para responder às perguntas da Mesa, que registrou muitas orações da maneira estropiada que vimos no capítulo anterior. Na *Shemá*, por exemplo, o registro é "Samá Israel Adonay Eloeno, Adonay *agá*", quando o certo seria terminar com *echad* (um ou único, em hebraico). Esse erro os inquisidores corrigiriam em breve. Traduzido para o português, o enunciado da *Shemá* seria: "Ouve Israel, o Senhor é *nosso Deus, o Senhor é um.*" No registro do processo, porém, a tradução já aparece com alguma distorção: "Ouve Israel, está atento que não há mais do que um só Deus e seu nome é um." Os inquisidores erravam em muitas transcrições, mas nesse caso pode ser que haja erros do próprio Miguel, ainda que isso seja improvável. Miguel Francês parecia ter conhecimento razoável das orações e cerimônias judaicas.

Desfilam no processo diversos enunciados que, malgrado as imperfeições do translado, confirmam que o ladino ou castelhano era a língua que os judeus novos usavam para rezar. Na ceia das sextas-feiras, véspera do *Shabat*, Miguel citou a leitura de trecho do Gênesis que justificava a guarda do sábado — *acabaronse los cielos y la terra e todos los forsados e acabó el dios nel dia seis* — que, segundo Miguel, significava "que em seis dias formou Deus o céu e a terra e no sétimo ele folgou e repousou". Citou, ainda, a bênção do vinho — *bendito tu adonay nuestro dío e rey del mundo que crias fruto de la vid* — esclarecendo que se a bebida da ocasião não fosse o vinho, como devia ser, trocavam o trecho "que crias fruto de la vid" (fruto da videira) por outro: "que fez tudo por palavras". Citou também a bênção do pão: *bendito adonay nuestro dío rey del mundo q sacais pan de la tierra.* Mencionou, enfim, as orações proferidas pelo "gazão" (haham) na sinagoga, entre as quais uma em que concitava os *hijos de Israel al Sabbá* a celebrarem *el firmamento de sempre entre my e entre hijos de Isac e sinal, ella, de que pera sempre hizo Adonay el cielo y la terra.*

Não vou multiplicar os exemplos comprobatórios do uso do ladino ou castelhano nas orações dos "judeus novos". Nas transcrições acima, é possível notar a confusão do português com o castelhano em palavras como "terra", ao invés de "tierra", na oração de sexta-feira, porém não na oração da sinagoga. O mesmo vale para "sempre", ao invés de "siempre", na última oração citada. Atribuo tais confusões mais ao translado do notário português do que à informação de Miguel, que sabia quase de cor as mais diversas orações. O mesmo deve valer para o uso da palavra "dios", em algumas orações, e "dío", em outras, pois sabemos que o deus da bíblia hebraica — deus "único e verdadeiro" — não podia ser grafado, nem pronunciado, com o *s* indicativo do plural. Com o tempo, os escrivães do Santo Ofício passaram a transcrever corretamente o *dío* dos judeus.

Mas não foi em razão dos desacertos ortográficos do processo que chamei de "barroco" o judaísmo descrito por Miguel Francês para os inquisidores. Chamei-o, assim, em razão do ânimo que tomou conta de Miguel quando começou a descrever as cerimônias, pedindo sempre mais audiências com esse propósito. Boa parte de seus relatos combina, no campo etnográfico, descrição fidedigna e verossímil com invenção de detalhes ausentes da tradição judaica. Miguel exagerou gestos rituais em cerimônias austeras, incluiu beberagens excessivas nas cerimônias, enfim, teatralizou o quanto pôde suas narrativas. Parecia empenhado em sublinhar a *estranheza* dos ritos, demarcar com nitidez a alteridade, como se fosse um cronista de alguma viagem a terras ignotas. Um típico cronista de viagem que, para tornar seu relato credível, tinha de nele incluir, paradoxalmente, monstros e criaturas fantásticas. Miguel não chegou a tanto, mas foi por pouco, sobretudo ao descrever dois ritos em particular: um deles relacionado ao *Yom Kippur*, o segundo, ao rito de expiação que todo judeu devia fazer para reintegrar-se à comunidade, após viver nas "terras de idolatria".

Miguel contou para os inquisidores que, na véspera do *Yom Kippur*, os judeus compareciam à sinagoga para serem açoitados pelo "gazão"! Recebiam, cada um, 39 açoites e depois seguiam para suas casas, onde se lavavam e vestiam suas melhores roupas. Retornavam, então, à sinagoga e pediam perdão uns os outros, inclusive ao "gazão", razão pela qual o "dia grande" era chamado pelos judeus de "dia de perdonanças".

Miguel Francês não fez menos do que transformar o *hazan* em algoz e a sinagoga numa casa de tortura. O "dia do perdão" judaico, por sua vez, deveria ser rebatizado como "dia do castigo", caso a cerimônia fosse a descrita por Miguel. É inacreditável que Miguel tenha ousado dizer uma coisa como essa e, mais ainda, que os inquisidores o tenham levado a sério. Judeus açoitados na sinagoga no dia do perdão...

JERUSALÉM COLONIAL

Na descrição da penitência que deviam cumprir os readmitidos na congregação, Miguel também incluiu os açoites. Após relatar as admoestações de praxe para que o "desviante" desse mostra pública de arrependimento, contou que "o atavam a um pau que para esse efeito havia na mesma sinagoga" e novamente o "gazão" aplicava 39 açoites no infeliz, enquanto cantava um dos salmos de Davi, sem pronunciar, ao final, como é óbvio, a jaculatória cristã "Gloria Patri et Filio et Spiritu Sancto". Ato contínuo, segundo Miguel, os *parnassim* amortalhavam o açoitado e o obrigavam a se prostrar na escada da sinagoga para todos "passarem em cima dele, como em efeito passam". O castigo prosseguia com a exigência de penitências espirituais por cinco dias, a critério do "gazão", e outros impedimentos no culto, durante o ano seguinte, até a festa das tábuas da lei, quando, enfim, o desviante era readmitido, amém.

Miguel Francês inventou, pelo visto, uma espécie de "auto de fé" judaico, incluindo leitura de sentença, abjurações, suplícios físicos, marginalização, penitências espirituais. Só faltou inventar que os judeus queimavam os cristãos-novos relapsos na fogueira ou que lhes aplicavam o hábito penitencial ao arbítrio do rabino. Miguel Francês, nesse caso, não demarcou a alteridade, mas sugeriu similitudes entre a Inquisição e a sinagoga no tratamento dos desviantes. Com a diferença de que, para Miguel, como para os inquisidores, a lei judaica era errada, e a católica, legítima.

Por outro lado, Miguel era falastrão e piadista, com suas informações sobre os 39 açoites aplicados na sinagoga, sem contar os 49 dias de abstinência sexual que, segundo disse, os judeus deviam observar depois da cerimônia nupcial. Foi o primeiro judeu português a abandonar o judaísmo no Brasil, justamente onde ele era mais livre; e, diante dos inquisidores, não apenas foi informante valioso como se permitiu demonizar os judeus e debochar do judaísmo. Renegado perfeito. Traidor impecável. Mas também debochou dos inquisidores, ao fazer passar por ritos judaicos as bizarrices da sua imaginação.

Miguel, delator premiado

Miguel Francês delatou cerca de 130 judeus, nominalmente, 95% de homens, a maioria residente em Hamburgo (57), os demais moradores em

IDENTIDADES FRAGMENTADAS

Amsterdã (39) e no Pernambuco holandês (33). O número de acusados foi maior, na verdade, porque Miguel muitas vezes acrescentava, sem dar os nomes, a mulher ou as filhas de tal ou qual denunciado enquanto judaizantes nessas terras. Estimo que Miguel incriminou mais 60 pessoas por esse meio um tanto vago. Em diversos casos, Miguel esforçou-se por identificar o nome cristão do judeu acusado, dando contribuição excelente para os repertórios do Santo Ofício. Incriminou quase todos os parentes, quer próximos, quer distantes. Há diversos acusados com o sobrenome Francês nas listas feitas por Miguel. É claro que acusou seus primos prediletos, o doutor Manuel Bocarro Francês e o amigo Gaspar Bocarro Francês. Nesse último caso, era impossível não denunciá-lo, pois Miguel sabia que Gaspar tinha saído em auto de fé cinco anos antes.

Gaspar Bocarro foi condenado, em 1641, a sair em auto público e abjurar em forma do judaísmo, como era praxe nesses casos de *judaizantes* reconciliados. Foi também obrigado a usar o hábito penitencial, mas somente durante a leitura da sentença. Gaspar pôde se livrar do hábito tão logo terminou o auto de fé e foi libertado no dia seguinte. Tinha se revelado um judeu útil, tanto para os inquisidores como para o rei.

Se Miguel Francês pretendia seguir à risca o percurso de Gaspar Bocarro, ele conseguiu seu intento. Recebeu sentença semelhante à de Gaspar, incluindo o privilégio de livrar-se logo do hábito penitencial. Considerou-se, como atenuante da pena, o fato de ter se reduzido à fé católica "antes de ser preso" pelo Santo Ofício. A reconversão precoce e o auxílio de frei Manuel Calado valeram-lhe muito. A única diferença substantiva entre as sentenças de Gaspar e de Miguel reside em que o último foi condenado a "cárcere a arbítrio dos inquisidores" — pena que, como vimos, significava o confinamento em Lisboa até segunda ordem.

Miguel saiu no mesmo auto em que saíram os três "prisioneiros do Forte Maurício", em 15 de dezembro de 1647. Não teve os bens confiscados, com exceção de uns livros que levou consigo para Lisboa na época de sua prisão. Quase dois meses depois do auto de fé, em fevereiro de 1648, pediu os livros de volta, alegando que eram raros e podiam contribuir para "remediar sua miséria". Obteve o favor e vendeu os livros. Em março, sua pena foi totalmente levantada. Obteve licença para deixar Lisboa e passar ao Brasil, desde que fosse morar em capitania de

261

católicos. A insurreição pernambucana estava na reta final, mas Miguel não se alistou no exército de João Fernandes. Preferiu a Bahia para mercadejar em paz. Bahia de Todos os Santos.

3. JUDEUS NOVOS, HOMENS DIVIDIDOS

Nas últimas linhas de seu livro pioneiro, *Cristãos-novos na Bahia*, Anita Novinsky afirmou: "O cristão-novo encontra-se num mundo ao qual não pertence. Não aceita o catolicismo, não se integra ao judaísmo... É considerado judeu pelos cristãos e cristão para os judeus... Internamente, é um homem dividido, rompido...".[17] Belíssima imagem, que pode ser discutível em relação aos cristãos-novos em geral, mas cai como uma luva para os "judeus novos".

Refiro-me não aos judeus assumidos que organizaram a comunidade sefardita em Amsterdã ou Hamburgo — os *parnassim*, os rabinos, os intelectuais judeus que nunca cogitaram de regressar ao catolicismo, salvo por acidente de percurso ou para dissimular a identidade judaica em "terras de idolatria". Refiro-me ao comum dos "judeus novos", aos convertidos na primeira geração de imigrantes, no caso holandês, a exemplo de Gabriel Mendes, o mais indeciso dos "prisioneiros do Forte Maurício". Mesmo nesse grupo encontramos judeus plenamente convictos de sua escolha, como Samuel Velho e Abraão Bueno, que só regressaram ao catolicismo para escapar da fogueira e, na primeira oportunidade, voltaram para Amsterdã. Mas o "judeu novo" predominante das comunidades sefarditas recentes, como a holandesa, era um sujeito dilacerado pela dúvida.

Isso vale ainda mais para os "judeus novos" convertidos no Brasil, cuja condição aproxima-se bastante da imagem que Novinsky fez do cristão-novo como "homem dividido". Judeu para os cristãos, cristão para os judeus; nem judeu, nem cristão, ou um pouco dos dois, quando olhava para si mesmo. Esse tipo de cristão-novo é o que se convertia ao judaísmo e depois retornava ao catolicismo, sem esquecer de todo, no íntimo, a experiência vivida no tempo de judeu. É um cristão-novo que se aproxima do *marrano*, sincrético, híbrido. Lembremos a diferença

IDENTIDADES FRAGMENTADAS

capital entre o judeu novo da Holanda e o do Brasil. O primeiro foi buscar o judaísmo na Holanda; o segundo foi tragado pelo judaísmo no Recife, convencido a seguir a "lei de Moisés".

Os documentos da Inquisição relacionados ao Brasil holandês oferecem uma chance única de flagrar a trajetória desses "homens divididos", não como um fenômeno abstrato, teórico, senão no plano da experiência a mais concreta possível. São documentos que nos aproximam das metamorfoses identitárias em momentos decisivos, nos quais as fronteiras culturais são desafiadas e ultrapassadas, não raro mais de uma vez, em sentidos opostos. Vou tratar, doravante, de homens que fizeram os dois percursos, do catolicismo ao judaísmo, do judaísmo ao catolicismo, como se tivessem comprado um bilhete de ida e volta, quando puseram os pés na sinagoga.

Desengano do Chacão

Manuel Gomes Chacão era um homem de 54 anos quando chegou a Lisboa, em janeiro de 1647. Viera da Bahia preso, por instâncias do bispo dom Pedro da Silva, sempre ele, acusado de judaísmo em processo instruído pelo vigário-geral de Pernambuco.[18] Nasceu por volta de 1593, em Trancoso, nordeste de Portugal, bispado da Guarda, tradicional reduto de cristãos-novos. Filho de João Lopes Gomes, mercador, e Brittes Gomes Chacão, ambos cristãos-novos. Tinha quatro irmãos e duas irmãs. O pai, já defunto, tinha sido contratador da Coroa espanhola, não sei se de impostos ou monopólio régio, por volta de 1605. Era tempo de União Ibérica, reinado de Filipe III. Manuel teria 13 anos quando a família mudou-se para Castela por causa dos negócios do pai. Viveu em Madri até completar 20 anos, mas antes disso já mercadejava, ajudando o pai, "vendendo pano de linho e outras coisinhas que com ele se costuma vender".

A exemplo de muitos cristãos-novos integrados às redes sefarditas, Manuel subiu de posto com a idade. Em 1612 ou 1613, foi para Lisboa tratar com "dois parentes Chacões" e dali foi para as Índias de Castela, fixando-se no México. Manuel foi apenas um dentre centenas de cristãos-novos portugueses que cruzaram a fronteira do Tratado de Torde-

263

silhas, na América, estabelecidos em pontos estratégicos do grande comércio: Vera Cruz, no golfo do México, Cartagena de Índias, em Nova Granada, Buenos Aires, na região platina, por onde escoava a prata de Potosí para o Brasil. Também nas capitais vice-reinais, em especial na Cidade do México e em Lima, a "gente da nação" portuguesa era tão numerosa que "português" e "judeu" viraram sinônimos na linguagem popular. Manuel Gomes Chacão viveu cerca de oito anos no México. Integrava o segundo ou terceiro escalão de uma grande rede mercantil.

De que rede se trata? Provavelmente da rede chefiada por Francisco Botelho Chacão, cristão-novo natural do Porto, cuja carreira mercantil decolou justamente no tempo da União Ibérica e alcançou o apogeu na época da Restauração portuguesa.[19] Francisco Botelho Chacão era importador, em grande escala, de gengibre, canela e pimenta da Índia, por volta de 1625. Aproximou-se de setores da nobreza portuguesa leal aos Filipes e foi um dos beneficiados pela política do conde-duque de Olivares, no reinado de Filipe IV. No entanto, apoiou a Restauração desde 1640, pois há registro de que foi enviado à Bahia nesse ano, por dom João IV, para cuidar do abastecimento da cidade. Integrou a junta diretiva da Companhia Geral de Comércio, criada em 1649, conhecida como a "companhia dos judeus", atuando no comércio de vinho e açúcar entre Portugal, Brasil e arquipélago da Madeira. Tornou-se um dos principais banqueiros de dom João IV, chegando a receber o título de fidalgo, com direito a brasão de armas! Provou, em 1643, ser descendente de um *hidalgo* castelhano do século XV, Hernalto Chacon. Muitos conversos se valiam de "genealogistas profissionais" para forjar *limpieza de sangre* e alcançar alguma *fidalguia* no mundo ibérico. Francisco Botelho Chacão foi um dos que recorreram a esse serviço.

Manuel pode muito bem ter integrado essa rede comercial por linhagem materna — sua mãe era da família Chacão. Rede comercial por linhagem materna... Uma frase como essa ilustra o entrelaçamento do parentesco e do comércio nas redes sefarditas da época, como parece ter sido o caso de Manuel Chacão. De todo modo, não foi por voluntarismo juvenil que Manuel encontrou os "dois Chacões" em Lisboa e depois seguiu para o México. Essa foi uma decisão empresarial em nível de rede mercantil-familiar. É lícito, aliás, conjecturar que seu próprio pai, João Lopes Gomes, obteve contratos em Madri através da influência de Francisco Botelho Chacão, parente de sua mulher, não sei de que tipo, nem grau.

Manuel Gomes Chacão já tinha cerca de 35 anos quando resolveu alçar voo próprio, sem romper, na verdade, com a rede em que estava inserido. Mas era muito comum, entre cristãos-novos e judeus, a ambição de montar negócio autônomo, depois de iniciarem carreira de comerciante a serviço dos grandes "homens de negócio da nação". Manuel estava perto de completar 30 anos quando resolveu partir para o Brasil, no final dos anos 1620. Tornou-se um "mascate", talvez de panos e "outras coisinhas", investindo o que tinha amealhado no México, quando foi comissário de rede mercantil internacional.

Deve ter prosperado. Após a conquista holandesa — mas não por causa dela — arrendou terras no Engenho de Nossa Senhora da Penha de França, situado na Taquara, em frente à ilha de Itamaracá. Chegou a possuir 18 escravos, desde jovens de 19 anos até negros com mais de 50 anos, sem contar crianças de três anos ou menos. Investiu na lavoura de mandioca e de cana. Tornou-se "lavrador obrigado", pois tinha de levar suas canas para serem moídas no Engenho de Nossa Senhora, de Isabel Cabral. Ser *lavrador*, na época, não era sinônimo de "camponês" ou trabalhador rural, como hoje, senão designativo de alguém que vivia da agricultura, como proprietário ou arrendatário. Sem largar o comércio, Manuel passou a produzir cana e farinha para o mercado interno.

Casou-se, por volta de 1633, quando tinha já 40 anos, com Maria Soares Leão, moça natural do Brasil. O sogro era cristão-novo, porém católico praticante. A sogra era cristã-velha de quatro costados. Manuel tomou decisão temerária ao se casar com moça de família cristã, porque a capitania de Pernambuco estava prestes a ser "invadida" por judeus que falavam português...

O casal teve dois filhos, João e Francisco, e tudo corria bem, não fosse a investida de "seus inimigos", que assaltaram suas terras, em 1642, o que o levou a se mudar com a família para o Recife. Manuel nunca esclareceu com nitidez quais eram os inimigos que o fizeram mudar-se para o Recife, onde se aproximou dos judeus. É verdade que não se dava bem com a família da esposa, em particular com o cunhado, Manuel Gomes, mais a rixa feia ainda não tinha ocorrido. Chacão mudou-se para o Recife, em agosto de 1642, por causa dos negócios e para se aproximar da *Zur Israel*.

Vivia nas cercanias do Recife e começou a negociar com os judeus da Holanda, sem contudo se desfazer das lavouras e dos escravos. A conversão não foi, porém, imediata. Conviveu com os judeus da *Zur Israel*, mas só decidiu se "apartar de coração" da "lei de Cristo" em dezembro de 1642. Abraçou o judaísmo, por ironia, pouco antes do Natal. Segundo contou aos inquisidores, os judeus o doutrinaram com método, dizendo que, enquanto cristãos-novos, ele e sua família "eram obrigados a largar a fé de Cristo". Mostraram-lhe livros onde se lia que a lei dada por Deus a Moisés no Sinai "ainda continuava", por não ter ainda vindo o Messias. Convidaram-no a frequentar a sinagoga.

Entre os judeus que mais se empenharam na conversão de Manuel Chacão figuraram alguns graúdos da comunidade: Gabriel Castanho ou Isaac Castanho, *parnas* da *Zur Israel* e um dos maiores exportadores de açúcar; Baltazar da Fonseca, o empreiteiro que construiu a ponte de Nassau; Gaspar Francisco da Costa ou David Atias, membro do *Mahamad* do Recife, negociante de açúcar e escravos, dono de sobrados na rua dos Judeus; Miguel Rodrigues Mendes ou Abraão Levi, também negociante de açúcar e escravos. Esse último, aliás, foi um dos cristãos-novos do Brasil que se converteram ao judaísmo na *Zur Israel*, segundo frei Manuel Calado. Matias de Albuquerque, ex-governador de Pernambuco no tempo da conquista holandesa, apontou Miguel Rodrigues como um dos "dogmatistas" que incitavam os "cristãos-novos a se fazerem judeus". Tinha a mesma idade de Manuel Chacão, quase 50 anos, em 1642, e foi seu padrinho na cerimônia de circuncisão. O mais célebre dos "dogmatistas" judeus no caso de Chacão foi, porém, o próprio rabino Isaac Aboab da Fonseca.

Não deixa de ser intrigante o empenho de tantos judeus graúdos na conversão de Manuel Chacão. Tudo indica que tinham negócios com ele, mas isso não explica o assunto. Manuel Chacão, afinal, não passava de um comerciante mediano e de um lavrador de canas. Não tinha nada de especial, nesse campo econômico, para que aqueles mercadores de *grosso trato* o incentivassem tanto a ingressar na congregação do Recife, a ponto de mobilizar o rabino. Tanto empenho deve ter tido outras ra-

IDENTIDADES FRAGMENTADAS

zões. Quem sabe porque Manuel era um Chacão? Membro de uma rede sefardita de peso? Essa pode ter sido uma boa razão para o empenho dos judeus em atrair Manuel Chacão.

Manuel parece ter se entusiasmado com a possibilidade de tornar-se judeu. Quando ia à sinagoga, punha o *tale*, o manto branco de algodão colocado sobre a cabeça e os ombros nas orações, e punha também o *tafelim*, que definiu como "umas correias pretas que atam no braço e na testa, ao redor da cabeça". Passou a frequentar o templo várias vezes por dia e a observar as festas e os jejuns judaicos. Tomou a decisão de largar o catolicismo no dia 10 ou 12 de dezembro. Mas ainda não tinha feito a circuncisão, o rito da aliança. Manuel recebeu tratamento excepcional, da parte dos *parnassim*, autorizado a participar ativamente das cerimônias na sinagoga, apesar de incircunciso.

A rotina da sinagoga entusiasmava Manuel, mas sua vida doméstica pagou o preço. A mulher de Chacão, Maria Soares, mostrou-se cada vez mais incomodada com a proximidade entre o marido e os judeus no Recife. Manuel contornava o problema, dizia à mulher que tudo não passava de negócios, não havendo motivo para preocupação. Até que, num certo sábado de dezembro, quando Maria preparava os filhos para dormirem em casa do Recife perto da igreja, a modo de comparecer à missa dominical, Manuel não resistiu. Tentou dissuadi-la, de início, alegando a "discomodidade" de ir na véspera. Foi então que Maria abriu o verbo e acusou o marido de querer se tornar judeu, ao que Manuel respondeu que sim, era mesmo verdade. Discutiram, vizinhos ouviram os gritos. Isso ocorreu em 22 de dezembro de 1642, a três dias do Natal.

A esposa de Manuel Chacão oferece um bom exemplo de cristãos-novos que tinham horror à sinagoga do Recife. Apesar de meio cristã-nova, era católica praticante. Não se identificava minimamente com o judaísmo e não queria que o marido se tornasse judeu, quanto mais os filhos! Seu pai, cristão-novo inteiro, também era católico praticante. Sequer chegou perto da sinagoga. Sua mãe, cristã-velha de quatro costados, sogra de Manuel, parecia ter grande influência na família. A briga entre Maria Soares e o marido era questão de tempo, considerado o ânimo judaizante de Manuel.

Brigas conjugais desse tipo não foram raras no Pernambuco holandês, após a chegada dos judeus de Amsterdã, sobretudo no seio de famílias mistas. Bruno Feitler menciona, entre outras, a discussão entre Antônio de Abreu, cristão velho, e sua mulher, Maria da Costa, cristã-nova, moradores da Paraíba.[20] A briga veio a público ainda em 1638, resultando da inclinação de Maria ao judaísmo. Um dos que tentaram "seduzir" Maria foi nosso conhecido capitão Moisés Cohen (Moisés ou Diogo Peixoto), comandante do navio *As três torres* na esquadra holandesa enviada ao Brasil, em 1634. Outro foi um certo Mordecai Machorro, negociante de açúcar.

Situação deveras insólita, convenhamos, a de dois judeus vindos da Holanda assediarem a esposa de um católico no Recife para mudar de religião, o que poderia resultar na separação do casal. Intromissão total na vida doméstica. Desafio frontal ao marido. Casos como esse sugerem que o proselitismo dos judeus no Recife levou enorme perturbação para muitas famílias, dissolvendo algumas. Nesse caso, Antônio de Abreu perdeu a paciência, seja por convicção religiosa, seja por ciúme, e tentou dar um basta naquele idílio. Ofendeu a mulher, chamando-a de cadela. Maria reagiu na hora, xingando o marido: cachorro! Nos documentos sobre o caso consta que ambos desqualificavam, cada um, a religião do outro, mas sabe-se lá qual teria sido o foco da discussão... Entre gritos e insultos, prevaleceu a posição do marido e Maria da Costa não se converteu.

No caso de Chacão, a briga resultou em ultimato da esposa: ou bem Manuel se mantinha cristão ou bem ela sairia de casa com os filhos. Entre a esposa e o judaísmo, Manuel preferiu a religião dos avós. Maria vestiu-se de luto e mandou recado para o pai, na Taquara, pedindo que a buscassem. Quatro ou cinco dias depois, um cunhado de Manuel foi buscar Maria e seus filhos. O ressentimento não impediu que o casal fizesse alguma partilha de bens — coisa miúda, algum dinheiro — e dos próprios filhos. O pai ficou com o mais velho, João, de 12 anos, e a mãe com Francisco, de seis anos. Pouco depois, também o filho mais velho foi morar com a mãe na Taquara.

O episódio despertou a atenção dos judeus que trabalhavam na conversão de Manuel. Deixaram que continuasse a frequentar os cultos, mas o advertiram de que, se não fizesse a circuncisão, ficaria proibido de entrar na sinagoga. Manuel cedeu, deixando-se circuncidar em 25 de março de 1643, cerimônia conduzida pelo próprio Isaac Aboab, sendo *mohel*

IDENTIDADES FRAGMENTADAS

"um seu adjunto". Alguns judeus, com velas acesas, "fizeram uma reza costumada em tal ato". Manuel já passava dos 50 anos quando abraçou, "de coração", a "lei de Moisés". Passou a chamar-se Israel Habibe, sem deixar de ser Manuel Chacão.

Manuel perseverou no judaísmo por quase um ano, segundo contou ao inquisidor. Na versão que apresentou ao Santo Ofício, justificou sua disposição de voltar a ser cristão alegando crise de consciência e redescoberta íntima de sua fé em Cristo. Nas entrelinhas do processo percebe-se, no entanto, que Manuel arrependeu-se da escolha que havia feito trocando a família pela sinagoga. Contou que, certa vez, em janeiro de 1644, foi à Taquara verificar seus partidos de cana e visitar os filhos. Ouviu ali reprimendas de parentes que viviam como cristãos. Deu mesmo algum dinheiro para a festa de Nossa Senhora da Penha, em cuja encenação seu filho mais velho faria um papel. Manuel passou a balançar entre o judaísmo e o cristianismo, entre a sinagoga e a família.

Para os inquisidores, Manuel assegurou que sua decisão de retornar ao catolicismo foi tomada naquela ocasião, embora só a tenha assumido meses depois, em agosto de 1644. Tentou passar a ideia de ser homem influenciável e fraco, primeiro convencido pelos judeus do Recife, depois pelos parentes e vizinhos da Taquara. Uma história bem-arrumada de herege arrependido. Insistiu na versão de que se mudara para o Recife para fugir do assédio de inimigos invisíveis e atribuiu sua demora a regressar ao catolicismo a negócios pendentes com os judeus do Recife, débitos a negociar. Não queria desapontá-los antes de negociar suas dívidas por escrito.

Na verdade, Manuel viveu um dilema dilacerante entre janeiro e agosto de 1644, pressionado pela família, na Taquara, e pelos judeus, no Recife. Entrementes, faleceu o sogro, cuja herança seria partilhada pelos filhos, inclusive sua ex-esposa. Tinha dívidas a pagar no Recife. Dinheiro a receber, na Taquara, se voltasse para a mulher. Os assuntos do Céu e da Terra misturavam-se completamente nessa época. Manuel passou a visitar regularmente a família na Taquara, reaproximando-se da mulher, não sei até que ponto. Aos judeus do Recife, desconfiados de tantas visitas, dizia que precisava "cobrar umas dívidas e comprar outras". À família e aos vizinhos da Taquara justificava suas idas ao Recife com a mesma desculpa do "ajuste de contas". Esse ir e vir entre o Recife e a Taquara é a prova mais cabal de que Manuel Chacão passava por uma nova metamorfose identitária, dissimulando lá e cá. No Recife era Israel Habibe. Na Taquara voltou a ser Manuel Chacão. Ele mesmo não sabia dizer quem era.

Há evidências de que Manuel voltou a ser cristão em agosto de 1644, cartas e certidões que, enquanto réu, ele apresentou aos inquisidores em sua defesa. Padre João Batista de Oliveira firmou certidão, datada de 20 de setembro de 1644, atestando que tinha absolvido Manuel de suas culpas, após ouvi-lo em confissão, autorizando a que voltasse para a esposa católica. Duas outras cartas, datadas de janeiro de 1646, também confirmaram a absolvição de Manuel no foro espiritual. Padre Lourenço da Cunha certificou que conheceu Manuel depois de ter ele "se reduzido" à fé católica. Informou que o instruíra na religião e o julgara "mui firme e constante". O mesmo certificou outra vez o padre João Batista de Lima.

Esses documentos anexados ao processo contra Manuel Chacão dão prova definitiva que ele regressou ao catolicismo em agosto de 1644? A primeira certidão parece ter peso maior, embora seja caso de repetir que confessores sacramentais não tinham poder para absolver em casos de heresia. De todo modo, como no caso de Miguel Francês, o documento comprova que Manuel Chacão se dispôs a reconverter-se muito antes de ser preso (1646) e um ano antes de explodir a insurreição pernambucana (1645). Chacão não fez como muitos judeus que se apressaram em voltar ao catolicismo a partir de 13 de junho de 1645. Tentou regularizar sua situação de católico junto ao vigário-geral de Pernambuco, por volta de fevereiro ou março de 1645, confirmando ter feito as penitências espirituais prescritas e solicitado licença para comungar. Não conseguiu.

As duas outras cartas abonatórias pertencem a outro contexto. Foram firmadas em janeiro de 1646, já com a insurreição em curso e pouco antes de Manuel ser preso. Ele sabia que o estavam acusando junto ao comando da rebelião, incluindo a suspeita de que podia ser espião dos holandeses pelo fato de ser, ou ter sido, judeu. São documentos que provam apenas que Chacão foi ajudado por clérigos e amigos da Taquara.

Seu retorno ao catolicismo não foi mesmo suficiente para livrá-lo da prisão. Nem Miguel Francês, cuja reconversão era mais antiga (1642), escapou das prisões ordenadas por João Fernandes Vieira. No caso de

Chacão, tudo piorou com o ódio, nesse caso bem nítido, de seu cunhado Manuel Gomes, inconformado com o fato de o "judeu" herdar, através da esposa, uma parte da herança paterna. Foi o cunhado, sabedor da suspeita de espionagem que recaía sobre os judeus, que o denunciou aos comandantes da insurreição. A situação incerta de Chacão, impedido de fazer comunhão, embora já vivesse como católico junto à família, não permitia delongas. O próprio André Vidal de Negreiros prendeu Chacão em fevereiro de 1646. Chacão recorreu, conseguiu voltar à Taquara sob custódia, mas acabou incriminado, por culpas de judaísmo, ao final de uma inquirição ordenada pelo bispo da Bahia. Em outubro, foi enviado ao bispo, que o mandou embarcar a ferros para Lisboa, em 10 de novembro. Desembarcou em 25 de janeiro de 1647, permanecendo nos cárceres do Santo Ofício até o final do ano.

A versão que procurou expor ao Santo Ofício convenceu os inquisidores, pois Manuel escapou das piores penas. Os inquisidores reconheceram seu arrependimento, embora considerassem gravíssima a apostasia do réu durante um ano no Recife. Manuel não a negou em nenhum momento, mas atribui-a ao proselitismo dos judeus da Holanda estantes em Pernambuco. Mostrou-se um fraco que, no entanto, havia recobrado o juízo e a consciência cristã. Manuel foi sincero? Era um fraco que aderiu ao judaísmo por influência de judeus "dogmatistas? Tinha recobrado sua fé cristã no foro íntimo?

Se os inquisidores atentassem melhor para certos detalhes do processo que eles mesmos conduziram talvez chegassem a uma conclusão diferente sobre Manuel Gomes Chacão. Antes de tudo, era natural de Trancoso, um dos núcleos do criptojudaísmo no tempo da conversão forçada. Em sua família não faltavam judaizantes assumidos, a começar pelos irmãos do réu. Três deles tinham se convertido ao judaísmo, após sair de Portugal. Um deles, Luiz Gomes Lopes, foi para Bordeaux, no sul da França, integrando a comunidade criptojudia da cidade. Depois fixou-se em Veneza, um dos centros do sefardismo no século XVII. Esse último era mercador que viajava muito, inclusive para o mundo católico, quando assumia a identidade cristã. Dois outros também viviam em Veneza: Francisco Gomes Chacão, mercador, e Rui Lopes Chacão, médico. Os três pretendiam ir — ou já tinham ido — para Amsterdã como judeus públicos. Acalentavam o sonho de um dia viver na própria Jerusalém, cidade sagrada.

Manuel Gomes Chacão foi quem informou tudo isso aos inquisidores, acusando os três irmãos de serem judeus públicos e, ainda, de tentarem convencê-lo a se juntar a eles em Amsterdã. Manuel contou ter escrito ao irmão médico, em resposta ao tal convite, para persuadi-lo a se mudar para o Brasil, pois ali era "bom para medicar". Disse que preferiam se "curar com médicos judeus", e não com cristãos... Manuel não era o ingênuo que dizia ser. Mantinha correspondência com os irmãos judeus e fez exatamente como eles na primeira oportunidade que teve: converteu-se ao judaísmo. Arrependeu-se, é verdade, mas por razões exclusivamente familiares. Nada há de convincente, no processo de Manuel Chacão, sobre o catolicismo que ele dizia ter no coração.

Os inquisidores preferiram, no entanto, ficar com a versão mais atenuada do caso. Ao menos perceberam que Manuel Chacão era daqueles que, para se livrar das pressões, fariam qualquer coisa, inclusive renegar o judaísmo e abraçar o catolicismo. Deram-lhe pena similar aos "prisioneiros do Forte Maurício": abjuração em forma; cárcere e hábito penitencial a arbítrio dos inquisidores; penitências espirituais. Manuel livrou-se do confisco de bens. Sorte sua e de sua família católica.

Logo em janeiro de 1648 conseguiu se livrar do hábito penitencial. Em março pediu para voltar ao Brasil, alegando que tinha deixado na Taquara sua mulher mui católica e filhos de pouca idade. Precisava sustentá-los e temia deixá-los sozinhos, "com grande risco de suas vidas", por causa das guerras pernambucanas. Obteve despacho favorável e voltou ao Brasil o quanto antes.

Regressou ao Brasil como católico ou ainda se mantinha judeu na consciência? A única certeza possível é a de que Manuel deixou de ser "judeu novo" para voltar a ser cristão-novo. Tudo o mais é nebuloso. Ele mesmo não era homem de certezas, senão de dúvidas, dilemas. Na encruzilhada das religiões e identidades rivais, preferiu ficar com a família e com a ordem católica. Como viveu depois disso é impossível saber.

O falso "judeu novo"

No final de 1645, o cristão-novo Mateus da Costa chegou a Salvador para cobrar umas dívidas, vindo de onde residia, Ipojuca, vila pernambucana localizada ao sul do cabo de Santo Agostinho. A insurreição já tinha colhido boas vitórias, incluindo Ipojuca, reconquistada em 23 de julho de 1645. Mas a guerra estava ainda no começo.

Mateus era homem velho, com cerca de 65 anos, porém muito bem disposto, alto e forte. Nascido na vila de Favaios, comarca de Lamego, ao norte de Portugal, vivia no Brasil desde a década de 1620. Há registro seguro de sua presença em Pernambuco no ano de 1626, mas é possível que tenha chegado antes. Mateus enriqueceu e empobreceu na colônia. Chegou como pequeno mercador, acumulou pecúlio e investiu na compra do Engenho de São João Salgado, em 1637, vendido pela WIC por 18 mil florins. Comprometeu-se a pagá-lo em seis prestações, a última prevista para janeiro de 1640.

Mateus sonhou alto. Superestimou a rentabilidade do negócio e se enrolou no pagamento da dívida, onerada com juros. Só usufruiu por dois anos do *status* de senhor de engenho, pois teve de vendê-lo para Duarte Saraiva ou Davi Senior Coronel, judeu assumido, um dos mais ricos da Nova Holanda, como vimos no segundo capítulo. Mateus da Costa vendeu o Engenho Salgado por cerca de 15 mil cruzados, o que correspondia, naquele ano, à mesma quantia em florins. O Salgado não figurava, longe disso, entre os melhores engenhos pernambucanos, se considerarmos que alguns chegavam a valer 50 mil ou 60 mil florins. Mas 15 mil florins não eram quantia desprezível: equivaliam, *grosso modo*, a um plantel de 28 escravos da Guiné, aos preços de 1639.

Mateus jamais pôs a mão nessa pequena fortuna, porque devia a muitos, incluindo várias prestações à WIC. Fechado o negócio com Duarte Saraiva, restou-lhe o suficiente para arrendar terras no Engenho Bertioga, de José Tenório de Molina, em Ipojuca, onde passou a plantar cana-de-açúcar. Mas era obrigado a entregar a cana para Molina, que se apoderava da metade dos "partidos" como pagamento pela terra arrendada. De senhor de engenho a "lavrador obrigado", Mateus da Costa

JERUSALÉM COLONIAL

caiu muito na escala social. Ainda assim, era proprietário de nove escravos, em 1646, sendo dois casais da Guiné, um deles com uma "crioulinha de cinco ou seis anos", e quatro escravas solteiras.

Mateus era casado há décadas com a cristã-nova Francisca da Silva, sendo pai de oito filhos, dois homens e seis mulheres, duas casadas, as demais solteiras. Luís Álvares era o filho mais velho, que "vivia de destilar aguardente" na vila de Ipojuca, e José da Silva o mais novo, mercador de pequeno porte. O inventário de Mateus da Costa não deixa dúvidas de que tinha empobrecido bastante. Entre dívidas a pagar e créditos a receber, o resultado da conta era quase zero. O patrimônio resumia-se ao pequeno plantel de escravos e aos partidos de cana-de-açúcar, em Ipojuca. Mateus da Costa não integrava nenhuma rede sefardita internacional, a exemplo dos judeus da Holanda que desfilaram nas páginas anteriores deste livro.

Pertencia a um grupo de cristãos-novos residente em Pernambuco, antes da conquista holandesa, que, ao contrário dos judeus vindos de Amsterdã, empobreceu rapidamente no "tempo dos flamengos". Mateus da Costa foi um grande perdedor na jogatina especulativa que marcou o Brasil holandês. Atraído pelo crédito fácil, apostou tudo no Engenho Salgado, mas terminou como "lavrador obrigado".

A situação de Mateus, que já era difícil em 1645, tornou-se pior quando ele decidiu ir à Bahia cobrar algumas *patacas* de dívidas miúdas. Chegando a Salvador, foi reconhecido por um certo João Lopes, mercador na ribeira da cidade, que se apressou a denunciá-lo ao bispo da Bahia, dom Pedro da Silva, dizendo que, na vila de Ipojuca, Mateus era tido e havido como judeu, tinha uma filha casada com judeu e outro filho assumidamente judeu. O coitado do Mateus foi acusado por culpas próprias e pelas alheias. O bispo da Bahia, um farejador de hereges, não perdeu tempo e mandou prender Mateus na enxovia do bispado. Abriu devassa contra ele, arguindo quatro testemunhas citadas a partir da denúncia de João Lopes.[21]

As culpas atribuídas a Mateus aumentaram. Um dos acusadores disse ao bispo que não tinha gostado nada de tê-lo na Bahia, sugerindo que Mateus era espião dos holandeses. No tempo da insurreição pernambucana, como vimos, qualquer judeu era tido como potencial espião dos holandeses. No caso de Mateus, acusaram-no de espião somente com base na presunção de que era judeu, porque nenhum deles o tinha visto entrar na sinagoga do Recife ou em qualquer outra *esnoga*. As delações foram todas feitas na base do "ouvir dizer" que era judeu, sobretudo porque tinha filhos judeus. Um dos denunciantes suspeitou de que Mateus era espião porque "veio à Bahia roto", isto é, com roupa gasta, quase maltrapilho. Achou que isso não passava de disfarce "para enganar" os baianos, porque Mateus era tido e havido em Ipojuca por homem "muito rico". Mal sabia ele que Mateus estava à beira da falência.

Mateus da Costa ficou preso na Bahia até outubro de 1646, enquanto o bispo instruía o processo. Alguns diziam que Mateus era "judeu público", outros que era "judeu encoberto". Um certo Tomé Teixeira Ribeiro, que conhecia Mateus por ter sido seu feitor, acusou-o de mandar destruir a capela de seu engenho, ação impedida pela intervenção de Maurício de Nassau! As denúncias eram graves, porém vagas.

O caso complicou-se quando o Santo Ofício de Lisboa localizou uma antiga denúncia contra Mateus da Costa e outros judeus, datada de 1637. O autor da denúncia era Salvador das Neves, jovem de 24 anos, que dizia ter nascido em Amsterdã, filho de Abraão Machorro e de Ester Zacuto, judeus públicos na Holanda. O rapaz era sobrinho de Abraão Zacuto, um sábio de renome internacional no século XVII, mas assinou em cruz o seu depoimento. Salvador era analfabeto? Improvável. Também não deve ser nascido na Holanda, como disse aos inquisidores. Mas em razão de ter se apresentado voluntariamente ao Santo Ofício para acusar cristãos-novos judaizantes na Holanda e no Brasil, foi muito bem recebido no tribunal.

Não é caso de examinar, aqui, a trajetória desse rapaz, um típico "judeu novo" com pouca ou nenhuma formação cristã, filho de "judeus novos" portugueses, que, de súbito, reduziu-se à fé católica para denunciar membros da comunidade judaica. Mas vale abrir breve parêntese, porque Salvador não foi um caso isolado de *redução* voluntária ao catolicismo na Inquisição portuguesa. A historiadora Isabel Drumond Braga pesquisou uma fonte inquisitorial ainda pouco conhecida, o *Livro de reduzidos*. O códice contém o registro de cerca de mil casos de indivíduos apresentados ao Santo Ofício português, entre 1641 e 1700, para "reduzir-se à fé católica", sendo professantes de outras religiões e naturais de outros países. O índice de judeus, entre os casos de *redução,* é pequeno, não passa de 1%, mas os registros são valiosos.[22]

Entre eles, havia um natural de Pernambuco, Isaac de Montesinos, jovem de 23 anos. Isaac nasceu no Brasil, em 1639, filho de judeus portugueses que retornaram para Amsterdã depois da derrota holandesa. Uma rixa familiar com o pai e os irmãos foi o estopim para que fugisse de casa, em 1662, embarcando para Lisboa para se apresentar aos inquisidores. Não era acusado de nada, nem poderia, porque tinha nascido judeu em terra estrangeira. Fez larga narrativa de sua trajetória, acusou infinidade de pessoas, descreveu cerimônias e depois foi encaminhado para doutrinação católica. A maioria dos judeus que solicitaram redução eram, como Isaac, jovens entre os 16 e 24 anos, vindos da Holanda, de Hamburgo e da Itália. Em geral fugiam de casa por razões familiares, mágoas, problemas de dinheiro. Nenhum desgosto poderia ser maior, para uma família judia, do que ver um filho fugir para "terras de idolatria" e ali se tornar católico. Um deles chegou a fugir em um barco a remo, da Itália para Lisboa...

Salvador das Neves foi, de certo modo, o pioneiro dos reduzidos judeus e, como tinha vivido um ano no Recife, incluiu Mateus na sua lista de acusados. Disse que Mateus "era mui seu amigo", a ponto de propor que se casasse com uma de suas filhas, coisa que ele não quis porque "tratava de buscar sua vida, antes de ter obrigações de casado". Terá sido assim, como disse o rapaz, ou pelo contrário, foi ele quem propôs casar com a filha de Mateus, de olho em algum dote, sendo recusado como noivo? Conjecturas.

Salvador acusou Mateus em momento ainda muito incipiente da comunidade judaica no Recife. Em 1636, a imigração de judeus da Holanda para Pernambuco dava apenas os primeiros passos. A própria *Zur Israel* era, então, uma criança, funcionando precariamente em casa alugada. Seja como for, Salvador garantiu ter ouvido Mateus da Costa dizer, na casa de um certo Matias Cohen, judeu turco, que guardava o jejum do *Yom Kippur* e que daria uma contribuição de seis patacas para a sinagoga do Recife. Seis patacas, menos de dois mil-réis: mal dava para comprar um quartilho de azeite, em 1636.

Em abril de 1646, o Santo Ofício reexaminou a antiga denúncia de Salvador das Neves, considerando-a "de bom crédito" para confirmar as acusações feitas na Bahia contra Mateus da Costa. Afinal, se Mateus guardava o jejum no Dia do Perdão e contribuía com seis patacas para a sina-

IDENTIDADES FRAGMENTADAS

goga, em 1636, era lícito supor que se tinha tornado judeu público e induzido seus filhos a fazerem o mesmo... No dia 7 de outubro de 1646, o bispo da Bahia despachou o preso para Lisboa. Mateus passou dois meses no mar e, tão logo desembarcou, foi metido no cárcere da Inquisição.

O processo contra Mateus da Costa é dos mais espantosos dessa série, antes de tudo pela sua extensão — 156 fólios — considerada a fragilidade dos indícios contra o acusado. Além disso, ficou preso até 1652, submetido a não sei quantas arguições. Quando voltou a Pernambuco, depois de ouvir sentença em auto de fé, passava dos 70 anos! Já tinha essa idade quando, para confessar suas culpas, negadas pelo réu durante os seis anos em que esteve preso, foi submetido a uma sessão de tormento no potro. Tratava-se de uma cama de ripas onde o réu era deitado com as pernas e os braços presos por cordas. A tortura consistia em apertar as cordas por meio de um arrocho. O número de voltas do arrocho não ficava ao arbítrio do verdugo ou do inquisidor encarregado da sessão, mas era decidido, em última instância, pelo Conselho Geral do Santo Ofício.

Mateus da Costa era um velho judeu determinado a enfrentar a Inquisição, negando o seu judaísmo? Ou não era mais do que um cristão-novo, fiel ao catolicismo, insensível ao proselitismo da *Zur Israel*? Mateus da Costa agarrou-se com unhas e dentes a essa segunda versão, negando o judaísmo de que era acusado, insistindo em que sempre fora bom católico. "Judeu novo" arrependido? Cristão-novo injustiçado?

O exame do seu processo permite tirar algumas conclusões ou, pelo menos, esboçar possibilidades de interpretação. Antes de tudo, é possível afirmar que Mateus da Costa não era "judeu público" coisa nenhuma quando foi preso na Bahia. As acusações, além de vagas, eram muito ligadas ao fato de que tinha filhos e filhas judias. Em meio ao processo, se de fato constam denúncias em que foi descrito como "mau cristão", "mau católico", "judeu que ia à igreja para enganar", fingindo-se de católico, há outros testemunhos que apontam o contrário. Os moradores de Ipojuca que Mateus arrolou como testemunhas de defesa — que a Inquisição, vale dizer, consultou — disseram que Mateus era bom cristão. Não deixava de ir à missa, dava esmolas para a igreja, confessava-se na Quaresma, comungava, orava com as contas do rosário nas mãos.

Mateus da Costa, se algum dia foi judeu professo, estava longe de agir como os "judeus novos" do Recife, mantidos sob a implacável vigilância da *Zur Israel*, que guardavam distância dos católicos, exceto nos negócios. Nenhum de seus delatores tinha visto Mateus na sinagoga do Recife, embora alguns o tenham acusado disso com base em rumores. É bem possível que Mateus jamais tenha posto os pés na sinagoga, nem que quisesse, sendo homem que frequentava missas e andava com o rosário de Nossa Senhora. Mateus da Costa não se enquadrava no perfil do "judeu novo". Longe disso.

No entanto, é certo que uma de suas filhas, Isabel de Mesquita, casou-se duas vezes com judeus. Era viúva de Vicente Rodrigues de Vila Real, cristão-novo judaizante, e casada em segundas núpcias com Daniel Cardoso, natural de Amsterdã, judeu que estava bem vivo com o nome Moisés Shami. É claro que se tornou judia para se casar com o segundo marido, pois isso era exigência incontornável da *Zur Israel*. Quanto aos filhos, somente o mais novo, João da Silva, jovem mercador de 26 anos, tornou-se judeu público, embora tenha se circuncidado em Amsterdã, onde esteve por volta de 1640. Quando voltou ao Recife, passou a frequentar a sinagoga como qualquer "judeu novo" do Brasil holandês. O filho mais velho, no entanto, permaneceu católico. Era o tal que "destilava aguardente" em Ipojuca, Luís Álvares, homem com mais de 40 anos, casado com moça cristã-velha.

A vida de Mateus da Costa, na verdade, tornou-se caótica no período holandês. Endividou-se a ponto de perder o engenho, empobreceu, viu degradar seu *status* e ainda perdeu totalmente o controle de sua família. Consentiu, é verdade, no casamento de Isabel Mesquita com Daniel Cardoso, sabedor de que o moço era judeu público. Não conseguiu deter o arroubo judaizante do filho mais novo, José, entusiasmado com a sinagoga do Recife. Mas ele mesmo, Mateus, parece não ter aderido à *Zur Israel*.

A análise do caso Mateus da Costa não deve, porém, limitar-se a uma decisão sobre se ele era ou foi judeu, no período holandês, ou se permaneceu o tempo todo católico. Reduzir a questão a termos tão simples era tarefa dos inquisidores. Melhor não imitá-los. Há fortes indícios de que o Mateus de 1637 era bem diferente do Mateus de 1646. Em 1637, ele era o cristão-novo eufórico que acabara de comprar o Engenho Salgado à WIC, estimulado pela oferta de crédito, seja da WIC, com Nassau à frente, seja dos judeus de *grosso trato*. Mateus mantinha contato assíduo com os judeus portugueses. O judeu Vicente Rodrigues de Vila Real, que comprou um dos engenhos leiloados pela WIC, em 1637, foi o primeiro marido de Isabel de Mesquita, filha de Mateus. O casamento, até onde sei, não foi celebrado na sinagoga porque o próprio Vicente só assumiu o seu judaísmo no leito de morte. Mas esse matrimônio é prova indiscutível da proximidade de Mateus da Costa com os judeus.

É bem possível que, em 1637, o jovem Salvador das Neves, que o denunciou em Lisboa, tenha ouvido Mateus prometer algumas patacas para a sinagoga e falar sobre o *Yom Kippur*. Mateus da Costa pode ter namorado o judaísmo, um pouco por conveniência, além de entusiasmado com a fase promissora de seus negócios, virtual senhor de engenho. Mas não se casou com o judaísmo nem mesmo nessa época. Ninguém o acusou, por exemplo, de usar nome judeu, enquanto muitos o viram na igreja agindo como qualquer outro católico. O Mateus de 1646 já era outro homem. Desiludido, amargurado. Reduzido à condição de lavrador de partidos de cana, atolado em dívidas. O namoro com o judaísmo não passou de um flerte, encerrado em 1639, quando perdeu o engenho e viu sua família desgovernar-se.

O mais que se pode extrair dos "bastidores" de seu processo sugere um Mateus formado no catolicismo, homem pouco viajado, sem contato com judeus residentes nas "terras da liberdade". O único lugar que conheceu, além de Portugal e Brasil, foi o reino de Castela, quando era muito jovem. Lembrava-se do nome dos padrinhos de batismo e de crisma. Sabia rezar o Pai-Nosso e a Ave-Maria, embora não se lembrasse perfeitamente da Salve Rainha e dos mandamentos da Igreja. Mateus não possuía parentes sentenciados pela Inquisição, nem provinha de família de judaizantes. Não tinha se estabelecido no Brasil para fugir do Santo Ofício, nem jamais passou perto dos enclaves sefarditas da Europa. O perfil de Mateus da Costa era, seguramente, muito distinto dos "judeus novos" de qualquer idade até aqui examinados.

Mandou derrubar a capela próxima do Engenho Salgado? Pode tê-lo feito ao vender o engenho para um judeu, Davi Senior Coronel, *parnas* da *Zur Israel*. Pode ter sido confundido com seu primeiro genro, Vicente

JERUSALÉM COLONIAL

Rodrigues, também acusado de derrubar uma capela de seu engenho, em 1637. Enfim, como o acusador de Mateus era um ex-feitor a quem devia 22 mil-réis, o fato pode ter sido distorcido ou inventado. O episódio da capela, além de nebuloso, é irrelevante.

O caso que trouxe maior encrenca para Mateus na Inquisição foi, porém, o casamento de sua filha Maria da Costa com um flamengo calvinista, por volta de 1637. Isso porque, tentando evitar que ele se casasse com Maria, Mateus disse ao flamengo, na ocasião, que sua família era de judeus — impedidos, pela "lei de Moisés", de se casarem com cristãos. O rumor desse episódio alastrou-se pela vila, amplificado pelo fato de o tal flamengo ter mesmo se casado com Maria da Costa, depois de raptá-la.

O "flamengo" chamava-se Martim do Couto (*sic*), nome que nada tem de flamengo. Possivelmente foi aportuguesado quando se casou com Maria, quem sabe no catolicismo. Os católicos que se converteram ao calvinismo foram raros, no Brasil holandês, do mesmo modo que os calvinistas convertidos ao catolicismo. Mas há registro de ambos os tipos de conversão. O tal flamengo interpelou Mateus no mosteiro dos capuchos da vila de Ipojuca, presente frei Luís Carneiro, guardião da casa. Para pressionar Mateus, o flamengo veio acompanhado do "sargento-mor" dos holandeses, grafado como "Van de Vrão" — presumo que era o coronel Van Wardenburch, comandante supremo dos holandeses, pronunciado sabe-se lá como por Mateus da Costa e grafado da maneira acima.

Arguido sobre o assunto pelos inquisidores, em 1647, Mateus da Costa confirmou tudo, inclusive que dissera ao flamengo que "ele, sua mulher e filhas eram judeus", tudo para dissuadi-lo da intenção de casar com Maria. Lembrou que só tinha dito que era judeu como recurso extremo — pressionado, "vexado e perseguido", pelos dois homens. Mateus tentou explicar aos inquisidores que tudo não passava de um mal-entendido provocado por ele mesmo, ao comentar o assunto na vila com várias pessoas. Declarou-se muito empenhado, naquela altura, em mostrar o quanto era contrário àquele casamento da filha com um herege, a ponto de usar o argumento de que era judeu, não o sendo. Em resumo, Mateus se defendeu alegando que ou foi mal compreendido ou algum dos seus "vários inimigos" usou as palavras que dissera na ocasião para acusá-lo no Santo Ofício.

Os inquisidores, no entanto, atormentaram Mateus por esse detalhe, já que não tinham indícios mais substantivos para incriminá-lo. "Por que Mateus disse que era judeu se não o era?" — eis uma pergunta repetida ad *nauseam*. "Por que Mateus não disse que era católico, e sim judeu, já que a Igreja de Roma também proibia o matrimônio com hereges?" — outra pergunta obsessiva, mais complicada de responder. Mateus não soube como explicar aos inquisidores que, sendo cristão-novo, poderia ser mais convincente no diálogo com o flamengo dizendo que era judeu. Afinal, muitos cristãos-novos tinham se convertido ao judaísmo na Holanda e no Brasil, inclusive seu filho mais novo! Mateus enredou-se na armadilha. Quanto mais tentava elucidar o caso, pior ficava a sua situação.

Iniciado o tormento no potro, Mateus gritou pela Virgem do Desterro, pela Virgem de Nazaré, pelas chagas de Cristo. A certa altura gritou *Miserere Mei*, em latim, pedindo a Deus misericórdia e bradando que "vivia na lei de Cristo e nela haveria de morrer". As cordas se romperam, puseram-lhe mais cordões, Mateus desmaiou. O médico do cárcere mandou desatá-lo, constatando que o réu "não podia mais aguentar" o tormento. Mateus venceu a prova.

Os inquisidores, sempre frios, conduziram-se de acordo com o regimento. Considerando que o réu tinha resistido à prova do tormento sem confessar suas culpas, não cabia sentenciá-lo à fogueira. Foi então condenado a abjurar de *veemente suspeita na fé*, o que significava que a presunção de sua culpa era enorme, embora não de todo provada, de modo que se reincidisse no erro, seria condenado à fogueira. Foi também condenado ao cárcere a arbítrio dos inquisidores e a variadas penitências espirituais. Eximiram Mateus, no entanto, da pena de confisco de bens, considerando "ser notória a sua pobreza". Mateus tinha perdido o que lhe restava, durante os anos passados no cárcere: escravos vendidos, contrato de arrendamento expirado. Mateus saiu no auto de fé de 13 de dezembro de 1652, ouviu sua sentença com vela na mão e, pouco depois, foi solto. Misericórdia inquisitorial. As últimas assinaturas que firmou nos papéis do Santo Ofício indicam mãos trêmulas, aos 71 anos.

Voltou logo a Pernambuco e foi morar junto à filha Maria da Costa, já viúva do flamengo, com duas filhinhas pequenas. Mateus da Costa, que

JERUSALÉM COLONIAL

também tinha enviuvado, não durou muito tempo. Morreu cerca de um ano depois de sua volta a Pernambuco. Morreu devendo 14.811 florins à WIC. Morreu na "lei de Cristo", como assegurou aos inquisidores que morreria, aos gritos, enquanto o torturavam no potro.

Judeus "que se deixaram ficar"

Após a rendição dos holandeses, em 1654, a imensa maioria dos judeus estantes no Brasil regressou para Amsterdã. Refiro-me aos judeus novos provenientes da Holanda, que a ela regressaram, não aos cristãos-novos residentes no Brasil que, por alguns anos, viveram como judeus públicos, sob as asas da *Zur Israel*. A esmagadora maioria desse grupo ficou no Brasil e regressou ao catolicismo. Rotas opostas de grande significado simbólico: "judeus novos" da Holanda regressando para Amsterdã; "judeus novos" do Brasil retornando ao catolicismo. Divórcio radical. Os judeus do Brasil que regressaram ao catolicismo nem sequer esperaram, de modo geral, a derrota holandesa para fazê-lo. A onda de reconversões cresceu desde a eclosão da "guerra da liberdade divina", do mesmo modo que a onda do regresso de judeus para a Holanda.

Entre as duas tendências, porém, houve os "judeus que se deixaram ficar", expressão muito usada na documentação do Santo Ofício para referir os judeus criados na Holanda que ficaram em Pernambuco, apesar da rendição de 1654, nem tanto para os judeus "novíssimos" convertidos por Isaac Aboab. Esses últimos, a rigor, já estavam no Brasil, vivendo como católicos, no máximo como criptojudeus, antes da conquista holandesa. Foram corajosos, sem dúvida, quando mergulharam em um judaísmo que mal conheciam, deixando que os circuncidassem, esforçando-se no aprendizado da "lei de Moisés". Mas a ousadia deles não chegou ao ponto de trocarem o Brasil pelo judaísmo. Alguns tinham abraçado o judaísmo por acidente, movidos pela paixão do momento; outros, por interesse; muitos, pelas duas razões. Trataram de voltar ao catolicismo o quanto antes, quando perceberam que a "Jerusalém colonial" estava nas últimas.

Antônio Henriques foi um caso típico de "judeu que se deixou ficar", embora não fosse português, como a esmagadora maioria, mas es-

282

panhol. Tinha 57 anos quando, acusado de *judaizar* no tempo dos flamengos, chegou preso a Lisboa, por ordens do vigário-geral de Pernambuco, Antônio Velho do Carmo. Já se haviam passado sete anos da rendição holandesa, mas o Santo Ofício ainda rastreava os remanescentes da "Jerusalém colonial".[23]

Antônio era cristão-novo natural de Antequera, na Andaluzia, sul da Espanha, filho do mercador Francisco Vaz de Leão, e de dona Beatriz Torres, ambos cristãos-novos. Foi o segundo dos seis filhos do casal, dos quais cinco homens, nascidos em solo castelhano. Todos foram batizados, mas praticamente não tiveram nenhuma formação cristã. Antônio nunca tinha ouvido missa, "desde que teve uso da razão". Tinha dez anos, no máximo, quando sua família resolveu fugir da Espanha, não sei por qual razão específica. Não consta notícia de processo contra o pai ou a mãe de Antônio, mas eles podiam estar já denunciados. Seus pais eram criptojudeus praticantes. Viajaram de navio para a França, dona Beatriz grávida, fixando-se em Saint-Jean-de Luz. O sexto filho do casal, também menino, nasceu na França.

O pai de Antônio logo se declarou "judeu de coração" e disposto a assumir a "lei de Moisés". A família permaneceu um ano na França, de onde partiu para Amsterdã, chegando ali em 1616. Foi abrigada por Abraão Spinosa, castelhano como eles, tio de Baruch Spinosa, o futuro filósofo excomungado pela *Talmud Torá*. Pouco depois, o pai de Antônio alugou casa na cidade e todos os membros da família assumiram o judaísmo. O pai e os meninos foram circuncidados provavelmente na *Bet Yacov*, pois o *mohel* foi o alemão Aarão Levi, filho de Uri Levi, guia espiritual do primeiro grupo de judeus portugueses na cidade. Francisco Vaz, pai de Antônio, passou a chamar-se Abraão Israel Henriques, enquanto Antônio ganhou o nome de Isaac Israel Henriques. A família inteira, aliás, passou a usar este sobrenome, Israel Henriques.

A família de Antônio não era rica, o pai pertencia aos escalões inferiores das redes comerciais sefarditas. Antônio, agora Isaac, viveu como judeu durante toda a mocidade. Seu nível de conhecimento do judaísmo era grande, em 1661, quando foi preso, se comparado ao da maioria dos "judeus novos" da série examinada. Digo isso pela clareza de suas informações acerca das orações e dos ritos judaicos. Há que considerar, porém, que Antônio era castelhano, idioma (ladinizado) dos catecismos judeus em Amsterdã. Além disso, seu processo data da década de 1660: os inquisidores já conheciam melhor o judaísmo sinagogal.

Antônio viveu também em Hamburgo, outro enclave sefardita, onde se casou com a judia Abigail de Lima, natural de Veneza, filha de pais portugueses. Diásporas entrelaçadas. Teve três filhos com Abigail, que morreu jovem, talvez no parto do terceiro filho. Antônio voltou, então, para Amsterdã, já passava dos 30 anos quando resolveu tentar a sorte no Brasil. Corria o ano de 1637. Antônio foi um dos imigrantes da primeira grande leva de judeus estabelecidos no Pernambuco holandês. Foi o único da família que se dispôs a tanto. Viveu como pequeno mercador no Recife e se manteve judeu praticamente até o fim da presença holandesa no Brasil.

Depois de preso, Antônio tentou convencer os inquisidores de que fora tomado, em 1653 (!), pelo desejo de regressar à religião católica na qual tinha "nascido", abandonando o judaísmo. Mesmo assim, admitiu que somente assumiu publicamente o catolicismo em 1654, depois da expulsão dos holandeses, temeroso da reação dos judeus do Recife, caso soubessem de sua decisão íntima. Os inquisidores não caíram nessa, é óbvio, mas também não se interessaram em apertar o réu. As evidências do caso são, porém, claríssimas: Antônio deixou o judaísmo após a derrota holandesa. Permaneceu judeu até o último minuto, tornando-se católico com o único propósito de "deixar-se ficar no Brasil".

É verdade que ele tentou "regularizar" sua nova condição de católico junto ao vigário-geral de Pernambuco, Domingos Vieira de Lima, que se negou a *reduzi-lo*, é óbvio, recomendando que se apresentasse ao Santo Ofício. Segundo Antônio, o próprio vigário prontificou-se a agenciar sua ida para Lisboa, mas não o fez, e seu substituto, Antônio Velho da Gama, achou por bem prendê-lo. Antônio Henriques ou Isaac Israel demorou seis anos para se apresentar ao Santo Ofício e ainda pôs a culpa nos vigários do Brasil!

O Santo Ofício não deu grande atenção, porém, às inconsistências do réu. Considerou que sua confissão era sincera e que tinha dado boas informações à Mesa, inclusive listas de judaizantes portugueses na Holanda, em Hamburgo e no Brasil. Foi condenado a sair em auto público, abjurar em forma, usar hábito penitencial e a permanecer "encarcerado" em Lisboa ao arbítrio dos inquisidores. A sentença foi publicada em setembro de 1662, mas não tardou para que Antônio fosse liberado.

Jamais saberemos a razão de Antônio ter preferido ficar no Brasil, expondo-se à Inquisição, ao invés de retornar com os demais judeus para a Holanda, onde morava sua família. Certamente não ficou por razões financeiras, já que "não tinha de seu coisa alguma, por haver caído em pobreza". Nem sequer tinha "os vestidos necessários para se vestir". Nada há no processo de Antônio que permita ao menos conjecturar sobre as razões de sua decisão. É possível imaginar mil e uma possibilidades, é claro, mas o historiador deve respeitar certos limites.

A única certeza que o caso permite alcançar reside em um paradoxo desconcertante. Antônio Henriques, "judeu novo" típico, com escassa formação católica, homem que permaneceu judeu até o final do período holandês, resolveu converter-se ao catolicismo para "deixar-se ficar no Brasil". Conhecia tanto o catolicismo quanto os inquisidores conheciam o judaísmo, ou seja, praticamente nada. Voltou a ser o cristão-novo que tinha sido até os 10 anos. Ou melhor, voltou a ser um cristão-novo que sequer tinha sido cristão, exceto pelo batismo. Antônio nunca tinha ouvido missa católica! Só não vou chamá-lo de "católico novo", simétrico ao "judeu novo", para não inventar mais uma *persona* nessa miríade de identidades partidas.

4. O MÁRTIR ISAAC DE CASTRO

Examinar o caso de Isaac de Castro é quase um "sacrilégio", nem tanto porque o rapaz foi considerado um "santo" pela comunidade judaica de Amsterdã, senão porque Elias Lipiner publicou uma biografia muito completa desse importante personagem.[24] No entanto, nosso painel de "identidades fragmentadas" ficaria comprometido sem o "santo Isaac" — caso-limite de "judeu novo" que enfrentou a Inquisição até a morte. Entre resumir as considerações de Lipiner, que estudou a documentação a fundo, e reexaminar o processo contra Isaac, optei pela via mais trabalhosa e mergulhei nos autos.[25]

JERUSALÉM COLONIAL

Minha intenção era cotejar a imagem de Isaac de Castro presente no martirológio produzido pelos judeus de Amsterdã com as evidências oferecidas pelo processo inquisitorial. Parti de uma atitude cética, além de "iconoclasta", acerca da história concreta desse "judeu novo" queimado pela Inquisição, transformado em mártir do judaísmo pela comunidade sefardita da Holanda. A fabricação de mártires foi, de fato, um dos ramos da literatura judaica na diáspora holandesa, engajada no combate contra a intolerância inquisitorial nas "terras de idolatria". Isaac de Castro não foi o único, mas talvez tenha sido o principal mártir celebrado pelos judeus de Amsterdã.

A trajetória de Isaac prestava-se, de todo modo, a se transformar em grande monumento do martírio judaico. Era um jovem de 19 anos quando foi preso na Bahia, em 1644, pelo governador Antônio Teles da Silva, que o transferiu ao implacável bispo dom Pedro da Silva e Sampaio. Enviado para a Inquisição de Lisboa, em 1645, Isaac foi metido no cárcere secreto e interrogado por quase dois anos, recusando-se a deixar o judaísmo em favor da "lei de Cristo". A Inquisição, a certa altura, estava mais empenhada em "reduzir" Isaac ao catolicismo do que em condená-lo à morte. Isaac recusou-se a "negociar" com os inquisidores. Enfrentou o sistema, debateu com os clérigos encarregados de convencê-lo de que o judaísmo era um erro, dispôs-se, enfim, a morrer pela "lei de Moisés". Saiu no auto de fé de 15 de dezembro de 1647, ouviu sua sentença e terminou sua vida na fogueira. Foi queimado vivo, pois dispensou a misericórdia do Santo Ofício, que costumava garrotear os condenados, antes de queimá-los, caso desejassem morrer na "lei de Cristo". Isaac preferiu a morte mais cruel.

Uma tragédia desse porte, cuja repercussão na Holanda foi enorme, não poderia passar em branco para os judeus de Amsterdã. Isaac de Castro tornou-se um monumento. É preciso examinar o caso de perto: o monumento e o documento.

A construção do mártir

Isaac de Castro seria mais um, dentre os cerca de dois mil réus da Inquisição portuguesa condenados à morte, em quase três séculos, não fosse a repercussão alcançada por sua execução, no próprio Portugal e na Holanda.

Em Portugal, o caso abalou ainda mais as relações entre a Coroa e a Inquisição, pois a primeira estava inclinada a pelo menos atenuar a perseguição contra os cristãos-novos, e a segunda, vendo-se ameaçada pela restauração brigantina, pretendia demonstrar a força de sua posição política. A Inquisição precisava de cristãos-novos para processar e alguns judaizantes para condenar, inclusive à fogueira. A condenação de três "prisioneiros do Forte Maurício" e sobretudo a execução de Isaac de Castro adensaram a crise política do reino. A reação da Coroa contra a Inquisição, estimulada pelo jesuíta Antônio Vieira, alçado à posição de grande conselheiro do rei dom João IV, seria dura, como veremos no próximo capítulo.

A repercussão na Holanda azedou bastante as negociações diplomáticas de Portugal com os Estados Gerais das Províncias Unidas. Os embaixadores portugueses, entre os quais o próprio Antônio Vieira, se já encontravam enorme dificuldade para negociar a devolução do Brasil e demais regiões tomadas pelos holandeses, ficaram de mãos atadas depois do auto de fé celebrado em 1647. Isaac era também vassalo do príncipe de Orange, a exemplo dos "prisioneiros do Forte Maurício", e, portanto, protegido pelo tratado luso-holandês de 1641. "De saírem no cadafalso os três judeus do Recife se queixaram muito os Estados Gerais nesta última conferência" — eis o que Vieira escreveu ao marquês de Nisa, em 3 de fevereiro de 1648, comentando a condenação dos três prisioneiros do Forte Maurício.[26]

O chefe da delegação diplomática na Holanda, embaixador Francisco de Sousa Coutinho, não deixou por menos. Em carta a dom João IV, datada de 1º de fevereiro de 1648, o diplomata reportou a indignação das autoridades holandesas com a omissão do rei no caso dos judeus presos pela Inquisição, acrescentando que estavam bem informados de que "um deles fora queimado". Embora Isaac não fosse cativo de guerra, como os "prisioneiros do forte", o fato de ter sido executado teve efeitos devastadores para a diplomacia portuguesa em Haia. Em carta ao rei datada de 24 de fevereiro de 1648, o embaixador escreveu que os "gritos de Amsterdã" eram insuportáveis a tal ponto que "seria impossível crê-lo, senão quem o vê e ouve de tão perto como eu".[27]

A indignação dos Estados Gerais repercutia, em boa medida, os protestos da *Talmud Torá* e de toda a comunidade judaica da Holanda. Nessa época conturbada, em que os judeus portugueses viam-se ameaçados pelo furor inquisitorial, a comunidade sefardita de Amsterdã lançou-se à consagração de mártires, enquanto pressionava as autoridades holandesas para honrar a aliança firmada com os judeus. No campo da literatura apologética, outros judeus foram alçados à condição de mártires: frei Diogo da Assunção, 1/4 de cristão-novo, 24 anos, queimado em Lisboa, em 1603; dom Lope de Vera, 25 anos, cristão velho que adotou o judaísmo, queimado em Valladolid, em 1644; Isaac de Almeida Bernal, 22 anos, queimado em Valladolid, em 1655; Jorge Mendes de Castro (Abraão Atias), queimado em Córdova, em 1665, aos 75 anos.

Todos esses foram queimados vivos, como Isaac de Castro, por se recusar a abandonar o judaísmo. Todos foram colocados no altar dos mártires e no panteão dos heróis judeus pela comunidade da Holanda. Eles ofereciam a prova viva da resistência judaica, da recusa frontal do catolicismo, da luta radical contra a intolerância do Santo Ofício. A celebração judaica de seus heróis, além de reforçar a identidade coletiva dos judeus novos na diáspora, repercutia favoravelmente entre os holandeses, na medida em que atacava violentamente os "papistas", também odiados pelo holandeses calvinistas.

O nome de Isaac de Castro não tardou a ser celebrado em Amsterdã, após seu martírio na fogueira inquisitorial. Logo em 1648, o ofício em memória de Isaac invocava a vingança divina contra os opressores de Israel: "Que Deus grande e poderoso e temido vingue a vingança de seu servo, o Santo (Ishak Ben Abraham de Castro), que se deixou queimar vivo pela unicidade da santidade de seu Nome...".[28] No mesmo ano, o rabino Saul Mortera publicou sua oração fúnebre em memória de Isaac. Jonah Abravanel escreveu outro poema encomiástico, em castelhano, no qual proclamou que a história de Isaac de Castro era *santa*. Samuel de Oliveira publicou um poema em hebraico, *Sharsot Gavlut* (Correntes trançadas), em memória ao "homem divino, desejado e virtuoso Ishac de Castro Tartas, esbelto como os cedros...".[29] No seu famoso livro *Esperança de Israel* (*Mikveh Israel*, 1650), o principal rabino de Amsterdã, Menasseh Ben Israel, fez discurso apologético, no qual Isaac aparece como jovem "versado em literatura grega e latina", preso no Brasil por "lobos carnívoros" e mandado a Lisboa onde "foi tiranicamente encarcerado e queimado vivo (...), porque "se recusou a crer em outro deus senão aquele que criou o céu e a terra".[30]

Um dos que mais estimularam, nos bastidores, a enxurrada de opúsculos e poemas publicados em Amsterdã em louvor a Isaac de Castro foi seu irmão, Davi de Castro Tartas, destacado impressor da comunidade judaica. Diversos textos saíram com a estampa "Em casa de David de Castro Tartas". Com o tempo, Davi fez de seu parentesco um selo de propaganda da própria casa editorial, colocando, junto ao seu nome, enquanto impressor, o epíteto *Akhi Ha-Kadosh*, que significa "Irmão do Mártir".

A celebração do nome de Isaac de Castro prosseguiu nas décadas seguintes. O poeta David Jerusum compôs um poema em português, celebrando Isaac como "ouro soterrado pela cruel Inquisição", "Phenix" que haveria de renascer das cinzas, "Anjo que subiria ao céu em flama...". Daniel de Bairrios, principal historiador dos judeus portugueses e "trovador dos mártires" na Holanda por sua obra *Contra la verdad no hay fuerça* (1665), elevou o mártir à condição de "divino Tartaz Ysaque", louvado como "uma das colunas de fogo vivo que guiarão o povo cativo para a redenção em Jerusalém". Isaac Cardoso, por sua vez, autor de *Las Excelencias de los Hebreos* (1679), qualificou Isaac de Castro como "jovem sábio, e grande filósofo e teólogo", sendo um dos maiores divulgadores da notícia, real ou fictícia, de que as últimas palavras de Isaac, ardendo em chamas, foi a oração da *Shemá Israel*, "Adonay Eloheno, Adonay echad...". Cardoso parece ter sido decisivo na construção do mito. Afirmou que Isaac, de certo modo, foi à Bahia para propagar o judaísmo, sabendo que seria preso e sacrificado para "santificar o nome de Deus".

O martirológio dedicado a Isaac de Castro chegou ao ponto de "canonizar" o mártir à moda cristã. Isaac divino. Isaac santo. Isaac disposto ao sacrifício, como Cristo, para propagar a palavra de Deus. O sentimento laudatório era de inspiração judaica, sem dúvida, além de radicalmente anticatólico. Mas a linguagem, por vezes, assumia um forte tom hagiográfico, cristão. Uma vez mais nos defrontamos com os "judeus novos" trair pela origem Ibérica e formação cristã. Eram sefarditas e barrocos. Dificilmente os *ahkenazi* qualificariam algum judeu de "santo", menos ainda de "divino".

A história de Isaac de Castro é, no entanto, muito diferente da narrada pelos escritores encomiásticos da comunidade judaica. O grande historiador português João Lúcio de Azevedo talvez tenha sido o primeiro a desconfiar da lenda gloriosa de Isaac. "A biografia real", escreveu João Lúcio, "aparece menos brilhante do que as narrativas dos panegiristas". Isaac não teria passado de um jovem mascate, entre tantos emigrados para o Brasil holandês.[31] João Lúcio tem razão ao colocar a lenda em xeque, pois a história de Isaac de Castro assemelha-se, em vários aspectos, à de vários "judeus novos" convertidos na infância ou mesmo no colo das mães. Mas Isaac foi seguramente mais do que um simples mascate, entre outros. Sua história, em diversos sentidos, foi também excepcional. Uma história na qual se entrelaçaram audácia, brilho intelectual, desatino, um pouco de soberba e um radical espírito de sacrifício.

De como se tornou judeu novo

A história de Isaac assemelha-se, de início, à de diversos outros jovens nascidos no caminho da diáspora. Seus pais eram cristãos-novos de Bragança, católicos de batismo, criptojudeus na fé. O pai, Cristóvão Luís, era mercador de pequeno porte, casado em segundas núpcias com Isabel da Paz. Cristóvão tinha dois filhos do primeiro casamento, mas ainda não os tinha de Isabel quando resolveu fugir com ela de Portugal. Foi mais um casal de cristãos-novos que abandonou Portugal, nos anos 1620, buscando "terras de liberdade", onde não ficassem à mercê da Inquisição.

É possível presumir quem foi o mentor intelectual dessa decisão: o irmão de Isabel da Paz, ninguém menos do que Moisés Rafael de Aguilar, futuro rabino da *Kahal Kadosh Maghen Abraham*, a rival da *Zur Israel* do Recife. Era muito comum que, no seio de uma vasta parentela de cristãos-novos afastados por gerações da conversão forçada, um parente, por seu raro conhecimento da Torá e do Talmud, agisse com o esteio do criptojudaísmo e do projeto de fuga.

Isaac nasceu por volta de 1626 na pequena vila de Tartas, na Gasconha, e recebeu o nome de Tomás Luís. O judaísmo era proibido na França desde 1615, como vimos, mas tolerado na prática, desde que discreto.

As crianças nascidas em solo francês de pais portugueses (cristãos-novos) eram obrigadas ao batismo. Assim ocorreu com nosso personagem. Antes de ser judeu, Isaac foi Tomás, católico de batismo. O mesmo aconteceu com os demais filhos do casal nascidos em Tartas, seis no total, quatro meninas e dois meninos.

Desde criança Tomás recebeu instrução judaica em casa, mas tratou-se, então, daquele judaísmo superficial e doméstico que os criptojudeus observavam em Portugal ou na Espanha. O ensinamento mais profundo e sistemático começou quando o menino tinha oito ou nove anos, provavelmente em 1626, ano em que chegou à vila um judeu do Levante muito versado em hebraico, latim e religião. Hospedado na casa da família durante um ano e meio, o sábio levantino foi o primeiro grande professor de Tomás, futuro Isaac, e de toda a família. A casa de Cristóvão Luís tornou-se quase uma *yeshivá*. Tomás adorava os estudos, passou a dominar o hebraico e muito de latim. Aos 11 anos, já conhecia razoavelmente bem os fundamentos do judaísmo.

Valendo-se de contatos, os pais o mandaram então para Aix, na Provença, para que prosseguisse o estudo de humanidades. Perceberam o talento do menino e apostaram, quem sabe, numa carreira de letrado para Tomás, mesmo que cursando colégio católico. Após um ano, foi mandado pelos pais para Bordeaux, outro nicho de refugiados criptojudeus. Tomás viveu em casa de parentes judaizantes, mas estudou filosofia e retórica no colégio jesuíta de Aix. Passou a conhecer muito bem a teologia cristã. Era tido como aluno brilhante, polemista, estudiosíssimo. Esse foi, sem dúvida, um diferencial na história do futuro Isaac de Castro em relação à maioria dos judeus novos de sua geração. Recebeu educação esmerada em casa, no judaísmo, e depois católica, com professores inacianos. Passou a conhecer, em profundidade, um catolicismo que jamais tinha vivido. O ensino jesuítico era o melhor do mundo católico.

Manteve-se firme, porém, no judaísmo, assim como toda a família, cujo projeto era morar em Amsterdã, a "Jerusalém do Norte". A família passou a viver, no entanto, em função de Tomás, mudando-se para Bordeaux, porque o rapaz se interessou pelo estudo da medicina e, por ter sido aluno brilhante dos jesuítas, conseguiu lugar na universidade. A palavra de ordem de sua família era a dissimulação. Fingiam-se de católicos, mas permaneciam judeus. Sina de muitos cristãos-novos.

Após alguns meses, a família transferiu-se para Amsterdã, numa operação decerto comandada por Moisés Rafael de Aguilar, irmão de Isabel da Paz. Em 1640 já estavam estabelecidos em Amsterdã, morando nas cercanias da *Breedestraat*, a "rua Larga" dos judeus portugueses. O primeiro grande ato da família foi a conversão solene ao judaísmo. O pai e os meninos foram circuncidados. A mãe e as irmãs passaram pelo banho purificador na *mikvê*. Cristóvão Luís passou a se chamar Abraão de Castro, enquanto Tomás, então com 15 anos, recebeu o nome de Isaac de Castro. Abraão e Isaac: os nomes escolhidos para o pai e o filho não deixam dúvida sobre o sentimento religioso que os unia. Isabel da Paz tornou-se Benvenida de Castro. A circuncisão foi oficiada pelo rabino sefardita David Pardo, que já conhecemos no primeiro capítulo. Era filho de José Pardo, primeiro rabino da *Bet Yacov*, de quem herdara o posto. Na altura em que Isaac fez a circuncisão, as congregações sefarditas já estavam unidas na *Talmud Torá*.

A vida de Isaac de Castro na Holanda foi, contudo, mais curta do que se pode imaginar. Mais atribulada, também. Passou pelas *yeshivot* de Amsterdã, mas, na verdade, não tinha o que fazer ali. Seus conhecimentos estavam muitíssimo acima dos jovens de sua idade. Tentou ingressar na Universidade de Leiden, a mais cosmopolita da Europa, para estudar medicina. Há controvérsia sobre se chegou ou não a se matricular. É certo, porém, que se envolveu numa disputa, corpo a corpo, com um estudante flamengo, filho de nobres. Ao tratar do assunto com os inquisidores, anos depois, Isaac foi evasivo. Disse que tinha reagido às ofensas proferidas pelo colega, usando de violência para vingar sua honra. O desafeto de Isaac ficou muito ferido. Isaac não disse, mas é possível que o tenha ferido de morte. Nada indica que tenha ocorrido um duelo...

Isaac estava certo de que seria preso pela justiça holandesa, talvez sob a acusação de homicídio. Tinha de fugir da Holanda o quanto antes e para o lugar mais distante possível. Assim se decidiu pelo Brasil, viajando, em 1641, em companhia do tio Moisés de Aguilar, contratado para ser rabino na *Maghen Abraham*. Isaac era um rapaz de 15 para 16 anos, cuja formação o preparava para algum ofício intelectual ou sacerdotal, quem sabe rabino, pois não concluíra o estudo da medicina. Teve de contentar-se com o ofício exercido pela maioria dos jovens judeus chegados ao Pernambuco holandês. Pequeno comércio, "negócios de pouca consideração", como então se dizia. Isaac de Castro viveu como mascate no Recife e, sobretudo, na Paraíba durante quase três anos. João Lúcio tem razão nesse ponto, pois Isaac foi mesmo mercador ambulante, embora jamais tenha acalentado a intenção de viver dessa maneira, como seus conterrâneos judeus da mesma geração. Isaac queria ser médico. Só foi ao Brasil para escapar da pena pelo provável homicídio cometido em Leiden. Era um "judeu novo", por assim dizer, muito especial.

Destempero de Isaac

Não deixa de ser surpreendente que um jovem como Isaac de Castro fosse foragido da justiça comum por culpas de homicídio. A imagem mais adequada a um jovem como ele é a de um rapaz estudioso, cercado de livros, cheio de ideias, amante de polêmicas filosóficas. Um rapaz que, por formação, apreciava, sim, a esgrima intelectual, jamais a briga de rua com adagas ou espadas. A imagem serena que idealizei acima, Isaac a comprovou nos debates que travou com inquisidores e qualificadores do Santo Ofício, depois de preso. Mas Isaac parece ter sido também um jovem de pavio curto, destemperado e violento. Há registro de que no Brasil andava armado de espada à cinta. Na verdade, andava com uma cutela ou cutelo, um facão de meio palmo de largura, sem ponta, de cabo curto, usado para cortar carne e peixe em açougues.

Atuando como mercador, Isaac era um desastre. Não sabia negociar, era mau pagador e impaciente como credor. O mínimo impasse era motivo para ameaçar o adverso com palavras ou atos. Há registro de que, em certa ocasião, discutiu asperamente com um sapateiro da Paraíba, por recusar-se a pagar a dívida que tinha contraído na tenda de Catarina Gonçalves, mulher do sapateiro. Isaac parecia fiel ao adágio "devo, não nego, pago quando puder". Na situação de credor, Isaac não era menos violento. Brigou, também na Paraíba, com vários franceses, que lhe tinham comprado umas coisinhas mas protelaram o pagamento. Alguns fugiram para a Bahia e deram calote em Isaac, que passou a odiá-los.

No balanço das contas, porém, Isaac de Castro era um tremendo devedor. Como negociante, era trapalhão. Basta dizer que, ao citar para os inquisidores os nomes de judeus com quem negociava no Brasil holandês, mencionou 18 desafetos, admitindo que teve com eles "algumas diferenças, pragas e cutiladas". Isaac parece ter usado o cutelo nas suas pendengas coloniais. Matou mais alguém? Difícil saber. Mas é certo que ameaçou gente de morte, empunhando cutelo, se é que não feriu ou mutilou algum de seus vários desafetos.

A lista dos inimigos de Isaac dá prova definitiva de que devia muito. Era um daqueles mercadores que não deram certo, a exemplo de alguns descritos no terceiro capítulo: Daniel Gabilho, por exemplo, que quase foi enforcado pelo Escabinato de Maurícia, após ser preso por dívidas; Moisés Abendana, que se matou porque estava falido. Isaac pertencia ao mesmo time. Devia à fina flor da plutocracia judaica no Brasil holandês: Davi Senior Coronel, um dos mais graúdos; Jacob Mocata, exportador e membro ilustre da congregação; Samuel Montesinos e Samuel Pereira, negociantes de escravos; Abraão Israel Dias, importador de tecidos, fornecedor de calças para a WIC e dirigente da *Zur Israel*.

Isaac vivia na corda bamba enquanto comerciante no Brasil holandês. Pelo visto, pegava empréstimo com os "banqueiros" ou mercadorias em consignação para vender, sem dar retorno a seus "patrões". Nosso conhecido Abraão Bueno (Diogo Henriques), um dos "prisioneiros do forte", pequeno comerciante criado na França, como Isaac, contou aos inquisidores que Isaac fugira do Recife porque o queriam executar por dívidas. Executar, nesse contexto, quer dizer cobrar, e não matar. Mas por falar em homicídio, há registro de que Isaac também tinha algum contencioso com a justiça holandesa no Recife, talvez um crime de morte. Lipiner sugere, com alguma prudência, que o tal homicídio que alguns atribuíram a Isaac no Recife pode ter sido confundido, pelos depoentes, com o cometido em Leiden. Mas o próprio Isaac, convém lembrar, andava com seu cutelo à cinta e andou dando cutiladas em credores no Recife. Não resta dúvida de que tinha cometido ao menos um crime de morte.

O fato é que o rapaz tornou a fugir, dessa vez para a Bahia, em 1644, sinal de que não poderia ficar mais sob a autoridade holandesa, fosse na Holanda, fosse no Brasil.

De como tentou deixar de ser judeu

A razão pela qual Isaac de Castro foi para a Bahia, terra de católicos, sempre foi motivo de polêmica entre os poucos historiadores dedicados ao estudo desse personagem. De um lado, os historiadores inspirados em João Lúcio de Azevedo sugerem que Isaac foi à Bahia para prosseguir na carreira de pequeno negociante, longe dos credores de Pernambuco, aos quais devia muito. De outro lado, os historiadores inspirados pelo "mito do mártir" sugerem que ele foi à Bahia com motivações religiosas, disposto a pregar o judaísmo para os numerosos criptojudeus da região.

Elias Lipiner, o grande biógrafo de Isaac, é também o maior defensor dessa última tese, recusando ou diminuindo a importância de fatos circunstanciais — como a fuga — e das ambições materiais — o mascateamento — como motivos relevantes para a decisão de Isaac. Chegou a afirmar que Isaac devia ter "uma finalidade oculta" quando decidiu se mudar para uma capitania católica, e algumas páginas depois qualificou a mudança como "viagem missionária a uma cidade com grande número de criptojudeus". Creio que foi o grande Elias Lipiner quem de fato "viajou" nessa interpretação do episódio, sobretudo ao acrescentar que, na tal viagem missionária, Isaac teria pensado em Salvador "como uma reprodução da geografia bíblica e capital ilusória de uma segunda Palestina".[32] A Bahia de Todos os Santos como "segunda Palestina"? Nem o mais delirante visionário da época chegaria a tal ponto. Elias Lipiner — que merece toda a reverência pela grandeza de sua vasta obra — não conseguiu, porém, livrar-se do "mito do mártir" na biografia de Isaac.

Exageros à parte, há contudo registro de que Isaac andou lecionando judaísmo enquanto esteve na Bahia. Foi abrigado na cidade em casa de Diogo de Leão, senhor de engenho, cristão-novo que seria muito acusado de judaizante, na chamada "grande inquirição" instalada na Bahia, em 1646. Tudo indica que a família de Leão integrava uma rede de famílias criptojudias da Bahia, useiras em fazer *esnoga*. Entre outras acusações, uma delas chega a ser cômica, envolvendo os filhos pequenos de Diogo. Perguntados por alguém na rua como se chamavam, responderam os meninos que tinham dois nomes: um para a casa, outro para a rua!

Pois bem, Isaac parece ter lecionado judaísmo na casa de Diogo de Leão, quem sabe em troca da hospedagem e algumas patacas a mais, pois chegou a Salvador falido. Mas nada disso sustenta a hipótese de que Isaac foi à Bahia como prosélito, trocando a carreira de negociante, que detestava, por uma causa ou ofício mais condizente com sua formação intelectual. Antes de tudo porque Isaac chegou à Bahia em algum dia de dezembro de 1644 e já estava preso, por ordens do bispo dom Pedro da Silva, no meado daquele mês. O "apostolado" judaico de Isaac na casa de Diogo Leitão teve duração mínima. Não passou de uma contrapartida pela hospedagem. O mais é pura especulação.

Mas há fatos bem fundamentados (e documentados) que iluminam uma face, essa sim, oculta, de Isaac de Castro. Refiro-me ao fato de que, tão logo chegou à Bahia, Isaac se apresentou a ninguém menos do que ao bispo dom Pedro da Silva, dizendo-se judeu circunciso, natural da França, filho de pais cristãos-novos que viviam na "lei de Moisés", na Holanda. Acrescentou, porém, que se apresentava ao bispo porque *desejava se reduzir ao catolicismo*, abandonando a "lei de Moisés". Isaac afirmou, literalmente: "Vim para cá para ser batizado" — assim consta no relatório que, mais tarde, o bispo enviou ao Santo Ofício de Lisboa.

Elias Lipiner vê, nessa atitude de Isaac, "um golpe de mestre" para afastar qualquer suspeita de que fosse cristão-novo judaizante, acrescentando que o próprio bispo caiu na conversa de Isaac. Deixou-o em liberdade e o recebeu uma ou duas vezes na casa do bispado, onde Isaac conversava muito sobre filosofia com o secretário da diocese e com o próprio prelado. "Golpe de mestre" de Isaac para encobrir do bispo sua intenção de pregar o judaísmo para os cristãos-novos? Ingenuidade de um bispo como dom Pedro da Silva, ex-inquisidor que vinha instruindo processos para a Inquisição desde 1634?

Eis uma interpretação totalmente frágil. Definitivamente inconsistente. Nem Isaac tentou enganar o bispo nem o bispo se deixou enganar. A dura verdade é que Isaac de Castro apresentou-se ao bispo com a firme intenção de se tornar católico. O bispo, por sua vez, ficou mesmo convencido da intenção de Isaac, daí tê-lo recebido outra vez para conversas. O processo de "redução", ainda que informal, estava em curso. Isaac de Castro, inteligente como era, jamais se apresentaria a um ex-inquisidor se não tivesse realmente a intenção de se converter. Inclusive, como admitiu mais tarde, tinha conversado com frei Manuel Calado, em Pernambuco, sobre assuntos de religião.

Mas não foi por instâncias de frei Manuel Calado que Isaac buscou se converter ao catolicismo. A decisão parece ter sido, em princípio, mais mundana. Isaac não tinha mais como viver entre os judeus, nem no Brasil, nem na Holanda, por causa de crimes cometidos e dívidas não pagas. Havia afrontado verdadeiros portentos, entre os homens de negócio de Pernambuco, a exemplo de Duarte Silveira ou Davi Senior Coronel — senhor já idoso, autoridade da congregação *Zur Israel*, grande financista, mercador e senhor de engenho. Andou "cutilando" uns e outros. Isaac teve de fugir da Holanda, do Brasil holandês e do próprio judaísmo. Não vejo nenhuma outra razão plausível para ter procurado o bispo no dia seguinte à sua chegada a Salvador. Uma decisão compreensível, dadas as circunstâncias, similar à de outros jovens judeus que, por mil razões, se reduziram ao catolicismo. Uma decisão humana. Mas nada edificante, reconheço, para quem se tornaria, em breve, um ícone da comunidade sefardita.

O único estratagema que Isaac utilizou ao se apresentar ao bispo foi inventar para si um terceiro nome. Jamais usaria o nome cristão de Tomás Luís. Também não quis usar o nome de Isaac de Castro, talvez por saber que o nome estava "sujo na praça". Apresentou-se, então, como Joseph de Lis, afrancesando seu nome de família original.

O plano de Isaac naufragou, no entanto, porque a notícia de que havia um judeu recém-chegado de Pernambuco levantou, como sempre, a suspeita de que era espião dos holandeses. Em fins de 1644, a conspiração corria solta, e o governo baiano estava atento. Antônio Teles da Silva mandou deter Isaac para averiguação. Manteve-o preso por três dias no palácio e ficou muito impressionado com a vivacidade do rapaz, fluente em várias línguas. O rumor e a prisão de Isaac despertaram a desconfiança do bispo, que solicitou sua transferência para o cárcere episcopal.

Isaac foi arguido algumas vezes pelo bispo e tratou de contar algumas verdades misturadas com mentiras deslavadas. Mentiu sobre os nomes judeus dos pais; disse ter nascido em Avignon, e não em Tartas (pois sabia que o judaísmo em Avignon era livre e na Gasconha era proibido); insistiu em que fora circuncidado aos oito dias de nascido (e não aos 15 anos); afirmou que, no Recife, tinha ido à sinagoga por duas ou três vezes somente para conhecer a casa, não para rezar, pois já estava decidido a tornar-se cristão. Chegou ao ponto de dizer, com todas as letras, que "já era cristão", embora não fosse batizado. Isaac usou, no fundo, a mesma estratégia que usariam, como vimos, os "prisioneiros do forte". Todos os jovens eram instruídos, pela comunidade judaica, a negar o batismo cristão, passando-se por judeus de nascimento, no caso de serem presos pelo Santo Ofício. Mas, convenhamos, a versão apresentada por Isaac de Castro foi genial, em especial quando disse ser natural de Avignon.

Mas o bispo não caiu na conversa de Isaac. Preparou relatório em 4 de janeiro e mandou embarcar Isaac no dia seguinte para Lisboa por culpas de judaísmo público, "havendo forte presunção de que era cristão batizado". Isaac chegou a Lisboa em março de 1645, sendo posto, de início, no cárcere da penitência, depois transferido para o secreto. Isaac era "judeu novo", que tinha desejado tornar-se católico para fugir das misérias da vida. Agora devia se proclamar judeu convicto. Judeu de nascimento. Judeu de crença. Ficou quase três anos preso, esgrimindo com os inquisidores sobre qual religião era verdadeira, qual era falsa, entre o judaísmo e o cristianismo. Discussão ociosa com final trágico.

Judeu "dogmatista"

Durante meses, Isaac foi mantido preso sem que fosse interrogado. Os inquisidores reuniram outras provas, arguindo, por exemplo, testemunhas que garantiam a proibição do judaísmo na França, exceto em Metz e Avignon, como fariam adiante, em menor escala, no caso dos "prisioneiros do forte". Depoimentos prestados nos processos desses últimos foram transladados para o de Isaac, já no início de 1646, visando desqualificar os artifícios usados por Isaac quanto a seu judaísmo de nascimento. Outras testemunhas, por outro lado, dentre as arguidas na inquirição de abril na Bahia, reforçaram as culpas de judaísmo contra Isaac, confirmando que era judeu público no Recife, frequentava diariamente a sinagoga e tinha orgulho de se proclamar judeu.

O processo contra Isaac de Castro assemelha-se, ao menos no início, ao dos prisioneiros do Forte Maurício. Tratava-se de provar que ele tinha sido batizado no catolicismo, logo era cristão. Enquanto cristão não podia praticar o judaísmo como fez, muito menos proclamar-se judeu, sob pena de ser condenado como herege pertinaz e impenitente. Isaac jamais admitiu, no entanto, ter sido batizado. Os inquisidores tiveram de se contentar, nesse ponto, com a presunção de que fora batizado, à falta de outras provas. Mas tais presunções de culpa faziam parte do *modus faciendi* inquisitorial. Nada que não tenha ocorrido em mil outros processos de delitos variados.

O primeiro interrogatório direto somente ocorreu em 22 de junho de 1645. Isaac confirmou o essencial de sua história, mas arremedou, aqui e ali, abrindo os flancos de sua defesa. Seis meses no cárcere haviam amolecido um pouco a coragem do réu. Admitiu ser natural de Tartas, na Gasconha, não mais de Avignon, insistindo, porém, que tinha nascido judeu. Inventou uma história mirabolante sobre seu suposto batismo, contando que seu pai enviara outra criança em seu lugar, para evitar que recebesse o sacramento cristão. Também forneceu os nomes corretos dos pais e irmãos. Reconheceu que sempre vivera no judaísmo, mesmo quando teve de dissimular, em certas partes onde a vigilância dos judeus era maior. Mas no caso de Bordeaux, por exemplo, nunca ia à igreja, porque era cidade grande onde podia passar despercebido.

Confessou, também, que fugira da Holanda para Pernambuco com medo da justiça secular, pela briga que teve em Leiden, do mesmo modo que trocara Pernambuco pela Bahia. Admitiu que matara alguém no Brasil holandês, mas não disse o nome da vítima. É possível que tenha cometido dois homicídios, mas esse era assunto de somenos importância para os inquisidores.

O processo começou a mudar de feição e de tom na sessão de 19 de novembro de 1645. Foi nela que Isaac admitiu ter considerado a "possibilidade de haver salvação noutra lei, que não a lei de Moisés", considerando seriamente a hipótese de "reduzir-se à lei evangélica". Eis uma passagem importante do processo, na qual o próprio Isaac admite que pensou em se converter. Estou convencido de que assim foi, embora não por motivo religioso, senão porque se viu encurralado, sem ter para onde ir, senão para a Bahia. O fato de ter estudado em colégio jesuítico em Bordeaux, saber latim e conhecer com alguma profundidade a teologia cristã poderia tê-lo ajudado, é claro, na decisão tomada na Bahia, mas tudo indica que Isaac era mesmo judeu. Sentia-se judeu. Conhecia o judaísmo como poucos, sobretudo para um jovem da sua idade.

Na sessão de novembro de 1645, Isaac começou a discorrer sobre a razão de não se ter convertido ao catolicismo na Bahia. É claro que não admitiu o fracasso do "plano de redução", por acidente de percurso, talvez presumindo que isso o deixaria em situação ainda mais miserável. Isaac estava enganado nesse ponto. Se admitisse ter inventado uma fraude para encobrir sua heresia e, ato contínuo, se arrependesse do erro, pedindo perdão aos inquisidores, dificilmente seria condenado à fogueira. Assim fariam os três "prisioneiros do forte" na mesma época. Confessaram suas manobras e se vergaram aos inquisidores, recebendo penas leves. Na primeira oportunidade, voltaram para a Holanda e para o judaísmo.

Isaac de Castro, no entanto, resolveu enfrentar a Inquisição no campo doutrinário. Não só insistiu em que tinha nascido judeu como passou a defender, com rara competência intelectual, a religião judaica em contraposição à católica. Talvez tenha pretendido demonstrar, por meio dessa esgrima teológica, que ele era mesmo um judeu — e dos bons — deixando em segundo plano a questão de ter sido ou não batizado. O processo de Isaac de Castro é rico em controvérsias teologais, relatórios de qualificadores, argumentos escritos pelo réu do próprio punho, inclusive em latim. Numa dessas ocasiões, para provar a falsidade da doutrina cristã, argumentou que, caso Deus quisesse mesmo mudar a lei que tinha revelado a Moisés, não haveria de dar crédito a quem pregava o contrário dela, ou seja, os cristãos. Afinal, o mesmo Deus que criou o homem e todas as coisas não era o deus adorado pelos cristãos? E Deus não era perfeito? Como haveria de estar enganado a ponto de reformar sua própria lei?

Isaac embarcou nessa *disputatio* escolástica com argumentos cada vez mais audaciosos. Afirmou que seguia a "lei de Moisés" não somente por ter nascido judeu, mas porque o judaísmo não possuía "coisas repugnantes à razão e à verdade natural", como o cristianismo, que se ancorava na virgindade da mãe do Messias. Incansável, Isaac ainda provocou os inquisidores ao dizer que a "lei de Moisés" era a lei em que o próprio Cristo havia nascido e morrido, de sorte que viver no judaísmo era viver na própria "lei de Cristo". Acaso Cristo não era judeu como ele e os demais judeus? Cristo fundou alguma igreja, alguma nova religião? Isaac retórico. Sofista.

Isaac afirmou que, mesmo que quisesse, não poderia acreditar que Jesus Cristo era o Messias prometido nas Escrituras, porque esse haveria de ser "um capitão com espírito profético", "um redentor" que uniria o *povo israelítico* das quatro partes do mundo na Terra Santa. O Messias ainda esperado e previsto pelas Escrituras era, segundo Isaac, um profeta que resgataria os judeus da diáspora, jamais um deus, como diziam os cristãos de Jesus Cristo. Isaac defendia suas posições com sólida base doutrinária, demonstrando conhecer muito bem o judaísmo e o hebraico, bem como o cristianismo e o latim. Os inquisidores ficaram vivamente impressionados com o talento do rapaz e se dedicaram, então, à tarefa de reduzi-lo ao catolicismo. Convencê-lo de que o cristianismo era a lei nova e verdadeira passou a ser mais importante do que castigar um réu tão brilhante. Tratava-se, para os inquisidores, de um perfeito *dogmatista*, pois sabia construir, "canonicamente", o seu pensamento herético. Nenhuma vitória seria maior, para o Santo Ofício, do que converter Isaac ao catolicismo.

Segredos do cárcere

Ao longo de 1645, Isaac compartilhou sua cela com dois outros presos. Um deles era o padre Antônio Nabo de Mendonça, preso por solicitar mulheres no confessionário "para fins torpes", que também andou na cela de Abraão Bueno, como vimos no início deste capítulo. O outro preso era o padre Antônio Lourenço Veloso, capelão das almas da igreja de São Nicolau, em Lisboa, acusado de sodomia. Padre Nabo foi instruído a observar o comportamento de Isaac e, interrogado, confirmou que o rapaz se comportava como judeu. Não fazia orações cristãs, senão as judaicas, rezava em hebraico, recusava-se a comer qualquer tipo de carne por sabê-la impura. Carcereiros do Santo Ofício confirmaram essa versão.

Mais complicado, porém, foi certo depoimento do padre Nabo, o solicitante *ad turpia,* que, ofendido pelo padre Lourenço, o sodomita, resolveu acusar o colega de batina por atos lúbricos cometidos no cárcere. Acusou-o de comunicar-se por escrito com outros presos por bilhetes, sempre tratando de temas lascivos, gabando-se de ser conhecido como "Provincial da Sodomia". Padre Nabo disse mais: contou que, em certa ocasião, o colega *nefando* mostrou seu "membro viril" para Isaac, sob pretexto de que tinha nele um cancro para ser examinado, sabedor de que o rapaz conhecia medicina. Na verdade, padre Lourenço não tinha cancro nenhum e só queria provocar o rapaz. No dia seguinte, segundo padre Nabo, padre Lourenço andou se gabando de ter cometido por três vezes cópula sodomítica com Isaac.

Isaac de Castro foi então chamado à Mesa para esclarecer o episódio e confirmou que o tal padre Lourenço era homem de conversas lascivas, que chamava a um outro preso de "puta" e diversas vezes tentou "acometer" ele, Isaac, para "fins desonestos". Passava-lhe a mão no rosto, mostrava seu pênis, juntava seu catre ao de Isaac, buscando uma aproximação mais incisiva. Isaac de Castro negou, com firmeza, que tivesse consentido em tais atos, queixando-se de ser tão assediado na prisão.

Elias Lipiner, historiador consciencioso que sempre foi, não deixa de mencionar essa nebulosa passagem do processo de Isaac de Castro. É óbvio que Lipiner endossa a versão de Isaac. Além disso, comentando o processo do padre Lourenço, não escondeu seu horror diante dos fatos nele registrados: "Cenas da anatomia do corpo humano e da patologia de suas partes, cuja leitura faria enrubescer de acanhamento qualquer mortal."[33]

De fato, nesse caso, como em outros processos de sodomitas assumidos (quase "dogmatistas do pecado nefando"), não faltam descrições de penetrações, anatomia dos membros, masturbações a dois (por vezes citadas vulgarmente como "jogar punhetas"), cópulas dentro e fora do ânus, felações de vários tipos, com membros viris colocados na boca uns dos outros, deitados, pendurados em escadas, no interior de capelas, porões de navios, cárceres... A linguagem do Santo Ofício nessa matéria é tremendamente realista, embora prevaleça um vocabulário escolástico: "membro viril desonesto", "vaso traseiro ou prepóstero", "emissão de sêmen intra vas" ou "extra vas" etc. Não chego a ficar enrubescido, como Lipiner, ao me deparar com tais relatos, apesar de muitos deles serem mesmo impactantes... Mas se o autor de *Trópico dos pecados* — eu mesmo, no caso — admite que as descrições de sexo explícito nesses processos são mesmo descaradas, o que delas poderia dizer o velho professor Lipiner, nascido em 1916, homem que passava dos 80 anos quando publicou a biografia de Isaac?

A pergunta que não quer calar é: Isaac de Castro teria resistido ao assédio do padre Antônio Lourenço? O maior especialista no assunto, Luiz Mott, infelizmente não conhece esse caso — talvez o único que desconheça em todos os casos de sodomia da Inquisição portuguesa. De minha parte, fico na dúvida. Assino embaixo, portanto, de um certo comentário de Lipiner acerca do choque do profano e do lascivo na mente de um jovem "espiritual" como Isaac. Embora constrangido, Lipiner escreveu trecho de rara elegância:

> "Entre a puberdade e a virilidade, pelos 19 anos, empenhado nos intensos esforços de autoformação psicológica, e sujeito ao mesmo tempo à pressão sobre ele exercida incessantemente pelos inquisidores, pelo alcaide, pelos guardas e companheiros de prisão impingindo-lhe sofismas e mais sofismas de uma doutrina odiada, qual poderia ter sido a reação do jovem encarcerado?"[34]

Segredos do cárcere, miséria das prisões. Lipiner sugere que Isaac vivia angustiado na cela, em prantos, "sem pregar olho vigilante para não ser molestado". É possível. Seja como for, ao menos desse pesadelo Isaac se livrou, em outubro de 1646, quando padre Lourenço saiu em auto de fé, deposto das ordens sacras e degredado por dez anos para a ilha do Príncipe, na costa atlântica da África.

Sinais da débâcle

Isaac de Castro viveu sua experiência inquisitorial entre dois extremos radicais. De um lado, envolvido no debate teológico com os inquisidores, no qual citava os teólogos cristãos, em latim, e os talmudistas, em hebraico — língua que somente alguns qualificadores entendiam. Esgrimia argumentos com base na Bíblia hebraica e no Evangelho, sustentando a consistência da primeira e a erronia do segundo. De outro lado, metido no cárcere, tinha de conviver com os palavrões do padre Nabo e o assédio do padre Lourenço, sempre gabola de seu "membro viril", que adorava mostrar para rapazes. O dia a dia de Isaac no Santo Ofício alternava brutalmente o alto e o baixo, a erudição teológica e a lascívia despudorada, escritos que redigia em latim com os bilhetes safados que o tal Lourenço escrevia para uma das "putas" da cela vizinha.

Assim transcorreu o cotidiano de Isaac de Castro entre 1645 e finais de 1646. Ouso dizer que Isaac parecia alcançar verdadeiro êxtase intelectual quando discutia com os qualificadores. A discussão teológica e filosófica era, de fato, a sua paixão. Devia lamentar, é claro, ter de discutir filosofia e teologia naquelas circunstâncias, em vez de fazê-lo em algum ambiente universitário, acadêmico. Isaac não fugia desse tipo de esgrima, condizente com sua formação e inteligência acima da média.

Não tenho dúvidas em dizer que Isaac preferia, de longe, esse tipo de debate do que as brigas de rua, entre bofetões e cutiladas, nas quais se meteu como mascate. Isaac detestava o ofício de mercador, ao qual recorreu por falta de opção. Não tinha paciência, detestava tratar com mercadores, gente que só sabia fazer contas do deve e do haver. Livros-razão e contabilidade deviam ser desprezíveis para um jovem que, desde a infância, vivia cercado de obras de filosofia, religião e ciência em várias línguas. Talvez Isaac também desprezasse os mercadores graúdos que lhe emprestavam dinheiro ou consignavam mercadorias, não pelo fato mercantil em si, senão porque ocupavam posições de mando na *Zur Israel*, sem conhecer os segredos do judaísmo. Isaac era um rapaz arrogante e soberbo de seu conhecimento. Detestava a rua e o rame-rame do comércio. Adorava a reclusão dos estudos e a disputa acadêmica. Encontrou seu ambiente preferido no tribunal da Inquisição! Foi ali que o jovem Isaac (ou Joseph Lis ou Tomás Luís) se tornou o Isaac de Castro Tartas celebrado pelos panegiristas como "teólogo, filósofo e sábio".

Isaac lançou-se com sofreguidão à discussão teológica frontal, instigado pela possibilidade de externar suas ideias por escrito que o Santo Ofício lhe oferecera, na vã tentativa de convertê-lo. Mas, com o passar do tempo, Isaac cansou-se e fez singela tentativa de compor com os inquisidores, sem abrir mão de suas crenças e convicções.

Em dezembro de 1646, abriu um flanco na questão do batismo cristão, ao dizer que, caso tivesse recebido o batismo, nunca soubera disso, nem julgava que sua mãe lhe teria ocultado um fato de tamanha importância. Seu procurador — advogado de defesa que o Santo Ofício designava para os réus que contraditavam as acusações — tentou ajudá-lo com argumentos de ordem institucional, sublinhando, por exemplo, sua condição de estrangeiro, logo isento da jurisdição da Coroa portuguesa. Isaac, porém, mostrou-se descontente com seu procurador e solicitou o direito de defender-se sozinho, sendo a isso autorizado pela Mesa.

Na sessão de 23 de janeiro de 1647, buscando mostrar-se um pouco mais cordato, Isaac agiu do mesmo modo que os demais "judeus novos" presos, fornecendo lista nominativa de cristãos-novos que se haviam tornado judeus públicos no Brasil holandês. Foi extremamente metódico, classificando os delatados por lugar de moradia: Paraíba, Olinda, Recife, Cidade Maurícia, Porto Calvo, Alagoas, Penedo. Denunciou 72 homens, no total, sem contar as esposas, no caso dos casados, o que eleva aquele número para mais 100 pessoas. Identificou diversos nomes católicos dos judeus delatados, incluindo os de vários mercadores de *grosso trato*, como Duarte Saraiva e outros dirigentes da *Zur Israel*. Delatou vários jovens que conhecera na França, antigos companheiros na Holanda e no Brasil. Dois "prisioneiros do Forte Maurício" também entraram na sua lista. Denunciou até um jovem Jacob de Pina, que mais tarde iria dedicar um poema laudatório à coragem do "mártir Isaac de Castro".

Isaac em busca da morte

Em 5 de abril de 1647, os inquisidores fizeram nova tentativa para reduzir Isaac ao catolicismo, enviando ao cárcere três padres qualificadores. Isaac, inarredável, dizia ser judeu de nascimento e que morreria judeu, porque somente nessa lei, a única verdadeira, haveria de se salvar. Em 20 de julho, foi convocado pela Mesa e manteve suas posições. Chegou a dizer, politizando seu discurso, que a prosperidade da Holanda se originava de ter acolhido os judeus expulsos de Portugal. Sua obstinação não tinha limite. Acabou recebendo uma advertência do inquisidor, que, irritado, disse ao réu que ele não "tinha letras, nem idade" para "gastar o tempo na lição das Escrituras" e quando muito sabia latim... Devia ter juízo e largar a "teima e pertinácia neste desengano do demônio" e sujeitar-se logo à "lei de Cristo, nosso senhor e salvador". Isaac manteve-se irredutível. Dois dias depois, nova tentativa de conversão fracassou, como as demais.

A leitura do processo não deixa a menor dúvida de que os inquisidores se empenharam ao máximo para converter Isaac. Esse passou a ser o grande objetivo do Santo Ofício, no caso de Isaac, o que não excluía a aplicação de penas como o "cárcere a arbítrio" e outras, sem prejuízo da "reconciliação" do réu com a Igreja. A resistência de Isaac, no entanto, abriu o caminho para o desfecho trágico. Mas houve divergência na Mesa inquisitorial, em agosto de 1647. Quatro juízes, embora admitissem que o réu era "profitente da lei de Moisés", mostraram-se contrários à condenação de Isaac à fogueira, alegando que era muito jovem para receber tal pena, "sendo estilo do Santo Ofício não relaxar (queimar) antes dos 22 anos". Em contraposição, os demais juízes defenderam a pena capital, sublinhando que todos os esforços para reduzi-lo ao catolicismo tinham fracassado. Isaac era impenitente, pertinaz, incorrigível.

O Conselho Geral do Santo Ofício agiu com prudência, como de praxe, ao contrário do que reza a "lenda negra" da Inquisição. Mandou insistir na conversão do réu. Em nenhum momento do processo cogitou-se de levar Isaac à sala de tortura.

Há fortes indícios de que Isaac tenha escolhido morrer, entre agosto e dezembro de 1647. Em 15 de novembro, o chefe da carceragem — alcaide do cárcere — deu notícia de que Isaac dizia sempre, aos guardas e outros presos, "que ali está o corpo que bem sabe que há de ser queimado". Ao escolher polemizar com os inquisidores, Isaac adentrou um caminho sem volta, para um jovem com seu temperamento. Desistiu de qualquer apelação, agarrou-se ao judaísmo.

Não foi sempre assim, bem o sabemos. Na Bahia, escolhera converter-se ao catolicismo para fugir de credores e inimigos, vários deles judeus, embora ganhando a vida como professor de judaísmo dos filhos de Diogo de Leão. Nos primeiros tempos de cárcere inquisitorial, tentou se defender por meio dos artifícios comuns aos "judeus novos", alegando sua condição de estrangeiro e judeu de nascimento. Foi a certa altura do processo que Isaac resolveu entrar numa disputa teológica que só poderia vencer na retórica, porque certamente o condenaria, enquanto réu. Isaac entrou de cabeça nessa disputa. Homem de briga, que não hesitara em matar adversos na rua, jogou todo seu ânimo beligerante na disputa intelectual. Pagou com a vida pela escolha.

É óbvio que percebeu o jogo dos inquisidores, a oferta de trocar sua vida pela conversão ao catolicismo, acrescido de alguma pena leve. Mas Isaac preferiu o caminho sem volta.

Judeu até o último minuto, Isaac abandonou, porém, um preceito fundamental do judaísmo, conforme escreveu o rabino de Fez: "A Lei do Sinai fora baixada para viver por ela, e não para morrer por ela." Isaac preferiu morrer por ela. Escolheu o suicídio, travestido de *martírio* — virtude cristã, não judia. A comunidade sefardita de Amsterdã, que trazia o catolicismo do berço, consagrou o martírio de Isaac de Castro. Não por acaso alguns o chamaram de "santo", outros de "divino".

Notas

1. Evaldo Cabral de Mello. *O negócio do Brasil: Portugal, os Países Baixos e o Nordeste, 1641-1669*. 3ª ed. revista. Rio de Janeiro: Topbooks, 2003, p. 41.
2. Regimento do Santo Ofício da Inquisição dos Reinos de Portugal (1640). *Revista do Instituto Histórico e Geográfico Brasileiro*, Rio de Janeiro, nº 392, 1996, Livro I, Título II.
3. O depoimento de Jacob Polaco, em 11-8-1646, está transcrito nos vários processos dos réus sefarditas aqui estudados. Por exemplo, IANTT, Inquisição de Lisboa, processo 11362 de Gabriel Mendes (Abraão Mendes), microfilme 4889, fls. 6-9.
4. Simon Shama. *O desconforto da riqueza: a cultura holandesa na Época de Ouro*. São Paulo: Companhia das Letras, 1992, p. 67.
5. IANTT, Inquisição de Lisboa, processo 11575, microfilme 4896.
6. IANTT, Inquisição de Lisboa, processo 1770, microfilme 4889.
7. IANTT, Inquisição de Lisboa, processo 11362, microfilme 4895.
8. Isaac Emmanuel. "Seventeenth-century Brazilian Jewry. A Critical Review". *The American Jewish Archives*, nº 14, 1962, p. 55.
9. Elias Lipiner. *Izaque de Castro: o mancebo que veio preso do Brasil*. Recife: Massangana, 1992, p. 281.
10. Matt Goldish. *Jewish Questions: 'Responsa' on Sephatdic Life in Early Modern Period*. Princeton: Princeton University Press, 2008.

JERUSALÉM COLONIAL

11. IANTT, Inquisição de Lisboa, processo 7276.
12. Israel Révah. "Une famille de nouveaux-chrétiens: les Bocarro Francês". *Révue d'Études Juives,* 116: 73-87, 1957.
13. Crença no retorno de dom Sebastião ou sua encarnação em outra figura real — o *rei encoberto* — esperança compartilhada de alto a baixo na sociedade portuguesa da época — tempo de União Ibérica. Ver Jacqueline Hermann. *No reino do Desejado: a formação do sebastianismo em Portugal, séculos XVI e XVII.* São Paulo: Companhia das Letras, 1998.
14. Francisco Moreno de Carvalho. "O Brasil nas profecias de um judeu sebastianista: os aforismos de Manuel Bocarro Francês/Jacob Rosales". *In:* Keila Grinberg (org.). *Os judeus no Brasil.* Rio de Janeiro: Civilização Brasileira, 2005, pp. 123-124.
15. Bruno Feitler. *Inquisition, juifs et nouveaux chrétiens au Brésil.* Leuven: Leuven University Press, 2003, p. 205.
16. Révah publicou a carta na íntegra em "Une famille de nouveaux-chrétiens...", pp. 73-87 (apêndice).
17. Anita Novinsky. *Cristãos-novos na Bahia.* São Paulo: Perspectiva, 1972, p. 162.
18. IANTT, Inquisição de Lisboa, processo 7533, microfilme 4902.
19. António Marques de Almeida (dir.). *Dicionário histórico dos sefarditas portugueses: mercadores e gente de trato.* Lisboa: Campo da Comunicação, 2009, pp. 173-174.
20. *Inquisition, juifs et nouveaux chrétiens au Brésil...,* p. 170. Feitler também aprofundou diversos ângulos da vida de Chacão no Brasil holandês, pp. 170-71, 197-200, 212-214.
21. IANTT, Inquisição de Lisboa, processo 306, microfilme 6964.
22. Isabel Drumond Braga. "Judeus e cristãos-novos: os que chegam, os que partem, os que regressam". *Cadernos de Estudos Sefarditas,* nº 5: 9-28, 2005.
23. IANTT, Inquisição de Lisboa, processo 7820, microfilme 4476.
24. Elias Lipiner. *Izaque de Castro: o mancebo que veio preso do Brasil.* Recife: Massangana, 1992.
25. IANTT, Inquisição de Lisboa, processo 11550, microfilme 3637.
26. "Carta ao marquês de Nisa em 3 de fevereiro de 1648". *In:* João Lúcio de Azevedo. *Cartas do Padre Antônio Vieira.* Lisboa: Imprensa Nacional, 1970, tomo I, p. 137.
27. Apud Elias Lipiner, *Izaque de Castro...,* p. 275.
28. Essa oração foi publicada, na íntegra, em 1687, em obra intitulada *Orden de bendiciones y las oraziones en que se deven dezir.* Amsterdã: Estampa de Albertis Magnus, 5447.
29. Traduzido por Elias Lipiner, *Izaque de Castro: o mancebo que veio preso...,* p. 260.
30. Apud Arnold Wiznitzer. *Os judeus no Brasil Colonial.* São Paulo: Pioneira, 1966, p. 103.
31. João Lúcio de Azevedo. *História dos cristãos-novos portugueses.* 3ª ed. Lisboa: Clássica, 1989, p. 268.
32. *Izaque de Castro: o mancebo que veio preso...,* pp. 59 e 72.
33. Idem, p. 138.
34. Idem, p. 143.

CAPÍTULO V Templo destruído

1. A RESTAURAÇÃO E OS JUDEUS

A aclamação de dom João IV como rei de Portugal, em 1º de dezembro de 1640, rompendo unilateralmente a União Ibérica, teve impacto significativo na história dos judeus do Recife.

Mas isso não vale para os primeiros momentos da Restauração portuguesa, antes de tudo porque a nova dinastia de Bragança foi obrigada a enfrentar a reação espanhola, numa guerra longa. Entre combates encarniçados e pausas para recuperação do fôlego, Portugal e Espanha mantiveram o estado de beligerância por 28 anos, de 1640 a 1668. Somente nesse ano, a Espanha reconheceu a independência de Portugal, então sob a regência do terceiro filho de dom João IV, futuro dom Pedro II.

Os holandeses nada tinham a ver com isso, em princípio, muito menos os judeus do Recife. Os negócios do açúcar iam de vento em popa, o governo de Maurício de Nassau caminhava para o apogeu, a imigração judaica da Holanda para o Brasil aumentava dia após dia.

À primeira vista, o nexo entre a restauração portuguesa e a destruição do templo judaico no Brasil não era fácil de ser percebido. Não passava de uma possibilidade teórica, dependente de várias hipóteses e condições impossíveis de determinar. Mas ao menos uma hipótese tinha de ser cogitada, como de fato foi, naquela época: se os holandeses devolvessem a Portugal, de algum modo, as capitanias açucareiras do Brasil conquistadas no tempo da União Ibérica, a sinagoga do Recife teria de fechar as portas, e os judeus deveriam embarcar no primeiro navio de volta para a Holanda. Do contrário, ficariam à mercê da Inquisição.

Em dezembro de 1640, porém, a devolução das capitanias açucareiras a Portugal não passava de uma quimera. Tão impossível de ocorrer quanto a Coroa espanhola reconhecer a independência portuguesa pacificamente. De todo modo, a Restauração portuguesa embaralhou as cartas, provocou a inversão de muitos papéis, inaugurou outros cenários. Mudou, de certo modo, as regras do jogo, cujo resultado tornou-se imprevisível, como em todos os jogos.

O rei sitiado

A recente historiografia dedicada à União Ibérica e à guerra de restauração portuguesa é consensual em admitir que a aclamação do duque de Bragança como rei português foi episódio, até certo ponto, insólito, quase acidental. O próprio dom João, até então leal a Filipe IV de Espanha, hesitou muito antes de aceitar a chefia da sedição. O apoio político à causa portuguesa era, aparentemente modesto. Limitava-se, no topo da escala social, à *entourage* clientelar da Casa de Bragança, espalhada pelo reino, e à pequena nobreza contrariada com o estrangulamento da autonomia portuguesa na "Monarquia Dual", em franco desrespeito aos acordos de Tomar firmados em 1581.*

No campo eclesiástico, é verdade que os jesuítas de Portugal deram apoio ao novo rei, o que não era pouca coisa. Mas tratou-se de um apoio discreto, excetuando-se a figura exponencial do padre Antônio Vieira, cuja dedicação ao rei chegou a inquietar as autoridades inacianas na época. Afinal, os jesuítas integravam uma ordem religiosa diretamente subordinada a Roma, a ponto de o principal voto solene de sua profissão de fé ser o juramento de fidelidade ao papa. Mas o papado era favorável à causa dos Filipes e só reconheceria a soberania portuguesa em 1669.

As classes populares, por sua vez, apoiavam de maneira difusa o novo rei, embora haja notícia de gritos saudando "el rei Filipe" em diversas

---

*Os acordos de Tomar estabeleciam que Portugal deveria ser governado por um príncipe da casa de Habsburgo, de preferência o próprio rei espanhol. Estabeleciam, ainda, que somente portugueses seriam nomeados governadores; respeito à língua portuguesa e aos usos e costumes do país; direito de cunhar moedas próprias no reino; colocação de soldados portugueses nas praças e fortalezas.

partes do reino, em oposição à aclamação de dom João IV. Não é caso de percorrer esse atalho, mas vale lembrar o enraizamento silencioso do sebastianismo na mentalidade portuguesa, cruzando a nostalgia do rei desaparecido e a esperança na volta do "rei encoberto", sentimentos que, de algum modo, pesaram na legitimação do Portugal restaurado.

Além do apoio político escasso e incerto, a Coroa estava falida. Tinha perdido parte considerável do império oriental para os holandeses, além do Brasil açucareiro, com exceção da Bahia. Tinha perdido para os holandeses, em 1637, São Jorge da Mina, praça estratégica no tráfico de escravos da Guiné. O pior ainda estava por vir, com a perda de Angola, para os mesmos holandeses, em 1641, além de mais um naco do Brasil no mesmo ano — o Maranhão. Até os mais fervorosos adeptos da nova dinastia consideravam difícil manter a soberania portuguesa sem os recursos ultramarinos.

Do lado dos inimigos da Restauração, as forças eram poderosas. Boa parte da grande nobreza do reino português, com poucas exceções, mantinha-se fiel ao rei de Espanha. Vários nobres lusitanos tinham fixado residência em Madri durante a União Ibérica e outros tantos se refugiaram na Espanha após a aclamação de dom João IV, por eles considerada um golpe de Estado. Filipe IV de Espanha buscava compensar generosamente tais lealdades com "mimos e promessas", certo de que tais homens seriam a base para a recuperação do reino rebelde. Em junho de 1641, o rei espanhol concedeu um título de marquês e quatro títulos de conde a nobres fugidos de Portugal, que não tardaram a lançar Manifesto em favor del rei Filipe III de Portugal.[1]

O alto clero português, liderado pelo arcebispo de Braga, dom Sebastião de Matos Noronha, cardeal-primaz de Portugal, também apoiava a causa dos Filipes, com raras exceções. Liderados pelo cardeal-primaz figuravam, entre outros, dom João Coutinho, arcebispo de Évora, que fugiu para Madri, e dom Francisco Pereira Coutinho, indicado por Filipe IV para a diocese do Porto, em 1640, que sequer chegou a tomar posse por causa da Restauração. Um dos raros prelados portugueses apoiantes de dom João IV foi o arcebispo de Lisboa, dom Rodrigo da Cunha, que dois anos antes da Restauração recusou a indicação para o cardinalato oferecida pelo rei espanhol. Mas não admira que o alto clero português tenha ficado com os Filipes. Arcebispos e bispos eram indicados pelo rei, embora nomeados pelo papa. Quase todos estavam inseridos nas redes da Coroa espanhola. O novo rei português não conseguia sequer indicar novos prelados, porque Roma não os confirmava, pois não reconhecia a nova dinastia. Houve dioceses que permaneceram vacantes até 1670.

Do mesmo modo que o alto clero, também a Inquisição portuguesa, como vimos, ficou contra o rei, na pessoa do inquisidor-geral, dom Francisco de Castro. A oposição do Santo Ofício ao novo rei também não surpreende, pois os inquisidores-gerais, à semelhança de arcebispos e bispos, eram nomeados pelo papa a partir da indicação real. Além disso, a Inquisição portuguesa expandiu-se no reino e no ultramar justamente durante a União Ibérica. Alguns inquisidores-gerais chegaram a acumular o cargo de vice-rei de Portugal, a começar pelo cardeal-arquiduque Alberto de Áustria, sobrinho de Filipe II, que governou o reino até 1593, além de dom Pedro de Castilho e de dom Miguel de Castro, que presidiu a Junta Governativa do reino, ambos nas primeiras décadas do século XVII.[2] A oposição inquisitorial ao rei transformar-se-ia em guerra declarada, na década de 1640, à medida que dom João IV, carente de recursos, começou a se aproximar cada vez mais dos cristãos-novos. A querela envolvendo os "prisioneiros do Forte Maurício", contada no capítulo anterior, dá prova completa desse conflito.

A oposição a dom João IV era composta de pesos pesados, concentrados em Madri, mas com diversas pontas de lança em Portugal, até mesmo na Casa de Bragança. A conspiração articulada logo depois da aclamação do novo rei e irrompida em julho de 1641 era questão de tempo. Conspiração respeitável, cuja liderança foi atribuída a dom Luiz de Noronha e Menezes, marquês de Vila Real e primeiro conde de Caminha, títulos que herdara do irmão dom Miguel Luiz de Menezes. O marquês de Vila Real era o nobre mais titulado entre os conjuradores, mas não foi o principal articulador do golpe. Os grandes articuladores foram, em primeiro lugar, o citado cardeal primaz, dom Sebastião de Matos Noronha, mancomunado com indivíduos-chave das redes clientelares da nobreza portuguesa: Belchior Correia de Franca e Diogo Brito Nabo, ambos fidalgos da Casa

Real, e Pedro Baeça da Silveira, tesoureiro da alfândega de Lisboa. Diversos nobres, uns grandes, outros pequenos, foram adensando, no primeiro semestre de 1641, a conspiração, que na fase derradeira contou com a adesão do inquisidor-geral, dom Francisco de Castro.

A conjuração, cujo objetivo era enviar uma *Jornada Real* filipina até as fronteiras do reino, articulada à deposição de dom João IV, foi descoberta em 28 de julho de 1641 e severamente reprimida. O cardeal-primaz dom Sebastião de Matos Noronha foi encarcerado na Torre de Belém, onde morreu, no mesmo ano de 1641. Quatro nobres foram degolados em cerimônia pomposa realizada no Rossio, em Lisboa, no dia 29 de agosto de 1641. O inquisidor dom Francisco de Castro foi preso, mas libertado em 1643.[3] Permaneceu como inimigo figadal do rei, apesar de reconduzido a seu posto.

Restauração portuguesa e capitais sefarditas

Dom João IV reprimiu a conjuração da nobreza, mas só conseguiu se manter no trono em razão das fragilidades da própria Espanha, sua inimiga, e do apoio financeiro dos cristãos-novos portugueses.

É lícito supor que a rebelião portuguesa seria facilmente reprimida, não fosse a eclosão de outra rebelião separatista na Catalunha, no mesmo ano de 1640, que acabou concentrando o esforço militar e os recursos da Coroa espanhola. Além disso, a Espanha de 1640 estava em franca decadência, com seu tesouro exaurido, dívidas volumosas, diminuição das entradas de metais preciosos da América em Sevilha. Surpreendida por duas sedições simultâneas, a Coroa voltou-se contra os catalães, deixando respirar a restauração brigantina, confiante na conjuração dos nobres portugueses. O resultado foi a manutenção da Catalunha, de um lado, e a perda de Portugal, de outro.

Quanto ao apoio dos cristãos-novos, esse não foi imediato, nem generalizado. Muitos cristãos-novos portugueses ligados ao comércio de *grosso trato* eram *asientistas* da Coroa espanhola, beneficiando-se de contratos de arrecadação fiscal e de fornecimento de mercadorias vindas do Oriente, da Itália e do norte da Europa, além das licenças para o tráfico de escravos, inclusive para a América espanhola. Tais contratos estavam em pleno vigor, em dezembro de 1640, sendo impossível e indesejável, para os cristãos-novos beneficiados, trair o rei de Espanha em favor do duque de Bragança. Parte das redes sefarditas do comércio internacional fora cooptada, como vimos, pelo conde-duque de Olivares, ministro de Filipe IV. O exemplo dos Bocarro Francês, exposto no capítulo anterior, dá mostra dessa fratura no plano familiar: Manuel Bocarro era adido comercial da Espanha em Hamburgo, embora fosse judeu declarado, enquanto seu irmão Gaspar Bocarro jurou lealdade a dom João IV e ainda acusou a família judaizante no Santo Ofício.

A queda de Olivares, em 1643, foi decisiva para o deslocamento de capitais cristãos-novos para Portugal, não raro associados a capitais judeus da Holanda e de outras partes. O citado Manuel Bocarro, por exemplo, só reconheceu a legitimidade de dom João IV depois de perder os privilégios de que desfrutava no tempo de Olivares, embora, enquanto judeu público, tenha permanecido longe de Portugal, *et pour cause*.

Não faltaram, porém, dentre os grandes mercadores cristãos-novos, aqueles que apostaram desde o início no rei português, embora tenham prosperado na cauda da Coroa espanhola. Foi o caso do cristão-novo Francisco Botelho Chacão, também mencionado no capítulo anterior, grande mercador privilegiado pelo conde-duque de Olivares, mas apoiante de dom João IV desde 1640. Tornou-se um dos principais banqueiros da nova dinastia e conquistou foro de nobreza, apesar de sua notória "impureza de sangue".

É impossível, assim, compreender a consolidação da dinastia de Bragança sem considerar os empréstimos dos cristãos-novos lusitanos à causa da Restauração, fosse antes da queda de Olivares, na Espanha, fosse depois dela. O apoio financeiro dos cristãos-novos portugueses a dom João IV não deixa de configurar um paradoxo fenomenal em relação ao Brasil holandês. Afinal, o fortalecimento da Coroa bragantina poderia, em tese, levar à restauração do domínio português no Brasil açucareiro. Para tanto, logo nos primeiros meses de 1641, dom João IV enviou legação diplomática a Haia a fim de negociar a reincorporação da região ao império português.

Mas, nessa altura dos acontecimentos, a reincorporação do nordeste açucareiro era uma impossibilidade total. A negociação diplomática arrastou-se por anos, sem alcançar qualquer resultado. Os delegados dos Estados Gerais, em Haia, articulados com os Dezenove Senhores da WIC, não tinham a menor intenção de devolver quaisquer territórios a Portugal, ainda que os dois países estivessem em guerra contra a Espanha, inimigo comum. Quando muito, consideraram a hipótese de vender o Brasil por quantia exorbitante, além de apoderar-se de recursos portugueses, como as salinas de Setúbal.

A possibilidade de Portugal reaver o Brasil, embora remota, era levada muito a sério no círculo de dom João IV. O paradoxo a que me referi acima reside em que, tanto do lado português como do holandês, o peso dos capitais sefarditas era considerável. No caso de Portugal, o dinheiro judaico foi essencial para a vitória sobre a Espanha. No caso holandês, era importantíssimo nos investimentos da Companhia das Índias Orientais (VOC), além de operar, no caso do Brasil, nas exportações de açúcar, na distribuição de escravos, no investimento em engenhos, no fornecimento de uniformes e na importação de mercadorias europeias. Isso sem falar no apoio logístico que os judeus portugueses, por serem bilíngues, ofereciam à WIC na Nova Holanda.

Se a Holanda conservasse o Brasil açucareiro, a tendência seria a de aumento do investimento e da emigração judaica para Pernambuco, seja de Amsterdã, seja de Lisboa ou do Porto. Portugal sairia perdendo, é claro, não só pela alienação definitiva do nordeste açucareiro como pela retração do investimento sefardita na economia e na Coroa lusitanas. Na hipótese contrária de Portugal reaver o nordeste açucareiro, os judeus portugueses residentes no Brasil teriam de abandonar a terra e investir noutras bandas, além de assistir à ruína da "Jerusalém do Recife".

O fato relevante, porém, é que os judeus da Holanda investiram nos dois lados da contenda. Mantinham negócios com seus parentes do Recife e transferiam capitais para Portugal através de seus representantes cristãos-novos no reino, não raro parentes. Os cristãos-novos do reino, por sua vez, também investiam no comércio dos judeus novos da Holanda, ao mesmo tempo que financiavam a Coroa portuguesa. O desempenho das redes mercantis sefarditas nesse contexto exprimiu a lógica de um capitalismo comercial avançado, capaz de operar, até certo

JERUSALÉM COLONIAL

ponto, entre sistemas monopolistas rivais, colocando em segundo plano as razões de ordem política e mesmo religiosa.

No entanto, o apoio dos cristãos-novos portugueses à Restauração custou caro à Coroa, não se resumindo a juros sobre empréstimos ou a contratos comerciais, e alcançou, pela margem, o domínio da religião. Não foi por acaso que, durante o reinado de dom João IV, a Inquisição portuguesa viu-se molestada de várias maneiras, com tentativas de intervenção real em processos, legislação restritiva do tribunal e, no limite, questionamentos sobre a licitude da perseguição ao judaísmo, razão de ser do Santo Ofício. Nesse ponto, muito do investimento dos judeus da Holanda na monarquia portuguesa se ancorava em razões outras que não o lucro comercial ou financeiro. Nem tampouco derivava de motivações religiosas. A questão central, nesse caso, residia nas relações parentais. Uma infinidade de judeus novos na Holanda tinha parentes cristãos-novos em Portugal. Mães, pais, irmãos, irmãs, filhos, filhas, primos, primas, tios, tias, até avôs e avós, todos à mercê da Inquisição, suspeitos de *judaizarem* por causa da origem sefardita.

Qualquer preço seria pequeno para livrar os "membros *cristãos* da Nação" da sanha inquisitorial. Os judeus novos da Holanda acompanharam com regozijo os ataques da Coroa ao Santo Ofício, comemoraram a prisão do inquisidor-geral, em 1641, protestaram publicamente contra o encarceramento dos "prisioneiros do forte", em 1646, mormente contra o martírio de Isaac de Castro, em 1647. Quem sabe a conjuntura era favorável para extinguir de vez o hediondo tribunal?

Cristãos-novos beneficiados, criptojudeus protegidos

Além de ter conspirado contra o rei, em 1641, na pessoa de dom Francisco de Castro, o Santo Ofício desafiou a Coroa no caso dos "prisioneiros do Forte Maurício", ao manter presos seis judeus que, como súditos da Holanda, estavam cobertos pelo tratado de 1641. Por mais que dom João IV insistisse na soltura de todos, o Santo Ofício somente liberou três, levando os demais ao auto de fé celebrado em 1647. Os três processados receberam penas leves, mas o desgaste da Coroa, com a repercussão do episódio no campo diplomático, trouxe grande prejuízo para uma dinastia carente de legitimidade internacional.

O episódio mais grave, porém, foi a execução de Isaac de Castro, queimado vivo no mesmo auto de fé, ele que também era súdito do príncipe de Orange. Vimos, no capítulo anterior, que o Santo Ofício evitou ao máximo condenar Isaac à fogueira, multiplicando tentativas de reduzi-lo à fé católica. Mas a imagem que ficou dessa execução, em Portugal e no exterior, foi a da intolerância implacável da Inquisição. No reino, em particular, a condenação de Isaac adquiriu um sentido político, fortalecendo, nos círculos do poder real, a convicção de que a Inquisição sabotava a nova dinastia. Lembremos que a guerra contra a Espanha estava em curso, com desfecho incerto.

O apoio dos grandes comerciantes cristãos-novos inseridos nas redes internacionais, sem excluir os judeus portugueses da Holanda, era essencial para o financiamento da monarquia, em especial nessa fase de crise e de guerra. Foi nesse contexto que a Coroa fez sua revanche contra o Santo Ofício por meio de duas medidas decretadas em fevereiro de 1649. A primeira formalizou, de certo modo, a aliança comercial entre o rei e os cristãos-novos, por meio da criação da Companhia Geral do Comércio do Brasil. A segunda restringiu os poderes do Santo Ofício no tratamento dos cristãos-novos condenados pelo tribunal, ao isentá-los do confisco de bens.[4]

A Companhia Geral do Comércio do Brasil reservou, na prática, o comércio colonial a um consórcio em que predominavam mercadores cristãos-novos de *grosso trato*. O projeto inicial, de autoria do jesuíta Antônio Vieira, era o de fundar duas companhias, uma para o Oriente, outra para o Atlântico, copiando-se o modelo holandês, mas o investimento na Índia foi abandonado. O investimento foi concentrado no Brasil, inclusive para ajudar no financiamento dos insurretos, em Pernambuco, cuja vitória sobre os holandeses era, nessa altura, cada vez mais próxima. Acordo desconcertante do ponto de vista dos judeus: mercadores cristãos-novos ligados e aparentados a judeus portugueses da Holanda comprometiam-se a ajudar na expulsão dos holandeses do Brasil, que, se consumada, poria fim à comunidade judaica do Recife.

A companhia ficava obrigada, por contrato, a financiar 36 navios de guerra, cada qual com 23 peças de artilharia, para viajarem, em comboio, duas vezes por ano ao Brasil em frotas de 18 naus. Em contrapartida, a companhia receberia, pelo prazo de 20 anos, o monopólio da importação de pau-brasil e da exportação de azeite, vinho, farinha de trigo e bacalhau para o território compreendido entre o Rio Grande (do Norte) e São Vicente. Incluía, portanto, os territórios que ainda estavam sob domínio holandês, tão logo fossem libertados. A Companhia do Brasil foi logo chamada, em toda parte, de "companhia dos judeus", apesar de estampar, em seu estandarte, uma imagem da Imaculada Conceição, padroeira de Portugal, circulada pelos dizeres *Sub tuum praesidium* (Sob a tua proteção).

A historiografia recente tem procurado relativizar, no entanto, o peso dos cristãos-novos e judeus na Companhia do Brasil. A historiadora portuguesa Leonor Freire Costa, especialista na matéria, afirmou que a história da Companhia de Comércio do Brasil não pode se reduzir a uma "brilhante ideia de Antônio Vieira para repatriar os capitais cristãos-novos para Portugal". Lembra que, dentre os investidores da companhia, havia diversos mercadores cristãos-velhos, sublinhando que os negócios de *grosso trato* não eram exclusividade dos sefarditas. Insiste em que a companhia foi, antes de tudo, uma empresa, um negócio, e não um presente da Coroa para os cristãos-novos. Argumenta, enfim, que as redes comerciais da época eram complexas, multifacetadas e multinacionais, lembrando o interesse dos mercadores ingleses na distribuição do açúcar proveniente da Bahia nos navios da Companhia do Brasil.[5]

As ponderações da historiadora são de valor indiscutível. Mas, como veremos adiante, não há como negar que partiu de Vieira, o grande defensor dos cristãos-novos portugueses, a ideia, brilhante ou não, de fundar duas companhias de comércio para os negócios ultramarinos do reino. Também me parece impossível comparar a amplitude geográfica e o modelo organizativo das redes comerciais sefarditas com qualquer outra comunidade mercantil da época. A participação de mercadores cristãos-velhos e a realização de negócios entre sefarditas e mercadores de outras nações faziam parte do sistema. Além disso, a isenção do confisco de bens de cristãos-novos como parte do contrato da companhia, por mais que também interessasse a outros investidores, de forma indireta, tinha por objetivo primordial proteger os interesses da "gente da nação".

TEMPLO DESTRUÍDO

A cláusula isentou do confisco de bens todos os cristãos-novos condenados pelo Santo Ofício, fossem residentes no reino ou no exterior. O alcance da medida era imenso, pois atraía para a companhia portuguesa capitais de judeus portugueses residentes na Holanda, aparentados com os cristãos-novos de Portugal. A isenção foi decretada em alvará datado de 6 de fevereiro de 1649, enviado para ciência do Santo Ofício em 5 de março. É claro que a Inquisição soube da medida antes mesmo de sua publicação e tentou impedi-la, por meio de representantes enviados ao rei ainda em janeiro daquele ano. Tudo em vão, para desespero do inquisidor-geral dom Francisco de Castro, que protestou contra a medida e oficiou ao papa, enviando cópia do alvará e pedido de instruções.

A resposta de Inocêncio X, cujo pontificado era recente (1644), deu-se por meio de um breve no qual decretava nulo o alvará do rei português, exortando os inquisidores à resistência. Vale contrastar a posição de Inocêncio X com a de seu predecessor, Urbano VIII, que não interveio no decreto idêntico de Filipe IV, em 1641, inspirado pelo conde-duque de Olivares. Roma apoiava claramente a monarquia hispânica contra a portuguesa, favorecendo em tudo a primeira, enquanto sabotava a segunda. Dois pesos, duas medidas.

Dom João IV reagiu, em carta dirigida ao inquisidor-geral, seu inimigo, exigindo que os inquisidores não "tentassem dar execução às letras do papa", por ser um "desserviço à Coroa". Ameaçou o tribunal com represálias. Dom Francisco de Castro replicou, alegando seu dever de obedecer ao pontífice, autoridade máxima em tudo o que tocasse à religião católica, incluindo, é claro, legislar sobre as penas aplicáveis aos hereges da Santa Madre Igreja de Roma. Em tom heroico e dramático, dom Francisco de Castro declarou que "ele e os demais inquisidores estavam prontos a dar o sangue e a própria vida, antes, do que a faltar ao que tinham por indeclinável obrigação de seus ofícios".[6]

O rei vacilou, porque, afinal, ambicionava obter o reconhecimento papal à nova dinastia. Desafiar o papa era demasiado. Sobrevieram, então, alguns ajustes no alvará que, no entanto, manteve a proteção da Coroa aos cristãos-novos. Em fevereiro de 1651, dom João IV decretou que os bens dos presos poderiam continuar a ser inventariados para eventual confis-

JERUSALÉM COLONIAL

co, em caso de condenação, com exceção dos capitais envolvidos na Companhia de Comércio do Brasil. Os demais bens, por sua vez, seriam entregues a depositários "a contento dos presos". Em 1652, decretou que, em caso de confisco, os bens seriam entregues a depositários nomeados pela Coroa, ao invés de transferidos à Fazenda Real. Apesar da resistência inquisitorial, a Coroa sustentou a política de proteção aos interesses judeus. Mas não se limitou a protegê-los. Ainda em 1650, no início da disputa com o Santo Ofício, a Coroa ordenou que "todos os cristãos-novos" residentes no reino ficavam obrigados a investir na companhia, sob pena de não se beneficiar da isenção do confisco, caso fossem condenados pelos inquisidores.[7] Uma autêntica chantagem régia dirigida aos grandes mercadores cristãos-novos, estimulada, aliás, pelos investidores da companhia, carentes de capital para honrar as exigências do contrato.

Pela nova legislação, o Santo Ofício poderia prosseguir punindo os hereges judaizantes com o confisco de bens; na prática, porém, os bens permaneceriam com a família do condenado, permanecendo o capital sob o controle das redes sefarditas. A Inquisição saiu derrotada desse confronto. Ficou de mãos atadas, enquanto prosperava a aliança entre o capital sefardita e o rei, essencial para a conservação da monarquia restaurada. Foi necessário esperar a morte de dom João IV, em 1656, para tudo voltar a ser como antes. Em 1657, a isenção do confisco foi abolida e o monarca excomungado *post mortem*. A Inquisição, no entanto, permaneceu acuada, chegando a ser suspensa pelo papa, de 1674 a 1681, a conselho do padre Antônio Vieira. Os jesuítas, vale lembrar, eram rivais do Santo Ofício português e tinham grande influência na Cúria romana.

Antônio Vieira, fiador dos judeus

O mentor da política favorável aos cristãos-novos e judeus portugueses, no reinado de dom João IV, foi o maior jesuíta luso-brasileiro do século XVII: Antônio Vieira. Nascido em Lisboa, em 1609, mas criado no Brasil, onde se tornou jesuíta, Vieira integrou a comitiva enviada pelo governador da Bahia, marquês de Montalvão, encarregada de jurar fidelidade ao rei dom João IV. Era um jovem inaciano, com 33 anos, quando che-

322

gou a Lisboa, em 25 de abril de 1641, encontrando-se com o rei no final do mês. Logo ganhou a confiança e admiração de dom João IV, que o indicou para pregar na Capela Real. Tornou-se grande conselheiro do rei, se não o maior deles.

Vieira não demorou para iniciar sua campanha de combate à Inquisição em favor dos cristãos-novos, convencido de que a perseguição da "nação hebreia" trazia graves prejuízos para o reino, sem falar na hostilidade do Santo Ofício contra a monarquia restaurada. Lembremos que o inquisidor-geral participou da conjura de 1641 contra o rei, sendo encarcerado por quase dois anos na Torre de Belém.

Em 1643, Vieira apresentou ao rei um escrito intitulado *Proposta feita a el-rei D. João IV, em que se lhe representava o miserável estado do reino e a necessidade que tinha de admitir os judeus mercadores que andavam por diversas partes da Europa*. Como sugere o próprio título da proposta, Vieira recomendava ao rei o repatriamento dos judeus portugueses residentes nas várias diásporas europeias, com a garantia de que não seriam molestados por razões de consciência religiosa.

A razão para tanto era atrair os "homens de grandíssimos cabedais, que trazem em suas mãos a maior parte das riquezas do mundo", pois, no seu entender, eles estariam dispostos a voltar para Portugal, "como pátria sua, e a Vossa Majestade, como seu rei natural", desde que se lhes permitisse seguir na sua fé. Vieira avaliava que, por meio disso, Espanha e Holanda perderiam muito de seu poder, a primeira porque favorecia os *asientistas* portugueses, todos cristãos-novos, para mantê-los a seu lado, e a segunda porque contava com o forte apoio dos judeus portugueses, "com o que nos têm tomado quase toda a Índia, África e Brasil".

Vieira considerava de somenos importância as objeções de caráter religioso, lembrando que quase todos os reis católicos da Europa admitiam judeus ou, pelo menos, não os perseguiam. Citou o caso da França, onde era numerosa a comunidade judaico-portuguesa, a república de Veneza, o ducado de Florença, o Império romano-germânico (pensando no caso de Hamburgo): "todos os potentados católicos", enfim, "guardavam o mesmo estilo" da tolerância religiosa. Para arrematar seu argumento com um xeque-mate nos opositores, Vieira lembrou que o próprio papa admitia judeus em seus domínios. Se "o sumo pontífice, vigário de Cristo", além de não fazer nenhuma diferença entre cristãos-velhos e cristãos-novos em seus territórios, admitia "dentro da mesma Roma, e em outras cidades, sinagogas públicas dos judeus", por que Portugal haveria de proibi-las?[8]

A proposta de Vieira era ousadíssima. Arquitetou política ainda mais favorável aos cristãos-novos e judeus do que a praticada pelo ministro Olivares, na vizinha Espanha, pois dava um golpe na Inquisição. Se os judeus portugueses espalhados pelo mundo pudessem viver em Portugal na "lei de Moisés" e se os cristãos-novos pudessem viver em paz no reino, equiparados aos católicos, livres da suspeita de heresia, o Santo Ofício perderia a sua razão de ser. Vieira só faltou propor a extinção da Inquisição.

A posição de Vieira gerou forte oposição no meio eclesiástico e nos setores tradicionais da nobreza portuguesa. Até mesmo os jesuítas reprovaram seu açodamento, cogitando-se, em 1644, da aplicação de pena disciplinar contra ele. Dom João IV intercedeu em favor de seu valido, convencido de que era mesmo o "rei encoberto" prognosticado por Vieira para restaurar a glória de Portugal no mundo. Em 1644, Vieira fez o último voto de profissão de fé exigido pelo regimento da Companhia de Jesus — o voto de fidelidade ao papa — mas prosseguiu na sua atuação política, guardando, antes, sua fidelidade ao rei de Portugal. Foi nomeado pregador régio e mestre do príncipe Teodósio, herdeiro da Coroa. No mesmo ano, pregando na capela da casa inaciana de São Roque, no dia do santo, propôs a fundação de duas companhias de comércio, uma para a Índia, outra para o Brasil, reunindo os capitais de cristãos-novos e judeus portugueses.

As propostas de Vieira ficaram adormecidas por alguns anos, no aguardo de melhor circunstância. Entrementes, foi ele indicado para missões diplomáticas na França e na Holanda, onde foi coadjutor de Francisco de Sousa Coutinho, embaixador português em Haia desde 1643, incumbido de negociar o destino das regiões conquistadas pelos holandeses no Brasil e na África. Vieira fez duas viagens diplomáticas, a primeira em 1646, a segunda em 1647, que se prolongou até outubro do ano seguinte.

Na primeira viagem à Holanda, Vieira visitou a sinagoga de Amsterdã, onde se encontrou com Menasseh Ben Israel, grande impressor e principal rabino da comunidade. É muito duvidoso que Menasseh tenha feito homilia em louvor ao judaísmo, sabedor da presença do visitante ilustre. Homilia não é rito de sinagoga, mas de igreja católica. Mas é certo que se encontraram em Amsterdã, conversando durante horas sobre religião e política. Vieira também tentou encontrar Saul Mortera, que declinou, alegando que o regulamento da congregação proibia disputas teológicas de judeus com cristãos.

Do encontro entre Vieira e Menasseh vale registrar uma coincidência que pode ter sido também consequência dele: Menasseh publicou seu livro *Esperança de Israel* em 1650; Vieira escreveria sua epístola *Esperanças de Portugal* dez anos depois. Ambos textos messiânicos. Não é impossível que a conversa tenha motivado os dois a escreverem sobre o futuro, Menasseh na esperança do Messias, Vieira na esperança de que Portugal se tornasse um império cristão universal. Vieira sempre estabeleceu, em sua obra, mormente no sermonário, comparações e paralelismos entre Israel e Portugal, hebreus e portugueses. Na sua visão providencialista da história, Vieira vaticinava que Portugal estava destinado por Deus a encabeçar o Quinto Império do Mundo. Considerava os portugueses o "povo eleito" para consumar na terra o reino de Cristo, *De regno Christi in terris consummato*.

As viagens de Antônio Vieira a serviço do rei foram, porém, mais pragmáticas. Embora encarregado de missões diplomáticas específicas, teve vários encontros com mercadores judeus em Rouen, na França, e em Amsterdã. Resolveu pôr em prática seu plano de atrair os judeus portugueses para o reino em troca da tolerância religiosa e outros benefícios. Ao mesmo tempo, enquanto intermediário da compra de Pernambuco à WIC, considerou a hipótese de envolver os judeus portugueses da Holanda no negócio.

Ao regressar da primeira viagem, em 1646, fez chegar às mãos do rei um escrito intitulado *Proposta que se fez ao sereníssimo rei D. João IV a favor da gente da nação sobre a mudança de estilos do Santo Ofício e do fisco*. Embora apócrifo, o documento foi escrito por Vieira, como nos afiança João Lúcio de Azevedo, seu maior biógrafo — e, de fato, o estilo do texto é claramente vieiriano. Vieira resumiu para o rei as reivindicações dos judeus portugueses com os quais havia entabulado negociações.

JERUSALÉM COLONIAL

Quanto aos estilos do Santo Ofício, sugeriu extinguir o sigilo do processo, permitindo-se ao réu ampla defesa, incluindo a declaração do nome das testemunhas e o teor exato dos depoimentos. Outra exigência dos judeus portugueses era a isenção do confisco de bens, no caso de condenação, benefício incorporado no alvará de 1649 mencionado anteriormente. Enfim, os judeus portugueses pleiteavam a abolição da distinção entre cristãos-novos e cristãos-velhos, abrindo caminho à concessão de mercês honoríficas à "gente da nação" e suprimida, *in limine*, a suspeição de judaizantes que pesava sobre o conjunto dos cristãos-novos. Vieira considerava que esse último ponto era o "meio mais eficaz de se extinguir o judaísmo" no reino, convencido de que a maioria dos cristãos-novos residentes em Portugal era mais católica do que judia.

Não sei ao certo se Vieira realmente acreditava no catolicismo dos cristãos-novos portugueses ou se usou o argumento por razões políticas, simulando preocupação com a conversão sincera dos cristãos-novos à "lei de Cristo". Provavelmente a segunda alternativa é a verdadeira. Conhecedor do judaísmo sefardita em suas andanças pela França e Holanda, e sabedor dos contatos dos judeus portugueses com os cristãos-novos do reino, Vieira não ignorava que havia *judaizantes* em Portugal. No entanto, não se importava com esse "desvio", como atestam alguns textos de sua autoria, embebidos de forte sentimento *filossemita*, em especial a célebre trilogia "profética": a *História do futuro*, esboçada a partir de 1649 (só publicada em 1718); a *Carta ao Bispo do Japão ou Esperanças de Portugal,* escrita a partir de 1659; a *Clavis Prophetarum*, escrita a partir de 1669.

Mais importante, porém, é o fato de que Vieira se fez de porta-voz da comunidade sefardita junto à Coroa portuguesa, comprando uma briga de morte com a Inquisição. É caso de conjecturar sobre o que pretendiam os judeus portugueses ao fazerem tais reivindicações ao rei dom João IV. Estariam mesmo dispostos a regressar a Portugal? Tudo indica que não, depois do enorme esforço em reconstruir a comunidade judaica em "terras de liberdade", sobretudo no caso holandês. Voltar a Portugal era hipótese indesejável e temerária, inclusive porque muitos judeus portugueses albergados na França ou estabelecidos na Holanda constavam como réus

326

ausentes nos prontuários do Santo Ofício. Na verdade, as reivindicações dos judeus portugueses contra o Santo Ofício visavam à proteção
dos parentes que permaneciam nas "terras de idolatria" e, ainda, a su-
pressão dos entraves que os impediam de obter honrarias e privilégios,
a exemplo dos títulos de cavaleiro das ordens militares portuguesas.

Proteger os parentes cristãos-novos e abrir caminho para que ascen-
dessem na escala de prestígio do reino, eis o que parece estar no fundo
dessa proposta. A contrapartida seria, quem sabe, algum apoio financeiro ao rei português na sua guerra contra a Espanha ou a inversão de capitais nos negócios do reino, como veio a ocorrer, pouco depois, através
da "companhia dos judeus".

Em março de 1647, Vieira foi instado a opinar sobre a possibilidade de
compra de Pernambuco e demais territórios tomados de Portugal pelos
holandeses, cujo montante girava em torno de três milhões de cruzados.
As negociações diplomáticas estavam, então, visivelmente deterioradas, em
face do avanço da insurreição pernambucana sem que a Coroa fizesse qualquer esforço para deter os rebeldes, embora prometesse o contrário aos
Estados Gerais. Os diplomatas e ministros holandeses estavam em pé de
guerra e não confiavam minimamente nas propostas da Coroa portuguesa.

Foi nessa ocasião que, através de seu *Parecer sobre se restaurar Pernambuco e se comprar aos holandeses*, Vieira acenou com a possibilidade de
os judeus portugueses da Holanda contribuírem com 400 mil ou 500
mil cruzados para amolecer os ministros holandeses, isto é, corrompê-
los, criando condições para o retomada das negociações. "A maior dificuldade deste negócio", escreveu Vieira, é a "abertura"; e "como naquela
república tudo é venal", tornava-se necessário regalar os negociadores.
Além disso, Vieira considerou que, dadas as circunstâncias, a Coroa deveria oferecer garantias sólidas de que pagaria a soma ofertada, sem hi-
potecar suas rendas fiscais ou ceder fortalezas, do contrário os holandeses
não fariam negócio. O caminho mais seguro era envolver os judeus de
Amsterdã na operação enquanto fiadores da dívida real, pois neles os
holandeses confiavam. Em contrapartida, a Coroa faria algum tipo de
seguro com os banqueiros judeus da Holanda, concederia mercês e privilégios aos mercadores.

JERUSALÉM COLONIAL

A cada passo, Vieira tecia sua armadilha contra o Santo Ofício, empenhado em atrair os capitais sefarditas para Portugal para glória del rei na guerra contra seus inimigos. João Lúcio é de opinião que Vieira já tinha se entendido com os judeus de Amsterdã ao emitir esse parecer sobre o modo de negociar e afiançar a compra à Holanda das capitanias açucareiras e dos territórios africanos. Tenho dúvidas sobre isso. Se acaso os judeus da Holanda toparam financiar a retomada de Pernambuco, fizeram aposta de altíssimo risco. Nem tanto pelo investimento financeiro, senão porque a restauração do domínio português em Pernambuco equivalia ao fim da comunidade judaica do Recife. No rastro da restauração pernambucana viria a Inquisição.

Vieira pode ter convencido os judeus de Amsterdã de que, aplicadas as restrições aos estilos do Santo Ofício, abolido o confisco de bens e suprimida a diferença entre cristãos-velhos e novos, a Inquisição ficaria com seus dias contados. Mas teriam os judeus da Holanda confiado neste plano tão engenhoso quanto incerto? Os judeus de Pernambuco não compartilhavam desse otimismo, pois, diante da iminente derrota holandesa, regressavam às centenas para Amsterdã. Dentre os que teimavam em ficar, muitos eram saqueados pelos insurretos, enquanto outros retornavam ao catolicismo para evitar o pior.

Antônio Vieira parecia obcecado com a ideia de atrair os capitais sefarditas para o Portugal, rifando de vez o Santo Ofício, além de defender uma solução negociada com holandeses para o imbróglio pernambucano. Sempre foi contrário à insurreição, desde 1645, e quando as negociações diplomáticas caíram por terra, após a primeira batalha dos Guararapes e a reconquista de Luanda pelos portugueses, em 1648, escreveu seu famoso *Papel forte*, no qual sustentava a entrega de Pernambuco e demais capitanias açucareiras à Holanda. Temia, sinceramente, uma represália holandesa contra Portugal, como ameaçavam os flamengos, o que comprometeria o esforço de guerra português na luta contra a Espanha. De todo modo, a negociação proposta por Vieira, em março de 1647, foi atropelada pelos fatos, isto é, pelo avanço dos rebeldes no Brasil.

Vieira não desistiu, porém, de apostar na aproximação com o grande capital judaico. Retomou as ideias a favor da "nação hebreia" que havia

328

TEMPLO DESTRUÍDO

apresentado ao rei, em 1643, bem como o projeto de criação da Companhia de Comércio do Brasil, com amplos privilégios aos investidores cristãos-novos e judeus. Redigiu, então, as *Razões apontadas a el-rei D. João IV a favor dos cristãos-novos, para se haver de lhes perdoar a confiscação de seus bens que entrassem no comércio deste reino*, cláusula essa mantida pela Coroa, mesmo quando atenuou os termos do alvará de 1649. Foi também sob a orientação de Vieira, embora não de sua lavra, que se redigiu o *Papel que mostra não se dever admitir o breve que por via da Inquisição de Lisboa se pediu a Sua Santidade* — texto de alegação essencialmente jurídica contra a tentativa da Inquisição de conservar o direito de confisco com apoio do papa.

É claro que essa ação de Vieira e a mobilização eufórica dos cristãos-novos puseram em alerta o clero e a alta nobreza do reino. As autoridades inacianas novamente condenaram o engajamento político de seu ilustre membro, que chegava ao ponto de contestar um breve papal! Vieira só não foi expulso da Companhia de Jesus, em 1649, pelo prestígio de que desfrutava junto ao rei. A rigor, cá entre nós, ele havia quebrado o voto solene da profissão de fé inaciana ao questionar uma decisão do sumo pontífice.

Foi Antônio Vieira, portanto, o grande articulador da criação da Companhia Geral do Comércio do Brasil, a "companhia dos judeus", bem como do alvará que isentou do confisco de bens os cristãos-novos penitenciados pela Inquisição. Antônio Vieira foi, queira-se ou não, o mentor dessa política e o mais importante agente da aproximação entre os capitais sefarditas e a Coroa portuguesa no pós-Restauração. Pagaria caro por isso, sendo preso pelo Santo Ofício, em 1665, sob a acusação de que sua carta ao bispo do Japão exalava um "odor de judaísmo", além de prognosticar a "ressurreição de dom João IV". Vieira foi processado, na verdade, como retaliação pelo mal que causara à Inquisição na década de 1640. Na sentença publicada em 1667 foi proibido de pregar e confinado em casas da Companhia de Jesus. Vingar-se-ia, anos depois, em Roma, incentivando o papa Clemente X a suspender a Inquisição portuguesa (1674).

2. JUDEUS EM CAMPOS OPOSTOS

Enquanto a monarquia portuguesa restaurada tratou de se aproximar dos cristãos-novos do reino e mesmo dos judeus portugueses nas diásporas europeias, os holandeses cuidavam de reforçar sua aliança com a "gente da nação".

A defesa holandesa dos judeus apareceu logo em 1641, no contexto das negociações de paz entre os diplomatas de dom João IV e os delegados dos Estados Gerais reunidos em Haia. Já mencionei o fracasso da embaixada de dom Tristão de Mendonça Furtado, incapaz de arrancar qualquer garantia de devolução das colônias portuguesas conquistadas pelos batavos ao tempo da União Ibérica. Isso era realmente impensável, do ponto de vista da WIC, que tinha investido milhões de florins na conquista das capitanias açucareiras e da praça africana de São Jorge da Mina. Longe de acenar com qualquer devolução, os domínios holandeses aumentaram no território português com a conquista de Angola e do Maranhão, no mesmo ano de 1641.

Firmou-se, porém, um tratado luso-holandês em junho daquele ano que, pelo menos, abriu um campo para futuras negociações territoriais, além de consagrar o desejo de paz entre os dois Estados. O ponto que nos interessa relembrar, aqui, é a Cláusula 25 desse tratado, que concedia imunidade aos súditos da Casa de Orange, capturados em guerra, no tocante ao foro inquisitorial. A inclusão desse artigo foi uma exigência holandesa que, decerto, já tencionava avançar ainda mais sobre os domínios portugueses, fraudando o tratado que vinha de assinar. Não deixa de ser curioso, aliás, que um tratado de paz contivesse itens relacionados a prisioneiros de guerra...

Não resta dúvida de que a *Talmud Torá* teve algum peso na inclusão do Artigo 25 no tratado de 1641, embora esse não mencionasse explicitamente os judeus. Mas era deles que tratava o artigo, considerando que a maioria da "gente da nação" sujeita à Casa de Orange, na época, era composta de cristãos-novos naturais de Portugal, logo batizados no catolicismo. Eram eles que, caso fossem cativados, poderiam ser levados à Inquisição, como viria a ocorrer com os "prisioneiros do Forte Maurício".

A *Talmud Torá* estava atenta, desconfiada das negociações luso-holandesas, receosa da guerra, mas também da paz, na hipótese, ainda que improvável, da restituição de Pernambuco aos portugueses. A congregação judaica de Amsterdã houve por bem testar a lealdade holandesa, pois a época era de fluxo crescente de investimento e de imigração sefardita para a Nova Holanda. Era tempo do governo de Nassau, fiador dos judeus na colônia.

A *Talmud Torá* saiu plenamente satisfeita com os resultados do tratado de 1641, sem deixar de aprovar com entusiasmo a inobservância do mesmo tratado pelos holandeses, meses depois de sua assinatura, quando a WIC conquistou Angola. Lembremos que os judeus de *grosso trato* investiram pesadamente na distribuição de escravos pelos engenhos do nordeste no início da década de 1640.

Tudo mudou, porém, com a eclosão da insurreição pernambucana, em junho de 1645. Já tratei do assunto, ao mencionar o refluxo da migração judaica para o Recife e o crescente retorno deles para Amsterdã. Cerca de metade dos judeus abandonou a Nova Holanda antes da rendição final de 1654. Muitos o fizeram logo em 1645, evitando apostar suas vidas e fazendas na vitória holandesa. Uma vez mais a *Talmud Torá* se manifestou como porta-voz dos judeus residentes no Recife, tão logo percebeu que a insurreição não era um simples motim, senão uma guerra voltada para a expulsão dos holandeses com estandarte católico — "guerra da liberdade divina". Liberdade para os católicos, prisão e morte para os judeus.

O historiador Isaac Emmanuel foi quem primeiro publicou, em holandês, os documentos fundamentais sobre esse momento crítico, depositados na biblioteca judaica de Amsterdã. O historiador Benjamim Teensma traduziu-os para o português, e Gonsalves de Mello transcreveu-os em seu *Gente da nação*. O primeiro deles é um memorial endereçado pela *Talmud Torá* à Câmara de Amsterdã, datado de 28 de novembro de 1645, e o segundo, uma carta dos Estados Gerais datada de 7 de dezembro do mesmo ano, em resposta à petição dos judeus.

O memorial da comunidade judaica, muito pessimista, considerava a hipótese de derrota holandesa nas guerras pernambucanas, externando

JERUSALÉM COLONIAL

seu receio de que, nesse caso, a vida e os bens dos judeus estantes na colônia corriam imenso perigo. Os judeus pareciam assustados com as notícias chegadas do Brasil, em particular a execução sumária de 13 homens de sua nação, além de outro queimado vivo. Consideravam que os portugueses odiavam muito especialmente os judeus, por terem sido eles a descobrir a conspiração contra o governo holandês. Era mister que as autoridades holandesas protegessem seus aliados, os quais, segundo o memorial, combatiam em armas os rebeldes pernambucanos, expondo a vida em defesa da Nova Holanda.

Os judeus da Holanda, "prostrando-se às abas de Vossas Senhorias (os membros da Câmara), com lágrimas de sangue saídas de seus corações", pediram uma consideração especial para com a "gente da nação" nas futuras negociações com o inimigo. Concretamente, solicitaram que, no caso de derrota, os judeus "fossem considerados em igualdade de condições com os demais habitantes e súditos holandeses, sem qualquer distinção entre uns e outros", sendo-lhes assegurado o direito de embarcar de volta à Holanda com suas propriedades. Uma vez mais os judeus de Amsterdã testaram a lealdade dos holandeses, prevendo a possível derrocada da Nova Holanda e, por conseguinte, o fim da "Jerusalém pernambucana".[9]

A Câmara de Amsterdã não tardou a remeter o memorial dos judeus para os Estados Gerais, que, em 7 de dezembro, enviaram carta ao Conselho Político do Recife. Vale citá-la:

"Nós havemos, de alguns anos a esta parte, de diversos casos acontecidos, alcançado e remarcado a particular afeição e inclinação que a Nação Judaica, que tanto nas partes longínquas como os que por cá habitam, têm para o aumento e serviço deste Estado e bem-estar da Companhia das Índias, em geral e, singularmente, para a conservação da conquista aí no Brasil, como agora ultimamente mostraram sua fidelidade e valor. Pelo que, nós, por isso e por outras razões e considerações mais, nos dobramos para requerer que Vossas Mercês (...) e ordenamos hajam de ter cuidado e com tal miramento como e adonde mais convenha, para que a sobredita nação Judaica aí no Brasil sobredito, em todos os particulares e em todas as ocasiões, como também contra qualquer que em suas próprias pessoas ou bens, fazendas e mercadorias queira danar ou, por outra via molestar, hajam de ser protegidos e defendidos em igualdade e como os outros nativos destas terras próprias (...) Outrossim, em todos os seus ordinários ou extraordinários casos que possam sobrevir, fazer e deixar-lhes gozar os efeitos da dita sua fidelidade, sem fazer nenhuma diferença ou separação entre eles e os outros dos nossos nativos em nenhuma maneira, nem no menos, nem no mais".[10]

Cópia da carta dos Estados Gerais enviada ao presidente do Conselho Político, Walter Shonenburgh, foi remetida à *Talmud Torá*. Nenhuma garantia de fidelidade poderia ser mais explícita do que essa declaração dos Estados Gerais, qualificada pelos judeus de *Patente honrosa*. A previsão pessimista dos judeus iria se confirmar, anos depois, com a rendição do Recife. A *Patente honrosa*, por sua vez, longe de ser uma satisfação protocolar, foi levada a sério pelo governo holandês em Pernambuco. Os judeus seriam tratados em condições de igualdade com os holandeses, sem diferença, "nem no menos, nem no mais".

Não é de surpreender que os holandeses honrassem a aliança com os judeus portugueses. A comunidade sefardita na Holanda estava já consolidada e oferecia excelente estrutura para o desempenho do comércio neerlandês, tanto no Oriente como no Atlântico. E, caso a derrota no Brasil fosse mesmo inevitável, como foi, o Atlântico oferecia novos espaços, novas oportunidades. As ilhas do Caribe, a região das Guianas e mesmo as terras do hemisfério norte, nas quais se fundou Nova Amsterdã, berço da futura Nova York. Os judeus eram sócios inseparáveis da aventura comercial e marítima holandesa. O Brasil era tão somente um capítulo cujo desfecho, ainda que trágico, não encerraria a presença holandesa nos mares.

A situação dos judeus portugueses no meado do século XVII parecia ser, ao mesmo tempo, difícil e exuberante. Difícil porque, nas "terras de idolatria", fosse na Península Ibérica, fosse nas colônias, a Inquisição mantinha sua "espada de Dâmocles" sobre a cabeça da "nação hebreia". No Brasil, onde a guerra era particularmente sanguinária, além de animada pelo ressentimento contra os judeus, o perigo era imenso.

No entanto, nunca os judeus portugueses foram tão obsequiados pelos Estados europeus como nessa época. Na Espanha, o conde-duque de Olivares não se cansou de derramar privilégios sobre eles, até 1643, incluindo judeus públicos residentes no norte da Europa. Em Portugal, dom João IV e seu conselheiro, Antônio Vieira, enfrentavam a Inquisição e cortejavam judeus e cristãos-novos, no reino e no exterior, acenando com privilégios e isenções. Nas Províncias Unidas, em especial na Holanda, a aliança mais antiga e segura manteve-se inabalável. Pode-se mesmo dizer que Espanha, Portugal e Holanda disputaram o favor dos judeus, ou melhor, as vantagens que as redes sefarditas internacionais podiam oferecer para o grande comércio marítimo e os negócios coloniais.

Os judeus sefarditas, por sua vez, fossem judeus públicos ou cristãos-novos dissimulados, jogavam em todas as frentes. Investiam no Brasil holandês, faziam contratos com a Coroa espanhola, financiavam a Companhia de Comércio do Brasil. Nas guerras pernambucanas, em particular, havia dinheiro sefardita nas duas trincheiras. Mas a convergência de interesses era absoluta?

O historiador Jonathan Israel pôs em xeque a unidade dos interesses comerciais sefarditas na década de 1640. Admite-a, sem dúvida, para período inicial da Restauração portuguesa, entre 1641 e 1645, sobretudo porque a nova dinastia suspendeu os embargos espanhóis que obstruíam os negócios dos judeus da Holanda em Portugal e nas colônias. Considera, porém, que a eclosão da insurreição pernambucana foi um divisor de águas nas relações entre os judeus do norte da Europa e os cristãos-novos de Lisboa e do Porto. Um divórcio político, comercial e financeiro "crucial, talvez definitivo". Joanathan Israel argumenta no campo dos interesses econômicos, lembrando que as alianças estabelecidas pelos judeus com Estados rivais, que disputavam o monopólio do comércio no Atlântico, forçosamente repercutiram na comunidade, bifurcando as redes comerciais e a solidariedade interna, no plano internacional.[11]

Trata-se de argumento poderoso que relativiza bastante o poder de coesão das relações familiares no interior das redes sefarditas. Afinal, não poderiam passar em branco os prejuízos amargados pelos judeus de Pernambuco, esses, sim, umbilicalmente ligados aos sefarditas do norte da Europa, no contexto da rebelião luso-brasileira de 1645. Nem tampouco eram pequenos os prejuízos dos cristãos-novos de *grosso trato*, cada vez que um navio português era assaltado no Atlântico pelos navios neerlandeses. Entre 1647 e 1648, os zelandeses capturaram 220 navios portugueses, ao passo que os holandeses, somente em 1648, capturaram 132 navios.[12] A rota marítima entre Portugal e Bahia, ou Rio de Janeiro, foi praticamente inviabilizada nesses anos. A reação portuguesa nos mares só foi possível com as frotas armadas pela Companhia do Brasil, a partir de 1649, a chamada "companhia dos judeus". Os capitais sefarditas envolvidos no negócio do Brasil entraram, sem dúvida, em rota de colisão após 1645, sem contar o flagelo que se abateu sobre os judeus de Pernambuco no contexto da "guerra brasílica".

Jonathan Israel parece ter alguma razão ao realçar o ano de 1645 como um marco na fratura das redes comerciais sefarditas e da própria solidariedade intracomunitária. Mas a ruptura não foi imediata. Basta lembrar as andanças de Vieira por Rouen e Amsterdã, entre 1646 e 1647, e seus encontros com mercadores sefarditas no norte da Europa. As ligações comerciais entre cristãos-novos portugueses e "judeus novos" da Holanda não foram suprimidas logo em 1645 e houve transferências de capital judaico-holandês para Portugal em 1649. Mas cada florim ou cruzado judeu investido no reino português era uma estocada a mais na "Jerusalém colonial". Foi essa uma contradição insolúvel que somente a guerra poderia resolver, de um modo ou de outro.

De todo modo, na segunda metade do século XVII, a comunidade sefardita de Amsterdã evitou incluir a qualificação de "portuguesa" na definição da "gente da nação", preferindo intitular-se "gente da nação hebreia", nada além disso. As feridas da guerra pernambucana custaram a cicatrizar-se, no seio da própria comunidade sefardita da Holanda, além do que os holandeses não queriam nem ouvir falar de "portugueses", depois da rebelião de 1645. Os judeus da Holanda acharam por bem respeitar a indignação holandesa.

3. A INSURREIÇÃO E OS JUDEUS

É sabido que o levante irrompido em Pernambuco em 13 de junho de 1645, apesar de se autoproclamar uma "guerra da liberdade divina" — católica — contra o herege flamengo, foi antes de tudo uma rebelião de devedores insolventes. Não é caso de aprofundar assunto tratado com máxima erudição e completude por José Antônio Gonçalves de Mello — em especial seu alentado estudo sobre o chefe da rebelião, João Fernandes Vieira[13] — e por Evaldo Cabral de Mello, autor de livros capitais sobre as motivações, circunstâncias e o imaginário das guerras pernambucanas.[14]

Não custa lembrar, porém, que um dos primeiros atos do mestre de campo João Fernandes Vieira, enquanto líder revolucionário, foi decretar nulas todas as dívidas que a "nobreza da terra" tinha contraído junto à Companhia das Índias Ocidentais, privilégio extensivo a todos que, em nome da "liberdade divina", aderissem à insurreição. E vale acrescentar que, desde as primeiras batalhas, a restauração pernambucana foi uma autêntica rapinagem. A cada vitória dos insurretos, fazendas e engenhos do inimigo eram confiscados, escravos sequestrados e distribuídos entre os líderes rebeldes, a maioria confiada aos chefes, um e outro a soldados corajosos.

Surpreendidos pelo ímpeto da rebelião, que contou com apoio discreto da Coroa portuguesa, ao menos no início, os holandeses perderam territórios e bens num piscar de olhos. Seus aliados judeus que tinham permanecido na terra pagaram o mesmo preço ou, pior, perderam suas vidas, por vezes com requintes de crueldade, além de engenhos, terras e escravos. Todo o panteão de restauradores participou da rapinagem: João Fernandes Vieira, o maior beneficiário da razia; André Vidal de Negreiros, um pouco mais discreto no confisco e mais idealista nos propósitos; Martim Soares Moreno, capitão de personalidade dúbia, militar competente no campo de batalha, mas sempre pronto a denunciar por inveja companheiros de luta; Filipe Camarão, grande líder potiguar, presumido "governador de todos os índios do Brasil", que arranhava um pouco de latim; Henrique Dias, enfim, comandante do terço negro, forro que ostentava o título fictício de "governador dos pretos e mulatos do Brasil". Cada um deles recebeu seu quinhão, conforme suas ambições e a posição ocupada no comando do levante.

A retaliação holandesa foi severa, logo no início da guerra, conjugada às pressões sobre os diplomatas portugueses em Haia, que receberam a notícia meio perplexos, meio sonsos. No campo militar, se é que disso se trata, em 16 de julho de 1645 os holandeses perpetraram terrível massacre no Rio Grande (do Norte), trucidando os moradores que rezavam na capela de Cunhaú, homens, mulheres e crianças. Tratou-se de uma ação preventiva, decidida a partir de rumores de que era iminente um levante de portugueses no Rio Grande do Norte. Em 3 de outubro, mais de 60 católicos foram massacrados em Uruaçu por tropas comandadas por Jacob Rabe. O exército flamengo, além dos mercenários europeus, mormente holandeses, integrava tropas potiguaras lideradas por Antônio Paraopaba, um dos principais capitães dos índios *brasilianos* aliados aos batavos. Junto aos potiguaras marcharam guerreiros "tapuias", liderados pelo chefe Janduí. Eram os índios tarairius, que um historiador holandês qualificou como "aliados infernais" dos batavos,[15] por causa da garra que revelavam nos combates e da truculência de suas ações depois dela. O chefe das duas expedições foi um certo Jacob Rabi, ou Jacob Rabee, natural de Hamburgo. Era judeu esse Jacob, a exemplo do *ashkenazim* Jacob Polaco, um dos prisioneiros do Forte Maurício?

O mistério do "judeu alemão"

Gonsalves de Mello confirmou Rabe como judeu na primeira edição de *Tempo dos flamengos*, em 1947, mas retirou seu nome da pequena lista de judeus *ashkenazim* que passaram pelo Brasil holandês. Charles Boxer foi outro que definiu "Rabe como judeu alemão, casado com uma tapuia".[16] Essa versão de Jacob Rabe como judeu é, ainda hoje, muito divulgada. Cheguei a localizar um *site* recente em que Rabe, além de judeu, foi chamado de "o diabo das guerras holandesas". Não por ser judeu, vale lembrar, mas por ter liderado os massacres no Rio Grande do Norte.

A crônica portuguesa da guerra não deixa dúvida de que os massacres de Cunhaú e Uruaçu configuraram uma das maiores atrocidades, se não a maior, das guerras pernambucanas. A chacina de Cunhaú foi chocante: línguas e olhos arrancados, corpos retalhados, pernas e braços para todos os lados, cabeças espalhadas, entranhas ensanguentadas. Um português teve seu coração arrancado pelas costas. Ninguém foi poupado, nem mesmo as crianças. As mulheres foram violentadas, antes de ser esquartejadas ou estripadas. Embora a expedição fosse, por assim dizer, multicultural, composta de soldados europeus, potiguares e tarairius, foram esses últimos que perpetraram as maiores crueldades.

Jacob Rabe era o líder deles, além de chefiar a expedição toda, como funcionário da WIC. Alguns afirmam que veio ao Brasil com Nassau, outros que já estava na terra desde 1630. Rabe tornou-se o grande elo entre o governo holandês e os tarairius, afamados guerreiros "tapuias" da região, casando-se com uma filha do chefe Janduí chamada Domingas. Viveu muito tempo entre os tarairius, adotando seus costumes, mas depois se mudou com a mulher para uma casa nas cercanias do Forte Keulen, nome que os holandeses deram ao Forte dos Reis Magos, em Natal. Era homem de excelente formação cultural, tendo escrito, em latim, o livro *De Tapyanarum moribus et consuetudinus* (Hábitos e costumes dos tapuias), primeiro relato etnográfico sobre aquele grupo nativo, citadíssimo pelos naturalistas holandeses da época.

Jacob Rabe foi, de fato, um personagem excepcional. Autor de livro etnográfico em latim, militar com vocação de comando, mediador cultural, líder de massacres. Falava fluentemente a língua dos tarairius, além de alemão e holandês. O massacre de católicos que liderou em Cunhaú e Uruaçu, em 1645, acabou lhe custando a vida, porque, entre as vítimas da chacina, estava o sogro do major Joris Gartsman, um dos poucos oficiais flamengos casados com moça portuguesa. Gartsman mandou assassinar Jacob Rabe com tiro de arcabuz. Seu corpo ficou, porém desfigurado, pois, depois de abatido, deram-lhe inúmeros golpes de espada. Houve inquérito na WIC, porque Rabe era homem valioso no sistema de governo holandês. Gartsman saiu ileso, mas os executores foram punidos. Houve rumores, na época, de que o assassinato de Rabe fora motivado pelo que ele sabia das prevaricações de Gartsman. O assassinato de Rabe pode ter sido queima de arquivo, pois Gartsman e Rabe eram sócios em negócios lesivos à WIC. Corria a lenda de que Rabe tinha um tesouro escondido.

Se Rabe era judeu, como alguns afiançaram, era judeu *ashkenazi,* que não mantinha qualquer relação com os sefarditas da *Zur Israel.* Aliás, nem que quisesse seria admitido na congregação, dada a sua condição de *tudesco* que, além disso, vivia entre os tarairius. Nas listas elaboradas por judeus novos presos no Santo Ofício, contendo nomes de "profitentes na lei de Moisés" em Pernambuco, o nome do "judeu alemão" não aparece. Em resumo, não há documentos comprobatórios de que Rabe era judeu. Muitos parecem ter se deixado trair pelo nome Rabe, nem tanto pelo Jacob, comum entre flamengos, embora aquele sobrenome apareça também grafado como Rabe ou Raby. Além disso, Rabe não é sobrenome comum entre os judeus, sendo usado para designar os que exerciam funções de *haham* ou rabino. Esse sobrenome somente aparece para os sefarditas de Esmirna, no império otomano, e mesmo assim sob a forma *Rebbi* ou *Rebi*, indicado como variante de rabino. Nosso personagem podia ser tudo, menos rabino!

O historiador Arnold Wiznitzer afirma que Rabe não era judeu, mas alemão de Waldeck, residente em Hamburgo, de onde se mudou para a Holanda, seguindo depois para o Brasil, talvez em 1637. Mas o argumento de Wiznitzer é conjectural. Afirma que, se Rabe fosse judeu, frei Manual Calado não perderia a chance de mencioná-lo, no seu *O valeroso Lucideno*, como líder dos massacres, considerando que detestava os judeus.[17] No entanto, Rabe não é citado como judeu na principal crônica portuguesa da guerra. O historiador holandês Ernst van den Boogaart, especialista no estudo dos tarairius, também nega que Rabe era judeu. Afirma que Jacob Rabe era, na verdade, Joahan Rab van Waldeck. Mas também não encontrei fundamento para essa informação. Caso Boogaart esteja certo, vale perguntar: por que o alemão teria mudado seu nome?

Minha inclinação é, porém, a de apoiar os céticos quanto à condição de judeu atribuída ao personagem, sobretudo pela sua biografia e pelo modo como viveu no Brasil holandês. Entre os sefarditas, não há um só caso de homens casados com índias ou metidos entre os índios. O mesmo vale para os poucos *ashkenazim* passíveis de identificação nominal. Se Jacob Rabe era judeu, tratava-se de um judeu totalmente afastado do judaísmo. Só vale a pena mencioná-lo, aqui, por causa da polêmica sobre sua identidade e, sobretudo porque sua ação, em 1645, provocou retaliações de todo tipo. Os judeus sefarditas, que nada tinham a ver com o tal Jacob Rabe, pagaram preço alto pelos massacres do Rio Grande do Norte.

Judeus atacados, judeus combatentes

Vários cronistas da guerra narraram episódios que mostram ter sido o levante de 1645 especialmente duro com os judeus. Gonsalves de Mello e Arnold Wizniter, por sua vez, compulsando documentos da WIC no *Rijksarchief* de Haia, ofereceram evidências sobre a atuação dos judeus, não apenas como vítimas da retaliação luso-brasileira, mas também como soldados, intérpretes, espiões, colaboradores, agentes encarregados do abastecimento do Recife holandês quando a penúria se tornou dramática.[18]

Antes de tudo, os judeus tiveram papel importantíssimo na descoberta da rebelião. Em 13 de outubro de 1644, oito meses antes do levante, os *parnassim* da *Zur Israel*, baseados em notícias de judeus que mascateavam no interior da capitania, informaram o Conselho Político sobre a existência de uma conspiração. Denúncias específicas de fatos suspeitos foram feitas por alguns judeus, como Moisés da Cunha, que viu João Fernandes Vieira mandar para a Bahia suas joias — que não eram poucas — e todo o serviço de prata que tinha em casa, além de vender escravos e bois, como se reunisse recursos para uma guerra. Vários pequenos negociantes judeus que andavam pela várzea do Capibaribe denunciaram a compra de armas, enviadas da Bahia para Pernambuco às escondidas.

É verdade que o próprio Nassau considerava que os moradores de Pernambuco não deviam merecer grande confiança do Conselho Político do Recife, embora fosse recomendável manter com eles relações amigáveis. Mas essa advertência não era difícil de fazer, considerando que a dívida total dos moradores ultrapassava a casa de dois milhões de florins. O alerta dos judeus foi muito mais preciso e oportuno, feito quando o levante ainda estava na fase de preparação. O Conselho Político deu pouca atenção a tais advertências e quando levou o perigo a sério, a guerra já tinha começado.

A surpresa só não foi total porque os judeus tinham fornecido informações capitais ao Conselho do Recife, em especial sobre uma conspiração para eliminar as autoridades holandesas. João Fernandes Vieira planejou convidar os principais dirigentes holandeses para um banquete em sua casa do Recife, em 24 de junho, dia de São João, do qual era devoto. No meio da festança, os inimigos seriam eliminados ou capturados e, ato contínuo, os rebeldes tomariam a cidade. Esse era o *Plano A* dos conspiradores: um golpe no governo holandês do Recife. A decisão já estava madura em maio de 1645, mas, no início de junho, o plano vazou. Um dos conspiradores, Sebastião de Carvalho, contou tudo a Fernão do Vale, senhor de engenho cristão-novo que, embora não tenha assumido o judaísmo, era aliado dos holandeses. Esse fez chegar uma carta anônima ao governo holandês através do médico e comerciante judeu Abraão de Mercado, cujas palavras finais eram *A verdade plus ultra* ("A verdade mais além"). Com o fracasso da conspiração, os rebeldes passaram ao *Plano B*: insurreição, cuja palavra-senha era, *et por cause*, "açúcar". Em 13 de junho, dia de Santo Antônio, a rebelião foi deflagrada. Os cristãos-novos e judeus tiveram, sem dúvida, papel decisivo no aborto da conspiração, que, se prosperasse, tornaria muito mais rápida a derrota holandesa no Brasil.

Também por essa razão os judeus temiam as retaliações dos "campanistas" rebeldes, conforme escreveu a *Talmud Torá* de Amsterdã, quando solicitou a proteção dos Estados Gerais para os judeus de Pernambuco. O historiador Jonathan Israel resumiu muito bem a situação da comunidade sefardita no Brasil a partir de 1645, ao destacar o sentimento de *judeofobia* que os rebeldes não faziam o menor esforço para esconder.[19]

O ataque aos judeus começou logo no início da guerra. O próprio João Fernandes estimulou execuções e saques, "decretando" nulas as dívidas que os apoiantes da causa tivessem contraído junto aos judeus. Frei Manuel Calado contou que, em 17 de junho de 1645, quatro dias após o início da rebelião, dois judeus foram mortos por portugueses em

JERUSALÉM COLONIAL

Ipojuca, enquanto carregavam, junto com os flamengos, três barcos com açúcar e farinha para levar ao Recife. O tumulto começou tão logo chegou a notícia do levante. Os judeus do Recife pediram pronta retaliação ao Conselho Político, chegando a oferecer dinheiro para a organização de uma expedição punitiva.

O memorial da *Talmud Torá* datado de 27 de novembro de 1645, baseado em informação da *Zur Israel*, noticiou a execução sumária de 13 judeus pelos rebeldes, entre agosto e setembro, sendo um deles queimado vivo. Em dezembro do mesmo ano, três judeus que partiram de barco para o Recife, vindos de Itamaracá, foram capturados pelos holandeses na praia de Pau Amarelo. Segundo informou Manuel Calado, um deles era judeu de nascimento, muito jovem, chamado Jacob Rosel. Seria esse um sefardita? O nome não é típico de sefarditas, ao passo que existe o sobrenome *Rosel* para judeus alemães. O fato é que, para escapar da morte, esse último preferiu se reduzir ao catolicismo, do que frei Manuel se gabou muito. Os demais, Moisés Mendes e Isaac Russon, eram cristãos-novos convertidos ao judaísmo na Holanda. Manuel Calado também conseguiu converter os dois que, a princípio, seriam enviados ao Santo Ofício de Lisboa, do mesmo modo que os "prisioneiros do Forte Maurício". Mas, nesse caso, o auditor de guerra preferiu condená-los à forca sem delongas.[20] O judeu de nascimento não foi executado, o que aumenta a presunção de que se tratava de um jovem *ashkenazi*.

Os episódios do início da guerra foram suficientes para que muitos judeus decidissem voltar o quanto antes para Amsterdã. Outros recém-convertidos retornaram ao catolicismo, na esperança, muitas vezes vã, de ser poupados. Alguns preferiram se converter depois de capturados, mas nem assim conseguiam salvar-se, a exemplo de Moisés Mendes e Isaac Russon. Outro movimento importante entre os judeus que permaneceram no Brasil foi a fuga para o Recife, considerada a trincheira mais segura dos holandeses. Ao longo de 1646, praticamente todos os judeus do Brasil se refugiaram no Recife e na Cidade Maurícia, abandonando as demais capitanias. Há registro de que Aarão Navarro, grande comerciante, solicitou autorização para evacuar a Paraíba, em fins de 1645, levando toda a "gente da nação" para o Recife.

As execuções e os confiscos continuaram, no entanto, ao longo da guerra. A própria Inquisição, sabedora de que os rebeldes estavam saqueando as propriedades dos judeus, passou a se preocupar com o assunto, em 1646. Presumindo, com razão, que os "confiscados" eram cristãos-novos apóstatas, os inquisidores julgavam-se usurpados. Afinal, confisco de bens judaicos era apanágio do Santo Ofício, não de amotinados coloniais. Mal sabiam os inquisidores que o pior estava por vir, em 1649, quando dom João IV isentou os cristãos-novos da pena de confisco.

A propósito, em fevereiro de 1648, outro episódio das guerras pernambucanas colocou a Coroa e o Santo Ofício em rota de colisão. Quatro judeus foram capturados pelos rebeldes em Pernambuco e, ao que parece, enviados à Inquisição de Lisboa. Dois deles se jogaram ao mar (ou foram jogados?); os outros dois chegaram ao destino: Samuel Nehemias e Aarão Noveno. Reativou-se o sistema de proteção deflagrado no episódio dos "prisioneiros do forte". Pressões da *Talmud Torá* pelos dois "homens da nação", protestos dos Estados Gerais contra a prisão de súditos da casa de Orange, gestões de dom João IV para libertar os presos, jogo duro da Inquisição. Em carta datada de 16 de junho de 1649, o rei escreveu aos Estados Gerais dizendo que nada podia fazer nesse caso; estivesse isso "em seu poder e de há muito teria atendido às solicitações".*

É claro que o rei, nessa altura dos acontecimentos, não podia tratar de qualquer matéria com os inquisidores. Meses antes havia decretado a isenção do confisco de bens dos cristãos-novos e, seguindo o conselho de Antônio Vieira, inimigo figadal do Santo Ofício, tinha apoiado a formação da Companhia do Brasil. Os novos prisioneiros judeus chegaram a Lisboa em meio a um fogo cruzado entre Coroa e jesuítas, de um lado, e Inquisição e papado, de outro. As chances de conseguirem livrar-se eram nulas.

Entrementes, judeus capturados na guerra continuavam a ser executados. Há registro, nos documentos da WIC, do enforcamento de Davi Barassar e David Henriques, "justiçados" em 1648 na praia de Maria

---

*Wiznitzer relata o caso baseado nos documentos da WIC de números 3505 e 7017 depositados no Arquivo de Haia. Não consegui localizar os processos dos dois judeus no Santo Ofício, por faltar o nome cristão de ambos nos documentos holandeses.

Farinha, no Recife, onde desembarcaram vindos de Itamaracá. A execução de judeus só terminou após a rendição holandesa, em 1654.

Mas os judeus não foram vítimas passivas dos rebeldes luso-brasileiros. Enquanto "aliados do flamengo", pegaram em armas, alistaram-se, combateram. No mesmo memorial de novembro de 1645, a *Talmud Torá* ressaltou o engajamento dos judeus nas guerras pernambucanas, fato reconhecido pelos Estados Gerais. Na verdade, desde 1644, os judeus aptos em idade adulta passaram a prestar serviço militar obrigatório aos holandeses, à medida que cresciam os rumores do levante. A certa altura, foram liberados de montar guarda nas noites de sexta-feira e parte dos sábados, para guardar o *Shabat*, mas depois do 13 de junho todas as isenções foram suspensas.

Em 19 de junho de 1645, o governo holandês revogou a dispensa de judeus no sábado, exigindo que montassem guarda enquanto durasse a rebelião. Nessa altura dos acontecimentos, o Conselho Político julgava que o levante não passava de um motim a ser sufocado sem grande esforço. Em 26 de junho, preparando a expedição repressiva, o Conselho ordenou que todos os holandeses e judeus trocassem suas espingardas por mosquetes, considerando as primeiras mais adequadas para o combate no interior. Mas a iniciativa da guerra coube desde o início aos rebeldes. Holandeses e judeus tiveram de entrincheirar-se por anos a fio no Recife, depois de perdidas, uma a uma, as demais capitanias. Em 2 de setembro, os rebeldes tomaram a Paraíba e, dias depois, no extremo sul do Brasil holandês, renderam-se os 200 soldados do Forte Maurício.

Foi nessa época que se organizou a milícia de judeus, composta de 17 ou 18 soldados, para defender o istmo do Recife, onde os rios Capibaribe e Beberibe se encontram. Na verdade, a *jodenwacht* não passava de um fortim que defendeu como pôde a cidade. Em 12 de outubro, era possível ouvir do Recife os tiros de canhão e mosquete disparados pelos judeus em armas. Mais importante e documentada foi a companhia de judeus, composta de 40 voluntários, que saiu do Recife para Itamaracá comandada por um "capitão judeu", em novembro de 1645, no navio *Simon Slecht*. Terá sido Moisés Cohen (Diogo Peixoto), velho capitão que comandara o navio *As três torres* em 1634? O objetivo da companhia era reunir-se com tropas indígenas e holandesas para reconquistar os territórios perdidos. Mas o plano fracassou. O mau tempo adiou por meses o envio da esquadra, e a ilha foi atacada pelos rebeldes, em junho de 1646. Três navios holandeses foram incendiados. No mês seguinte, a milícia judaica regressou ao Recife.

A contribuição dos judeus ao esforço de guerra, por vezes compulsória, outras vezes voluntária, foi enorme até o final do conflito. Mas, no campo de batalha, foram incansáveis, mais dedicados do que os mercenários da WIC. Lutavam por uma causa: impedir, a todo custo, a vitória dos portugueses. Nieuhof percebeu muito bem esse ânimo: "Os judeus, mais do que os outros, estavam em situação desesperadora e, por isso, optaram por morrer de espada na mão, ao invés de enfrentar seu destino sob o jugo português: a fogueira".[21] Mas não era apenas esse o motivo do engajamento judaico na guerra. À diferença dos soldados comuns, os judeus lutavam por seus bens, por suas vidas e pelas dos parentes; lutavam contra as execuções e os saques praticados pelos rebeldes; lutavam, por que não, pela "lei de Moisés" e pela *Zur Israel* — "Jerusalém colonial".

O engajamento dos judeus na retaguarda do conflito também foi notável, embora, como sempre, o ardor pela *causa belli* se misturasse com o apego aos negócios. O fabrico de calças, camisas e casacos pelos judeus chegou ao apogeu nesses anos finais da guerra. Vários judeus dedicaram-se ao fornecimento de uniformes para os soldados da WIC, inclusive Moisés de Aguillar, o rabino intransigente da *Maghen Abraham*, tio de Isaac de Castro. Em 1650, outro Moisés, esse de Oliveira, dedicou-se a preparar mechas para detonar canhões, usando uma fibra de qualidade inferior à usada pelos holandeses (linho), mais barata e acessível. Essa mecha ficou conhecida como "morrão brasileiro", feito de embira, espécie de cipó, que deu conta do recado. A WIC comprou quase cinco mil braças, ou 11 mil metros, do "morrão brasileiro" fabricado por Moisés de Oliveira.

Os judeus também atuaram com destaque no "serviço de inteligência" dos holandeses. Além de espiões, serviram como intérpretes de expedições militares, em terra e no mar. Falantes de português e holandês, eram de grande utilidade para diversas ações: negociar rendições, interrogar

JERUSALÉM COLONIAL

prisioneiros, descobrir manobras dos inimigos. Isaac da Serra, por exemplo, foi um dos que serviram nessa função, atuando na Armada do almirante Witte de With, em 1649, com soldo de 40 florins. A colaboração mais sofisticada dos judeus ocorreu, no entanto, na decifração de mensagens do inimigo, procedimento comum no vaivém de espiões das guerras pernambucanas, a exemplo de todas as guerras. O mais curioso é que, nos dois casos documentados, a decifração foi realizada por rabinos.

Em maio de 1646, dois portugueses foram presos pelos holandeses, suspeitos de espionagem. Assim como os luso-brasileiros sempre suspeitavam de que os judeus eram espiões ou mensageiros, os holandeses tinham os portugueses católicos na mesma conta. No caso acima, os portugueses presos foram João Vieira de Alagoas e Francisco Ribeiro, sendo que o primeiro trazia "papéis cifrados". As autoridades holandesas convocaram Aarão de Pina, nosso conhecido Abrão Sarfati, primeiro rabino informal da *Zur Israel*, nessa altura adjunto de Isaac Aboab. Gonsalves de Mello descobriu, no Arquivo Público de Haia, um interessante documento intitulado "Declaração destas cartas alphabetas e cifras que diante dos hombres do alto e secreto Conselho e dos hombres do Conselho de Justicia poir mim Abraham de Pina foram declaradas em mayo de 1646". Trata-se de cópia em português ou "portunhol", como se percebe no título, e nela o nome Abraham foi grafado por lapso, pois seu autor era Aarão.

Aarão conseguiu estabelecer a relação entre várias palavras escritas nas três cartas, que começavam pelas letras de A a T, com determinado número correspondente a cada uma das palavras-chave. Decifrou, assim, duas cartas na íntegra e uma parcialmente. Gonsalves de Mello, embora não entendesse nada de cartas criptografadas, como ele mesmo admitiu ao comentá-las, considerou o trabalho de Aarão arbitrário. As cartas, no entanto, continham informação bastante fidedigna sobre a fome que flagelava o Recife, além de dar pistas sobre o melhor meio de conquistar a cidade. O espião João Alagoas foi logo executado: decapitado e, depois, esquartejado em 29 de maio de 1646.

Aarão de Pina tinha acertado com o governo holandês o recebimento de oito negros como pagamento por seu trabalho. Ficou a ver navios, pois enviou diversos requerimentos solicitando o pagamento, desde 1646 até 1651, sem receber nada. Teve de contentar-se com "pagamento" bem menor do que o combinado anos antes. Apenas dois negros e duas negras, e mesmo assim foi obrigado a pagar por eles.

Outro que decifrou cartas enviadas de Angola para o governador da Bahia, em dezembro 1649, foi Moisés Rafael de Aguilar, ex-rabino da extinta *Maghen Abraham*. A correspondência informava sobre a situação das alianças e do tráfico de escravos após a reconquista de Luanda pelos portugueses, cerca de um ano antes. Moisés de Aguillar recebeu 30 florins como pagamento pelo trabalho.

A propósito da colaboração de Moisés de Aguillar, rabino desempregado que passou a viver do fornecimento de uniformes ao exército neerlandês, vale recordar, por um instante apenas, que foi em meio a essa tremenda crise que ocorreu a disputa fratricida entre a *Zur Israel* e a *Maghen Abraham*, da qual tratamos no terceiro capítulo. Os judeus resolveram brigar entre si justamente na fase em que os rebeldes se preparavam para desfechar os golpes decisivos na resistência flamenga. Compreende-se perfeitamente a impaciência da *Talmud Torá* de Amsterdã quando exigiu a unificação urgente das duas congregações.

A crise interna na comunidade judaica, além de breve, não impediu o engajamento dos judeus no esforço de guerra holandês em termos militares, estratégicos, econômicos ou políticos. Alguns chegaram a propor planos mirabolantes para deflagrar uma contraofensiva ou alguma negociação de paz em termos favoráveis aos holandeses. David Torres, mercador de *grosso trato*, foi enviado à Holanda, em 1646, para, juntamente com outros graúdos da *Talmud Torá*, propor a recondução de Maurício de Nassau ao governo do Recife. Somente Nassau, diziam os delegados judeus, seria capaz de reverter a situação militar da guerra ou acalmar o ânimo dos rebeldes, pois tinha alguma ascendência sobre João Fernandes Vieira desde o tempo de sua governança. A proposta foi encaminhada em 1647 e naufragou, como todas as outras.

No ano seguinte, foi a vez de Isaac da Costa, outro mercador rico, que propôs aos Dezenove Senhores um plano de reconquista dos territórios em mãos dos rebeldes. A WIC nem quis saber do assunto. O plano

JERUSALÉM COLONIAL

era inviável e custoso para uma companhia que tinha gasto além do razoável no negócio do Brasil. Os holandeses só apostavam, então, nas pressões sobre a Coroa portuguesa e nas ameaças de bloquear o Tejo para fazê-la desmobilizar os insurretos do Brasil. Recusava-se a investir outros milhões de florins na "guerra brasílica", sobretudo depois da perda de Luanda, cuja conquista tinha sido, aliás, muito onerosa. A WIC dispunha-se a gastar somente o mínimo necessário para evitar a queda do Recife. Ganhar tempo, nada mais.

A munição de boca e os judeus

Foi por muito pouco que a guerra pernambucana não terminou em junho de 1646, o pior mês do conflito, para os holandeses, desde o início do levante. O ano de 1645 tinha sido desastroso para os flamengos, que fracassaram em todos os contra-ataques por terra. No mar, a vitória comandada pelo almirante Jan Lichthart sobre a frota luso-brasileira, em setembro, "salvou o brasil neerlandês" da *debâcle*, nas palavras de Charles Boxer. Nos começos de 1646, os holandeses estavam confinados no Recife e em Olinda, além de conservar os fortes litorâneos de Cabedelo (Paraíba) e Ceulen (Rio Grande do Norte), bem como as ilhas de Itamaracá e Fernando de Noronha. O interior de Pernambuco estava perdido, bem como a quase totalidade das demais capitanias.

A situação do Recife logo se tornou desesperadora, em junho de 1646, pela falta de víveres e de fundos para pagar os soldados. A insatisfação da soldadesca, esfaimada e sem dinheiro, trazia perigo real de motim. As autoridades holandesas recorreram, então, aos judeus de *grosso trato*, pois somente esses tinham reserva monetária suficiente para resolver o problema. Conseguiram um empréstimo, quase uma "doação", de 100 mil florins, com o que pagaram os soldados. Mas a fome flagelava a cidade. O pão foi racionado à razão de uma libra semanal, ou 500 gramas por pessoa. A carne e a farinha sumiram do mercado. A população do Recife passou a matar cães, gatos e cavalos para comer, à falta de outra opção. Os escravos eram os que mais sofriam com a escassez e, assim, passaram a fugir para o lado dos rebeldes ou para os mocambos de

Palmares, nas Alagoas. Não fugiam em busca da liberdade, nem a oferecida pelos quilombolas, nem muito menos a "liberdade divina" dos restauradores. Fugiam da fome do Recife.

A crise só foi contornada com a chegada ao Recife, em 23 de junho, de dois navios holandeses carregados de munição, farinha e carnes defumadas — motivo de grande júbilo e cultos nas capelas católicas, igrejas protestantes e na sinagoga da *Zur Israel*. Foi nessa ocasião que o rabino Isaac Aboab redigiu seu famoso poema *Zekner asisti leniflaot El* ("Erigi um monumento comemorativo aos milagres de Deus"): primeiro texto literário em hebraico escrito nas Américas, de que há traduções ou versões.[22]

O poema é um agradecimento a Deus pelo milagre de salvar o povo judeu, ao enviar os dois navios holandeses. É um modelo de etnocentrismo judaico, a começar pelo fato de que interpreta a guerra luso-brasileira como um ataque do rei de Portugal contra o "povo de Israel", acusando os "pérfidos portugueses" de quererem "exterminar" os judeus residentes no Brasil. Não fosse a intervenção da divina providência, segundo Aboab, os judeus teriam morrido. O rabino-poeta não se refere uma vez sequer aos demais grupos que compartilhavam a miséria do Recife com os judeus... Somente eles são mencionados como vítimas do saque e do extermínio perpetrados por "ordem do rei".

João Fernandes Vieira é descrito como "um malvado que ascendera da lama, filho de pai ignorado e de uma negra", homem sedento de vingança contra os judeus, por terem sido eles a descobrir a conspiração. Mais adiante, vocifera contra os "bastardos, mamelucos e traidores" que informavam ao inimigo o estado lastimável do Recife. Isaac Aboab estava enfurecido, quando escreveu esse poema de gratidão pelo milagre divino, e não fez nenhuma questão de esconder o que pensava dos negros e mamelucos. Um exemplo dos preconceitos sefarditas, que misturavam, como vimos anteriormente, o etnocentrismo judaico com o ideal ibérico de pureza de sangue.

Mas os filhos de Abrão ou de Israel não eram, obviamente, esse "povo de santos" louvado no panegírico de Isaac Aboab. O próprio rabino sabia disso mais do que ninguém. Houve mesmo alguns judeus que se apro-

JERUSALÉM COLONIAL

veitaram da situação para operar no chamado "mercado negro" dos negócios escusos. Benjamim de Solis, receptador de objetos furtados para revender, foi condenado pelo governo holandês, em 1649, a ser açoitado em praça pública, marcado com ferro em brasa e banido do Brasil por 25 anos. Salomão Dormido extorquia os prisioneiros portugueses, agindo como testa de ferro do secretário do governo holandês no Recife, Pieter l'Hermite. Foi preso em 1652, respondeu a processo, mas recebeu pena leve. Tinha as costas quentes, como se diria hoje, e mudou-se para Londres, em 1657.

Manuel da Costa, rico morador da Paraíba, vivia da prática de estelionatos. Dizia ser judeu quando falava com judeus e se proclamava cristão reformado quando tratava com os holandeses. "Judeu novo" natural da França, era conhecido como "Príncipe da Paraíba", não sei por que razão. Em meio à guerra, viajou para a Holanda a negócios, mas voltou para o Brasil, ainda em 1647. Vendeu o que pôde no Recife e, percebendo que a situação holandesa ia de mal a pior, bandeou-se para a várzea, juntando-se a João Fernandes. Como não foi executado, nem saqueado pelos rebeldes, presumo que fez algum acordo com o líder da "guerra divina", além de se reduzir ao catolicismo pelas mãos de frei Manuel Calado. Há notícia de que foi para Lisboa, em 1649.

Mas esses últimos casos foram excepcionais. A maioria dos judeus ficou do lado holandês até o fim da guerra. Na crise de junho de 1646, foram de importância capital para minorar o flagelo que assolava o Recife, doando quantia suficiente, como vimos, para honrar o pagamento da soldadesca amotinada, que chegou a clamar pela rendição! Foram também decisivos para contornar a fome do Recife, enquanto não chegava o socorro de Amsterdã.

Esse último apoio resultou, na prática, de uma imposição do governo holandês. Em 1º de junho, a Câmara do Recife ordenou o confisco de "tudo o que fosse comestível" nos estoques particulares da cidade. Basta consultar a lista dos confiscados em farinha de trigo, farinha de mandioca, bacalhau e peixe seco reproduzida por Gonsalves de Mello, no seu *Gente da nação*, para constatar que os judeus tinham estocado alimentos. Cerca de 98% dos alimentos confiscados estavam nas mãos de grandes mercadores judeus, os mesmos que destaquei no segundo capítulo: o mercador, banqueiro e senhor de engenho Davi Senior Coronel; os mercadores e negociantes de escravos Moisés e Jacob Navarro; Davi Atias; Jacob Valverde; o médico Abraão de Mercado e muitos outros, num total de 25 "homens de negócio da nação". Até mesmo o rabino da *Zur Israel*, Isaac Aboab da Fonseca, possuía 15 alqueires de farinha de mandioca no seu estoque particular.[23]

É possível que os judeus de *grosso trato* estivessem especulando com víveres, nessa altura dos acontecimentos, uma vez que os outros grandes negócios estavam atravancados pela guerra. Nenhum deles protestou, no entanto, contra a decisão da câmara recifense. Passados alguns dias, em 11 de junho, o governo holandês exigiu nova colaboração de "particulares" para fazer reserva compulsória de vinho e azeite. Novamente os judeus de *grosso trato* apareceram com destaque entre os contribuintes. Eram deles os principais estoques.

Compulsório ou voluntário, o aporte dado pelos judeus às reservas de víveres foi essencial para dar sobrevida à Nova Holanda, não somente em 1646, mas nos anos seguintes. A certa altura da guerra, mais valia estocar o que Evaldo Cabral de Mello chamou de "munição de boca" do que balas de canhão, pólvora e mosquetes.[24] Um dos grandes trunfos dos rebeldes, se não o maior deles, foi o controle das áreas produtoras de alimentos, além da familiaridade com os estilos da "guerra brasílica", guerra nos matos.

Em 1647, os judeus da Paraíba fizeram de tudo para comprar farinha de mandioca dos índios potiguaras e tabajaras, por preços diminutos. Mas o governo holandês impediu, considerando que os "brasilianos" também precisavam comer, pois eram essenciais ao esforço de guerra. De todo modo, os judeus entraram de cabeça no negócio da "munição de boca". Muitos tinham contatos com os produtores do interior, incluindo gente da banda inimiga, e lograram romper os cercos e bloqueios militares. Abraão Cohen, incumbido pelo governo holandês, em 1649, de adquirir alimentos para as tropas, era um deles. Sua capacidade de negociar com os produtores da várzea era tal que, em 1652, propôs ao governo holandês uma operação de compra de cavalos, gado vacum e dez mil alqueires de farinha na várzea, embora condicionasse o pleno êxito do negócio à reocupação do interior pelos holandeses.

A "munição de boca" praticamente acabou em 1652. Evaldo Cabral de Mello informa que, não fosse pela farinha de Itamaracá, o exército neerlandês teria capitulado naquele ano. Nos últimos meses de dezembro, a padaria da WIC fechou as portas por não ter o que produzir. Um solitário navio holandês aportou no Recife, com carga de víveres, mas metade dela chegou estragada. O fim estava próximo.

Em 1652 a guerra estava perdida para os holandeses, tanto mais porque a Holanda se envolvera numa guerra marítima com a Inglaterra de Cromwell, cujo poder naval já despontava a olhos vistos. Essa foi a primeira das guerras anglo-holandesas do século XVII, travada entre 1652 e 1654. Ao priorizar a guerra contra a Inglaterra, a Holanda desistiu de lutar no Brasil. Não por acaso, a rendição do Recife ocorreu em 1654.

Apesar da derrota anunciada, os judeus do Brasil continuavam a fazer negócios ou a sonhar com eles. O citado Abraão Cohen talvez seja o melhor exemplo, embora não único. Na sua proposta de 1652 ao governo holandês, previa a compra não só de farinha e gado, mas de 500 mil a 600 mil libras de pau-brasil. Antes disso, em outubro de 1649, meses depois da segunda e fatal derrota holandesa nos montes Guararapes, Abraão Cohen sugeriu ao governo flamengo comprar açúcar dos moradores do interior, alegando que tal negócio seria de grande interesse para a WIC. Propôs, assim, comprar açúcar do inimigo na reta final das "guerras do açúcar"! É claro que esse contrato não avançou. Investiu, ainda, na construção civil, comprando terrenos no Recife. Em 1649, comprou um terreno no beco do Cavalo, dois na rua da Balsa e um quarto na rua Nova do Recife. Gastou, por baixo, cinco mil florins nesse investimento. Mercador compulsivo, Abraão não desistia de fazer negócios no ocaso do Brasil holandês. Arrematou, como corretor, em nome do Geertruid van Hoorenborch, o contrato de gêneros molhados, em 1º de janeiro de 1654, menos de um mês antes da capitulação final dos flamengos!

4. FORTUNA PERDIDA?

Em 1652, o governo holandês no Recife enviou comissão de três deputados à Holanda para pleitear reforços militares, do contrário os portugueses tomariam o Recife. Na verdade, as autoridades holandesas do Brasil sabiam muito bem que a derrota militar era certa, restando acertar os termos da rendição. A comissão foi composta por dois deputados holandeses — Jacob Hamel e Jaspar van Heussen — e pelo judeu português Abraão de Azevedo, mercador de *grosso trato*, exportador de açúcar, importador de vinho, negociante de escravos. Os deputados holandeses viajaram com instruções da Câmara do Recife para, em caso de rendição, garantir, junto aos Estados Gerais, um tratado favorável aos cristãos holandeses, deixando os judeus em segundo plano. Os dois exprimiam o ressentimento dos pequenos negociantes holandeses contra o enriquecimento dos judeus envolvidos com o comércio a varejo.

A pauta de reivindicações apresentada pelos delegados holandeses aos Estados Gerais, em dezembro de 1652, composta de dez pontos, tratava somente dos interesses flamengos, sem mencionar uma vez sequer os judeus. O delegado da *Zur Israel*, Abraão de Azevedo, ao tomar ciência desse verdadeiro golpe dos colegas holandeses, protestou com veemência, municiado de cópia da *Patente honrosa* dos Estados Gerais (1645), que garantia igual tratamento a holandeses e judeus nos acordos de rendição, se fosse o caso. Abraão de Azevedo deu notícia da situação à *Zur Israel* que, por sua vez, pressionou o Conselho Político do Recife. Jacob de Lemos, Jacob Navarro e Benjamim de Pina, enquanto *parnassim* da congregação, negociaram com os dirigentes holandeses no Recife, em 1653, obtendo garantias de que a "patente de 1645" seria cumprida. Também a *Talmud Torá* fez a sua parte, exigindo que a *Patente honrosa* fosse honrada.

Rendição do Recife, prejuízos dos judeus

Ao entrar no Recife, em 28 de janeiro de 1654, o mestre de campo Francisco Barreto de Menezes cumpriu, com elegância, a proposta de acordo apresentada pelos holandeses para depor as armas. Concedeu três meses para que holandeses e judeus ajustassem seus negócios e deixassem o Brasil, levando seus bens. O prazo final foi fixado em 27 de abril, após o que o novo governo não mais garantiria nem os bens nem as pessoas dos "antigos invasores". Os judeus que optassem por permanecer no Brasil, por sua vez, ainda que convertidos ao catolicismo, ficariam à mercê da Inquisição.

Os derrotados venderam tudo o que puderam, mas muita coisa foi deixada para trás. Como não havia, entre os portugueses católicos, quem pudesse ou quisesse comprar casas, terras ou engenhos à vista, holandeses e judeus abandonaram Pernambuco na condição de credores. O acordo da rendição era o único diploma legal comprobatório da derrota holandesa. Nenhum tratado luso-holandês foi assinado na ocasião. Os credores holandeses e judeus praticamente não existiam, do ponto de vista jurídico.

Os Estados Gerais voltaram à carga, no campo diplomático, após a morte de dom João IV, em novembro de 1656, aproveitando a debilidade da Coroa na regência de dona Luísa de Gusmão. Em 1657, novamente ameaçaram mover guerra contra Portugal, caso não fossem restituídos aos batavos o Brasil, Angola e a ilha de São Tomé. No caso do Brasil, as exigências territoriais foram ainda maiores do que as de 1648, incluindo, além de vultosa indenização de guerra, a restituição de Olinda, Recife, Cidade Maurícia e as capitanias da Paraíba, de Itamaracá, do Rio Grande do Norte e do Ceará. As Províncias Unidas entraram, porém, muito desunidas, sem trocadilho, nesse pleito diplomático. A Holanda desejava, na verdade, receber uma substantiva indenização e privilégios comerciais para a WIC, enquanto a Zelândia liderava o bloco das províncias intransigentes. De todo modo, a ameaça de guerra foi mais teatral do que efetiva. As negociações foram retomadas em julho de 1658, arrastando-se pelos dois anos seguintes sem resultar em acordo definitivo.

O quadro mudou em 1660, com a intervenção diplomática da Inglaterra, após a restauração da dinastia Stuart, na pessoa de Carlos II. O casamento do rei inglês com a infanta Catarina de Bragança, filha do finado dom João IV, melhorou a posição portuguesa no cenário europeu.

favorecendo o acordo diplomático. Pelo tratado de 1661, Portugal comprometeu-se a indenizar as Províncias Unidas em quatro milhões de cruzados no prazo de 16 anos, além de assegurar aos holandeses o direito de residência e de comércio em Portugal e suas colônias. Portugal também aceitou pagar as dívidas dos credores holandeses e judeus, cuja lista resultaria do exame de uma comissão mista. O tratado só foi ratificado e publicado em 1663.

Passaram-se os anos e os credores holandeses e judeus continuaram, literalmente, a ver navios, renovando-se a exigência de pagamento com a respectiva lista de credores. As dívidas relacionadas aos judeus portugueses perfaziam 68% do total devido pela Coroa portuguesa. A liquidação total das dívidas aos particulares só ocorreu em 1692, beneficiando os herdeiros, em sua maioria, pois os credores já tinham morrido. Os judeus foram os últimos a receber e nem todos foram devidamente ressarcidos.

A lista de credores judeus foi publicada, pela primeira vez, por Isaac Emmanuel em artigo clássico de 1962, com base na qual vale apresentar os gráficos a seguir.

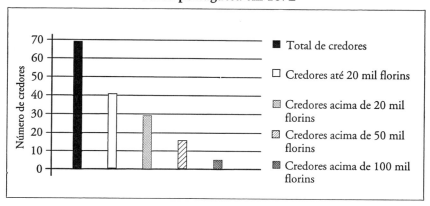

Gráfico 5.1
Judeus portugueses residentes no Brasil holandês credores da Coroa portuguesa em 1672

Fonte: Isaac S. Emmanuel. "Seventeenth-century Jewry: a Critical Review". *American Jewish Archives*, 14 (1962), pp. 51-55.

O Gráfico 5.1 indica, antes de tudo, a elevada concentração do capital comercial nas mãos de poucos mercadores de *grosso trato*, seis indivíduos, cerca de 8% do total de credores. São eles nossos conhecidos: Abraão Cohen, investidor compulsivo até 1654; Abraão de Azevedo, embaixador da *Zur Israel* em Haia; Baltazar da Fonseca, empreiteiro da ponte construída por Nassau; Isaac da Costa, que apresentou ao governo holandês um plano para recuperar, em armas, o território brasileiro tomado pelos rebeldes; os herdeiros de Vicente Rodrigues de Vila Real, genro de Mateus da Costa, o "falso judeu novo"; Isaac Coronel, executor do testamento do principal magnata judeu de Pernambuco, o velho Duarte Saraiva ou Davi Senior Coronel. Foram eles que abandonaram uma quantidade expressiva de escravos, partidos de cana, engenhos, sobrados na *Jodenstraat*. Outros ricaços, como Benjamim de Pina (ou Sarfati) e os irmãos Navarro, Moisés Navarro à frente, não constam da lista. Conseguiram se desfazer dos bens antes de deixar o Brasil. A maioria dos credores — cerca de 70 judeus — compunha-se de pequenos negociantes, cuja dívida correspondia a um ou dois escravos, algumas cabeças de gado, casas modestas de aluguel, alguma carga de mercadorias deixada no Brasil.

Gráfico 5.2
Quantias devidas pela Coroa portuguesa aos judeus residentes no Brasil durante o período holandês
(em milhares de florins)

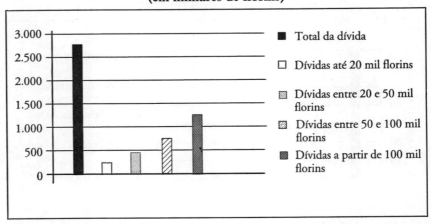

Fonte: Isaac S. Emmanuel. "Seventeenth-century Jewry: a Critical Review". *American Jewish Archives*, 14 (1962), pp. 51-55.

TEMPLO DESTRUÍDO

Esse segundo gráfico expõe as quantias devidas, indicando, com nitidez, que a maioria dos credores tinha pouco a receber, porque seus bens eram mesmo modestos. Em contraste, os plutocratas da "Jerusalém colonial" detinham cerca de 1,5 milhão de florins do total da dívida. Somadas as duas maiores faixas de quantias devidas, o capital deixado pelos judeus mais ricos no Brasil alcançou cerca de dois milhões de florins. Uma concentração da dívida — e do capital comercial sefardita — da ordem de 70% nas mãos de 27% de "homens de negócio da nação" residentes na Nova Holanda.

Os judeus portugueses de *grosso trato* abandonaram os casarões e sobrados da *Jodenstraat*, bem como o prédio da sinagoga da *Zur Israel*, tudo constante do *Inventário das armas e petrechos que os holandeses deixaram em Pernambuco e dos prédios edificados ou reparados até 1654*. Os judeus ricos perderam copioso número de escravos. Os donos de engenhos — em especial Duarte Saraiva, cujos herdeiros eram credores da maior fortuna deixada em Pernambuco, mais de 350 mil florins — perderam todos.

Fortuna perdida? Muitos perderam pouco, alguns perderam muito ou custaram a ser ressarcidos. Mas os judeus portugueses não saíram arruinados do Brasil holandês. Cerca de 30% deles, no mínimo, continuaram ao lado dos holandeses nos investimentos coloniais, em especial na economia açucareira, sempre ela, disseminada nas ilhas do Caribe e na Guiana. Gonsalves de Mello considera que os judeus abandonaram o Brasil holandês amargando prejuízos. Tenho dúvidas acerca desse prejuízo sefardita, a julgar, por exemplo, pela vitalidade dos negócios judaicos na pequena ilha de Barbados, centro irradiador da economia açucareira nas Antilhas.[25] Os sefarditas logo se espalharam por outras ilhas, firmando contratos com a WIC. A comunidade da Nova Holanda renasceu no Caribe, associada aos holandeses e, depois, aos ingleses.

Um grupo de 23 judeus portugueses, entre homens, mulheres e crianças, foi para a América do Norte, havendo registro, datado de setembro de 1654, da presença deles em Nova Amsterdã. Existe um senso comum, no Brasil, de que os judeus expulsos do Recife fundaram a futura Nova

York.* É inexato. Nova York só recebeu esse nome em 1664, quando os ingleses escorraçaram os holandeses da ilha de Manhattan. O nome inglês da colônia era homenagem ao duque de York, futuro Jaime II, rei da Inglaterra derrubado pela *Revolução Gloriosa* de 1688.

Ingleses à parte, os judeus expulsos do Brasil não fundaram Nova York, nem Nova Amsterdã, nome anterior da cidade localizada na ilha de Manhattan. Essa, como nome indica, foi erigida como fortaleza pelos holandeses da Companhia das Índias Ocidentais, em 1625, cinco anos antes da conquista do Recife pelos mesmos holandeses. Era um entreposto de comércio de peles com os nativos, nada além disso. De fato, um grupo de judeus, embarcado na fragata *Valk*, partiu do Recife para o Caribe, no início de 1654. Foram capturados pelos espanhóis e levados à Jamaica, onde se cogitou de enviá-los para a Inquisição, provavelmente a de Cartagena. O governo holandês interveio a favor do grupo, mas desconheço o resultado.

O certo é que 23 judeus desse grupo conseguiram embarcar para Nova Amsterdã, onde somente foram recebidos após intervenção de Menasseh Ben Israel junto às autoridades holandesas em Amsterdã. Os holandeses de Manhattan decerto temiam que os judeus repetissem ali o que haviam feito no Brasil, ou seja, se assenhoreado do comércio. Mas não foi isso o que ocorreu: a língua portuguesa não possuía nenhuma utilidade especial na Nova Amsterdã.

A presumida fundação de Nova York pelos judeus do Recife não é mais do que uma lenda. Na realidade, os judeus do Recife fundaram, isso sim, a primeira comunidade judaica na América do Norte, que mais tarde integrou-se às redes sefarditas antilhanas, sobretudo no século XVIII. Mas, a rigor, o primeiro judeu a pôr os pés em Nova Amsterdã foi Jacob Barsimson, ou Jacob Bar Simson, *ashkenazi* que viveu no Brasil até 1647. Fugiu por conta própria do Recife, em 1654, separadamente dos sefarditas, é claro, chegando a Nova Amsterdã em julho. Pouco depois voltou para a Holanda...[26]

---

*Na relatoria da Comissão de Justiça em que emitiu parecer favorável à aprovação da Lei 12.124, de 16 de dezembro de 2009, instituindo o Dia Nacional da Imigração Judaica, o deputado Bonifácio de Andrada afirmou, literalmente, "que foram os judeus pernambucanos que fundaram a cidade de Nova York, nos Estados Unidos..."

Templo esquecido

Somente no final do século XX o prédio da antiga sinagoga da *Zur Israel* começou a ser resgatado enquanto patrimônio histórico brasileiro. É verdade que Gonsalves de Mello identificou o lugar na década de 1960, examinando uma planta da Santa Casa de Misericórdia do Recife desenhada no início do século passado. O Instituto Arqueológico, Histórico e Geográfico Pernambucano logo fixou uma placa no sítio, em que se lia "Em casa que existiu neste local funcionou, de 1636 a 1654, a primeira sinagoga israelita das Américas". As pesquisas arqueológicas tiveram de aguardar, porém, cerca de 30 anos. Em 21 de outubro de 2001, foi reaberta ao público, como museu, a *Kahal Kadosh Zur Israel*.

Havia mais de três séculos que a sinagoga da *Jodenstraat* tinha sido abandonada pelos judeus portugueses em rota de fuga. Exatamente 347 anos. Seu destino imediato, ainda em janeiro de 1654, foi abrigar tropas do exército da "liberdade divina" comandadas pelo mestre de campo Francisco Barreto de Menezes. A sinagoga foi um dos primeiros prédios ocupados pelos rebeldes.

No mesmo ano, dom João IV fez mercê do prédio ao chefe da insurreição, João Fernandes Vieira, que o conservou por 25 anos. Em 1679, com 66 anos, João Fernandes doou o casarão aos oratorianos de São Filipe Neri. Já estava doente quando fez essa doação pia. Seu testamento data de 1674 e sua morte, em Olinda, de 1681. A sinagoga passou, então, das mãos de quem liderou a "judeofobia" dos insurretos, no tempo da guerra, para uma congregação católica. Em 1821, a casa mudaria outra vez de proprietário, com a extinção da ordem oratoriana, passando a abrigar o Colégio dos Órfãos, instituição eclesiástica, de 1835 a 1862, ano em que foi transferida para o patrimônio da Santa Casa de Misericórdia do Recife. Durante esse longo período, a sinagoga foi literalmente soterrada por diversas obras realizadas no prédio.

O destino da sinagoga do Recife é boa metáfora para descrever o fim da "Jerusalém colonial" erigida no Brasil holandês. Abandonada pelos judeus em 1654, começou a sumir do mapa tão logo ocupada pela soldadesca luso-brasileira. Com o passar do tempo, ninguém mais se lem-

JERUSALÉM COLONIAL

brava de que naquele prédio tinha funcionado uma sinagoga, no "tempo dos flamengos", até a descoberta de Gonsalves de Mello. Ocorreu o mesmo com o judaísmo sefardita — e me refiro aqui ao judaísmo sinagogal da *Zur Israel*, não às reminiscências criptojudias, que também essas se perderam com o tempo. O judaísmo sefardita foi embora com os judeus embarcados no Recife para Amsterdã, ou transferidos para o Caribe, o novo paraíso da economia açucareira no Atlântico.

Há notícia de que muitos não conseguiram sair do Brasil e se refugiaram nos sertões, mas não convém exagerar a importância desse movimento.[27] A própria *Zur Israel* tinha um fundo de auxílio, resultante de sua famosa *Imposta*, destinada a financiar o retorno de judeus pobres para a Holanda. A maioria dos judeus novos partiu do Recife em 1654. Os que ficaram, como vimos, logo se reconverteram ao catolicismo, antes da rendição dos holandeses. Queriam esquecer que tinham sido judeus por algum tempo. Queriam, sobretudo, que os "outros" esquecessem. Sinagoga abandonada, judaísmo renegado. Não fosse pela pertinácia do Santo Ofício em revolver a história de muitos deles e nosso conhecimento sobre os judeus no período holandês seria ainda menor. Azar desses homens, que caíram na teia dos inquisidores. Fortuna dos historiadores.

A própria experiência de colonização holandesa no Brasil acabou prisioneira das ciladas da memória, em prejuízo da história. Por muito tempo a história foi eclipsada pela celebração da restauração pernambucana e dos próprios restauradores, desde a crônica triunfalista do século XVII aos painéis votivos dos séculos XVIII e XIX, cujo tema central não podia ser outro senão as grandes batalhas dos Guararapes. No final do século XIX, pelo contrário, a colonização holandesa passou de vilã à condição de modelo, começando pela historiografia regional.[28] Não tardou para que o mito da "colonização holandesa" ganhasse o Brasil. Era tempo de valorização da civilização europeia avançada, da França, da Inglaterra, e consequente detração do legado português. Os holandeses tinham o *phisique du rôle* civilizacional mais adequado à grandeza do Brasil.

O governo de Nassau acabou idealizado como um modelo de colonização que, se vingasse, teria gerado um país mais próspero e civilizado. Evaldo Cabral de Mello demonstrou, no entanto, que o sentimento de "nostalgia nassoviana" não foi novecentista. Vinha de longe. Desde o século XVIII era costume atribuir-se aos flamengos diversas obras do Recife erigidas, na verdade, por governadores portugueses. A expressão "é obra de holandês" tornou-se usual, na linguagem popular, para designar obras úteis e bem realizadas. Até hoje há quem diga que a Ponte Velha do Recife, com seus lampiões e proteções de ferro bordadas, foi obra de Nassau, embora tenha sido construída em 1921... Ciladas da memória. Nostalgia de uma colonização imaginária.[29]

Sérgio Buarque de Holanda foi dos primeiros historiadores a insurgir-se contra a idealização da colonização holandesa, no seu clássico *Raízes do Brasil* (1936):

> "Só muito dificilmente (a empresa colonial holandesa) transpunha os muros das cidades e não podia implantar-se na vida rural de nosso nordeste, sem desnaturá-la ou perverter-se. Assim, a Nova Holanda exibia dois mundos distintos, duas zonas artificiosamente agregadas. O esforço dos conquistadores batavos limitou-se a erigir uma grandeza de fachada, que só aos incautos podia mascarar a verdadeira, a dura realidade econômica em que se debatiam"[30]

Exagero de Sérgio Buarque? Talvez, se considerarmos as ramificações que uniam o mundo urbano e o rural, cujos maiores protagonistas foram exatamente os personagens deste livro, os judeus portugueses. "Judeus novos", judeus da Holanda. A "grandeza de fachada" também foi muito mais do que isso, se incluirmos, no balanço, a magnífica iconografia produzida pelos pintores nassovianos — a mais rica do período colonial — além da crônica histórica e dos tratados de naturalistas, que não encontram paralelo entre os autores portugueses da mesma época.

Mas é verdade que, no Brasil Colonial propriamente dito, restou muito pouco do período holandês. As tão celebradas "obras nassovianas" foram se desgastando com o tempo, até desaparecer por completo da paisagem urbana do Recife. A ponte nassoviana começou a ruir em 1815... A presença holandesa no Brasil, por mais intensa que tenha sido, passou no Brasil Colonial como um furacão.

JERUSALÉM COLONIAL

O mesmo se pode dizer da presença sefardita em "terra de liberdade", pois assim foi a Nova Holanda para os judeus durante um quarto de século. No entanto, o "tempo dos flamengos" não passou de um hiato na história do judaísmo colonial. Judaísmo clandestino, fragmentado, prisioneiro do ecletismo *marrano*. Com a derrota holandesa, os judeus saíram de cena e a Inquisição voltou ao palco. A sinagoga desapareceu no dia em que as tropas rebeldes tomaram o Recife. A rua dos Judeus também mudou de nome, pois não havia mais judeus ali. Passou a chamar-se rua da Cruz, nome perfeito para o ânimo da restauração pernambucana. Em 1870, passou a chamar-se rua do Bom Jesus, não em renovada homenagem à insurreição de 1645, senão em memória do arco do mesmo nome, antiga porta da cidade, próximo à capela demolida 20 anos antes.

Entrementes, no início do século XIX, a então rua da Cruz foi também chamada, pelos recifenses, de rua dos Mercadores. Nome oficioso de uma rua fantasma. Fantasma da *Jodenstraat*. Judeus, Cruz, Mercadores, Bom Jesus, o fato é que a rua perdeu "completamente o cartaz" no início do século XX, segundo o autor de *Velhas ruas do Recife*: "Apenas um estabelecimento bancário, alguns escritórios de despachantes e nada mais resta".[31]

Notas

1. Fernando Bouza Álvarez. "Entre dois reinos, uma pátria rebelde. Fidalgos portugueses na monarquia hispânica depois de 1640". *In: Portugal no tempo dos Filipes. Política, cultura, representações (1580-1668)*. Lisboa: Cosmos, 2000, pp. 280-281.

2. Francisco Bethencourt, *História das Inquisições*. Lisboa: Círculo de Leitores, 1994, p. 111.

3. Leonor Freire Costa & Mafalda Soares da Cunha. D. *João IV*. Lisboa: Círculo de leitores, 2006, p. 127.

4. João Lúcio de Azevedo. *História dos cristãos-novos portugueses*. Lisboa: Clássica, 1989, pp. 250-263.

5. Leonor Freire Costa. "Merchant Groups in the 17th-century Brazilian Sugar Trade: Reappraising Old Topics with New Research Insights". *Journal of Portuguese History*, v. 2, nº 1, 2004, pp. 1-11.

TEMPLO DESTRUÍDO

6. Apud *História dos cristãos-novos portugueses...*, p. 255. As duas cartas encontram-se em *Documentos da Biblioteca de Évora*, apêndices 20 e 21.
7. "Merchant Groups in the 17th-century Brazilian Sugar Trade...", p. 4.
8. Apud João Lúcio de Azevedo. *História de Antônio Vieira* (1918). São Paulo: Alameda, 2008, v. 1, pp. 100-103.
9. J. A. Gonsalves de Mello. *Gente da nação: cristãos-novos e judeus em Pernambuco, 1542-1654*. 2ª ed. Recife: Fundaj, Editora Massangana, 1996, p. 302.
10. Idem, pp. 303-304.
11. Joanathan Israel. *Diasporas within a Diaspora: Jews, Crypto-Jews, and the Word Maritime Empires, 1540-1740*. Leiden: Brill, 2002, p. 371.
12. Idem, p. 380.
13. José Antônio Gonsalves de Mello. *João Fernandes Vieira: Mestre de campo do Terço de Infantaria de Pernambuco* (original de 1956). Lisboa: Centro de Estudos de História do Atlântico/Comissão para as Comemorações dos Descobrimentos Portugueses, 2000.
14. Para citar apenas dois: *Olinda restaurada: guerra e açúcar no nordeste, 1630-1654*. 2ª ed., revista e aumentada. Rio de Janeiro: Topbooks, 1998; *Rubro veio: o imaginário da restauração pernambucana*. 2ª ed. revista e aumentada. Rio de Janeiro: Topbooks, 1997.
15. Erns van den Boogaart. "Infernal Allies: the Dutch West India Company and the Tarairiu — 1631-1654". *In:* J.M. Siegen *et al* (orgs). *A Humanist Prince in Europe and Brazil*. The Hague. The Government Publishing Office, 1979, pp. 519-538.
16. Charles Boxer. *Os holandeses no Brasil*. São Paulo: Companhia Editora Nacional, 1961, p. 236.
17. Arnold Wiznitzer. *Os judeus no Brasil Colonial*. São Paulo: Pioneira, 1966, p. 91.
18. Os dados sobre os indivíduos identificáveis nas várias situações foram extraídos de *Gente da nação...*, pp. 295-357, e *Os judeus no Brasil Colonial...*, pp. 80-92. As informações extraídas de cronistas serão indicadas em notas específicas. As interpretações são de minha inteira responsabilidade.
19. *Diasporas within a Diaspora...*, p. 369.
20. Manuel Calado do Salvador. *O valeroso Lucideno e triunfo da liberdade* (original de 1648). 5ª ed. Recife: Companhia Editora de Pernambuco, 2004, v. 2, pp. 92-93.
21. Joan Nieuhof. *Memorável viagem marítima e terrestre ao Brasil* (original de 1682). Belo Horizonte: Itatiaia, 1981, pp. 255-256.
22. A primeira versão livre do poema de Isaac Aboab foi feita para o inglês por M. Kaseyrling. "Isaac Aboab, the First Jewish Author in America". *American Jewish Historical Society*, v. 5:125-136, Baltimore, 1897. Cópia manuscrita do original hebraico (datada de 1728) foi transferida da Biblioteca Judaica de Amsterdã para a Biblioteca da Universidade Hebraica de Jerusalém. O texto foi parcialmente tra-

JERUSALÉM COLONIAL

duzido para o português por Isaac Halper Filho, em 1946, versão essa utilizada por Gonsalves de Mello na primeira edição de *Gente da nação*. A tradução mais recente é de autoria de Maria do Carmo Tavares de Miranda, da Universidade Federal de Pernambuco, publicada na *Revista do Instituto Histórico e Geográfico Brasileiro*, nº 398:49-77, 1998.

23. *Gente da nação...*, pp. 306-308.

24. *Olinda restaurada...*, pp. 269-320.

25. Alice Canabrava. *O açúcar nas Antilhas (1697-1755)*. São Paulo: Instituto de Pesquisas Econômicas/USP, 1981.

26. Günter Böhm. *Los sefardíes en los dominios holandeses de América del Sur y del Caribe: 1630-1750*. Frankfurt: Vervuert, 1992, p. 95-98.

27. Nathan Wachtel chega a afirmar que, após a derrota holandesa, em 1654, "a maior parte (dos judeus) não pôde ou não quis fugir e refugiou-se no interior". Cf. *A fé da lembrança: labirintos marranos*. Lisboa: Caminho, 2002, p. 377.

28. A iniciativa mais importante para resgatar a história do Pernambuco holandês deu-se com a chamada missão de José Hygino Duarte Pereira (1855-1886), que coligiu a documentação sobre o período nos arquivos holandeses de Haia e Amsterdã. Seu relatório foi reeditado em *Guia de fontes para a história do Brasil holandês*. Recife: Massangana, 2001, pp. 100-281.

29. *Rubro veio...*, pp. 329-360.

30. Sérgio Buarque de Holanda. *Raízes do Brasil*. 8ª ed. Rio de Janeiro: José Olympio, 1973, pp. 33-34.

31. Danilo Fragoso. *Velhas ruas do Recife*. Recife: Universidade Federal de Pernambuco, 1971, p. 43.

Fontes e Bibliografia

Fontes manuscritas

ARQUIVO NACIONAL DA TORRE DO TOMBO

IANTT, Inquisição de Lisboa, processo 7820 (Antônio Henriques), microfilme 4476.
IANTT, Inquisição de Lisboa, processo 1770 (Diogo Henriques), microfilme 4895.
IANTT, Inquisição de Lisboa, processo 11362 (Gabriel Mendes), microfilme 4889.
IANTT, Inquisição de Lisboa, processo 11550 (Isaac de Castro), microfilme 3637.
IANTT, Inquisição de Lisboa, processo 11575 (João Nunes Velho), microfilme 4896.
IANTT, Inquisição de Lisboa, processo 7533 (Manuel Gomes Chacão), microfilme 4902.
IANTT, Inquisição de Lisboa, processo 306 (Mateus da Costa), microfilme 6964.
IANTT, Inquisição de Lisboa, processo 7276 (Miguel Francês).
IANTT, Inquisição de Lisboa, processo 111562 (Pedro de Almeida), microfilme 4891.

STADSARCHIEF AMSTERDAM
Archief van de Portugees-Israëlietische Gemeente te Amsterdam

A. ARCHIEF VAN DE GEMEENTE BET JACOB
"Manual da sedacá". Journaal (5379-5381).

B. ARCHIEF VAN HET COLLEGE VAN AFGEVAARDIGDEN VAN DE DRIE GEMEENTEN BETREFFENDE DE IMPOST VAN DE GEZAMENLIJKE LIDMATEN
"Libro dos termos da ymposta da nação, principiado em 24 de Sebat 5382". Resoluties. (5382- 5399).
"Os acordos da nação, ha união das tres kehilot". Resoluties betreffende de vereniging van de drie gemeenten. (5398/5399).
"Livro da conta dos carniseyros". Register houdende wekelijkse afrekening van de slagers met de gedeputeerden van de impost; met enige resoluties van de gedeputeerden betreffende de vleesverkoop. (5392- 5395)

JERUSALÉM COLONIAL

C. ARCHIEF VAN DE GEMEENTE BET ISRAËL

"Livro dos termos deste Kahal Kados de Bet Israël que el Dio prospere começado em 5 de Elul de 5379... da criação do mundo". Resoluties 1618 -1639 (5379 -5399).

Fontes impressas

A. Fontes institucionais e administrativas holandesas e judaicas

"Actas dos synodos e classes do Brasil, no século XVII, durante o domínio holandez". Edição e tradução de Pedro Souto Maior. *Revista do Instituto Histórico e Geográfico Brasileiro*, tomo especial, nº 1: 707-80, 1912.

"Atas das congregações judaicas Zur Israel, em Recife, e Magen Abraham, em Mauricia, Brasil, 1648-1653". Organização de Arnol Wiznitzer. *Anais da Biblioteca Nacional do Rio de Janeiro*, v. 74, 1953.

"*Fontes para a história do Brasil holandês. A economia açucareira*. Organização de José Antônio Gonçalves de Mello. Recife: Companhia Editora de Pernambuco, 2004, v. 1.

"*Fontes para a história do Brasil holandês. Administração da conquista*. Organização de José Antônio Gonçalves de Mello. Recife: Companhia Editora de Pernambuco, 2004, v. 2, pp. 395-412.

B. Fontes literárias

Provérbios e frases proverbiais do século XVI. Organização de C.F. de Freitas Casanova. Brasília: MEC/INL, 1969.

Em ladino (provérbios). Compilação e comentários de Mischel Levy. São Paulo: Edicon, 1993.

C. Crônicas e correspondência portuguesa, judaica e holandesa

Antônio Vieira. *Cartas*. Org. de João Lúcio de Azevedo. Lisboa: Imprensa Nacional, 1970, 4 tomos.

David Franco Mendes. *Memórias do estabelecimento e progresso dos judeus portugueses e espanhóis nesta famosa cidade de Amsterdam* (original de 1772). Edição facsimilada. Lisboa: Távola Redonda, 1990.

Duarte de Albuquerque Coelho. *Memórias diárias da guerra do Brasil* (original de 1654). São Paulo: Beca, 2003.

Diogo Lopes Santiago. *História da guerra de Pernambuco* (original de 1660). Recife: Companhia Editora de Pernambuco, 2004.

Francisco de Britto Freire. *Nova Lusitânia, história da guerra brasílica* (original de 1675). São Paulo: Beca, 2001.

FONTES E BIBLIOGRAFIA

Gaspar Barléus. *História dos feitos recentemente praticados durante oito anos no Brasil* (original de 1647). Belo Horizonte: Itatiaia, 1974.

Joan Nieuhof. *Memorável viagem marítima e terrestre ao Brasil* (original de 1682). Belo Horizonte: Itatiaia, 1981.

Joannes de Laet. *História ou anais dos feitos da Companhia das Índias Ocidentais, desde o começo até o fim do ano de 1636* (original de 1644). CD-ROM.

Manuel Calado do Salvador. *O valeroso Lucideno e triunfo da liberdade* (original de 1648). 5ª ed. Recife: Companhia Editora de Pernambuco, 2004, 2 v.

Raphael de Jesus. *Castrioto lusitano ou História da guerra entre o Brazil e a Hollanda, durante os annos de 1624 a 1654, terminada pela gloriosa restauração de Pernambuco e das capitanias confinantes* (original de 1679). Paris: J. P. Aillaud, 1844.

Saul Levi Morteira. *Tratado sobre a verdade da Lei de Moisés* (original de 1659). Edição fac-similada. Introdução e comentário de Herman Salomon. Coimbra: Universidade de Coimbra, 1988.

Obras de referência

ALMEIDA, António Marques de (dir.). *Dicionario histórico dos sefarditas portugueses: mercadores e gente de trato.* Lisboa: Campo da Comunicação, 2009.

FAIGUENBOIM, Guilherme *et al.* (orgs.). *Dicionário sefardi de sobrenomes.* Rio de Janeiro: Frahia, 2003.

GALINDO, Marcos & HULSMAN, Lodewijk (orgs). *Guia de fontes para a história do Brasil holandês.* Brasília/Recife: Minc/Fundação Joaquim Nabuco/Massangana, 2001.

PAREDES, Javier *et al. Diccionario de los papas y concilios.* Barcelona: Ariel, 1998.

RODRIGUES, J.H. *Historiografia e bibliografia do Brasil holandês no Brasil.* Rio de Janeiro: INL, 1949.

TAVIM, José Alberto da Silva *et al.* (coord.). *Dicionário do judaísmo português.* Lisboa: Presença, 2009,

WIESEBRON, Marianne. *O Brasil em arquivos neerlandeses* (1624-1654). Leiden: CNWS, 2004.

UNTERMAN, Alan. *Dicionário judaico de lendas e tradições.* Rio de Janeiro. Jorge Zahar Editor, 1992.

Estudos

ADLER, Cyrus. "A Contemporary Memorial Relating to Damages to Spanish Interests in America Done by Jews of Holland". *American Jewish Historical Society,* n° 17:45-51, 1909.

ALDEN, Dauril. *The Making of an Entreprise: the Society of Jesus in Portugal, its Empire, and Beyond, 1540-1750.* Stanford: Stanford University Press, 1996.

AMIEL, Charles. "La 'mort juive' au regard des Inquisitions ibériques". *Revue de l'Histoire des Religions*, n° 207:389-412, 1990.

AZEVEDO, João Lúcio de. *História dos cristãos-novos portugueses* (original de 1922). 3ª edição. Lisboa: Clássica, 1989.

AZEVEDO, João Lúcio de. *História de Antônio Vieira* (original de 1918-1921). São Paulo: Alameda, 2008, 2 v.

BELL, Dean P. *Jews in the Early Modern World*. Maryland: The Rowman and Littlefield Publishers, 2008.

BETHENCOURT, Francisco. *História das Inquisições*. Lisboa: Círculo de Leitores, 1994.

BLOOM, Herbert "A Study of Brazilian Jewish History, 1623-1654. Based Cheifly upon the Findings of the Late Samuel Oppenheim". *American Jewish Historical Society*, n° 33:43-125, 1933.

BODIAN, Mirian. *Hebrews of the Portuguese Nation. Conversos and Community in Early Modern Amsterdam*. Indianapolis: Indiana University Press, 1999.

BOER, Harm den. *La literatura sefardí de Amsterdam*. Alcalá: Universidad de Alcalá de Henares, 1995.

BÖHM, Günter. *Los sefardíes en los dominios holandeses de América del Sur y del Caribe, 1630-1750*. Frankfurt: Vervuert, 1992.

BOXER, Charles. *Os holandeses no Brasil, 1624-1654*. São Paulo: Companhia Editora Nacional, 1961.

BOUZA ALVARES, Fernando. *Portugal no tempo dos Filipes. Política, cultura, representações (1580-1668)*. Lisboa: Cosmos, 2000.

BRAGA, Isabel Drumond. "Judeus e cristãos-novos: os que chegam, os que partem, os que regressam". *Cadernos de Estudos Sefarditas*, n° 5:9-28, 2005.

BRAUDEL, Fernand. *O Mediterrâneo e o mundo mediterrânico na época de Filipe II*. (original de 1949). Lisboa: Martins Fontes, 1983, 2 v.

CANABRAVA, Alice. *O açúcar nas Antilhas (1697-1755)*. São Paulo: Instituto de Pesquisas Econômicas/USP, 1981.

CASCUDO, L. Câmara. *História do Rio Grande do Norte*. Rio de Janeiro: MEC. 1955.

COHEN, Martin. "The Sephardic Phenomeon. A Reppraisal". *American Jewish Archives*, v. 44 (1): 1-79, 1992.

COSTA, Leonor Freire. "Merchant Groups in the 17th-century Brazilian Sugar Trade: Reappraising Old Topics with New Research Insights". *Journal of Portuguese History*, v. 2, n° 1:1-11, 2004.

COSTA, Leonor Freire & CUNHA, Mafalda Soares da. D. *João IV*. Lisboa: Círculo de Leitores, 2006.

CURTO, Diogo R. & MOLHO, Anthony. "Les réseaux marchands à l'époque moderne". *Annales* HSS, n° 58 (3):569-579, 2003.

DAHAN, Gilbert. *Les intellectuels cnrétiens et les juifs au Moyen Âge*. Paris: Cerf, 1990.

FONTES E BIBLIOGRAFIA

DEDIEU, Jean-Pierre & MILLAR CARVACHO, René. "Entre histoire et mémoire. L'Inquisition à l'époque moderne, dix ans d 'historiographie". *Annales HSS*, n° 57 (2): 349-373, 2002.

DELUMEAU, Jean. *História do medo no Ocidente*. São Paulo: Companhia das Letras, 1989.

DELUMEAU, Jean (org.). *As grandes religiões do mundo*. Lisboa: Presença, 1997.

DONATO, Maria Andrada. *Recife, Cidade Maurícia*. Recife: Secretaria de Educação, 1986.

ELLIOT, J.H. *A Europa dividida 1559-1598*. Lisboa: Presença, 1985.

EMMANUEL, Isaac. "New Light on Early American Jewry". *The American Jewish Archives*, n° 7:3-64, 1955.

EMMANUEL, Isaac. "Seventeenth-century Brazilian Jewry. A Critical Review". *The American Jewish Archives*, n° 14:32-68, 1962.

FEITLER, Bruno. *Inquisition, juifs et nouveaux chrétiens au Brésil*. Leuven: Leuven University Press, 2003.

FEITLER, Bruno. "O catolicismo como ideal: produção literária antijudaica no mundo português da Idade Moderna". *Novos Estudos Cebrap*, n° 72:137-158, 2005.

FRAGOSO, Danilo. *Velhas ruas do Recife*. Recife: Universidade Federal de Pernambuco, 1971.

FREUD, Sigmund. *Escritos sobre judaísmo e antissemitismo*. Lisboa: Vega, 1997.

FREYRE, Gilberto. *Casa-grande e senzala*. 16ª ed. Rio de Janeiro: José Olympio, 1973.

GALANTE, Luís A. Vicente. *Uma história da circulação monetária no Brasil do século XVII*. Tese de doutorado apresentada ao Programa de Pós-Graduação em História da UnB. Brasília, 2009.

GALINDO, Marcos (org.). *Viver e morrer no Brasil holandês*. Recife: Massangana, 2005.

GARCÍA-ARENAL, Mercedes & WIEGERS, Gerard. *Un hombre en tres mundos. Samuel Palache, un judío marroquí en la Europa protestante y católica*. Madrid: Siglo XXI, 2006.

GOLDISH, Matt. *Jewish Questions. 'Responsa' on Sephardic Life in Early Modern Period*. Princeton: Princeton University Press, 2008.

GORENSTEIN, Lina & CARNEIRO, Maria L. Tucci (orgs.). *Ensaios sobre a intolerância*. São Paulo: Humanitas, 2002.

GRINBERG, Keila (org.). *Os judeus no Brasil*. Rio de Janeiro: Civilização Brasileira, 2005.

HASSAN, Iacob (org.). *Introducción a la Biblia de Ferrara*. Madrid: Siruela, 1994.

HERKENHOOF, Paul (org). *O Brasil e os holandeses*. Rio de Janeiro: Sextante, 1999.

HERMANN, Jacqueline. *No reino do Desejado. A formação do sebastianismo em Portugal, séculos XVI e XVII*. São Paulo: Companhia das Letras, 1998.

HOLANDA, Sérgio Buarque de. *Raízes do Brasil*. 8ª ed. Rio de Janeiro: José Olympio, 1973.

HORTA, José da Silva & MARK, Wesleyan. "Two Early Seventeenth Sephardic Communities on Senegal's Petite Cote". *History of Africa*, 31: 231-256, 2004.

HSIA, R. Po-Chia & NIEROP, Henk van (orgs.). *Calvinism and Social Toleration in the Dutch Golden Age*. Cambridge: Cambridge University Press, 2002.

IANCOU-AGOU, Daniele (org.). *L'expulsion des juifs de Provence et de l'Europe mediterranéee. Exils et conversions*. Leuven: Peeters, 2005.

ISRAEL, Jonathan. *The Dutch Republic. Its Rise, Greatness and Fall, 1477-1806*. Oxford: Oxford University Press, 1995.

ISRAEL, Jonathan. *European Jewry in the Age of Mercantilism, 1550-1750*. Oxford: Oxford University Press, 2003.

ISRAEL, Jonathan. *Diasporas within a Diaspora. Jews, Crypto-Jews, and the World Maritime Empires, 1540-1740*. Leiden: Brill, 2002.

LIPINER, Elias. *Izaque de Castro: o mancebo que veio preso do Brasil*. Recife: Massangana, 1992.

LIPINER, Elias. *Baptizados em pé*. Lisboa: Vega, 1998.

LÓPEZ BELINCHON, Bernardo. *Honra, Libérdad y Hacienda. Hombres de negocios y judios sefardíes*. Alcalá: Universidad de Alcalá, 2002.

LOWY, Michel. *Redenção e utopia. O judaísmo libertário na Europa Central*. São Paulo: Companhia das Letras, 1989.

KAPLAN, Yosef. "From Forced Conversion to a Return to Judaism". *Studia Rosenthaliana*. Amsterdam: Amsterdam University Library, v. XV, 1:37-51, 1981.

KAPLAN, Yosef. *Judíos Nuevos em Amsterdam. Estudio sobre la história social y intelectual del judaísmo sefardí en el siglo XVII*. Barcelona: Gedisa Editorial, 1996.

KAYSERLING, M. "Isaac Aboab, the First Jewish Author in America". *American Jewish Historical Society*, v. 5:125-136, Baltimore, 1897.

KAUFMANN, Tânia. *A presença judaica em Pernambuco*. Recife: Ensol, 2001.

LEVI, Primo. *Se isto é um homem*. Lisboa: Teorema, 2009.

MARX, Karl. *Sobre a questão judaica* (original de 1843). São Paulo: Boitempo, 2010.

MÉCHOULAN, Henry. *Dinheiro e liberdade. Amsterdã no tempo de Spinoza*. Rio de Janeiro, Jorge Zahar Editor, 1992.

MELLO, Evaldo Cabral de. *Rubro veio. O imaginário da restauração pernambucana*. 2ª ed. revista e aumentada. Rio de Janeiro: Topbooks, 1997.

——. *Olinda restaurada. Guerra e açúcar no nordeste, 1630-1654*. 2ª ed. revista e aumentada. Rio de Janeiro: Topbooks, 1998.

——. *O negócio do Brasil. Portugal, os Países Baixos e o Nordeste, 1641-1669*. 3ª ed. revista. Rio de Janeiro: Topbooks, 2002.

——. *Um imenso Portugal. História e historiografia*. São Paulo: Editora 34, 2002.

——. *Nassau*. São Paulo: Companhia das Letras, 2006.

FONTES E BIBLIOGRAFIA

MELLO, José A. Gonsalves de. *Tempo dos flamengos. Influência da ocupação holandesa na vida e na cultura do Norte do Brasil* (original de 1947). 3ª ed. aumentada. Recife: Massangana, 1987.

——. *João Fernandes Vieira: Mestre de campo do Terço de Infantaria de Pernambuco* (original de 1956). Lisboa: Centro de Estudos de História do Atlântico, 2000.

——. *Gente da nação. Cristãos-novos e judeus em Pernambuco, 1542-1654.* 2ª ed. Recife: Massangana, 1996.

——. *Frei Manuel Calado do Salvador. Religioso da Ordem de São Paulo, pregador apostólico de Sua Santidade, cronista da Restauração.* Recife: Universidade do Recife, 1954.

MORIN, Edgar. *Meus demônios.* Lisboa: Europa-América, 1996.

NEME, Mário. *Fórmulas políticas no Brasil holandês.* São Paulo: Difel, 1971.

NOGUEIRA, António de Vasconcelos. *Capitalismo e judaísmo. Contribuição dos judeus portugueses para a ética capitalista.* Lisboa: Fundação Calouste Gulbenkian, 2004.

NOVINSKY, Anita. *Cristãos-novos na Bahia.* São Paulo: Perspectiva, 1972.

——. "Marranos and Marranism. A new approach". *Jewish Studies*, v. 40:5-36, 2000.

PAIVA, José Pedro. *Os bispos de Portugal e do Império (1495-1777).* Coimbra: Imprensa da Universidade de Coimbra, 2006.

PEREIRA, monsenhor Francisco de Assis. *Protomártires do Brasil.* Natal: DEI, 1999.

PERRY, Mary Elizabeth & CRUZ, Anne (eds.). *Cultural Encounters. The Impact of the Inquisition in Spain and the New World.* Berkeley: University of California Press, 1991.

PUNTONI, Pedro. *A mísera sorte. A escravidão africana no Brasil holandês e as guerras do tráfico no Atlântico Sul, 1621-1648.* São Paulo: Hucitec, 1999.

RATELBAND, Klaas. *Os holandeses no Brasil e na costa africana. Angola, Kongo e São Tomé, 1600-1650.* Lisboa: Vega, 2003

REMÉDIOS, J. Mendes dos. *Os judeus portugueses em Amsterdão* (original de 1911) Lisboa: Távola Redonda, 1999.

RÉVAH, Israel. "Une famille de nouveaux-chrétiens: les Bocarro Francês". *Révue d'Études Juives.*116: 73-87, 1957.

SALOMON, Herman P. *Os primeiros portugueses de Amsterdão. Documentos do Arquivo Nacional da Torre do Tombo, 1595-1606.* Braga: Barbosa e Xavier, 1983.

SALOMON, Herman P. "Saul Mortera: o homem, a obra, a época". Introdução ao *Tratado sobre a verdade da Lei de Moisés, 1659-1660* (Saul Mortera). Coimbra: Universidade de Coimbra, 1988.

SALVADOR, J. Gonçalves. *Cristãos-novos, jesuítas e Inquisição.* São Paulo: Pioneira, 1969.

——. *Os magnatas do tráfico negreiro, sécs. XVI-XVII.* São Paulo: Pioneira, 1981.

SAPERSTEIN, Marc. *Exile in Amsterdam. Saul Mortera's Sermons to a Congregation of 'New Jews'.* Jerusalém: Hebrew University Union College Press, 2005.

SARAIVA, A. José. *Inquisição e cristãos-novos* (original de 1969). 5ª ed. Lisboa: Estampa, 1985.

SARTRE, Jean-Paul. *Reflexões sobre a questão judaica.* São Paulo: Perspectiva, 1960.

SHALKWIJK, Frans L. *Igreja e Estado no Brasil holandês.* Recife: Fundarpe, 1986.

SCHWARTZ, Stuart. *Cada um na sua lei. Tolerância religiosa e salvação no mundo atlântico ibérico.* São Paulo: Companhia das Letras/Edusc, 2009.

SHAMA, Simon. *O desconforto da riqueza. A cultura holandesa na Época de Ouro.* São Paulo: Companhia das Letras, 1992.

SICROFFT, Albert. *Los estatutos de limpieza de sangre.* Madrid: Taurus, 1985.

SIEGEN, J.M. *et al.* (orgs.). *A Humanist Prince in Europe and Brazil.* Haia: The Government Publishing Office, 1979.

SILVA, Alberto da Costa e. *A manilha e o libambo. A África e a escravidão de 1500 a 1700.* Rio de Janeiro: Nova Fronteira, 2002.

SILVA, Leonardo dom. *Holandeses em Pernambuco.* Recife: Instituto Ricardo Brennand, 2005.

SILVA, Marco A. Nunes. *O Brasil holandês nos Cadernos do Promotor*, Tese de doutorado apresentada ao Programa de Pós-Graduação em História Social da USP. São Paulo, 2003.

SOMBART, Werner. *Los judíos y la vida económica.* Buenos Aires: Cuatro Espadas, 1981.

SOUTO MAIOR, Pedro. "Fastos Pernambucanos". *Revista do Instituto Histórico e Geográfico Brasileiro*, tomo LXXV, Parte I: 414-426, Rio de Janeiro, 1913.

STUDNICK-GIZBERT, Daviken. *A Nation upon the Ocean. Portugal's Atlantic Diaspora and the Crisis of the Spanish Empire, 1492-1640.* Oxford: Offord University Press, 2007.

SWETSCHINSKI, Daniel. *Reluctant Cosmopolitans. The Portuguese Jews of Seventeenth-century Amsterdam.* Oxford: Littman Libray of Jewish Civilization, 2000.

TAVARES, Maria José Ferro. *Os judeus em Portugal no século XV.* Lisboa: UNL, 1982, 2 v.

VAINFAS, Ronaldo. *Traição. Um jesuíta a serviço do Brasil holandês processado pela Inquisição.* São Paulo: Companhia das Letras, 2008.

VALLADARES, Rafael. *La conquista de Lisboa. Violência militar y comunidad política en Portugal, 1578-1583.* Madrid: Marcial Pons, 2008.

VARNHAGEN, Francisco A. de. *História das lutas com os holandeses no Brasil desde 1624 até 1654* (original de 1871). Rio de Janeiro: Biblioteca do Exército, 2002.

WACHTEL, Nathan. *A lembrança da fé. Labirintos marranos.* Lisboa: Caminho, 2002.

WÄTJEN, Hermann. *O domínio colonial holandês no Brasil* (original de 1938). 3ª ed. Recife: Companhia Editora de Pernambuco, 2004.

WEBER, Max. *A ética protestante e o espírito do capitalismo* (1905). São Paulo: Companhia das Letras, 2004.

WIZNITZER, Arnold. *Os judeus no Brasil Colonial.* São Paulo: Pioneira, 1966.

FONTES E BIBLIOGRAFIA

WOLFF, Egon & Frieda. *Judeus no Brasil Colonial*. São Paulo: Centro de Estudos Judaicos, 1975.

——. *A odisseia dos judeus de Recife*. São Paulo: Centro de Estudos Judaicos, 1979.

——. *Quantos judeus estiveram no Brasil holandês*. Rio de Janeiro: s/ed., 1991.

ZUMTHOR, Paul. *A vida quotidiana na Holanda no tempo de Rembrandt*. Lisboa: Livros do Brasil, s/d.

Agradecimentos

Esta pesquisa somente foi possível graças ao apoio das agências de fomento brasileiras. Ao CNPq, pela bolsa de produtividade e pelo *grant*, além do estímulo, através do Programa de Apoio aos Núcleos de Excelência — Pronex —, à *Companhia das Índias — Núcleo de História Ibérica e Colonial na Época Moderna*, sediado na UFF. À Faperj, pela Bolsa de Cientista do Nosso Estado. Tais apoios me permitiram viagens de pesquisa a Portugal, à Holanda e aos Estados Unidos, fotocópias de documentos, aquisição de equipamentos e livros.

Os colegas da *Companhia das Índias* me apoiaram de várias maneiras ao longo da pesquisa: Célia Tavares, Daniela Calainho, Guilherme Pereira das Neves, Luciano Figueiredo, Luiz Carlos Soares, Mário Branco, Sheila de Castro Faria, Stela Guerreiro. Os "companheiros" que não citei aqui citarei adiante, com mais vagar. Minhas bolsistas de iniciação científica foram valiosas em toda a pesquisa: Mariana Dantas, Raquel Diniz Bentes, Stephanie Boechat — muito queridas.

Alguns amigos e amigas me apoiaram de maneira especial. Anita Novinsky foi minha primeira mestra no estudo da Inquisição portuguesa. António Marques de Almeida me introduziu no ambiente da Cátedra Alberto Benveniste. Bruno Feitler sempre me esclareceu diversos imbróglios acerca dos judeus e da máquina inquisitorial, como somente ele sabe fazer. Evaldo Cabral de Mello sempre me apoiou nas pesquisas sobre a história pernambucana. Fátima Gouvêa (saudade dela...) me deu grande força para estudar as redes sefarditas, na "trama das redes". Georgina Santos me acompanhou em fases cruciais da pesquisa. Isabel Drumond Braga foi interlocutora permanente nos assuntos inquisitoriais. Jacqueline Hermann leu os originais com olho clínico. Jaime Contreras me levou a

JERUSALÉM COLONIAL

conhecer o núcleo de estudos sefarditas da Universidade de Alcalá. Laura de Mello e Souza me inspirou de várias maneiras, como faz há décadas. James Green me abriu as portas da John Carter Brown Library, em Providence. Lina Gorenstein, com sua sensibilidade e erudição, me indicou bons livros sobre a identidade judaica. Lúcia Furquim Xavier me ajudou outra vez com o holandês. Luciana Villas Boas, amiga e colega do curso clássico, me deu força máxima para concluir este livro. Márcia Motta me deu cobertura, nas viagens de pesquisa, quando compartilhamos a "governança" da pós-graduação. Rodrigo Bentes Monteiro acompanhou parte do trabalho, enquanto organizador de obra da Companhia das Índias. Rogério Ribas me regalou com livro fundamental sobre a *Bíblia de Ferrara*, bíblia judaica. Ronald Raminelli me indicou livros preciosos sobre o império marítimo holandês. Théo Lobarinhas Piñeiro examinou em detalhe o capítulo sobre a fortuna dos judeus.

Meus alunos da UFF, de graduação e de pós, também me ajudaram mais do que imaginam. O convívio com eles, nos últimos anos, foi uma fonte permanente de estímulo e inspiração.

*O texto deste livro foi composto em Sabon,
desenho tipográfico de Jan Tschichold de 1964
baseado nos estudos de Claude Garamond e
Jacques Sabon no século XVI, em corpo 11/15.
Para títulos e destaques, foi utilizada a tipografia
Frutiger, desenhada por Adrian Frutiger em 1975.*

*A impressão se deu sobre papel off-white 80g/m²
pelo Sistema Cameron da Divisão Gráfica
da Distribuidora Record.*